VERDAMMTE SCHÖNE WELT

BYBLOS VERLAG BERLIN

Elizabeth Wurtzel

Verdammte schöne Welt

AUS DEM AMERIKANISCHEN VON CHRISTIANE BERGFELD
UND
CHRISTIANE LANDGREBE

Hinweis der Autorin: Lange vor Derrida und dem Dekonstruktivismus sagte der Talmud: »Wir sehen die Dinge nicht, wie sie sind. wir sehen sie, wie wir sind.« Aus meiner Sicht ist jedes Wort in diesem Buch die volle und die reine Wahrheit. Aber natürlich ist es meine Wahrheit. um also die Unschuldigen - und auch die Schuldigen - zu schonen, habe ich die meisten Namen geändert. Ansonsten stimmt - zu meinem Leidwesen - jedes Detail.

ZWEITE AUFLAGE SEPTEMBER 1994
BYBLOS VERLAG, BERLIN

DIE ORIGINALAUSGABE ERSCHIEN 1994
UNTER DEM TITEL ›PROZAC NATION‹
BEI HOUGHTON MIFFLIN COMPANY
BOSTON, NEW YORK
DEUTSCHSPRACHIGE AUSGABE:

GESAMTGESTALTUNG: GIJS SIERMAN
DRUCK: DRUKKERIJ BARIET, RUINEN
ISBN 3-929029-44-8

Inhalt

PROLOG ----------- *Ich hasse mich und ich will sterben* ------------------ 9
1 ------------------------- *Vielversprechend* -------------------------28
2 ---------------------- *Leben im Verborgenen* ---------------------- 50
3 ----------------------------- *Liebe tötet* ----------------------------- 71
4 ----------------------------- *Zerbrochen* ----------------------------- 97
5 -------------------------- *Schwarze Welle* ------------------------ 111
6 ----------------------------- *Glückspillen* ------------------------ 136
7 ------------------------- *Trinken in Dallas* ------------------------ 153
8 -------------------- *Raum, Zeit und Bewegung* ------------------- 181
9 ---------------------------- *Tief unten* --------------------------- 204
10 -------------------------- *Stillgelegt* ------------------------------ 225
11 --------------- *Guten Morgen, Liebeskummer* ------------------ 240
12 --------------------- *Fellatio aus Versehen* ---------------------- 264
13 --- *Heute morgen wachte ich auf und hatte Angst, weiterzuleben* --- 287
14 ---------------------- *An Schönes denken* ---------------------- 310
EPILOG--------------------*Prozac-Nation* ------------------------- 329
DANKSAGUNG-- 348

Für meine Mom, in Liebe

Schon früh in meinem Leben war es zu spät.

MARGUERITE DURAS

›Der Liebhaber‹

PROLOG

Ich hasse mich und ich will sterben

Allmählich glaube ich, daß mit mir ernsthaft etwas nicht stimmt. Als ob alle Tabletten - Lithium, Prozac, Desyrel und Desipramin, die ich abends zum Einschlafen nehme - es auch mit vereinten Kräften nicht mehr schaffen, mein eigentliches Problem zu bekämpfen. Ich komme mir vor wie eine Montagsproduktion; so, als wäre ich völlig vermurkst vom Fließband gestiegen und meine Eltern mich hätten reklamieren sollen. Aber das ist ewig her.

Allmählich glaube ich, daß Depression unheilbar ist, daß man ständig um das Glück ringen muß. Ich frage mich, ob ich diesen Kampf ein Leben lang führen muß und ob das überhaupt einen Sinn hat.

Allmählich wird mir klar, daß ich die Fassade nicht länger wahren kann, daß mein wirkliches Ich durchschimmert. Wenn ich nur wüßte, was bei mir nicht stimmt. Vielleicht liegt es daran, daß mein ganzes Leben sinnlos ist? Ich weiß es nicht.

Meine Träume handeln ständig von Lähmungen. Immer wieder habe ich die Vision, daß ich meine Beine, obwohl sie fest am Körper sitzen, kaum bewegen kann. Ich versuche, irgendwohin zu gehen - zum Gemüseladen oder zur Apotheke, ganz egal, es sind nur alltägliche Besorgungen -, und ich schaffe es einfach nicht. Kann keine Treppen steigen, kann nicht auf ebener Erde gehen. Schon im Traum bin ich erschöpft und werde im Schlaf immer erschöpfter, falls das überhaupt möglich ist. Ich wache müde auf und staune, daß ich aus dem Bett komme. Oft schaffe ich es auch nicht. Normalerweise schlafe ich nachts zehn Stunden, aber oft sind es viel mehr. Ich fühle mich in meinem Körper gefangen wie noch nie. Dauernd bin ich völlig kaputt.

Ich träume sogar, daß ich erstarrt im Bett liege und an den Laken klebe wie ein zerquetschtes Insekt an einer Schuhsohle. Ich kann einfach nicht aufstehen. Ich habe einen Nervenzusammenbruch und kann mich nicht rühren. Meine Mutter steht an meinem Bett und behauptet, ich könnte sehr wohl aufstehen, wenn ich nur wollte, aber ich kann ihr nicht einmal klarmachen, daß ich mich buchstäblich nicht regen kann.

Ich träume, daß ich in schrecklicher Verfassung bin, völlig gelähmt, aber niemand mir glaubt.Im wachen Zustand bin ich fast genauso erschöpft. Die Leute sagen, das müssen Epstein-Barr-Viren sein, doch ich weiß, daß es vom Lithium kommt, dem Wundersalz, das meine Stimmungen stabilisiert, dafür aber meinen Körper auslaugt.

Ich will aussteigen aus diesem Leben mit Tabletten.

Im Traum wie im wirklichen Leben bin ich versteinert, denn es ist, als wäre mein Traum Realität: Ich habe einen Nervenzusammenbruch und weiß nicht wohin. Nirgendwohin. Meine Mutter, das spüre ich, hat mich irgendwie aufgegeben, weiß nicht mehr so recht, wie sie dieses, nun ja, Wesen, dieses Rock-'n'-Roll-Girl großgezogen hat, das seinen Körper mit einer Tätowierung und einem Nasenring und dergleichen malträtiert hat. Obwohl sie mich über alles liebt, will sie nicht mehr, daß ich immer zu ihr gelaufen komme. Zu meinem Vater bin ich nie gelaufen. Es ist schon ein paar Jahre her, daß wir miteinander geredet haben. Ich weiß nicht einmal, wo er ist. Schließlich habe ich auch noch meine Freunde, aber die leben ihr eigenes Leben. Sie sprechen immer gern alles mit mir durch, bringen ihre Analysen und Theorien an, aber was ich wirklich brauche, wonach ich wirklich suche, kann ich nicht artikulieren. Es läßt sich nicht in Worte fassen: Ich brauche Liebe. Ich brauche dieses Etwas, das sich einstellt, wenn der Verstand abschaltet und das Gefühl das Sagen hat.

Ich weiß zwar, daß es ganz nahe ist, aber ich kann es nicht spüren.

Was ich dagegen spüre, ist das Beängstigende des Erwachsenseins, des Alleinseins in diesem riesengroßen Loft mit so vielen CDs und Plastiktüten *und Illustrierten und schmutzigen Socken und Tellern, daß ich den Fußboden nicht mehr sehen kann. Ich bin mir sicher, daß es keinen Fluchtweg gibt, daß ich nicht mal gehen kann, ohne zu stolpern und hinzufallen, und ich weiß, daß ich aus diesem Chaos raus will. Ich will raus. Keiner wird mich jemals lieben, ich werde allein leben und sterben, ich werde nirgendwohin gehen, ich werde nichts sein. Nichts wird gut werden. Die Verheißung, daß nach der Depression etwas Wunderbares beginnt, für das es sich lohnt, den Selbstmord zu überleben, wird nicht in Erfüllung gehen. Alles nur ein großer Beschiß.*

Die Samstagnacht geht gerade in den Sonntagmorgen über, und ich liege zusammengerollt wie ein Embryo auf dem Badezimmerboden. In meinem schwarzen Kleid auf den grellweißen Fliesen muß ich aussehen wie eine dreckige Lache. Ich kann nicht aufhören zu weinen. Die etwa zwanzig Leute, die noch im Wohnzimmer sitzen, scheint es nicht zu kümmern, was hier drin mit mir vorgeht, falls sie es überhaupt merken, während sie an ihrem Rotwein nippen, ihrem Joint ziehen oder ihr Beck's oder Rolling Rock oder sonstwas schlucken. Wir - mein Mitbewohner Jason und ich - hatten für heute abend eine Party geplant, aber wohl kaum gewollt, daß hier 200 Leute aufkreuzen würden. Oder vielleicht doch. Ich weiß es nicht. Vielleicht sind wir immer noch so bekloppt wie in der Highschool-Zeit und finden es einfach toll, uns beliebt zu machen, daß wir uns das hier eingebrockt haben.

Ich weiß es nicht.

Irgendwie ist alles schief gelaufen. Erst hat Jason - obwohl es Mitte Januar ist - die Tür zur Feuerleiter geöffnet, weil es durch das Gedränge so heiß geworden war, und mein Kater kam auf die Idee, die sechs Stockwerke bis in den Hof hinunterzuklettern, wo er sich verlief und anfing, wie wild zu jaulen. Ich hatte keine Schuhe an und kriegte Angst um ihn, also lief ich barfuß hinunter in die eisige Kälte, und es machte mich wirklich fertig, daß ich zu so vielen Leuten *hallo, wie geht's* sagen mußte, als ich wieder hochkam, Leuten, die nicht wissen, daß ich einen Kater habe und ihn heiß und innig liebe. Eine Weile lang hab ich mich mit Zap in meinem Zimmer versteckt. Er lag zusammengerollt auf meinem Kopfkissen und sah mich an, als wäre alles meine Schuld. Dann schlug mein Freund Jethro vor, der wohl merkte, daß ich vor all diesen Leuten Angst hatte, zur 138. Straße zu fahren und etwas Kokain zu besorgen, das meine Stimmung vielleicht heben würde.

Da ich so viele Psychopharmaka nehme, lasse ich eigentlich die Finger von verbotenen Drogen. Aber als Jethro etwas besorgen wollte, das mich eventuell davon abhielt, mich unter der Bettdecke zu verkriechen, dachte ich, klar, warum nicht?

Und noch etwas: Daß ich so menschenscheu bin, hat zum Teil damit zu tun, daß ich seit ein paar Wochen kein Lithium mehr nehme. Ich habe zwar keinen Todeswunsch und glaube auch nicht wie Axl Rose, daß Lithium meine Männlichkeit beeinträchtigt (er soll es nicht mehr nehmen, seit seine erste Frau ihm gesagt hat, sein Schwanz sei nicht mehr so hart wie früher und der Sex mit ihm beschissen; da ich nicht mit so einem Apparat bestückt bin, kann's mir scheißegal sein). Aber ich hatte vor etwa einem Monat eine Blutuntersuchung, und die brachte eine ungewöhnlich hohe Konzentration von Thyreotropin (TSH) zutage - der Hormonspiegel war zehnmal höher als normal -, was bedeutete, daß Lithium mit meinen Drüsen verrückt spielte und ich echte körperliche Beschwerden kriegen konnte. Die Basedow-Krankheit liegt bei mir in der Familie, und die Behandlung macht dick, sie führt zu diesen gruseligen Glubschaugen und allen möglichen Symptomen, die mich wohl noch depressiver machen würden, als ich es ohne Lithium bin. Also habe ich aufgehört, es zu nehmen. Der Psychopharmakologe (Ich nenne seine Praxis das Irrenhaus der Fifth Avenue, denn er stellt nur Rezepte aus und verteilt Pillen) hat gesagt, ich solle es nicht tun. Er hat gesagt, Lithium würde dem Basedow geradezu entgegenwirken (»Was heißt das?« fragte ich. »Schrumpeln meine Augen etwa zu kleinen Rosinen?«), aber ich traue ihm nicht.

Er ist der Dealer, und es ist zu seinem Vorteil, wenn er dafür sorgt, daß ich vollgedröhnt bleibe.

Aber er hatte recht. Ohne Lithium verfiel ich rapide. An manchen Tagen saß ich mit Jason im Wohnzimmer, und während er die ›Times‹ las, redete ich ohne Pause, präsentierte ihm alle meine Theorien über, sagen wir, den Zerfall der amerikanischen Familie im 20. Jahrhundert und wie alles mit dem Niedergang der Agrargesellschaft zusammenhängt. Und Jason saß dann da, in die Zeitung vertieft, und fragte sich, ob ich wohl jemals den Mund halten würde. Aber meistens war ich schlicht am Boden, ohne jeden Antrieb, und versank wieder im Nichts.

Ich brauchte mein Lithium wirklich. Aber ich war entschlossen, auf kalten Entzug zu gehen. Wenn Kokain mir dabei half, bitte sehr. Koks mag ja in jeder Hinsicht schädlich sein, aber es würde mir keine Schilddrüsenkrankheit verpassen und mich so in eine jüngere Version meiner hysterischen, erschöpften, überforderten Mutter verwandeln.

Also legte ich mit Jethro im Bad ein paar Prisen aus, die er auf einer Pogues-CD aufgeteilt hatte. Knapp fünf Minuten später, als das Zeug anfing, in meinem Kopf herumzuschwimmen, fühlte ich mich entschieden besser. Ich ging hinaus und mischte mich unter das Volk, sprach Fremde an und fragte, ob sie sich gut amüsierten. Wenn neue Gäste kamen, begrüßte ich sie mit Küßchen auf beide Wangen, auf europäische Art, ich erbot mich, ihnen ein Bier zu holen oder einen Screwdriver zu mixen, ihnen die Wohnung zu zeigen oder wo sie ihre Mäntel abwerfen konnten. Ich sagte Dinge wie: Da ist jemand, den du *unbedingt* kennenlernen mußt. Oder ich packte irgendein Mädchen bei der Hand und zog es durch das Zimmer: Ich hab 'nen *tollen* Mann für dich. Ich war großspurig und gesellig und so weiter.

Und dann, ein paar Stunden später, ließ die Wirkung allmählich nach. Ich trinke nicht, also hatte ich keinen Alkohol im Blut, um das, was kam, abzumildern. Aber plötzlich wurde alles häßlich, grotesk. Gespenstische Hologramme überall an den Wänden, wie Acid-Blitze, nur ohne die Farben, ohne den Zauber oder irgendwelche Glücksgefühle. Panik ergriff mich, als müßte ich dringend etwas erledigen, solange ich noch high war vom Koks. Da war der Typ, mit dem ich eine mißglückte Nacht verbracht hatte, der gesagt hatte, er würde mich anrufen und es nie tat, aber trotzdem zu der Party gekommen war, und ich wollte es ihm heimzahlen. Da war Dad, den ich unbedingt sofort anrufen wollte, wenn auch nur, um ihn daran zu erinnern, daß er mir noch Unterhalt für die vier Jahre in der Highschool schuldete, als ich ihn nicht finden konnte. Es gab noch zigtausend andere Dinge zu tun, aber ich wußte nicht mehr, welche. Ich wußte nur, daß ich noch ein paar Minuten länger in diesem verzauberten, elektrisierten Zustand leben wollte. Ich wollte noch ein bißchen Zeit haben, mich frei und leicht und unbeschwert zu fühlen, bevor ich in meine Depression zurücksinken würde. Ich wollte mehr Koks. MEHR! KOKS! JETZT! Ich suchte im Bad herum, ob noch ein bißchen vom Pulver übrig war, damit es weiterging.

Während ich auf dem Waschbecken herumtastete und den Fußboden absuchte, hatte ich das irre Gefühl, daß diese Art Benehmen in die achtziger Jahre paßte, aber jetzt schien es wirklich dumm zu sein, völlig passé in den asketischen, erwachsenen Neunzigern. Dann sagte ich mir, das Leben ist ja kein von den Medien erzeugter Trend, warum zum Teufel soll ich mir das verkneifen, nur wegen Len Bias und Richard Pryor oder sonstwem.

Also bin ich drauf und dran, Jethro nochmal nach Spanish Harlem zu schicken, damit er uns mehr von dem Zeug holt. Ich schmiede Pläne, ich habe grandiose Ideen, ich liste alle Leute auf, die ich anrufen will, sobald ich wieder auf Koks bin und mich traue. Ich beschließe, noch diese Nacht einen alten Plan zu verwirklichen und eine erschöpfende marxistisch-feministische Abhandlung über biblische Schurkinnen zu schreiben. Oder vielleicht finde ich einen nachts geöffneten Buchladen und hole mir ein Exemplar von ›Gray's Anatomy‹ und lerne es in den nächsten paar Stunden auswendig, bewerbe mich für das Medizinstudium und werde Ärztin und löse alle meine Probleme und die aller anderen noch dazu. Ich habe es ganz genau geplant: *Alles wird einfach wunderbar.*

Aber bevor irgendwas daraus werden kann, krieche ich auf mein Bett und breche in haltloses Weinen aus.

Christine, meine beste Freundin, kommt herein und fragt, was los ist. Andere Leute kommen herein, um ihre Mäntel zu holen, die auf meinem Bett verstreut sind, und ich blaffe sie an, sage ihnen, sie sollen sich zum Teufel scheren. Ich brülle Christine an, daß ich mein Zimmer, mein Leben wiederhaben will. Wie aufs Stichwort reihert Zap jetzt auf einen Mantel, der anscheinend einem Typ namens Roland gehört. Geschieht ihm recht, wenn er zu meiner Party kommt und diese schreckliche Nacht mit seiner Anwesenheit bereichert.

Ich habe das greifbare, absolute Gefühl, daß ich überschnappe, daß es dafür nicht den geringsten Grund gibt und daß ich - schlimmer noch - nichts dagegen tun kann. Und was mich wirklich fertig macht, während ich zusammengerollt daliege, ist, daß die Szene, die ich aufführe, mich an etwas erinnert: Sie erinnert mich an mein ganzes Leben.

Direkt vor der Glastür meines Zimmers beraten Christine und Jason und ein paar andere Freunde - Larissa, Julian, Ron -, was sie mit mir machen sollen. Ich kann ihre Flüsterkonferenz hören, aber sie klingt nicht halb so besorgt und verschwörerisch wie vielleicht noch vor ein paar Jahren. Sie haben mich schon zu oft in dieser Verfassung gesehen. Sie wissen, daß es mir übel geht, daß ich das überlebe und dann weitermache, es könnte ein starkes prämenstruelles Syndrom sein, es könnte - und in diesem Fall ist es das wohl - Kokainentzug sein oder auch gar nichts.

Jason sagt vielleicht: Elizabeth hat wieder eine von ihren Episoden. Christine dann: Sie schnappt mal wieder über. Alle werden denken, es ist ein Tablettenproblem, das es nicht geben würde, wenn ich ein braves Mädchen wäre und mein Lithium nähme.

Als ich dann ins Badezimmer torkele, beide Türen hinter mir zuknalle und mich auf dem Boden zusammenrolle, bin ich ganz sicher, daß sie den philosophischen Unterbau meines Zustands niemals begreifen werden. Ich weiß, daß es mir gut geht, wenn ich Lithium nehme, dann habe ich die Höhen und Tiefen des Lebens im Griff, kann Rückschläge gelassen wegstecken, kann ein guter Kumpel sein. Aber wenn ich die Tabletten absetze, wenn mein Kopf völlig frei ist von diesem Wirrwarr aus Vernunft und Rationalität, dann denke ich vor allem: Warum? Warum soll ich das tragen wie ein Mann? Warum Unglück hinnehmen? Warum sich mit Anmut den Torheiten der Jugend ergeben? Warum sich mit dem ganzen Mist abfinden?

Ich will nicht wie ein verzogenes Gör klingen. Ich weiß, daß auf Sonnenschein auch mal Regen folgt und so weiter, aber in meinem Fall sind die hysterischen Krisenzustände ein allzu häufig wiederkehrendes Motiv. Die Stimmen in meinem Kopf, von denen ich früher glaubte, sie zögen nur vorbei, scheinen sich eingenistet zu haben. Und dann nehme ich schon seit Jahren diese verdammten Pillen. Zuerst sollten sie mich auflockern für die Gesprächstherapie, aber jetzt ist anscheinend klar, daß mein Zustand chronisch ist, daß ich für immer Tabletten nehmen muß, um überhaupt zu funktionieren. Prozac allein ist nicht einmal genug - ich habe vor weniger als einem Monat Lithium abgesetzt, und schon bin ich völlig meschugge. Und ich frage mich allmählich, ob ich nicht zu den Menschen wie Anne Sexton oder Sylvia Plath gehöre, die als Tote besser dran sind, die es jahrelang in einer entleerten, reduzierten Existenz aushalten, vielleicht sogar heiraten, Kinder kriegen, eine Art künstlerisches Werk schaffen, vielleicht in gewissen Momenten sogar schön und bezaubernd sind, wie es die beiden vermutlich waren. Aber am Ende war all das Gute dem fortwährend zum Selbstmord drängenden Schmerz nicht mehr gewachsen. Vielleicht sterbe auch ich jung und traurig, eine Leiche mit dem Kopf im Backofen. In dieser Samstagnacht, niedergeschmettert und verheult, sehe ich keinen anderen Weg.

Ich weiß nicht, ob es darüber Statistiken gibt, aber wie lange lebt eigentlich ein Mensch, der Psychopharmaka nimmt? Wie lange, bis das Gehirn, ganz zu schweigen vom Rest, matschig wird und zerfällt? Ich glaube, daß chronische Psychotiker es nicht allzu oft zu einem »Lebensabend in Florida« bringen. Oder doch? Und was ist schlimmer: so lange in diesem Zustand zu leben oder jung und schön zu sterben?Ich stehe auf, um mir die Kontaktlinsen herauszunehmen, die sowieso in einem Tränenstrom davonschwimmen. Das Paar, das ich heute trage, ist grün, ein Ersatzpaar, das ich mir günstig dazugekauft habe und das ich trage, wenn ich mich hinter einem gruslig falschen Augenpaar verstecken will. Ich wirke dann wie ein Wesen von einem anderen Stern oder wie eine leblose Stepford-Frau, die kocht, saubermacht und bumst, alles mit einem seligen, idiotischen Lächeln. Da mir die Linsen schon von den Pupillen rutschen, sieht es aus, als hätte ich zwei Paar Augen, den monsterhaften Doppelblick eines Horrorfilm-Roboters.

Und dann liege ich wieder am Boden.Jason kommt herein, nachdem alle weg sind und bedrängt mich, ins Bett zu gehen, sagt sowas wie: Morgen ist alles besser. Und ich sage: »Verdammt, du Arschloch. Ich will mich morgen nicht besser fühlen. Ich will mich dem Problem stellen und es lösen oder auf der Stelle sterben.«

Er setzt sich zu mir, aber ich weiß, daß er lieber bei Emily wäre, seiner Freundin, oder überall sonst. Weil ich so ekelhaft bin, würde er lieber nebenan das Geschirr spülen oder den Boden fegen oder die Dosen und Flaschen für den Umweltcontainer einsammeln, statt bei mir zu hocken.

»Jason, wie lange kennen wir uns schon?« frage ich ihn. »Seit wann, mindestens fünf Jahre, seit dem ersten Studienjahr?«

Er nickt.

»Und wie oft hast du mich so gesehen? Wie oft hast du mich rumliegen und plärren sehen, wie oft hast du mich erwischt, wenn ich mir ein Obstmesser ins Handgelenk gebohrt und geschrien hab, daß ich sterben will?«

Er antwortet nicht. Er will nicht sagen: zu oft.

»Jase, es ist schon wie 25 Jahre, mein ganzes Leben lang. Immer mal wieder gibt's eine Verschnaufpause, wie damals, als Nathan und ich frisch verliebt waren oder als ich anfing, für den ›New Yorker‹ zu schreiben. Doch wenn dann die stupide Alltagsroutine kommt, werde ich verrückt.«

Er meint, wenn ich Lithium nehme, scheint es mir gut zu gehen. Als ob dann alles okay wäre.

Ich breche in heftiges Weinen aus, schnappe panisch nach Luft, und als ich wieder sprechen kann, sage ich nur, daß ich dieses Leben nicht leben will.

Ich weine immer noch, und Jason läßt mich einfach liegen.

Julian, der offenbar hier übernachtet, weil er seine Schlüssel verloren hat, kommt als nächster herein. Als ob ich Elizabeth Taylor in ›Cleopatra‹ wäre und Bittsteller auf dem Badezimmerboden empfinge. Julian sagt so ein Zeug wie: Glück kann man wählen, man muß daran arbeiten. Er sagt, es ist wie eine Erleuchtung oder so was.

Er sagt: Du mußt glauben.

Er sagt: Los! Kopf hoch! Reiß dich zusammen!

Ich kann einfach nicht glauben, wie banal das alles ist. Einen Augenblick lang will ich aus mir heraustreten, damit ich ihm eine bessere Gesprächsführung beibringen kann, damit ich ihm helfen kann, etwas sensibler zu werden, einfühlsamer als jetzt.

Aber ich kann nicht aufhören zu weinen.

Endlich hebt er mich auf, murmelt, daß sich alles schon wieder einrenkt, wenn ich richtig ausgeschlafen bin, sagt, wir besorgen morgen Lithium, ohne zu verstehen, daß ich mich am Morgen nicht besser fühlen will, daß diese Art zu leben mich auslaugt, daß ich gar nicht erst in die Situation kommen will, mich so zu fühlen. Ich stemme mich von ihm weg, verlange, daß er mich herunterläßt. Ich tue buchstäblich, was die Leute meinen, wenn sie sagen: Sie strampelte und schrie. Armer Julian. Ich stoße nach seinen Augen, damit er mich losläßt, weil ich das im Selbstverteidigungskurs für Frauen so gelernt habe. Jason hört mich schreien und kommt herein, und die beiden bringen mich mit Gewalt ins Bett, und ich denke, wenn ich nicht mitspiele, kommen vielleicht die Männer im weißen Kittel mit einer Zwangsjacke und holen mich ab, ein Gedanke, der momentan tröstlich, aber dann, wie alles andere, entsetzlich ist.

Das erstemal, daß ich eine Überdosis genommen habe, war im Sommercamp. Es muß 1979 gewesen sein, das Jahr, in dem ich zwölf wurde, da hatte ich magere Schenkel, große Augen, Pfirsichbrüste, Sonnenbrand und war eine »erblühende Schönheit«, von der man glauben konnte, daß ihr nichts fehlte. Dann eines Tages während der Mittagsruhe saß ich auf meinem unteren Bett, während meine Freundin Lisanne direkt über mir schlief, und fing an, ein Buch zu lesen, dem ein Motto von Heraklit vorangestellt war: »Wie kannst du dich dem entziehen, was nie vergeht?«

Ich erinnere mich nicht an den Titel des Buchs, an irgendwelche Figuren oder an den Inhalt, aber das Zitat läßt sich nicht auslöschen und steht mir seitdem ständig vor Augen. Egal wie viele Chemikalien ich genommen habe, um mein Gehirn zu bleichen oder sandzustrahlen, ich weiß mittlerweile nur zu gut, daß man nie vor sich selbst fliehen kann, weil man nie weggeht.

Wenn man nicht stirbt. Natürlich habe ich in dem Sommer nicht wirklich versucht, mich umzubringen. Ich weiß nicht, was ich tun wollte. Mich von mir selbst ablenken oder so was. Ein Weilchen mal nicht ich sein.

Also schluckte ich fünf oder zehn Atarax, ein rezeptpflichtiges Antiallergikum, das ich gegen Heuschnupfen einnahm. Das Medikament wirkte wie die meisten Antihistamine stark einschläfernd, und so schlief ich wirklich lange - lange genug, um dem Schwimmunterricht im See und der Morgenandacht an der Fahnenstange für ein Wochenende zu entgehen, was schließlich der eigentliche Anlaß war. Ich konnte nicht einsehen, warum ich überhaupt zu all diesen

Sachen gezwungen wurde - zu diesen mechanischen Übungen: Ballspiele, Brustschwimmen, Kordeln drehen, der ganze reglementierte Kram, der nur dem Zeitvertreib dienen sollte, während wir unweigerlich auf den Tod zusteuerten. Schon damals war es meinem knapp zwölfjährigen Verstand ziemlich bewußt, daß Leben nichts als eine lange Ausflucht vor dem Unvermeidlichen war.

Ich sah den Mädchen in meinem Schlafsaal zu, die sich die Haare für den Abend fönten und lernten, blauen Lidschatten aufzutragen, um richtige Teenager zu werden, die sich ihre Probleme mit den Jungen anvertrauten: *Glaubst du, daß er mich mag?* Ich sah zu, wie sie ihre Tennisaufschläge übten und Erste Hilfe lernten, wie sie in enge Sasson-Jeans schlüpften und sich mit Steppsatinjacken in Rosa und Lila behängten, und ich fragte mich, wem sie denn was vormachen wollten. Sahen sie denn nicht, daß alles nur ein unaufhaltsamer Prozeß war - alles umsonst?

Alles ist Plastik, früher oder später sterben wir doch, also was soll's. Das war mein Motto.

Nachdem ich im Camp das ganze Atarax geschluckt hatte, schlief ich selig, und wie es der Zufall wollte, merkte niemand, daß etwas nicht stimmte. Zur Abwechslung *stimmte* nämlich mal alles. Ich war, wie in dem Text auf der Pink-Floyd-Platte, die ich in dem Jahr nicht oft genug hören konnte, »wunderschön benommen«. Ich glaube, ich war sowieso krank - es war nichts Ernstes, nur Schnupfen oder Husten -, und ich hatte sowieso viel im Bett gelegen, weil ich nicht so gern ins Krankenzimmer wollte, wo das klebrige Dimetapp mit dem Traubengeschmack als Allheilmittel herhalten mußte. Vielleicht glaubten alle, daß ich mich von einer Sommergrippe oder so was erholte. Oder sie nahmen meine Bettlägerigkeit als gegeben hin, so wie meine Klassennachbarn mich nicht mehr zum Mittagessen erwarteten und sich daran gewöhnt hatten, daß ich mich im Umkleideraum versteckte, mir mit einer Rasierklinge in die Beine schnitt und mit meinem eigenen Blut spielte, als ob das eine übliche Beschäftigung für die Mittagspause wäre. Immer wenn eine der Betreuerinnen versuchte, mich aus dem Bett zu kriegen, war ich zu erschöpft, und sie fanden es wahrscheinlich bequemer, mich in Ruhe zu lassen. Schließlich war ich nicht gerade der Liebling des Sommercamps.Endlich begann Lisanne, glaube ich, sich Sorgen zu machen. Mein Anblick, eine Beule unter der Bettdecke, war zu einem seltsamen Teil des Inventars geworden. Nach ein paar Tagen kam die Hauptbetreuerin mich an meinem kleinen Bett besuchen und wollte mich, glaube ich, überreden, zum Arzt zu gehen. Ich wollte ihr sagen, daß mir ärztliche Hilfe nur allzu recht wäre - jede Art von Aufmerksamkeit wäre mir recht - aber ich war einfach unfähig, mich zu rühren.

»Wir geht es dir denn heute?« fragte sie, als sie sich ans Fußende setzte und ein Klemmbrett mit dem Freizeitprogramm neben sich legte. Mit verschwimmendem Blick sah ich an ihren Beinen herunter, die voller Krampfadern waren. Sie trug Keds-Leinenschuhe, die vollkommen weiß waren, als wären sie noch nie getragen worden.

»Mir geht's gut.«

»Möchtest du denn heute morgen gern Volleyball mit den anderen aus deinem Schlafsaal spielen?«

Sah ich so aus, als ob ich Volleyball spielen wollte, wie ich so dalag, zitternd unter den dicken Armeedecken mitten im Juli?

»Na schön«, fuhr sie fort, als ob das normal wäre, »dann solltest du besser zur Krankenschwester gehen, damit wir feststellen, was dir fehlt. Hast du Fieber?« Sie legte mir die Hand auf die Stirn, was, wie meine Mutter mir erklärt hatte, nichts Verläßliches besagte, sondern nur eine Geste mütterlicher Autorität war. »Nein, nein«, sie schüttelte den Kopf. »Du fühlst dich eher kalt an. Wahrscheinlich, weil du nichts gegessen hast.«

Wieviel sie wohl über mich wußte? Hatte sie in meiner Akte geschnüffelt, und führten sie überhaupt so etwas im Sommercamp? Wußte sie, daß ich eigentlich nicht hier sein sollte? War ihr klar, daß ich nur hier war, um meine Mutter acht Wochen lang von ihrem Dasein als Alleinerziehende zu entlasten? Wußte sie, daß wir kein

Geld hatten, daß ich hier als eine Art Sozialfall war, daß sie mich nur genommen hatten, weil meine Mutter zu hart für zu wenig Geld arbeitete und nicht wußte, was sie mit mir anfangen sollte, wenn keine Schule war? Wußte sie, daß alles nur ein großer Irrtum war?

»Hören Sie, ich bin nicht wirklich krank«, sagte ich frei heraus. Wenn ich ihr offen sagte, was mir fehlte, würde sie darauf bestehen, so hoffte ich, daß meine Mutter mich auf der Stelle abholte - das war es ja, was ich wollte. »Ich habe nur Allergien, wirklich schlimme, und neulich habe ich meine Tabletten genommen, aber anscheinend zu viele, denn seitdem kann ich mich nicht mehr rühren.«

»Was waren das für welche?«

Ich langte in das Fach neben meinem Bett, wo ich Tonbänder und Bücher und Pillen aufbewahrte, hielt ihr die fast leere Flasche hin und schüttelte sie wie eine Babyrassel. »Atarax. Hat mir mein Arzt verschrieben.«

»Aha.« Da ich noch nicht mal zwölf war, konnte sie das nicht auf pubertäre Angst schieben. Sie konnte es eigentlich auf überhaupt nichts schieben. Ich auch nicht.

Ich ertappte mich dabei, es ihr erklären zu wollen, dieser Frau im mittleren Alter mit der Art von Haarschnitt, die man Frisur nennt, jede Nacht Lockenwickler braucht und Agnes oder Harriet oder ähnlich heißt, ein Name, der selbst für die Generation meiner Mutter altmodisch war. Ich wollte die Flasche öffnen und ihr das Atarax zeigen, sie sehen lassen, daß der weiße kindersichere Verschluß dieses Kind nicht täuschen konnte. Ich wollte ihr zeigen, wie hübsch die kompakten schwarzen Pillen waren. Sie sahen so aus, wie ich mir »Black Beauties« vorstellte. Sie wirkten so verlockend, so subversiv, daß es mir fast unmöglich schien, nur eine einzige davon zu nehmen. Diese kleinen schwarzen Todesengel *sollten* dich töten. Auch wenn es nur Antihistamine waren, vielleicht nicht stärker als das, was man ohne Rezept bekam. Auch wenn die Person, die sie verschrieb, nur an die Pollen dachte, die meine Augen und meine Nasengänge schwellen ließen. Selbst dann.

Unmöglich, der Campbetreuerin meine chronische Niedergeschlagenheit zu erklären, unmöglich, ihr zu erzählen, daß ich mich schon den meisten meiner Zimmerkameradinnen entfremdet hatte, die für Donna Summer oder Sister Sledge schwärmten und sich darüber stritten, wer John Travolta und wer Olivia Newton-John in ihren Playback-Versionen von ›Grease‹ sein durfte, während ich auf meinem beschissenen kleinen Kassettenrekorder bis spät in die Nacht Velvet Underground hörte. Wie konnten sie denn verstehen, daß es für mich sinnlos war, Discomusik zu hören und im Zimmer herumzutanzen, wenn ich auf dem Betonfußboden liegen konnte, allein mit dem trüben Licht einer Badezimmerglühbirne, das mich davor bewahrte, völlig im Dunkel zu versinken, während Lou Reeds Stimme mich mit ihrem Nihilismus betörte?

Es gab keine Möglichkeit, der Campbetreuerin oder sonst irgendwem klarzumachen, daß ich nicht so sein wollte, wie ich war. Unmöglich zu sagen, wie sehr ich die anderen Mädchen beneidete, die hinter Jungen herliefen und laut und lustig waren, wie sehr ich mein Haar zurückwerfen und flirten und aufgekratzt sein wollte, aber es irgendwie nicht *konnte* - mich nicht traute -, es nicht mal mehr versuchte. Unmöglich zu erklären, wie schrecklich es für mich sein würde, wenn ich in ein paar Wochen Geburtstag hätte und einen Kuchen mit Zuckerguß bekäme, wie schrecklich es sein würde, wenn alle sängen und ich die Kerzen ausblasen müßte - und die ganze Zeit wüßte wie alle anderen, daß es ein umständlicher Akt des Mitleids oder des Anstands wäre und nichts damit zu tun hätte, daß irgendwer mich wirklich mochte. Unmöglich, die anderen oder die Campbetreuerin oder sonstwen hier, der mich nicht von früher kannte, davon zu überzeugen, daß das nicht immer so war und ich mich mit sechs Jahren zur Anführerin aller Mädchen im ersten Schuljahr gemacht hatte (es war ein ganz simpler Trick: wer sich nicht unterwarf, durfte mit keiner von denen, die mir gehorchten, befreundet sein), daß die Lehrerin eine Klassenversammlung machen mußte, um zu erklären, wir wären alle frei und es gäbe keinen Boß, und daß meine Freunde mich trotzdem als Führerin behalten wollten. Wie konnte ich sie je davon überzeugen, daß ich einmal die Klassentyrannin war, daß ich einmal populär war, mit sechs Monaten schon in einer Werbesendung für Pampers, später für Hi-C und Starburst aufgetreten war, mit sechs Jahren eine ganze Serie von Tierbüchern, mit sieben eine Bühnenfassung vom ›Doppelmord in der Rue Morgue‹ geschrieben hatte, daß ich mit acht aus Zeichenpapier, Filzstiften und Temperafarben ein Bilderbuch fabriziert hatte, das ›Penny der Pinguin‹ hieß - daß kein vernünftiger Mensch sich je hätte träumen lassen, es könnte so weit mit mir kommen: elf Jahre und schon fast hinüber.Meine Mutter hatte die Veränderungen der einsetzenden Menstruation zugeschrieben, als ob die Monatsblutung alle verrückt machen würde, als ob es nur etwas Vorübergehendes wäre und ich immer noch ins Sommercamp fahren könnte und immer noch okay wäre. Wenn nicht mal Mom verstehen konnte, was mit mir los war, dann erst recht nicht diese vorsintflutliche Betreuerin, die zu dem sicheren Schluß gekommen war, daß ich versehentlich zu viele Pillen geschluckt hatte, daß vielleicht der unaufhörliche Regen meinen Heuschnupfen verschlimmert hatte und ich ein bißchen zu weit gegangen war. »Dir ist doch klar, daß du alle verschriebenen Tabletten der Krankenschwester geben sollst«, sagte sie, als ob das noch zählte. »Du hättest das gleich am Anfang tun sollen. Sie hätte dir die richtige Dosis gegeben.«

Ich hätte sagen sollen: *Ich scheiß drauf, ob ich die richtige Scheißdosis von den Scheißpillen kriege, okay?*

Meine Unterhaltung mit der Campbetreuerin hatte weiter keine Folgen. Ich sah, wie sie in gedämpftem Ton mit meinen Gruppenbetreuerinnen darüber sprach, warum ich so viel schlief, und am nächsten Tag kam einer der höheren Sanitäter zu mir, aber das Leben ging weiter wie bisher.

Meine Eltern kamen nicht in die Pocono Mountains, um mich nach Hause zu holen. So wie die Campbetreuerin die Ataraxflasche ansah, hätte man tatsächlich glauben können, die *Pillen* wären eine

Gefahr für mich gewesen und nicht, wie es eigentlich der Fall war, *ich selbst.* Als ich wieder zu Hause war, sprach meine Mutter nie über den Zwischenfall mit dem Atarax. Mein Vater brachte es bei einem unserer Samstagnachmittagsbesuche, die bald nur noch einmal oder zweimal im Monat stattfanden, fertig, Besorgnis zu äußern. Aber ich glaube, alle hielten es für ein Versehen: Ein kleines Kind spielt mit Streichhölzern und verbrennt sich, eine noch nicht Dreizehnjährige muß sich mit etwas komplizierteren Sachen abgeben, nimmt zu viele Pillen, döst mit der Überdosis ein bißchen zu lange. Kann passieren.

Montagmorgen, zwei Tage nach der Party, bin ich wieder im Irrenhaus der Fifth Avenue, alias Dr. Iras Praxis. Eigentlich ist es drei Uhr nachmittags, aber für mich ist das früh.

Dr. Ira schimpft mit mir, weil ich das Lithium abgesetzt habe, ohne ihn zu fragen. Ich erkläre nur, daß mich Panik ergriffen hat, wegen dem Basedow und so weiter. Er erklärt, daß die regelmäßigen Blutuntersuchungen rechtzeitig auf mögliche Probleme hinweisen, daß wir notfalls vorbeugend geeignete Schritte unternehmen könnten. Er hat ja recht. Ich kann und will es nicht bestreiten. Außerdem erzählt er mir, daß die Befunde einer zweiten Testreihe vollkommen normal ausgefallen sind. Er denkt, der Fehler war ein Komma an der falschen Stelle, ein Computerfehler, der 1,4 in 14 verwandelt hat; der Hormonspiegel meiner Schilddrüse lag diesmal genau beim Durchschnittswert von 1,38.

Natürlich weiß ich nicht, was diese Zahlen bedeuten, und will es auch nicht fragen. Aber irgendwie werde ich das Gefühl nicht los, daß es so einfach nicht sein kann. Was ich meine, ist dies: Prozac hat ziemlich minimale Nebenwirkungen, Lithium hat ein paar mehr, aber im Prinzip läßt mich die Kombination als gesunden Menschen funktionieren, wenigstens meistens. Und ich werde das Gefühl nicht los, daß etwas, was so gut wirkt, was mich so sehr verwandelt, an anderer Stelle schädigen muß, vielleicht irgendwann später.

Ich höre schon, wie mir in zwanzig Jahren irgendein Arzt die Worte *inoperabler Hirntumor* zuflüstert.

Der Erhaltungssatz besagt, daß Materie oder Energie nie zerstört, sondern nur in etwas anderes umgewandelt werden, und ich weiß immer noch nicht genau, in was sich meine Depression verwandelt hat. Ich vermute mal, sie hängt noch in meinem Kopf herum, tut meinen grauen Zellen Entsetzliches an, oder schlimmer, sie wartet nur darauf, daß die Uhr von diesem Prozac-Zeug abläuft, um mich erneut angreifen, mich wieder in einen Zustand der Katatonie zu versetzen, wie bei den Figuren in dem Film ›Zeit des Erwachens‹, die nach wenigen Monaten in den selben Stupor wie vor der Einnahme von L-Dopa zurückfallen.Immer wenn ich zu einem Arzttermin gehe, teile ich Dr. Ira meine Bedenken mit. Ich sage zum Beispiel: Ach, erzählen Sie mir doch nichts. Was so gut funktioniert, *muß* doch einfach eine Kehrseite haben.

Oder ich versuche es auf andere Art: Also, machen wir uns nichts vor: Ich war eine der ersten, die Prozac bekommen haben, nachdem es zugelassen wurde, wer sagt denn, daß ich nicht das Versuchskaninchen bin und den Nachweis führe, daß es, also, äh ... einen *inoperablen Hirntumor* verursacht?

Er sagt eine Menge zu meiner Beruhigung, erklärt immer wieder, wie sorgsam er mich überwacht - und dabei gibt er die ganze Zeit zu, daß die Psychopharmakologie eher Kunst als Wissenschaft ist, daß er und seine Kollegen im Prinzip im trüben fischen - und er tut so, als ob nicht eine Million Ärzte den Frauen dasselbe auch über Östrogen-Präparate, über die Spirale, über Silikon-Brustimplantate gesagt hätten, als ob sie nicht einmal behauptet hätten, Valium sei ein Tranquilizer, der nicht süchtig mache, und Halcion ein Wunderschlafmittel. Als ob Schmerzensgeldklagen gegen Pharmakonzerne nicht inzwischen schon Routine wären.

Trotzdem will ich am nächsten Tag nach Miami Beach fahren, bin es so satt, mich elend zu fühlen, daß ich zwei kleine grün-weiße Prozac-Kapseln schlucke, als ich seine Praxis verlasse und pflichtschuldigst meine Dosis Lithium von zweimal täglich wiederaufnehme, außerdem nehme ich jeden Tag zwanzig Milligramm Inderal - einen Betablocker, der normalerweise den Blutdruck senkt -, denn ich muß dem Händezittern und den anderen Vibrato-Effekten des Lithiums entgegenwirken, weil Tabletten nun mal zu noch mehr Tabletten führen.

Und ich kann es nicht glauben, wenn ich im Spiegel sehe, was in aller Augen eine junge, kräftige, rosige, gesunde Fünfundzwanzigjährige sein muß - ich kann es nicht glauben, wenn vernünftige Mensch leugnen wollen, daß das einfach zu viele verdammte Pillen sind.

I

Vielversprechend

And suddenly, as he noted the fine shades of manner by which she harmonized herself with her surroundings, it flashed on him that, to need such adroit handling, the situation must indeed be desperate.

EDITH WHARTON
›The House of Mirth‹

Manche Katastrophensituationen bringen Klarheit, explodieren in Bruchteilen von Sekunden: Man stößt die Hand durch eine Fensterscheibe, und dann ist überall Blut und zersplittertes Glas, rot bespritzt; man fällt aus einem Fenster, bricht sich ein paar Knochen und schürft sich die Haut auf. Mit Nähten, Gips, Bandagen und antiseptischen Mitteln versorgt und heilt man die Wunden. Aber Depression ist keine plötzliche Katastrophe. Sie ist wie Krebs: Zuerst ist der Tumor nicht einmal bei genauem Hinsehen erkennbar, und dann eines Tages - zack! - hat sich ein riesiger, tödlicher, sieben Pfund schwerer Klumpen im Gehirn oder Magen und in der Schulter eingenistet, und dieses Ding, das der eigene Körper aus sich selbst produziert hat, versucht tatsächlich, dich umzubringen. Depression ist ziemlich ähnlich: Schleichend, über die Jahre, häufen sich die Daten im Gehirn, ein Computerprogramm der totalen Negativität baut sich allmählich auf, macht das Leben immer unerträglicher, aber du siehst es nicht einmal kommen, denkst, es ist irgendwie normal, hat was mit dem Älterwerden zu tun, weil du acht oder zwölf oder fünfzehn wirst, und dann eines Tages merkst du, daß das ganze Leben schrecklich ist, nicht lebenswert, ein Horror und ein schwarzer Fleck auf der weißen Landschaft menschlicher Existenz.

Eines Morgens wachst du auf und hast Angst, weil du lebst.

In meinem Fall war ich nicht im mindesten ängstlich bei dem Gedanken, daß ich leben würde, weil ich sicher war, ganz sicher, daß ich schon tot war. Das tatsächliche Sterben, der Verfall meines physischen Körpers, war reine Formalität. Mein Geist, mein Gefühlsleben oder wie man das ganze Chaos im Innern nennen mag, das nichts mit physischer Existenz zu tun hat, war schon lange vorbei, aus und vorbei, und übrig blieb nur eine geballte Ladung dieser unheimlich beschissenen, verdammten, gräßlichen Schmerzen, die mein Rückgrat umklammert hielten wie eine glühende Zange und alle meine Lebensgeister, die mir noch geblieben waren, abdrückte.

Genau das will ich klarstellen: Depression hat nichts mit dem Leben zu tun. Im Lauf des Lebens gibt es Traurigkeit und Schmerz und Kummer, die alle zu ihrer Zeit normal sind - unangenehm, aber normal. Depression ist etwas ganz anderes, weil sie einen völligen Mangel bedeutet: Mangel an Affekt, Mangel an Gefühl, Mangel an Reaktion, Mangel an Interesse. Der Schmerz, den man im Verlauf einer schweren klinischen Depression spürt, ist nur ein Versuch seitens der Natur - denn die Natur verabscheut das Vakuum -, den leeren Raum auszufüllen. Aber im Grunde sind die Tiefdepressiven nur die wandelnden, lebenden Toten.

Und das Gruseligste daran - fragen Sie alle, die in die Fänge einer Depression geraten sind, wann genau ihnen das passiert ist, und sie werden es nicht wissen. Das ist der klassische Augenblick in Hemingways ›Fiesta‹, als jemand Jake Cohn fragt, wie er Bankrott gemacht hat, und er kann nur antworten: »Erst allmählich und dann plötzlich.« Wenn jemand fragt, wie ich meinen Verstand verloren habe, kann ich auch nur das sagen.

Mir scheint, ich war ungefähr elf, als es geschah. Vielleicht war ich zehn oder vielleicht auch zwölf, aber es war irgendwann in der Phase der Vorpubertät. Anders ausgedrückt, hatte niemand damit gerechnet, weil die Pubertät noch nicht eingesetzt hatte.

Ich erinnere mich an das genaue Datum - 5. Dezember 1978 -, ich war gerade elf und bemerkte einige trockene braune Flecken, offensichtlich Blut, in meinem weißen Baumwollhöschen. Ich traf mich an dem Abend mit meiner Mutter bei Bloomingdale - Bloomingdale zum Gucken, Alexander zum Kaufen, war unsere Devise - auf der Suche nach einem Wintermantel, und ich erzählte ihr von den Flecken in meinem Höschen, erzählte ihr, daß ich wohl meine Periode hätte (ich wußte davon, weil ich mit Lisanne in der Grundschule, die ich zu der Zeit noch besuchte, ›Lifecycle‹-Bücher gelesen hatte), und alles, was ihr dazu einfiel, war: O nein! Vielleicht hat sie hinterher so was gesagt wie: O Gott, jetzt fängt der ganze Mist an. Aber egal, was sie gesagt hat, sie vermittelte mir den starken und deutlichen Eindruck, daß ich plötzlich schwierig und zickig werden würde, was schon einzutreten schien.

Wenn ich zu verstehen versuche, wo ich eine Wendung zum Schlechteren genommen habe, warum ich dummerweise die falsche Abzweigung im Leben erwischt habe, werde ich das Gefühl nicht los, daß meine Geburt mitten im Sommer der Liebe (31. Juli 1967) und das Zusammentreffen anderer sozialer Umwälzungen - von der schuldfreien Scheidung über den Feminismus bis zur freien Liebe und Vietnam - und deren spätere Verdrängung durch Punkrock und Reaganomics etwas damit zu tun hatten. Mir widerstrebt der Gedanke, daß die Persönlichkeitsentwicklung mit ihrem Tableau von Idiosynkrasien auf eine derart simple Erklärung reduziert werden kann wie: »die Zeiten waren eben so«, aber die Gegenkultur der sechziger Jahre - zusammen mit ihrem Alter ego, der Gier der Achtziger, hat mich durch und durch geprägt.

Und das, obwohl ich nicht von ein paar kaputten, irren Hippie-Eltern erzogen wurde, die im Central Park Pot rauchten und mich in einem Batiktragetuch herumschleppten, mit zwei Jahren nach Woodstock mitnahmen und mich mit ihrer spätpubertären Verantwortungslosigkeit gründlich vermurksten. Nichts könnte weiter von der Wahrheit entfernt sein. Mom war eine unbeirrbare Republikanerin, die dreimal Nixon gewählt hatte, die für eine Eskalation des Vietnamkriegs war und die sich William F. Buckley anhörte, als sie Anfang der sechziger Jahre in Cornell studierte. Wie sie erzählt, kamen so wenig Studenten von ihrem liberalen College zu dem Vortrag, daß sie ihren Mantel über mehrere Sitze warf, damit es so aussah, als würden noch mehr kommen. (Mom ist übrigens die einzige mir bekannte Person, für die Oliver North ein Held ist.) Dad war unpolitisch, hatte absolut keine beruflichen Ambitionen und arbeitete als kleiner Angestellter in einer großen Firma. Er hatte kurzes Haar und trug eine Buddy-Holly-Idiotenbrille, las Isaac Asimov und hörte gern Tony Bennett. Das einzige Gespräch mit ihm, das einer politischen Diskussion entfernt ähnelte, fand statt, als ich ungefähr acht war und er mir sagte, er finde es beschissen von Präsident Ford, daß er Nixon amnestiert habe, weil Lügen wirklich mies sei. Ansonsten hatten sie keine unkonventionellen Neigungen, obwohl sie hin und wieder schlechte Mary-Travers-Platten kauften.

Wie die meisten Erzeuger meiner Generation gehörten meine Eltern nicht zu den locker-unverklemmten, aufgedrehten Typen, die die Sixties ins Rollen brachten. Sie waren ein kleines bißchen zu alt dafür - '39 und '40 geboren statt '44 und '45 (in einer schnellebigen Kultur machen fünf Jahre sehr viel aus). Die Eltern meiner Zeitgenossen hatten zum größten Teil das College hinter sich und waren bereits Anfang der sechziger Jahre in die Welt der Arbeit eingetaucht - einige Jahre vor den Studentenunruhen, den Protesten gegen den Krieg, und bevor Sex-'n'-Drugs-'n'-Rock-'n'-Roll zu einer treibenden Kraft wurde.

Als die radikalen Sechziger über unsere Eltern hereinbrachen, waren wir - die Kinder - schon geboren, und sie standen vor dem Dilemma, ob sie dem eingefleischten Glauben, Kinder müßten in einem traditionellen Haushalt aufwachsen, oder dem Geist der neuen Zeit gehorchen sollten, in der alles möglich war und der alternative Lebensstil schon in der Luft lag. Da hockten sie nun, in Ehen, die sie einst für notwendig gehalten, und mit Kindern, die sie fast zufällig bekommen hatten, in einer Welt, die plötzlich sagte: *Keine Zwänge! Keine Zufälle! Alles loslassen!* Ein wenig zu alt, um die Kulturrevolution der sechziger Jahre voll auszukosten, kriegten unsere Eltern all die Kehrseiten zu spüren. Die Freiheit streifte sie nur - und das auf eine irritierende Weise -, statt sie frontal zu treffen. Statt erst später zu heiraten, ließen unsere Eltern sich scheiden; statt Feministinnen wurden unsere Mütter ausrangierte Hausfrauen. Viele schon zuvor verunglückte Beziehungen wurden noch weiter zerrüttet, wenn die Leute nicht mehr jung oder frei genug (sprich: kinderlos) waren, um neu anzufangen. Und ihre Unzufriedenheit - ihr Gefesseltsein - ließen sie an den Kindern aus. Kinder mit jemandem zu haben, den man inzwischen verachtet, das ist etwa so, als hätte man einen gräßlichen Autounfall gehabt und müßte den Querschnittsgelähmten vom anderen Auto ein Leben lang besuchen: Nie kann man seinen Fehler vergessen.

Meine Eltern sind dafür ein Musterbeispiel. Gott weiß, was sie überhaupt zur Heirat getrieben hat. Vermutlich hatte das damit zu tun, daß Mom mit vielen Cousinen aufgewachsen war, die alle heirateten, also schien es sich so zu gehören. Und nach ihrem Verständnis, damals Anfang der sechziger Jahre, konnte sie nur durch Heirat dem Elternhaus entkommen. Sie war nach Cornell gegangen, weil sie Architektin werden wollte, aber ihre Mutter meinte, sie würde es nur zur *Sekretärin* eines Architekten bringen, also wählte sie Kunstgeschichte als Hauptfach, hielt aber an ihrem Ziel fest. Sie hatte im Grundstudium ein Jahr im Ausland, an der Sorbonne, verbracht und sich all die kalkulierten Abenteuer gegönnt, die sich ein nettes jüdisches Mädchen aus Long Island in Paris leisten kann - ein Motorrad mieten, ein schwarzes Cape tragen, mit einem adligen Typen ausgehen -, aber als sie aus dem College kam, kehrte sie ins Elternhaus zurück, und man erwartete von ihr, daß sie dort blieb, um irgendwann ins Haus ihres Ehemanns umzuziehen. (Bestimmt gab es viele Frauen, die mutiger waren und sich dieser Erwartung entzogen, ein Apartment oder mit Freundinnen eine billige Wohnungen in der Stadt mieteten, die arbeiteten und mit Männern ausgingen, Theaterpremieren und Vorträge besuchten - aber Mom gehörte nicht dazu.) Sie machte bei Macy eine Ausbildung zur Verwaltungsangestellten, und als sie eines Tages auf der Rolltreppe vom Erd- zum Zwischengeschoß stand, kam ihr mein Vater auf der abwärts fahrenden Treppe entgegengeschwebt. Sie heirateten knapp ein Jahr danach.

Meine Eltern machten merkwürdige Sachen, als sie verheiratet waren. Dad bekam eine Stelle bei IBM, und sie zogen nach Poughkeepsie, wo Mom vor Langeweile verrückt wurde und sich einen Affen namens Percy anschaffte. Schließlich wurde sie mit mir schwanger, fand ein Baby doch besser als einen Affen, und sie zog nach New York City, weil sie es keinen Tag länger in einer Stadt aushielt, die zur einen Hälfte aus dem Vassar College, zur anderen aus IBM bestand. Mein Vater folgte ihr nach, ich wurde geboren, sie stritten sich, sie waren unglücklich, er weigerte sich, ein College-Diplom zu erwerben, sie stritten sich etwas mehr, und dann wollte ich eines Tages nicht mehr aufhören zu weinen. Mom rief meinen Dad auf der Arbeit an, um zu sagen, wenn er nicht auf der Stelle heimkäme und herausfände, wie ich zu beruhigen wäre, würde sie mich aus dem Fenster werfen. Was auch immer mein Vater tat, als er in die Wohnung kam, es hat funktioniert, denn ich bin noch am Leben, aber ich glaube, der Vorfall markierte das Ende der Ehe. Wenig später versuchten meine Eltern, ein Bild aufzuhängen, und Mom weigerte sich strikt, den Nagel festzuhalten, während er ihn in die Wand schlug - sie war sicher, er würde danebenhauen und ihr die Finger zerhämmern. Danach gingen sie zu einem Eheberater, von dem sie im ›Time Magazine‹ gelesen hatten und der sie mit Modelleisenbahnen spielen ließ, um zu sehen, wie ihre Beziehung funktionierte. Irgendwas an der Art, wie sie die Züge zusammenschoben, brachte ihn zu dem Schluß, daß es zwecklos war. Mom warf Dad hinaus, er zog zu seiner Mutter und seinem zuckerkranken Alkoholikervater in einen Billigbau-Wohnblock in Brighton Beach, und das war das Ende.

Genausogut hätte diese Ehe eines schönen Tages friedlich enden können, mit der Erkenntnis, daß alles nur ein Irrtum zweier übermütiger Kinder war, die erwachsen spielten. Das Problem war, daß sie ein Kind hatten, und für viele Jahre nach der Trennung war ich das Schlachtfeld, auf dem sie ihre ideologischen Differenzen ausfochten. Das war New York City Ende der sechziger Jahre: Harlem war niedergebrannt, die Columbia University geschlossen, der Central Park ein internationales Zentrum von Love-ins und Be-ins und Drug-ins, und Mom konnte nicht fassen, daß sie nun eine alleinstehende Mutter mit einem kaputten Exmann war. Sie schickte mich zum Kindergarten der Synagoge, weil sie glaubte, das würde mir Stabilität und einen Sinn für Gemeinschaft geben, während Dad, der etwa einmal die Woche auftauchte, um mich bei sich zu haben, mit mir über Atheismus redete und darauf bestand, daß ich Hummer und Schinken und andere nicht koschere Speisen aß, von denen ich gelernt hatte, daß sie nicht erlaubt waren. Da Dad täglich Valium nahm, verbrachte er unsere gemeinsamen Samstagnachmittage schlafend, ließ mich fernsehen oder mit Wasserfarben malen oder Mom anrufen, um zu sagen, *Daddy rührt sich nicht, ich glaube, er ist tot,* wenn er eingenickt war. (Einmal, als ich neun war, gingen wir uns ›The Last Waltz‹ ansehen, und er schlief ein. Ich konnte ihn nicht wachkriegen, also blieben wir durch drei Vorstellungen sitzen; vielleicht erklärt das meine anhaltende Schwäche für Robbie Robertson.)

Jahrelang mühte Mom sich redlich, mir eine solide, traditionelle Mittelstandserziehung zu verpassen, während mein Vater mir erzählte, ich sollte einfach Künstlerin oder Dichterin werden oder von den Früchten des Feldes leben und so weiter. Aber so kunstbeflissen und überdreht seine Ideen auch klangen, gründete sich seine laxe Einstellung nicht auf irgendeine Sechziger-Jahre-Boheme-Philosophie vom Leben-und-leben-lassen. Er hatte eher einen Arbeiter- und Einwandererhintergrund und war nicht aufs College gegangen. Statt dessen hatte er in der US-Army gedient. Er war überhaupt nicht *cool* oder *groovy*; nur ein Versager. Während Mom also mit dem kleinen Einkommen jonglierte, das sie mit Teilzeitarbeit anhäufen konnte, und versuchte, für mich zu sorgen, verzweifelt bemüht, sich wenigstens mit einem Fuß in der Bourgeoisie festzukrallen, machte mein Vater Überstunden (ohne damit sonderlich viel Geld zu verdienen), um bloß nicht dazuzugehören. Dies ging so weiter, hin und her, jahrelang, bis klar war, daß wir alle drei in das verwirrende Kreuzfeuer einer Zeitenwende geraten waren und das bißchen Rückhalt, das meine Eltern mir möglicherweise hätten geben können, durch ihre Konflikt immer wieder zerstört wurde.

Ich beweifle nicht, daß es auf andere Art ebenso schrecklich gewesen wäre, als Kind bekiffter Hippies oder einer Politikerfamilie geboren zu sein, und sicher haben die Kinder, die ein paar Jahre jünger sind als ich, ihre eigenen Beschwerdelisten. Aber ich bin davon überzeugt, daß es fast schlimmer ist, in Zeiten des Umbruchs aufgewachsen zu sein, inmitten einer wild pulsierenden Stadt wie New York, doch erzogen von Leuten, die mit dieser Kultur nichts im Sinn hatten. Wer möchte schon bei einer Orgie das Mauerblümchen sein? Mom wollte mich um jeden Preis vor dem behüten, was sie als hellen Wahnsinn ansah, und meinem Dad, der sich kurz nach der Scheidung mit Beruhigungsmitteln vollpumpte, war alles einfach gleichgültig. Ich glaube wirklich, wenn einer von beiden irgendwelche starken Überzeugungen oder Werte an mich hätte weitergeben können, wäre meine Weltsicht vielleicht eher lebensbejahend als -feindlich geworden. Aber so hatten sie mir nur ihre Angst anzubieten - Mom hatte Angst vor der Außenwelt, und Dad hatte Angst vor mir und Mom; wir lebten in einem paranoiden Haushalt, in dem sich jeder seine Feinde bastelte, und bald gab es keinen mehr, der nicht dazugehörte.

Eines Tages, als ich etwa zehn war, eröffnete mir mein Vater, er habe nie ein Kind mit meiner Mutter haben wollen, die Ehe sei beschissen und von vornherein ein schlechter Witz gewesen. Aber als sie dann schwanger wurde, habe er sich sehr gefreut. Meine Mutter habe abtreiben wollen und mit der festen Absicht, eine Ausschabung vornehmen zu lassen, den Gynäkologen aufgesucht. Er, mein Vater, habe sie nur mit Gewalt davon abbringen können. Später, als ich meiner Mutter von diesem Gespräch erzählte, brach sie in Tränen aus und sagte, das Gegenteil sei der Fall gewesen: Sie habe mich gewollt, und er nicht. Wenn ich bedenke, daß sie das Sorgerecht hatte, für mich sorgte und mich liebte, während er den größten Teil meiner Kindheit verschlief und spurlos verschwand, als ich vierzehn war, muß ich annehmen, daß sie die Wahrheit sagt. Aber wen kümmert das schon? Auch andere Kinder haben alleinstehende Mütter und werden so aufgezogen und entwickeln sich prima - ich glaube, es ist egal, wieviele Elternteile man hat, solange die, die da sind, ihre Präsenz positiv spüren lassen. Aber ich habe zwei Eltern, die ständig uneins waren, und alles, was sie mir gaben, war ein hohles Fundament mit einem tiefen Riß mitten durch mein leeres, schmerzendes Ich.

Sie waren getrennt und geschieden, ehe ich zwei war.

Meine einzige Erinnerung daran, daß mein Vater noch bei uns wohnte: Ich bin natürlich noch ganz klein, ich laufe in das Schlafzimmer und finde meinen Vater in dem großen, breiten Bett unter der Bettdecke, die Brille schief auf der Nase, den Kopf zur Seite gedreht, irgendwie abschätzig sieht er zu mir herüber, aber nicht wirklich. Oder vielleicht überhaupt nicht. Ich habe einen Schnuller im Mund, einen von etwa dreißig, die alle einen Namen haben. Ich bleibe die ganze Nacht wach und spiele mit ihnen unter der Bettdecke und baue ihnen aus den Falten der Decke eine Burg, in der sie wohnen. Dad döst noch vor sich hin und zwingt sich, wach zu bleiben, weil Mommy schon auf ist und Omelettes und Café au lait macht. Die Bettücher sind pink mit braunen und weißen diagonalen Streifen unterschiedlicher Breite, eindeutig eine Mode der Zeit, es soll ein bißchen aussehen wie ein Gemälde von Frank Stella oder ein geometrischer Haarschnitt von Vidal Sassoon. Sie sind so geradlinig und solide und er so verrenkt und wabbelig.

An der Wand hängt ein Poster, das Ende der Sechziger sehr beliebt war:

Ein gebrochenes Herz, das durch ein Pflaster zusammengehalten wird, als ob man Dinge einfach so flicken könnte (und macht sich möglicherweise lustig über die Illusion, daß Dinge sich einfach so flicken lassen). Jedenfalls richtet sich mein Vater, damals noch ohne Bart, im Bett auf und lehnt sich gegen das schwarze antike schmiedeeiserne Kopfende.

Das ist meine einzige Erinnerung an meinen Daddy zu Hause. In all meinen frühen Erinnerungen schläft er oder wacht gerade auf oder schläft gerade ein. Wenn wir nach der Trennung unsere gemeinsamen Samstage haben, geht mein Vater oft mit mir chinesisch Essen, und hinterher ziehen wir uns in sein Studio (ohne Lift) zurück, stellen den Fernseher an, und ich sehe fern, während er schläft. Meistens gibt es an den Wochenenden nachmittags nur Sport, Collegesport - ich glaube mich an viele NCAA-Meisterschaften zu erinnern, die mich nicht interessieren - und ›Star-Trek‹-Wiederholungen, die mich verwirren (mein Vater war dagegen ein unentwegter »Trekkie«, aber er hat trotzdem alle Folgen verschlafen.) Manchmal kommt ein Film über die Donner-Affäre oder ein anderes schreckliches historisches Ereignis, manchmal kauft er mir ein Modellflugzeug oder -auto, die baue ich dann zusammen und bemale sie mit feldgrauer Emailfarbe und den Hoheitszeichen der Allierten oder der Achsenmächte. Ich kenne kein anderes Mädchen, das solche Modelle bastelt, und ich tue es nur, weil er mir nichts anderes zu tun gibt, während er schläft. Manchmal tippe ich ihn an, damit er mir hilft, einen Flügel zu montieren oder die Nahtlinie eines silbernen Kotflügels zu malen, aber er rührt sich nicht.

Ich nehme es nicht allzu persönlich, daß mein Vater meine Besuche verschläft - was kann man einem kleinen Kind schon erzählen, und vermutlich ist das alles schon mit dem Lunch erledigt. Später, als ich alt genug bin, um über diese Dinge Bescheid zu wissen, sage ich zu Mom, daß ich ihn für einen Narkoleptiker halte, und sie sagt, daß alle Männer so sind, daß sie in der Armee lernen, überall zu schlafen, also tun sie es. Als ich alt genug bin, meinen Vater danach zu fragen, warum er unser kleines bißchen kostbare gemeinsame Zeit verschläft, spricht er nur von Nerven - von Nerven und Valium. Librium und Xanax und was sonst noch.

Einmal, als ich drei bin, reist meine Mutter für drei Wochen nach Israel, angeblich, um herauszufinden, wie es sich dort lebt. Obwohl wir nicht besonders religiös sind, meint sie, daß im Nahen Osten, wo die Kriegsgebiete direkt vor der Haustür liegen, die Verhältnisse viel stabiler sind und besser geeignet, ein Kind aufzuziehen. Mein Vater erzählt mir, sie ist weggegangen, weil sie verrückt wird, aber was auch immer der Grund ist, Daddy wohnt in dieser Zeit bei mir. Für mich ist das eine ganz große Sache, es bedeutet nämlich, daß ich nie pünktlich in den Kindergarten muß, weil mein Vater den ganzen Morgen verschläft.

Er schläft auf der grünen Bettcouch im Wohnzimmer (anscheinend ist es ihm unangenehm, in dem Bett zu liegen, das er einmal mit Mommy geteilt hat), und jeden Morgen stehe ich beim Hellwerden auf und spiele mit meinen Malbüchern oder lese Dr. Seuss oder reite auf meinem Schaukelpferd und sehe mir ›Captain Kangaroo‹ an und warte, daß er aufsteht und mir Frühstück macht. Stunden vergehen, schließlich scheint es Lunchzeit zu sein, und ich habe solchen Hunger, daß ich auf Zehenspitzen ins Wohnzimmer schleiche, da stehe und ihn anstarre, in der Hoffnung, daß er kraft meines Blicks aufwacht. Es klappt nicht.

Endlich gehe ich ans Bettende, wo die Zugfedern die Matratze mit der Couch verbinden und wo sein Gesicht liegt, und mit meinen kleinen Fingern schiebe ich vorsichtig sein Augenlid hoch, als wäre ich ein Polizist am Schauplatz eines Verbrechens. Zuerst sehe ich nur das Weiße, dann tauchen schließlich die Iris und die Pupille auf, und umgekehrt tauche ich in seinem Blick auf, und er guckt ein bißchen verdattert, als hätte er das nicht erwartet; wer ist diese Fremde über ihm, oder vielleicht ist er lange gefahren und hat den falschen Tramper mitgenommen.

Und ich sage: Daddy, ich bin's.

Drei Wochen lang komme ich mindestens drei Stunden zu spät in den Kindergarten, und jedesmal lacht Patti, die Kindergärtnerin, nur. Mein Dad ahmt Donald Ducks Stimme für mich und die anderen Kinder nach, und dann ist er weg.

Das erstemal beim Therapeuten - und es gab so viele erste Male - kommen gewisse Routinefragen, durch die wir durch müssen. Erst der übliche medizinische Kram - Sind Sie allergisch gegen Penicillin? Wen sollen wir im Notfall benachrichtigen? Nehmen Sie Medikamente? -, dann die Familiensachen, aber nicht die Anekdotennummer, die den größten Teil der Therapie ausmacht, sondern so was wie: Ist in Ihrer Familie schon Depression vorgekommen? Zuerst vergesse ich immer alles, meine Cousinen, die versucht haben, sich umzubringen, meine Urgroßmutter, die in einer Anstalt starb und meinen Großvater, den Alkoholiker, und meine Großmutter mit der schrecklichen Melancholie und meinen Vater, der offensichtlich sehr kaputt war - ich vergesse immer diese ganzen Leute und sage: *Ich bin die einzige*.Das ist keine Schauspielerei. Ich denke ehrlich nicht an irgendwen von denen als Verwandte von mir, weil sie alle von Dads Seite her kommen, und ich habe nicht mal das Gefühl, daß er zu meiner Familie gehört.

Meine Cousine Pamela wollte allem ein Ende machen, indem sie sich die Pulsadern aufschnitt, oder wenigstens erzählt man sich das. Ich erinnere mich, von dem ganzen Blut und Durcheinander gehört zu haben, aber es war Jahre später, daß Dad mir gegenüber den Selbstmordversuch erwähnte und hinzufügte, auch ihr Bruder habe es versucht, aber mit Tabletten, glaube ich, und da hatte sich das Bild von den beiden - ziemlich gewöhnliche, nichtssagende blonde Kinder - schon so sehr in mir festgesetzt, daß ich die Nachricht kaum noch zur Kenntnis nahm. Außerdem nahm ich kaum etwas von dem, was mein Vater erzählte, wirklich ernst, weil ich überzeugt war, daß er selber verrückt war.

Genauso leicht konnte ich die Tatsache, daß meine Urgroßmutter in einer Anstalt starb, als unwichtig abtun - schließlich steckten sie damals Frauen da hinein, weil sie für ihren Lebensunterhalt arbeiten oder eine Scheidung wollten, also heißt es nicht unbedingt, daß sie verrückt war. Sie hätte außerdem Tuberkulose oder Typhus haben können. Und wer weiß, ob mein Großvater so besonders schlimm war und nicht einfach nur alt und kränklich, denn nur *das* war er, als ich ihn kennenlernte. Erst als er starb und wir nicht zur Beerdigung gingen, erzählte mir mein Vater, daß er ein übler Säufer war, daß er meine Großmutter schlug und daß mein Dad ihm eines Nachts die Rippen brach, beim Versuch, ihn zu töten (wer weiß, ob irgend etwas daran stimmt). Für mich war Grandpa Saul nur ein harmloser alter Mann. Und Grandma Dorothy - na, sie hat bestimmt ein schreckliches Leben gehabt, aber ich kannte sie nur als die alte Dame, die Hühnersuppe für mich kochte - bei den seltenen Gelegenheiten, wenn mein Vater sie mit mir zusammen besuchte (natürlich verschlief er dort die Zeit in einem Sessel vor dem Fernseher), in ihrer kleinen Wohnung voller Möbel aus imitiertem Holz und dem Webteppich und der impressionistischen Tapete mit der Cyclone-Achterbahn von Coney Island. Meine Großmutter kam mir immer vor wie jede andere überbesorgte, aufopferungsvolle jüdische Mütter.

Und Dad - ich dachte nur, er wäre wirklich müde. Es kam mir nie in den Sinn, daß es da irgendwelche Problem gab.

Aber jetzt, Jahre später, muß ich annehmen, daß der Hang zum Unglücklichsein in der Familie liegt. Er beherrschte so viele Generationen väterlicherseits, daß ich mich frage, warum dem keiner - ich weiß nicht wie - endlich einmal ein Ende bereitet. Ich weiß nicht, warum sich keiner findet, der einen großen schwarzen Schirm über uns hält und uns alle aus dem Regen holt.

Also erzähle ich die Familiengeschichte der Depression jedem neuen Therapeuten, wenn sie mir schließlich einfällt, und sie fühlen sich jedesmal verpflichtet, auf die genetische Komponente geistiger Erkrankungen hinzuweisen. Doch dann erzähle ich ihnen ein bißchen über meinen unmittelbaren Familienhintergrund, und früher oder später sagen sie mit Sicherheit so was wie: *Kein Wunder, daß Sie so depressiv sind*, als ob das die naheliegendste Reaktion wäre. Sie tun so, als wäre meine Familiensituation besonders beunruhigend und problematisch, im Gegensatz zu dem, was sie heutzutage tatsächlich ist: völlig normal. Wenn ich über meine Entwicklung nachdenke, komme ich mir vor wie eine Fallstudie über den Wandlungsprozeß der amerikanischen Familie im ausgehenden 20. Jahrhundert: Meine Eltern sind geschieden, ich wuchs in einem Haushalt mit weiblichem Vorstand auf, meine Mutter war immer arbeitslos oder hatte Teilzeitbeschäftigungen, mein Vater war immer unbeteiligt oder spielte eine Nebenrolle in meinem Leben, es gab nie genug Geld für irgendwas, Mom mußte Dad wegen Verletzung der Unterhaltspflicht und nicht bezahlter Arztrechnungen verklagen, Dad verschwand schließlich - aber all diese Informationen sind gerade mal so aufregend wie die Handlung eines Ann-Beattie-Romans. Oder vielleicht nicht einmal das. Als ich neu aufs College kam, kann ich mich erinnern, saß ich nächtelang in Schlafsälen und Kaffeehäusern herum und tauschte Familienhorrorgeschichten mit meinen neuen Freunden aus. Wir wetteiferten förmlich darum, wessen Vater am verantwortungslosesten war (Jordana beklagte sich immer, daß ihr Dad genug Geld für gute Weine und eine Wohnung in der Park Avenue hatte, aber nie mit ihr essen ging) oder wessen Mutter die konfuseste, hysterischste oder einfach unmöglichste war (Ich siegte immer in diesem Wettstreit). Es war immer interessant zu sehen, wer den Rekord für die am längsten andauernde Nichtkommunikation mit dem abwesenden Elternteil hielt (fast immer der Vater), entweder weil er wieder geheiratet hatte und nach San Diego gezogen war oder weil er einfach so ein mieses Arschloch war, der sich ohne besonderen Grund aus dem Staub gemacht hatte.

Je mehr Scheidungskinder ich im Lauf der Jahre kennengelernt habe, desto normaler und banaler erscheint mir allmählich meine eigene Familiengeschichte. Und ich komme mir dumm vor, wenn ich meine Probleme vor dem Therapeuten ausbreite, weil - Herrgott noch mal, na und? Ich kann das Ausmaß an Schmerz und Elend und Verzweiflung, das ich als Depressionskranke erlitten und ertragen habe, schlecht mit den Ereignissen meines Lebens zusammenbringen, die ja so gewöhnlich zu sein scheinen. Meine Reaktionen darauf sind ungewöhnlich heftig, aber wirklich, es kommt mir falsch vor, einen statistischen Lebensumstand für irgendwas davon verantwortlich zu machen.

Schaut man auf die weite Verbreitung von Depressionen - besonders unter Leuten meines Alters - dann ist das niederschmetternd, wie wenn man auf ein betäubtes, gelähmtes Körperglied einschlägt, das zwar blaue Flecke bekommt, aber völlig gefühllos bleibt. Die Gründe, die diesen oder jenen Menschen dazu treiben, Zoloft, Paxil oder Prozac zu nehmen, oder zu glauben, er leidet an einer schweren Depression, scheinen weniger maßgeblich zu sein als die simple Tatsache an sich. Jemanden nach den Ursachen seiner Verzweiflung zu fragen bringt immer neue Variationen ein und derselben Familiengeschichte hervor - da gibt es immer Scheidung, Tod, Trunksucht, Arzneimittelmißbrauch und was nicht alles in beliebig austauschbarer Reihenfolge. Ich meine, gibt es überhaupt noch irgendwen, der *nicht* glaubt, seine Familie sei gestört?

Aber unmöglich kann mein Vater alle meine Besuche verschlafen haben. Schließlich war er ein eifriger Fotograf, er liebte seine Nikon, und ich war sein Lieblingsmotiv. Nur wenn man ihm eine Kamera in die Hand gab, konnte man ihn wachhalten. Die frühen Bilder von mir sind die besten, die er aufgenommen hat: wie ich als Zweijährige ein Eichhörnchen im Central Park jage, an einem Brunnen im Zoo trinke, auf dem Schreibtisch im Büro meiner Mutter sitze, wobei mein Kleid so weit hochgerutscht ist, daß die Unterwäsche zu sehen ist; wie ich mit Moms Schuhen und Sonnenbrille durch das Haus laufe, mit dem Hund spazierengehe. Dann gibt es noch ein ganz besonderes Foto, auf dem ich im Schneidersitz auf einer Parkbank sitze, in Stretch-Shorts und einem weißen T-Shirt, Zöpfe und einen dicken Pony habe, um den Hals Indianerperlen und im Gesicht einen geheimnisvoll nachdenklichen Ausdruck. Eine Wange ist aufgeblasen, als ob ich Langeweile hätte oder sehr konfus wäre oder so was. Die Leute fanden das Bild so süß, daß es auf einer Glückwunschkarte landete und mit dem Spruch verziert wurde: »Solche wie ich mögen solche wie dich.« Offenbar hat sich das in Kalifornien gut verkauft. Eines Tages, als Dad im Zoo des Central Park Aufnahmen von mir machte, ich kann erst zwei oder drei gewesen sein, fragte ich ihn, wann er nach Hause zurückkäme.

»Schatz, ich komme nicht zurück«, sagte er. Ich muß dabei zu Boden gesehen haben, weil ich mich erinnere, daß der Zoo mit sechseckigen Betonsteinen gepflastert war.

»Aber Mommy sagt, du kommst zurück«, protestierte ich.

»Ich bin sicher, daß Mommy das nicht gesagt hat.« Er hielt inne, wirkte erschöpft, als ob er in Ohnmacht fallen würde. »Mommy und ich leben von jetzt an getrennt, wir haben versucht, dir das zu erklären.« Dann fügte er noch hinzu: »Das heißt nicht, daß ich dich weniger liebhabe.«

»Aber Daddy«, beharrte ich, »Mommy hat gesagt, ich soll dir sagen, daß du zurückkommen kannst. Sie will, daß du zurückkommst.«

»Ich bin sicher, daß das nicht wahr ist.«

Und natürlich war es das nicht.

In derselben Zeit - in der frühen Trennungsphase, als sie sich noch tapfer um Höflichkeit bemühten - paßte mein Vater manchmal abends auf mich auf, wenn Mom ausging. Manchmal brachte er seine Freundin Elinor mit, die bald meine Stiefmutter wurde, und ich spielte dann mit den riesigen, bunten Pucci-Schals, die sie zu ihren Pullovern trug, verband mir damit die Augen oder streichelte die weiche Seide. Unsere Wohnung hatte einen langen, engen Flur mit Einbauschränken, und eine meiner Lieblingsbeschäftigungen war es, mich auf die Füße meines Vaters zu stellen, während er meine Arme über meinen Kopf festhielt, und mit ihm auf seinen Schuhen durch den Flur zu gehen - ganz buchstäblich in seine Fußstapfen zu treten. Und wenn es für mich Zeit war zu schlafen, brachte ich meinen Vater dazu, dieselben Schuhe, rostbraune Halbstiefel, in den Flur vor meine Tür stellen. Ich wollte, daß sie da standen, damit ich rausgucken konnte und wußte, daß er noch da war. Es war, als ob ich schon wüßte, daß er mir eines Tages davonlaufen würde.

Bevor ich zu Bett ging, fragte ich Dad und Elinor immer, wann sie heiraten würden. Manchmal sagte ich, ich würde sie beide feuern, wenn sie es nicht bald täten. Da ich überhaupt keine Ahnung hatte, was eine normale Familie war, dachte ich, es wäre toll, wenn mein Dad heiraten und ich eine richtige Hochzeit erleben würde - ganz anders als die Hochzeit, die ich für meine Puppen Barbie und Ken ausgerichtet hatte, oder als die Trauung, die *ich mit Mark Cooper im Kindergarten vollzogen hatte, als er mit anbot, ich könne* Catwoman *sein, wenn er* Batman *sein dürfe, was im Prinzip bedeutete, daß ich ihn nicht verpetzte, wenn er versuchte, mich in der Mittagsruhe zu verprügeln. Nach all diesen gespielten Hochzeiten, denke ich, hoffte ich wohl, bei der echten Hochzeit meines Vaters Blumenmädchen zu werden und ein neues Kleid zu bekommen. Ich glaube, es ist mir nie in den Sinn gekommen, daß sie es fertigbringen würden, mich nicht einmal zu ihrer Hochzeit einzuladen - nicht zur Trauung, nicht zum Empfang, nicht zum Essen hinterher. Mommy sagte, daß Daddy es wohl so für das beste gehalten hat. Aber ich war erst fünf Jahre alt, und ich wußte nur, daß es eine Party gab, zu der ich nicht eingeladen war.*

Ich glaube, damals begann ich zu ahnen, daß Menschen einfach so verschwinden können.

Meine Mutter und ich zogen in die Upper West Side, und ich wurde Teil einer ganz neuen Menschenart - zumindest einer neuen Art Kind - die anscheinend aus dem kollektiven Genreservoir jener Zeit entstand. Inzwischen ist dieser Teil Manhattans zu einem Mekka für Yuppies und College-Absolventen geworden, doch als ich klein war, wimmelte es dort von alleinerziehenden Müttern, orthodoxen Juden, gezierten Mädchen und intellektuellen Typen, wie man sie in den Woody-Allen-Filmen sieht, und ab und zu gab es auch einen *Künstler.* Der Spielplatz im Central Park war voll von hippiemäßigen Hausfrauen in Clogs und Bluejeans, die da herumsaßen und auf ihre in aller Regel altklugen Kinder aufpaßten, auf jene herrenlosen, verzogenen Geschöpfe, die mit ihren bunten Glasperlenketten und Danskin-Stretchhosen wie Versatzstücke aus der Hippieszene wirkten, keß und durchtrieben waren und, obwohl sie nicht wußten, was Sex war oder wo die kleinen Kinder herkommen, Ausdrücke wie *sexy* oder *fuck you!* benutzten, mit den selbstgewissen Stimmen von Kindern, die zuviel mit Erwachsenen zusammen sind.

Ich glaube, dieser Typus wurde durch die Figur der Tochter in der Verfilmung von ›The Goodbye Girl‹ verkörpert - sie ist viel ausgeglichener und vernünftiger als ihre flatterhafte Mutter, die ihr Liebesleben und die Miete, ihre Karriere und ihre Rückenschmerzen mit jenem unfehlbaren Humor meistert, der jederzeit in den totalen emotionalen Zusammenbruch übergehen kann. Marsha Mason soll zweifellos als gute und verantwortungsbewußte Mutter rüberkommen - tatsächlich ist sie völlig vernarrt in ihre Tochter und weit davon entfernt, sie zu vernachlässigen oder zu mißhandeln - aber sie ist prinzipiell überfordert. So war Mom: Irgendwie wurden die Rechnungen immer bezahlt, der Babysitter auch, es klappte immer mit Privatschulstipendien, und sie fand immer irgendeinen Job, der uns nährte und kleidete. Aber es stand alles auf der Kippe. Ich hatte immer das vage Gefühl, daß uns nur ein einziger Scheck oder Mann oder Job von der Wohlfahrt trennte. Ich kann mich erinnern, daß ich mit Mom in einer Schlange nach Arbeitslosengeld anstand, und ich weiß noch, wie sie auf meinen Vater einredete, ich müsse zu einem *richtigen* Arzt, und sie würde mich auf gar keinen Fall in irgendeine Klinik schicken, auch wenn er meinte, das wäre gut genug. Geld oder vielmehr der Mangel an Geld beherrschte unser Leben, wie nur etwas Abwesendes es beherrschen kann.

Aber mitten in diesem seltsamen und ungesicherten Haushalt schafften es Mom und ich, ganz ähnlich wie Mutter und Tochter in ›The Goodbye Girl‹, unheimlich viel Spaß zu haben, eher gute Freundinnen zu sein als Mutter und Kind. Da ich auf eine jüdische Schule ging, wo die Scheidungsrate unter den Eltern ziemlich niedrig war (das war der Hauptgrund, warum Mom mich dorthin schickte), besuchte ich Freundinnen zu Hause und staunte, wie trist es dort zuging im Vergleich zu unserer Lebensweise. Die Väter wirkten so alt und unnahbar in ihren Geschäftsanzügen, und sie tauchten nur in den Kinderzimmern auf, um für Disziplin zu sorgen oder bei den Hausaufgaben zu helfen. Sie bekamen schon graue Haare und dicke Bäuche, und meistens rochen sie schlecht, wie Väter eben so riechen; die Mütter hatten einfach keinen Stil, waren ohne jeden Schick und brav und bieder und rochen oft ebenfalls schlecht. Die waren nicht lustig, und sie gehörten irgendwie nicht zu der Art von Leuten, die man mit Vornamen anreden kann, ganz unabhängig vom Alter. Die unbekümmerte Freude daran, daß sie Kinder hatten, ging ihnen offenbar völlig ab. Sie konnten mit ihrer Elternrolle nicht viel anfangen. Mom dagegen schenkte mir wirklich ihre Zeit, wenn sie zu Hause war. Sie half mir, Figuren auszumalen, sie tunkte die Kekse in die Milch wie ich und tanzte mit mir im Wohnzimmer herum, zu der Musik von ›Free To Be You And Me‹.

Da ich einen Großteil der Zeit mit Babysittern alleingelassen wurde, freundete ich mich oft mit den großen Mädchen an, die auf mich aufpaßten, wenn Mom arbeitete - offenbar machte es ihnen Spaß, mein langes, langes Haar zu Zöpfen zu flechten oder mir beizubringen, wie man mit Kohle und Pastellkreide malt und nicht nur mit Filzstiften. Ich fragte sie dann nach ihren Freunden und wollte sie überreden, sie mitzubringen, um sie mir anzusehen. Eine von meinen Babysitterinnen hatte einen Trinker zum Vater, vor dem wir uns einmal stundenlang in Angst und Schrecken in der Wohnung verbarrikadieren mußten, während er auf die Tür einhämmerte und drohte, uns beide umzubringen. Eine andere Babysitterin hatte einen älteren Bruder, der eine Priesterausbildung machte. Jahre später erfuhr ich, daß sie crackabhängig geworden war und zwei uneheliche Kinder hatte.

Aber es war nicht so wichtig, wer mich die paar Stunden nach Schulschluß beaufsichtigte, bis meine Mutter von der Arbeit kam, denn ich war immer vollauf zufrieden, wenn ich mit einem meiner vielen seltsamen Projekte allein sein konnte: etwa Grashüpfer züchten, die ich aus dem Tagescamp mitgebracht hatte, oder eine illustrierte Buchreihe über verschiedene Tierarten schreiben oder einfach nur mit meinen Mathebüchern herumsitzen und die Multiplikation und Division beäugen, während die anderen in der ersten Klasse noch immer bei der Addition und Subtraktion sind. Meine inneren Ressourcen waren so unerschöpflich reich, daß ich oft nicht recht wußte, was ich mit anderen Kindern anfangen sollte. Sie kamen mir alle so kindisch vor, besonders im Vergleich zu Mom oder meinen Babysittern wie Nelsa und Kristina und Cynthia, die schon auf der Highschool waren und Bellbottoms trugen, mit aufgemalten Blumen auf Taschen und Schenkeln.

Wer mich als Kind gesehen hätte, wäre nie auf die Idee gekommen, daß ich mit elf außer Gefecht sein würde, hoffnungslos und hilflos. Denn bis zu dem Tag, als ich das erstemal zusammenbrach, war ich trotz alledem ein *golden girl.* Zwar kriegten sich meine Eltern nicht recht in den Griff und wollten sich ständig an die Gurgel springen, doch ich machte das mehr als wett, weil ich bewundernswert und charmant war, nach Art der frühreifen kleinen Mädchen, weil ich in der Schule so perfekt war, weil ich hartnäckig und dominant war, weil ich so eine verdammt gute Ausdauer hatte.

Obwohl wir zu Hause nicht koscher aßen, gelang es mir irgendwie, fünf Jahre hintereinander im Brochos-Wettbewerb der Schule zu siegen - das ist das jüdische Gegenstück zu einem Buchstabierwettbewerb, wo man statt der Rechtschreibung wissen muß, welcher Segen über welche Speisen zu sprechen ist. Aus diesem ziemlich seltsamen Wettbewerb stieg ich in meinem letzten Jahr aus, nachdem ich auf nationaler Ebene gesiegt hatte - gegen Jungen mit Schläfenlocken und Mädchen, die im Juni lange Ärmel und dicke Strümpfe trugen. Für meine Bibelkurse konnte ich Extrapunkte herausschinden, indem ich verschiedene hebräische Passagen auswendig lernte und vor der Klasse aufsagte. Die Lehrer waren immer erstaunt, daß niemand bei mir zu Hause hebräisch sprechen oder lesen konnte, daß ich es mir offenbar selbst beibrachte (schließlich fühlte sich Mom so aus meinem Leben ausgeschlossen, daß sie Hebräisch-Unterricht nahm); die Pädagogen konnten anscheinend nicht nachvollziehen, welches überwältigende Gefühl von Unschlagbarkeit ich besaß - niemand hätte sich je vorstellen können, daß ich als Kind völlig davon überzeugt war, ich könnte alles tun, was ich wollte. Als ich in der siebten Klasse war, richteten sie eine Klasse für mich, meine Freundin Dinah und eine russische Einwanderin namens Viola ein, damit wir mit unserem ganz speziellen Lehrer in unserem eigenen Tempo lernen konnten.

Es blieb nicht bei schulischen Leistungen. Ich brachte mir Tennisspielen bei, indem ich jeden Tag stundenlang einen Ball an unsere Hauswand schlug. Unser Viertel war ethnisch durchmischt, ohne wirklich integriert zu sein, und auf dem Spielplatz über dem Supermarkt vor unserem Haus tummelten sich tagsüber weiße Kinder mit ihren Müttern, während abends eine Schar schwarzer Teenager das Terrain in Beschlag nahm. In einer Dämmerstunde, als die Gegend anfing, ihre ethnische Identität zu wechseln, freundete ich mich mit einem Teenager namens Paul an, mit dem ich regelmäßig eine Art Squash spielte. Tatsächlich verbesserte ich dadurch mein Spiel, obwohl er so viel stärker war. Aber als Mom hinter die Sache mit Paul kam - der, wie sie sah, ein *schwarzer Teenager* und darum vermutlich rauschgiftsüchtig war -, kratzte sie irgendwie das Geld zusammen, um mir Tennisstunden in der Schule zu bezahlen. Von da an gab es keine Nachmittage auf der Straße mehr. Erst als ich ins Sommercamp geschickt wurde und zum erstenmal den Jappy-Mädchen* aus Long Island begegnete, die jede Menge Privatunterricht und Country-Club-Mitgliedschaften und Tennisplätze in ihren Gärten hatten, beschlichen mich Zweifel, daß jemals eine Chris Evert aus mir werden würde.

Es fällt mir schwer, mich an ein Leben zu erinnern oder es mir auch nur vorzustellen, das so selbstsicher, so frei von Selbstzweifeln, so rein in seiner Gewißheit war. Wie kam es, daß sich all diese Lebensenergie restlos in einen Todeswunsch verkehrte? Wie konnte sich mein prächtig entwickeltes Über-Ich nur so plötzlich in ein eimerweise fließendes, unappetitliches Es aufzulösen?

*Jappy - Jewish American Princess

Nun ja, bevor ich richtig durchknallte, so mit zehn oder elf oder zwölf oder wann immer es war, hätte man mich höchstwahrscheinlich als, sagen wir, *vielversprechend* bezeichnet. Jetzt ist die Bezeichnung für mich voller Ironie, weil ich weiß, wie falsch der verheißungsvolle Anschein ist - ich weiß, wieviel latenter Verdruß und Kummer von dieser äußerlichen Maskerade überdeckt werden kann -, aber ich bin immer noch sicher, daß ich einmal rote Wangen hatte und meine Augen, die so viele Möglichkeiten andeuteten, freudig strahlten. Ich war ein Astronaut, der hoch fliegen wollte, weit über den Mond hinaus, weit über die ganze Welt hinaus.

Und Angst vor einer Bruchlandung mußte ich nicht haben, weil ich gar nicht erst abhob.

2

Leben im Verborgenen

It was like sawdust infiltrated everything, everthing was a problem, everything made her cry - school, homework, boyfriends, the future, the lack of future, the uncertainty of future, fear of future, fear in general - but it was so hard to say exactly what the problem was in the first place.

MELANIE THERNSTROM
›The Dead Girl‹

Ich gehe zweimal die Woche in Dr. Isaacs Praxis, was ich wohl, wenn ich ein normales elfjähriges Kind wäre, verabscheuen würde, aber so, wie ich bin, gefällt es mir gut. Er stellt mir eine Menge Fragen über mich und mein Leben, und da ich gerne rede, besonders über meine Probleme, macht es mir meistens großen Spaß. Ich kann mir nicht vorstellen, daß wir tatsächlich irgend etwas in diesen Sitzungen zuwege bringen - ich meine, wir hätten möglicherweise das Übel bei der Wurzel packen können, falls es so etwas gibt, aber mein Elend war einfach zu allgegenwärtig. Dr. Isaac traf hin und wieder Feststellungen, die vernünftig klangen, wie etwa: »Weil sich deine Eltern scheiden ließen, als du so klein warst, und so unterschiedliche Lebensstile mit derart kollidierenden Wertesystemen verfolgten, ist dein Fundament gespalten, bist du eine fragmentierte Person.« Oder er sagte: »Du bist sehr frühreif und sehr sensibel, und daher hattest du sehr feine Antennen für all die schrecklichen Dinge, die um dich herum vorgingen, als du klein warst, und nun kommt der Schaden an die Oberfläche.« Alles, was er sagte, klang durchaus plausibel, aber es folgte daraus ein großes *Na-Und?*, was mich betraf. Ich kannte das ganze Zeug schon. Mein Problem war, was man dagegen tun sollte.

Dr. Isaac war der Psychiater, den die Schulpsychologin meiner Mutter empfohlen hatte, als ich anfing, mehr Zeit in ihrem Büro als im Klassenzimmer zu verbringen. Oder sie empfahl ihn vielleicht, nachdem Mrs. Edelman, die Mathelehrerin, die zugleich Trainerin der Basketballerinnen war, mich eines Tages im Unkleideraum dabei ertappte, daß ich mir die Beine mit einem Päckchen Rasierklingen verletzte, während mein Rekorder Patti Smiths ›Horses‹ spielte. Ohne auch nur zu fragen, was ich da mache (obwohl sie fragte, was ich denn da höre), zerrte mich Mrs. Edelman zum Büro der Psychologin hinauf - schleifte mich buchstäblich am Arm über den Boden, bis wir zum Lift kamen, der für Lehrer reserviert war, was mir ein Hochgefühl gab -, setzte mich im Büro ab und zeigte auf mich, als wollte sie sagen: Sehen Sie sich das an! Als wäre sie die Anwältin und ich das Beweisstück A, das sie für ihr Plädoyer benötigte. Und das Plädoyer lautete: Dieses Kind braucht professionelle Hilfe.

Dafür, daß ich feierlich gelobte, mich nie wieder zu schneiden, versprach die Psychologin, die Dr. Bender genannt wurde, obwohl sie nur einen Magistertitel hatte, meiner Mutter nicht zu sagen, was mit mir los war. Mit den Schnitten und so weiter.

Ich glaube, das mit den Rasierklingen fing an, als ich dazu überging, meine Mittagspausen im Umkleideraum der Mädchen zu verbringen, zu Tode geängstigt von allen um mich herum. Ich brachte meinen schwarzsilbernen Panasonic mit, der für Sprechaufnahmen, nicht für Musik gedacht war, und lauschte angestrengt dem kratzigen Klang der Tonbänder, die ich gesammelt hatte, vorwiegend populären Hardrock wie Foreigner - was mir, obwohl es Schund war, damals wie Befreiung klang. Ich saß da mit meinem Rekorder, aß Hüttenkäse mit Ananas aus einem breiten Thermosgefäß, das ich mir mitgebracht hatte (inzwischen war ich nämlich auch sicher, daß ich dick war), und es war friedlich und entspannend im Vergleich zum Umgang mit Leuten, seien es Lehrer oder Freunde.

Viele Male saß ich da in dem Umkleideraum auf dem Fußboden, an die Betonwand gelehnt, während mein Rekorder auf der Bank stand, und ich wünschte mir, wieder die Person zu sein, die ich immer gewesen war. Die Rückverwandlung konnte doch nicht ein so großer Sprung sein. Ich könnte einfach versuchen, wieder mit den Leuten zu reden. Ich könnte den erstaunten Ausdruck, als wären meine Augen gerade von einem grellen Lichtblitz getroffen worden, aus meinem Gesicht verbannen. Ich könnte ein bißchen lachen.

Ich stellte mir vor, daß ich dasselbe machte wie früher, zum Beispiel Tennis spielen. Immer wieder faßte ich den Entschluß, als erstes, wenn ich morgens zur Tür hinaus zum Schulbus ging, an diesem Tag frisch und munter zu sein. Ich würde freundlich sein, ich würde lächeln, ich würde mich von Zeit zu Zeit im Unterricht melden. Ich habe diese Tage in Erinnerung behalten, weil ich sah, daß meinen Freunden ein Ausdruck der Erleichterung ins Gesicht trat. Ich ging auf sie zu, stand in ihrem Grüppchen auf dem Flur vor dem Klassenzimmer, und sie erwarteten schon, daß ich so was sagen würde wie: Alles ist Plastik, wir werden alle sterben..., *und ich sagte statt dessen:* Guten Morgen. *Und plötzlich waren sie erleichtert, sie ließen die Schultern entspannt hängen, und manchmal sagten sie sogar:* Wow, du bist ja wieder ganz die alte Lizzy - *so ähnlich wie ein Vater, der endlich akzeptiert hat, daß sein ältester Sohn Schiit geworden ist und in den Iran geht, als der plötzlich nach Hause zurückkehrt und verkündet, daß er doch lieber Jura studieren will. Meine Freunde und eigentlich vor allem meine Mutter konnten erleichtert feststellen, daß ich doch ein bißchen so war, wie sie mich haben wollten.*

Leider, dachte ich, war diese andere Persönlichkeit, die ich angenommen hatte, genau dies: etwas Aufgesetztes, eine Methode, Aufmerksamkeit zu erringen, um jeden Preis anders zu sein. Und vielleicht, als ich damit anfing, von Plastik und Tod zu reden, war es da noch ein Experiment, der Versuch, ein anderes Selbst auszuprobieren. Aber nach einiger Zeit war dieses andere Selbst wirklich ich. Jene Tage, an denen ich versuchte, das kleine Mädchen zu sein, wie man es von mir erwartete, waren ungeheuer anstrengend. Abends ging ich nach Hause und weinte stundenlang, weil die Präsenz so vieler Leute in meinem Leben, die von mir ein bestimmtes Verhalten erwarteten, eine zu große Belastung war. Als wäre ich, gegen eine Wand gepreßt, stundenlang verhört worden mit Fragen, die ich nicht mehr beantworten konnte.

Ich erinnere mich an die Panik eines Tages in der Schule, als ich merkte, daß ich die alte Lizzy nicht einmal mehr vortäuschen konnte. Ich hatte mich tatsächlich in dieses nihilistische, unglückliche Mädchen verwandelt. Genau wie Gregor Samsa, der aufwacht und merkt, daß er ein sechs Fuß großer Käfer geworden ist, nur daß ich in meinem Fall ein Ungeheuer erfunden hatte und das Ungeheuer jetzt meinen Platz einnahm. Das war aus mir geworden. Das würde ich für immer bleiben. Es war schlimm und würde nur noch schlimmer werden. Und genauso war es. Ich hatte das Wort Depression *noch nicht gehört, aber ich spürte, daß hier etwas ganz und gar falsch lief. Genau gesagt spürte ich, daß* ich *falsch war - mein Haar war falsch, mein Gesicht war falsch, meine Persönlichkeit war falsch - mein Gott, sogar das Eis, das ich mir nach der Schule bei Häagen-Dazs aussuchte, war falsch! Wie konnte ich mit so einer teigig weißen Haut herumlaufen, mit so dunklen traurigen Augen, so glattem, schlaffem Haar, so runden Hüften und so einer kleinen eingeschnürten Taille? Wie konnte ich mich nur so blicken lassen?! Wie konnte ich anderen Leuten meine Person zumuten, diesen Fluch der Welt?! Ich war ein einziger großer Fehler.*

Und als ich so im Umkleideraum saß, starr vor Schreck, daß ich dazu verdammt war, mich lebenslang vor anderen Menschen zu verstecken, holte ich meine Schlüssel aus der Schultasche. An der Kette war eine scharfer Nagelknipser mit einer Nagelfeile. Ich rollte mein Kniestrümpfe herunter - wir mußten Röcke zur Schule tragen - und betrachtete meine nackten weißen Beine. Ich hatte eigentlich noch nicht angefangen, sie zu rasieren, nur ab und zu, weil meine Mutter mich noch für zu jung hielt, und ich sah mir den zarten Pfirsichflaum an, noch weich und makellos. Eine perfekte, reine Leinwand. Also nahm ich die Nagelfeile, ertastete die Spitze und zog sie über meine Wade, sah zu, wie eine rote Linie aus Blut auf meine Haut gezeichnet wurde. Ich war überrascht, wie gerade die Linie und wie leicht es für mich war, mich so zu verletzen. Es machte beinahe Spaß. Ich gehörte schon immer zu denen, die gern Schorf abknibbeln und sich nach einem Sonnenbrand genüßlich die Hautfetzen von der Schulter pellen, ständig war ich mit meinem Körper beschäftigt. Dies war nur der nächste Schritt. Und wie befriedigend es war, den Körper selbst zu verhunzen, statt das den Mücken und Dornbüschen bei

Spaziergängen auf dem Land zu überlassen. Ich fügte noch ein paar Schrammen hinzu, nahm mir das andere Bein vor, und dieses Mal bewegte ich die Feile schneller, weniger behutsam. Ganz bestimmt wollte ich mich nicht töten. Jedenfalls nicht zu dem Zeitpunkt. Aber ich wollte wissen, ob ich, falls nötig, falls die Verzweiflung unerträglich wurde, meinem Körper Schaden zufügen könnte. Und ich konnte es. Dieses Wissen gab mir ein Gefühl von Frieden und Macht, und so fing ich an, mir dauernd die Beine zu aufzuritzen. Die Narben vor meiner Mutter zu verstecken, wurde zu einem ganz eigenen Sport. Ich sammelte Rasierklingen, ich kaufte mir ein Schweizermesser, ich ließ mich von allen möglichen scharfen Kanten und den Schneidegefühlen faszinieren, die sie hervorriefen. Ich probierte verschiedene Formen aus - Dreiecke, Vierecke, Fünfecke, sogar ein häßlich geformtes Herz mit einer Stichwunde in der Mitte, um auszuprobieren, ob es so weh tat wie ein echtes gebrochenes Herz. Ich war erstaunt und erfreut, daß es das nicht tat.

Auftritt Dr. Isaac: Seine Praxis liegt in der 40. Straße, Ecke Second Avenue, von der Schule aus eine lange Fahrt mit der M 104, also muß ich oft früher gehen. Das halte ich für einen großen Vorteil: Ich hasse die Schule. Manchmal lasse ich mir einen Termin um die Mittagszeit geben und sage meiner Mutter, es wären keine anderen frei gewesen, und dann gehe ich besonders früh von der Schule weg und lasse den Nachmittag sausen. Dr. Isaac fragt mich daher: Versäumst du in letzter Zeit nicht viel Unterricht, Elizabeth? Manchmal lüge ich ihn an und sage, ich habe schulfrei, weil irgendein Rabbi aus dem 15. Jahrhundert Geburtstag hat oder etwas in der Art, aber nach einiger Zeit merke ich - immerhin ist er doch mein Therapeut - daß ich genauso gut sagen kann, daß ich die Schule schwänze.

Mein Schwänzen fängt an, ein bißchen aufzufallen. Meine Noten rutschen ab. Früher hätte ich mich gegeißelt, wenn ich schlechter als A gewesen wäre - als A! - das war Grund zur Beunruhigung -, und jetzt ist es mir völlig egal. Die Lehrer nehmen mich beiseite und fragen, was los ist. Sie sagen Dinge wie: *Wenn du mir etwas anzuvertrauen hast, bin ich für dich da.* Sie sagen mir, daß ich viel besser sein könnte. Mein Talmudlehrer, Rabbi Gold, nimmt mir die ledergebundene Ausgabe von ›Alice im Spiegelland‹ weg, die ich unter der Bank gelesen habe, statt der verwickelten rabbinischen Streitfrage zu folgen, wie groß ein Tropfen Milch sein muß, um einen ganzen Topf Fleisch unkoscher zu machen (ein Sechzigstel des Ganzen, lautet die Lösung, aber manche Abweichler sagen, ein Neunundsechzigstel).

Nach dem Unterricht versucht er, mit mir zu reden, obwohl ich mich in Abstraktionen flüchte. Ich höre ihn ein paar Worte in seiner liturgischen Singsangstimme murmeln - etwa so: *Wenn eine meiner klügsten Schülerinnen mir nicht einmal sagen kann, welche Sidra wir heute durchnehmen, dann weiß ich, daß etwas nicht stimmt* - aber es ist mir egal. Es tut mir leid, daß ich diesen netten Mann mit meiner Gleichgültigkeit gekränkt habe, aber ich kann es nun mal nicht ändern. Mir ist egal, daß es mir egal ist. Mir ist höchstens nicht ganz egal, daß es mir egal ist, daß es mir egal ist (falls man diesem verwickelten Gedanken noch folgen kann) - aber nur, weil mir die vielen netten Menschen leid tun, die ihre Mühe an mich verschwenden, an einen hoffnungslosen Fall wie mich. All das ist Wasser auf die Mühlen meiner Krankheit: Statt nur traurig zu sein, fühle ich mich außerdem noch schuldig.

Jedem erkläre ich dasselbe: Es ist alles sinnlos, weil wir sowieso irgendwann sterben müssen. Warum überhaupt was tun - warum Haare waschen, warum ›Moby Dick‹ lesen, sich verlieben, sechs Stunden ›Nicholas Nickleby‹ ertragen, warum sich über die amerikanische Intervention in Mittelamerika aufregen, warum Zeit damit verschwenden, die richtige Ausbildung zu kriegen, warum singen und tanzen, wenn wir alle nur auf dasselbe unvermeidliche Ende zutappen? Die Kürze des Lebens, sage ich immer wieder, macht alles sinnlos, wenn man an die Länge des Todes denkt. Wenn ich vorausschaue, sehe ich nichts als mein Ende vor mir. Und sie sagen, aber vielleicht erst in siebzig oder achtzig Jahren. Und ich sage, du vielleicht, aber ich bin schon weg.

Niemand will mich je fragen, was ich damit meine, und das ist gut so, denn ich weiß nicht, was ich meine. Ich habe keine derartigen Absichten, und ich bin nicht auf meinen baldigen Tod gefaßt, aber meine Seele scheint sich schon in die Unterwelt verzogen zu haben, und ich denke, hey, wie lange bleibt mein Körper noch? Die Leute reden immer von den Seelen, die sich körperlos auf der Welt herumtreiben, ohne irgendwo Ruhe zu finden, aber ich kann nur daran denken, daß ich ein entseelter Körper bin, und ich bin sicher, daß es noch viele andere menschliche Hohlkörper gibt, die darauf warten, daß eine Seele sie ausfüllt. Jedenfalls erkläre ich nicht, was ich meine, wenn ich so über den Tod rede, aber ich bin mir durchaus bewußt, daß ich die Leute ganz schön in Angst versetze, und ich merke, daß das die einzige kleine Freude ist, die ich noch im Leben habe: zu wissen, daß die anderen sich Sorgen machen, diese traurigen, entmutigten Mienen zu sehen, die sagen: *Shit, jetzt müssen die Fachleute ran*. Ich freue mich über den Schmerz, den ich anderen zufüge: Mein Leben ist ein Film geworden, ein Rührschinken, und ich bin froh, den berechneten Effekt zu erzielen.

Meine Mutter weint, als sie mein Zeugnis liest. *Ellie, was ist los mit dir?* fragt sie. Sie weint noch mehr. *Meine Kleine! Was ist mit meiner Kleinen los!?* Sie ruft Dr. Isaac an und fragt, warum er mich nicht schneller heilen kann. Sie sucht ihn auf, und ziemlich bald ist sie so zermürbt von mir, daß sie sich ebenfalls behandeln läßt.

Inzwischen führe ich ein geheimes Doppelleben, von dem meine Mutter entweder nichts weiß oder nichts wissen will: Mehrmals im Monat wache ich morgens auf und ziehe mich an, um zur Schule zu gehen, aber nehme statt dessen meine Schultasche und gehe zum MacDonald an der Ecke, trinke Tee und esse ein Egg McMuffin zum Frühstück, warte bis neun, daß meine Mutter zur Arbeit geht, dann kehre ich nach Hause zurück und verbringe den Tag im Bett. Manchmal fahre ich zur New York Public Library in der 42. Straße und lese alte Artikel über Bruce Springsteen auf Mikrofilm. Besonders stolz bin ich, daß ich die Geschichten aus der Woche vom 5. Oktober 1975 gefunden habe, als Bruce gleichzeitig auf den Titelbildern von ›Time‹ und ›Newsweek‹ war. Aber meistens irre ich nicht zwischen den Regalen herum. Meistens sehe ich mir die Wiederholungen von Seifenopern an, von ›All my Children‹ über ›One Life to Live‹ bis ›General Hospital‹, während ich selig im Bett meiner Mutter unter der Decke liege.

Manchmal liege ich in meinem eigenen Bett und höre stundenlang Musik. Immer Bruce Springsteen, was, zugegeben, komisch ist, denn ich verwandle mich in eines dieser kaputten Großstadtkinder, während er so etwas wie die Stimme der aufgewühlten proletarischen Vorstädte verkörpert. Aber ich identifiziere mich so vollkommen mit ihm, daß ich mir wünsche, ich wäre ein Junge in New Jersey. Ich versuche, meine Mutter zu überzeugen, daß wir dorthin ziehen, daß sie in einer Fabrik oder als Kellnerin in einem Imbiß oder als Sekretärin im Ladenbüro einer Versicherung arbeiten soll. Ich wünsche mir sehnlichst, meine Lebensumstände dem inneren Druck anzupassen, den ich empfinde. Obwohl mir das auch irgendwie lächerlich vorkam: Schließlich handeln die Springsteen-Songs davon, daß er nichts wie *weg will* aus der Tretmühle New Jersey, und ich versuche unentwegt, Mom zu überzeugen, daß wir *hin wollen*. Ich denke mir, wenn ich nur erst zum weißen Abschaum gehöre, wenn ich mich in den Blaumann-Blues einklinke, dann habe ich wenigstens einen Grund, mich so zu fühlen. Ich werde eine klassische Proletin sein, ausgebeutet und entfremdet von den Früchten meiner Arbeit. Mein Elend wird endlich einen Sinn bekommen.

Das ist alles, was ich mir im Leben wünsche: daß dieser Schmerz einen Sinn hat.

Unvorstellbar für mich, daß ein Mädchen an einer Privatschule in Manhattan Probleme haben könnte, die soviel Leid erzeugten. Nie kam mir die Verzweiflung der weißen gebildeten Mittelklasse in den Sinn, und wenn man den ganzen Tag Rock 'n' Roll hört, kommt man wohl auch nicht darauf. Ich wußte noch nichts von

Joni Mitchell oder Djuna Barnes oder Virginia Woolf oder Frida Kahlo. Ich wußte nicht, daß es ein stolzes Erbe von Frauen gab, die überwältigende Depression in wunderbare Kunst verwandelt hatten. Für mich gab es nur Bruce - und The Clash, The Who, The Jam, die Sex Pistols und die ganzen Punkbands, die davon redeten, daß sie das System im UK kippen wollten, was nichts damit zu tun hatte, daß man in den USA vor Einsamkeit sterben konnte.

Vielleicht hätte ich selbst eine Gitarre zur Hand nehmen und ein paar Protestlieder schreiben können, aber irgendwie war die Upper West Side von Manhattan als Metapher für eine verlorene und verbitterte Jugend nicht annähernd so klangvoll wie Springsteens Lieder vom Herumhängen in den Armenvierteln oder von der Fahrt im Schleuderkarussell oder vom Klang einer Jahrmarktsorgel am Strand von Jersey. Nichts an meinem Leben erschien mir kunst- oder literaturfähig oder auch nur lebenswert. Es war mir zu dumm, zu mädchenhaft, zu *middle class*. Mir blieb gar nichts anderes übrig, als mich abzuschotten und die Welt von Bruce Springsteen zu betreten, die Welt der Lieder über andere Menschen, für andere Menschen. Das mußte für den Moment reichen, denn es gab weiter nichts für mich.

Ich denke bei mir: Endlich bin ich so unmöglich und ekelhaft im Umgang, daß sie etwas tun müssen, um mir zu helfen. Und dann merke ich, daß sie ja glauben, alles Erdenkliche zu tun, und daß es nicht klappt. Sie haben keine Ahnung, was für ein bodenloses Faß an Elend ich bin. Sie werden mehr und mehr und mehr tun müssen. Sie glauben, der Psychiater sollte genügen, sie glauben, daß es reicht, routinemäßige Anstrengungen zu unternehmen wie alle Eltern, wenn ihr Kind ihnen entgleitet, aber sie wissen nicht, wie gewaltig meine Kapazität für Bedürfnisse ist. Sie wissen nicht, wieviel ich von ihnen verlangen werde, bevor ich auch nur ans Gesundwerden denke. *Sie wissen nicht, daß dies keine Feuerwehrübung ist, keine Vorbereitung auf das wirkliche Inferno nur für den Fall, daß es jemals eintritt, sondern bereits das Inferno selbst, das sich wirklich abspielt, ohne daß es je eine Gelegenheit zur Trockenübung gab.* Alle Glocken sagen: zu spät. *Es ist viel zu spät, und ich bin mir so sicher, daß sie immer noch nicht hinhören. Sie wissen immer noch nicht, daß sie mehr und mehr und mehr tun müssen, sie müssen versuchen, zu mir durchzudringen, auch wenn sie tagelang nicht schlafen oder essen oder frische Luft atmen können, sie müssen es versuchen, bis sie für mich gestorben sind. Sie müssen leiden wie ich. Und wenn sie das alles getan haben, kommt immer noch mehr. Sie müssen die Welt neu ordnen, sie müssen den Kalten Krieg beenden, sie müssen wie liebende, freundliche Erwachsene handeln, die füreinander sorgen, sie müssen den Hunger in Äthiopien beseitigen und der Sexsklaverei in Thailand ein Ende machen und die Folter in Argentinien stoppen. Sie müssen mehr tun, als sie sich jemals zugetraut haben, wenn sie wollen, daß ich am Leben bleibe. Sie haben keine Ahnung, wieviel Energie und Zorn ich aus ihnen heraussaugen will, damit ich mich besser fühle. Ich werde sie kneten und treten, bis sie wissen, wie wenig von mir übrig ist, selbst nachdem ich alles genommen habe, was sie mir geben müssen, weil ich sie dafür hasse, daß sie es nicht wissen.*

Während ich mich aufdrösele, so langsam und ermüdend wie ein heillos verknotetes und verfitztes Wollknäuel, das eine ganze Meute tobsüchtiger Katzen in den Krallen hatte, tut Mom hartnäckig so, als wäre gar nichts. Sie schickt mich zwar zur Therapie und so weiter, aber sie nimmt mich auch noch mit zu Familienveranstaltungen wie Baseball am Vatertag, sie schickt mich immer noch ins Sommercamp, Überdosis hin, Überdosis her, sie erwartet immer noch, daß ich mich bei Tisch benehme, sie behandelt mich wie ihr Lieblingsrequisit oder ihr Anhängsel. Jeder andere würde sehen, daß ich im Krankenhaus wahrscheinlich besser aufgehoben wäre oder überall dort, wo es mir nicht merkwürdig verkommt, wenn ich mitten in ›Fast Times At Ridgemont High‹ rausgehe und mir die Beine aufritze, wo niemand sich wundert, wenn ich andauernd aus dem Zimmer renne und hysterisch heule, während all die normalen Menschen um mich herum so tun, als würden sie nichts merken.

Rückblickend hat meine Mutter vielleicht das Richtige getan, indem sie mich wie ein normales Kind behandelte, vielleicht hat sie mich davor bewahrt, noch tiefer zu fallen. Daß sie mich zwang, am wirklichen Leben teilzunehmen, könnte mich davor bewahrt haben, in einer Depression zu schwelgen, die vielleicht noch bodenloser und unbehandelbarer gewesen wäre als die, die ich erlebte. Ich kann ja nicht wissen, was passiert wäre, wenn sie die Lage anders beurteilt hätte. Das werde ich nie erfahren. Sie war die Art Mutter, die ein Pflaster ganz schnell abriß, um den Schmerz der gezerrten Haut und der ausgerissenen Haare abzukürzen, aber anscheinend hatte sie sich mit meiner Situation abgefunden und die Depression jahrelang schleifen lassen, diesen besonderen Verband ganz langsam abgehen lassen. Natürlich würde sie das nie so sehen: Sie wollte, daß auch in diesem Fall der Schmerz schnell vergeht, aber sie schien anzunehmen, daß er verschwinden würde, indem sie ihn ignorierte (Pflaster fallen manchmal von selbst ab). Also erinnere ich mich hauptsächlich an das ständig nagende Gefühl, daß ich wünschte, sie würde mich in dem schlimmen Zustand lassen, in dem ich war. Ich wünschte, sie würde mich vor ihren Augen ganz nach unten sinken lassen, und ich müßte mich nicht länger zusammenreißen, um Haltung zu bewahren - bis ich so weit unten wäre, daß ich die Art von Hilfe kriegen müßte, die Dr. Isaac mir nie geben würde. Die Sitzungen beim Arzt waren wie eine große Pufferzone, ein Betäubungsmittel, das mich aufrechterhielt, aber nie auf den Grund meiner Verzweiflung bringen würde. Und ich war so weit, daß ich es wissen wollte. Ich wollte wissen, wie schlimm es werden konnte.

Aber sie wollte retten, was zu retten war. Wir waren immer ein Team, waren uns immer nah gewesen, ich hatte sie überall dorthin begleitet, wo andere Frauen mit ihren Ehemännern hingingen, ich war immer ihre beste Freundin - und daß ich durchgeknallt war, bedeutete, daß ich sie im Stich gelassen hatte. Ich hatte mich immer für sie verantwortlich gefühlt - wie der älteste Sohn einer kürzlich verwitweten Frau, die unfähig war, sagen wir, ihren Videorekorder selbst zu programmieren –, und das machte es mir schwer, meine negativen Gefühle ihr gegenüber auszuleben. Ich konnte die Schule schwänzen, ich konnte miserable Noten bekommen, ich konnte mich stundenlang im Mädchenumkleideraum verstecken, wenn ich schon mal in der Schule war, aber ich konnte nie völlig ausflippen, nie so weit gehen, daß sie mich in eine Klapsmühle oder so was wie ein geschütztes Heim für Jugendliche schicken mußten, *weil meine Mutter so ein persönliches Debakel nicht überleben würde.* Sie wollte nicht einmal das Ausmaß der Verzweiflung wahrhaben, zu dem ich fähig war. *Das solltest du Dr. Isaac erzählen*, sagte sie jedesmal, wenn ich mit ihr über meine Depression sprechen wollte. Nicht, daß sie unsensibel gewesen wäre – manchmal versuchte sie tatsächlich, mit mir darüber zu reden, warum ich so war, wie ich war, aber sie konnte es einfach nicht ertragen, wenn ich erklärte, es wäre nichts Bestimmtes, was mir fehlt, nur eben irgendwie alles. Sie wollte, daß ich konkret werde – *Ist es, weil dein Vater und ich nicht miteinander auskommen?* Sie wollte, daß ich ihr ein lösbares Problem nenne, mit dem sie etwas anfangen konnte. Sie schien zu glauben, ich wäre wie die quadratischen Gleichungen, die ich in der Schule lernen sollte, und das Fehlen einer klar umrissenen Aufgabe machte sie ganz verrückt.

Einmal kam sie spät nachts in mein Schlafzimmer und sah mich mit dem Gesicht nach unten auf meinem Flokati liegen, mit einem großen, knolligen Kopfhörer, während ich ein Live-Bootleg von dem Bruce-Springsteen-Lied ›The Promise‹ hörte und einfach heulte, weil der Song in seiner ganzen Trostlosigkeit so schrecklich wahr zu sein schien (die letzte Zeile ging etwa so: »We're gonna take it all, and throw it all away«). Sie schrie mich an, sie könne diese Verrücktheiten nicht mehr ertragen, und verlangte auf der Stelle eine Erklärung, was eigentlich los sei. *Was was was?* Ich saß einfach da und weinte, war völlig blockiert und hatte nichts zu sagen, und sie verlangte immer wieder, daß ich mit ihr rede, und ich glaube, in meiner Verlegenheit sagte ich so etwas wie: *Ach Ma, du siehst all die Bäume, und ich bin nicht mal im Wald*. Dann ging sie in ihr Zimmer, rauchte eine Zigarette, sah sich die Elf-Uhr-Nachrichten an, schlief beim blauen Flimmern des Fernsehers ein, völlig hilflos, wie sie war.

Nach einer Weile kam es immer so: Ich lag hilflos in meinem Zimmer, sie lag hilflos in ihrem, es gab nichts, was wir hätten füreinander tun können, und die Wohnung schien zu erstarren in einer mißratenen Entspannungspolitik.

Kann denn das sein? Ist es möglich, daß ich nicht zusammenbrach und nicht zu einem unheilbaren Fall von Irresein des katatonischen Typs wurde, *weil meine Mutter mich nicht ließ?* Ich meine, wenn Menschen einfach durchknallen, wenn sie glauben, sie reden mit Engeln, und mitten im Winter barfuß im Park schlafen, dann tun sie es nicht, weil sie es *dürfen*, sondern weil sie nicht anders *können*. Wäre es mit mir soweit gekommen, hätte ich das auch gemacht. Oder?

Vielleicht, vielleicht auch nicht. Das maßgeblichen Kriterien für Gesundheit in dieser Gesellschaft sind unsere Leistungsfähigkeit, unser Verantwortungsgefühl, unsere Fähigkeit, schlicht und einfach einen Job durchzustehen. Wer nur das Allernötigste tut - zur Arbeit kommt, die Rechnungen bezahlt -, ist in Ordnung, oder gerade noch so. Die Neigung, Depressionen in uns oder bei denen, die uns nahestehen, nicht wahrhaben zu wollen - heutzutage besser bekannt als *Verleugnung* -, ist so stark ausgebildet, daß viele Leute denken, es gäbe kein Problem, solange man nicht tatsächlich aus dem Fenster springt. Was sie dabei nicht berücksichtigen, sind die sozioökonomischen Faktoren, die Rolle der Schuld und des moralischen Bewußtseins oder, in meinem Fall, das Verständnis für die zarte, zerbrechliche Natur meiner Mutter, das der Länge des Stricks, an dem ich mich hätte aufhängen können, feste Grenzen setzte. Meine Mutter und ich hatten so oft die Rollen getauscht - ob ich ihr nun half, nach der Scheidung ihre Liebhaber auszusuchen, oder ihre Zigaretten in Wasser tunkte, damit sie nicht rauchen konnte, oder sie sogar tröstete, als sie weinend in der Küche saß, weil sie ihren Job verloren und Angst vor der Pleite hatte -, und immer hatte ich eine Hemmung davor, die Verantwortung, die ich für sie empfand, einfach fallenzulassen. Ich kannte die Grenzen der Leute, die mir nahe waren, und wenn es mir am schlechtesten ging, war ich am besten auf sie eingestimmt: Die Depression machte mich extrem wahrnehmungsfähig; als hätte ich keine Haut, sondern nur dünne Gazebinden, um mich von allem abzuschirmen, was ich sah.

Meine Depression ereignete sich weder im luftleeren Raum, noch tilgte sie in mir den Drang, gesund zu werden, wenn es einen menschenmöglichen Weg dafür gab. Auch wenn mein Verstand allmählich außer Kontrolle geriet, war ich noch in der Lage, etwas von dem Verlorenen zu bewahren, mir die Disziplin der streberhaften A-Schülerin zunutze zu machen, die ich mir mit den Jahren zugelegt hatte. So bewegte ich mich im Rahmen dessen, was für ein halbwegs normales Mädchen angesagt war; ein Mädchen, das immer noch auf Designerjeans Wert legt, das darauf achtet, lila Maskara und einen türkisen Lidstrich aufzutragen, bevor es morgens aus dem Haus geht. Ich machte mich jeden Tag vorzeigbar hübsch für den Fall, daß der Mann meiner Träume zufällig vor der Manhattan Day School wartete, um mich aus dem Schauplatz meiner Depression zu entführen, so ähnlich, wie es Sam Shephard am Anfang des Films ›Frances‹ mit Jessica Lange tut - und sie auch dreißig Jahre später, nach ihrer Lobotomie, immer noch liebt.

Mit zwölf ging ich dann morgens immer öfter zu McDonald, aß mein Egg McMuffin und beobachtete dabei die Pechvögel, die in ihren verdreckten Klamotten und mit ihrem Geruch nach Billigschnaps und Obdachlosigkeit um mich herum auf den orange und roten Sitzen hockten und Selbstgespräche führten. Ich grübelte darüber nach, was mich von ihnen unterschied und wie weit es noch mit mir oder einer wie mir kommen mußte, um in einen solchen trostlosen und entmenschlichten Zustand zu geraten. Mußten sie Vietnam durchmachen (so viele von den Bettlern in der U-Bahn schienen Kriegsveteranen zu sein), oder waren Armut, Drogenabhängigkeit, psychische Erkrankungen und lange Gefängnishaft die Ursache? Das würde ich nie erfahren.

Ich muß gewußt haben, daß meine materiellen Umstände mich davor bewahren würden, so tief zu fallen. Ich meine, wäre ich als reiches Kind aus gesicherten Verhältnissen ins Schleudern geraten, hätte ich mir leisten können, mich fallen zu lassen, in der Gewißheit, daß irgend jemand für eine weiche Landung sorgen würde. Was aber, wenn du der einzige bist, auf den du dich stützen kannst? Was, wenn du absolut auf Null bist? Was, wenn nur du selbst dich auffangen kannst?

Mr. Grubman, der überaus merkwürdige Naturkundelehrer, der stets eine Baskenmütze und einen schwarzen Rollkragenpullover trägt wie ein Beatnik, läßt mich nachsitzen, weil, wie er sagt, mein Verhalten destruktiv ist. Ich habe keine Ahnung, was er meint: Ich gehöre nicht zu den Kindern, die alle Frösche freilassen, statt sie zu sezieren, und außerdem machen wir im Unterricht sowieso nicht viel mehr als saure Milch durch Käseleinen zu pressen, um so die Phänomene des Alltags zu verstehen. Er ist der letzte in einer langen Reihe von Physiklehrern, vielleicht der vierte in diesem Jahr, daher fällt es mir schwer, ihn ernst zu nehmen. Es ist nicht sehr wahrscheinlich, daß er mir meine Abschlußnote erteilen wird, weil er garantiert noch ausgewechselt wird. Und Noten spielen für mich sowieso keine Rolle mehr, weil es keine Zukunft gibt.

Jedenfalls scheint Mr. Grubman nicht über irgendwas Besonderes mit mir reden zu wollen. Er sagt: Du bist anscheinend zu intensiv für diese Welt, *und ich frage mich, woher er das hat. Er kennt mich kaum. Es klingt so, als wollte er mir nahelegen, mich umzubringen.*

Er hält mich stundenlang im Labor fest. Ich versäume ein paar Schulstunden und esse sogar wie üblich meinen Lunch, Hüttenkäse mit Ananas aus einem Thermosgefäß, in seinem Klassenzimmer. Nach einer Weile weiß ich überhaupt nicht, was er von mir will, ich bin nur froh, daß ich nicht Mathe und Englisch absitzen und Kickball spielen muß, weil er mich hier zur Strafe festhält. Er stellt mir viele Fragen, auf die ich keine Antwort weiß. Er fragt: Und bist du eins von den Mädchen, die schnelle Jungs mit schnellen Autos mögen?

Ich sagte nicht, was ich wirklich denke, nämlich, daß ich erst zwölf bin und es daher nicht weiß und daß in New York sowieso keiner Auto fährt. Statt dessen sage ich nur: Ja, genau.

Es scheint mir die richtige Antwort zu sein.

Für Jungen habe ich mich immer interessiert, allerdings mit wenig Erfolg. Keiner von den Jungen in meiner Schule nimmt von mir Notiz - ich stehe nicht mal auf ihren Wartelisten, wenn es mit den Mädchen, die Jennifer oder Alison oder Nicole heißen, nicht klappt. Nicht daß ich unattraktiv wäre - ich glaube, ich bin sogar hübsch, aber mit meinem Aussehen wirke ich auf eine ganz andere Bevölkerungsgruppe. Ich habe mir eine gewisse ungesunde Blässe zugelegt, und ich wirke verkatert und habe Ringe unter den Augen wie Chrissie Hynde, also lande ich bei älteren Typen, die nicht auf frisch und fröhlich aussehende Mädchen stehen. Oder ich gabele solche Rockertypen auf wie den, der in einer Heavy-Metal-Band spielt und in einem Laden namens World Import in der Bergen Mall arbeitet, wo ich manchmal hingehe, wenn ich die Schule schwänze. Oder den Mann, der mir bei einer Randale in einem Clash-Konzert seine Visitenkarte gegeben hat und mich oft zum Lunch einlädt. Oder den 23jährigen Sohn des Besitzers von Camp Tagola, der Jura studiert und steif und zurückhaltend ist, sich aber trotzdem so sehr von mir angezogen fühlt, daß es im Camp einen Skandal gibt und die Hauptbetreuerin uns beiden verbietet, zusammen spazierenzugehen oder nebeneinander zu sitzen, wenn wir ›Stalag 17‹ sehen. Aber es läuft nicht viel mit diesen Männern - hauptsächlich Lunch, Spaziergänge und Gespräche -, weil ich zu jung bin und sie zu alt, so daß sie sich dumm vorkommen. Ich ertappe mich dabei, daß ich bete, wünsche, hoffe, Gott möge mir dieses gewisse Etwas geben, das Mädchen für Jungen in meinem Alter attraktiv macht.

Und dann treffe ich eines Tages den älteren Bruder meiner Freundin, einen Springsteen-Fan aus der obersten Klasse der Highschool. Wir reden die ganze Zeit über Bruce, und er findet es unglaublich, daß ich nicht wie die anderen Freundinnen seiner Schwester bin, die auf Shaun Cassidy und Andy Gibb stehen. Ich verknalle mich ganz furchtbar in ihn - er heißt Abel -, und bald darauf gehe ich nur noch zu meiner Freundin, um ihn zu sehen. Nach einiger Zeit spüre ich diese seltsame Spannung, die mir sagt, daß er mich vielleicht auch mag, und eines Abends, als wir mit der ganzen Familie vorm Fernseher sitzen - es ist Dienstagabend, also tippe ich auf ›Happy Days‹ oder ›Laverne and Shirley‹ - spüre ich, wie seine Hand unter dem afghanischen Quilt, mit dem ich mich zugedeckt hatte, an meinen Beinen hochwandert bis in den Slip. Ich wehre mich nicht und tue überhaupt nichts, sitze nur da und gebe mich ganz dem Gefühl hin, weil es ein gutes Gefühl ist, das erste seit vielen Monaten, vielleicht seit Jahren. So ein Gefühl habe ich nie zuvor gehabt, nicht einmal annähernd - ein seltsames Kribbeln im Magen und dann weiter unten und immer weiter unten. Und ich weiß überhaupt nicht, womit ich so was Schönes verdient habe.

Ich fühle mich gesegnet. Wenn Gott mir diese Fähigkeit zur Freude geschenkt hat, dann muß es Hoffnung geben. Also fange ich an, mitten in der Nacht in Abels Schlafzimmer zu schleichen, wenn ich bei ihnen schlafe, und wünsche mir, er könnte das, was er mit mir gemacht hat, immer machen, weil ich nicht gewußt habe, daß in meinem Körper diese Fähigkeit zur Freude steckt, wenn er mich nur berührt. Ich lerne auch, ihn zu berühren. Mit den Fingern, mit den Händen, mit dem Mund - Ich bin überrascht zu entdecken, daß ich trotz all meiner Traurigkeit nicht nur empfangen, sondern auch ein Stück von dieser Lebenskraft geben kann.

Dieser gelegentliche Körperkontakt macht mich so glücklich, daß ich allen, die ich kenne, davon erzählen will, ich möchte zu den Frauen auf der Straße gehen und ihnen erzählen, was ich entdeckt habe, als ob nur ich darüber Bescheid wüßte. Ich will anderen Jungen einen blasen, weil ich neugierig bin, ob sie wie Abel reagieren oder ob es nur bei ihm so ist. Ich möchte Dr. Isaac mein kleines Geheimnis wissen lassen, aber ich kann keiner Seele ein Wort verraten. Alle werden glauben, es ist pervers, und ich sei sexuell belästigt worden, weil er siebzehn ist und ich erst zwölf. Keiner wird mir glauben, daß das das einzig Gute in meinem Leben ist.

Als mich also Mr. Grubman mit all seinen Fragen belästigt - seinen seltsamen, anzüglichen Fragen -, denke ich mir, daß ich vielleicht das Geheimnis, das ich weiß, verraten sollte. Aber dann traue mich doch nicht. Weil er so komisch ist, habe ich irgendwie Angst, daß er mich einsperren könnte und ich dann in ein Heim für gefallene Mädchen komme. Ich habe Angst, daß sie mich nicht deshalb in ein Heim stecken, weil ich depressiv bin und Hilfe brauche, sondern weil ich ein Mädchen bin, ein gutes Mädchen auf meine Art - und trotzdem fähig zu einer so wahnsinnigen Lust.

In jenem Sommer, ich bin gerade eben dreizehn, und alles ödet mich an, hänge ich in einem Camp rum und denke über die Olympiade nach. Eines Tages, direkt nach dem Saubermachen, direkt nachdem unsere Betten inspiziert und unsere Fächer kontrolliert worden sind, um sicherzustellen, daß alle Archie-Comics säuberlich gestapelt sind, sitze ich auf der Veranda vor meinem Schlafsaal und höre mir Bruce Springsteens erstes Album an. Paris, ein Mädchen, mit dem ich auch zur Schule gehe, setzt sich zu mir. Paris kann ich, glaube ich, als meine Freundin bezeichnen. Ich kenne sie schon aus dem Kindergarten, und wie jeder, der über mich Bescheid weiß, wartet sie irgendwie darauf, daß ich auftaue, so daß wir wieder über Jungen reden und unsere Nägel babyrosa lackieren können, wie damals, als wir sieben waren. Sie wohnt mir gegenüber, und manchmal gehen wir von der Schule zusammen nach Hause, was ihr kaum Spaß machen kann, denn ich will immer nur über die bevorstehende Apokalypse in meinem Gehirn reden.

Paris bemüht sich, verständnisvoll zu sein, und das mache ich keinem sehr leicht. Nachdem ich den Mädchen in meinem Schlafsaal wochenlang mit dem Genie Bruce Springsteen in den Ohren gelegen habe und sie endlich sagen, daß sie anfangen, ihn zu mögen, wenn sie dann meine Tonkassetten ausleihen oder ›Born To Run‹ hören wollen, brülle ich sie an, daß sie eine Bande von Nachäfferinnen sind und Bruce nur mir allein gehört. Ich lasse sie schwören, daß sie immer, wenn sie jemandem erzählen, sie würden Springsteen-Songs mögen, auf mich verweisen werden. Und sie werfen die Hände hoch und sagen: *Guck mal, wir geben uns doch Mühe*. Also kommt Paris und setzt sich neben mich, und ich mache sie ein bißchen nervös, als ich ihr sage, daß sie den Song ›For You‹ anhören muß, denn sie hat Angst, daß ich ihr böse bin, wenn es ihr nicht gefällt, oder - noch schlimmer - daß ich wirklich wütend werde, falls doch. Ich erkläre, daß es ein Lied über ein Mädchen wie mich ist, das sich umbringt. Wir hören uns die erste Strophe an, die kryptischen Zeilen über das Dahinschwinden eines Mädchens, dessen Lebensäußerungen so vage sind, daß man wirklich genau hinsehen muß, um es zu entdecken.

Das bin ich, sage ich zu Paris, oder jemand wie ich. Ich bin das Mädchen, das sich im Nichts verloren hat, das Mädchen, das immer mehr verblaßt, bis in alle Ewigkeit. So wie die Cheshire-Katze in dem Lied werde ich eines Tages weg sein, aber mein künstliches Lächeln - die falsche, clowneske Miene, wie man sie nur bei todtraurigen Menschen und bei Schurken in Disney-Filmen sieht - wird als ironisches Überbleibsel im Raum stehen. Ich bin das Mädchen, das du auf dem Foto von irgendeiner Party oder einem Picknick im Park siehst, das so lebendig und strahlend wirkt, aber in Wirklichkeit bald weg sein wird. Wenn du das nächstemal das Bild ansiehst - und das garantiere ich dir -, werde ich nicht mehr da sein. Ich werde aus der Geschichte ausradiert sein wie ein Verräter in der Sowjetunion. Denn mit jedem Tag, der vergeht, werde ich immer unsichtbarer, hüllt mich die Dunkelheit fester ein, Schicht um Schicht, bis sie mich erstickt in der schwelenden Hitze der Sommersonne, die ich nicht mehr sehen kann, obwohl ich spüre, wie sie brennt.

Stell dir vor, sage ich zu Paris, du weißt nur deshalb, daß die Sonne scheint, weil du den Schmerz der schrecklichen Hitze spürst und nicht, weil du die Freude des Lichts kennst. Stell dir vor, immer im Dunkeln zu sein.

So rede ich immer so weiter, und Paris wirkt ein bißchen nervös und weiß nicht recht, was sie sagen soll. Weißt du, mache ich weiter, ich bin genau wie das Mädchen in dem Lied, bis auf einen Unterschied. Nämlich daß Bruce sagt, sie ist alles, was er je haben wollte. Er liebt sie so sehr. Das ganze Lied handelt davon, daß er sie ins Krankenhaus bringen will, um sie vor dem Selbstmord zu bewahren, weil er sie so sehr liebt.

Wie aufs Stichwort fange ich an zu weinen. Ich bin felsenfest überzeugt, daß niemand versuchen wird, mich zu retten, wenn ich mir die Pulsadern aufschneide oder mich an einem Dachbalken im Schlafsaal erhänge. Ich kann mir nicht vorstellen, daß sich jemand die Mühe machen wird, mich am Leben zu erhalten. Und dann bin ich mir sicher, daß sie das natürlich tun werden, aber nur, weil man das eben so macht. Nicht weil sie wirklich Anteil an mir nehmen. Nur deshalb, weil sie die Schuld, die Kränkung und die häßliche Tatsache nicht ertragen wollen, daß sich jemand vor ihren Augen umbringt und sie nichts dagegen tun. Mache ich einen Selbstmordversuch, kommen sie also mit Sicherheit angerannt, denn dann sprengen meine Probleme den Rahmen der alltäglichen Schwierigkeiten, über die man in aller Ruhe sprechen kann, und ich bin ein medizinischer Notfall. Man wird ein Trauma diagnostizieren, und die Versicherung wird zahlen. Sie werden mir den Magen auspumpen, meine Handgelenke nähen, kalte Umschläge auf die Würgemale am Hals legen und alles tun, um mich am Leben zu erhalten - und dann treten die hochkalibrigen Anstaltsprofis auf den Plan.

Aber Tag für Tag in einem depressiven Zustand zu sein, der mich nicht dazu bringt, mir etwas anzutun und in eine Klinik gekarrt zu werden, mir vielmehr erlaubt, hier auf dieser Treppenstufe im Sommercamp zu sitzen, als wäre ich normal, schlägt allen aufs Gemüt, die in meine Nähe kommen. So schlimm, daß sie wissen würden, was zu tun ist, steht es momentan nicht um mich, aber schlimm genug, um alle um mich herum verrückt zu machen.

Ich weine noch etwas mehr und rede endlos darüber, wie schön es sein muß, wenn jemand so sehr verliebt in dich ist, daß er den

Tag besingt, an dem du gestorben bist. Paris öffnet den Mund, sie will wohl sagen, daß die anderen mir gern helfen möchten und daß sie mich ihrer Anteilnahme versichern wollen, sie wissen nur nicht, wie sie das anfangen sollen, aber ich fahre ihr über den Mund. Ich will die soziale Leier jetzt nicht hören. Und wenn mich jemals einer so sehr liebt, daß er einen wunderschönen Song über mich schreibt, dann muß ich mich auch nicht umbringen, rede ich weiter. Am Ende muß ich denken, das Mädchen in ›For You‹ ist völlig verrückt, denn es hat beschlossen zu sterben, obwohl es doch hier auf der Erde so viel Liebe bekam.

Ja, sagt Paris zu mir, um mir den Trost einer menschlichen Stimme zu spenden, und nicht etwa, weil sie dem irgend etwas hinzuzufügen hätte. Ich sehe, was du meinst.

O Paris. Ich weine noch ein bißchen. Niemand wird mich je so lieben, weil ich so schrecklich bin und immer nur weine und Depressionen habe.

Wäre ich jemand anders, fahre ich fort, würde ich nichts mit mir zu tun haben wollen. Ich möchte nichts mit mir zu tun haben. Es ist so hoffnungslos. Ich will aus diesem Leben raus. Unter allen Umständen. Ich denke immer, wenn ich mich nur in den Griff bekäme, könnte ich wieder normal sein. Ich denke immer, daß ich mich selbst verrückt mache, aber ich schwöre, ich schwöre vor Gott, ich habe keine Macht darüber. Es ist so schrecklich. Es ist, als hätten Dämonen von meinen Verstand Besitz ergriffen. Und keiner glaubt mir. Alle denken, ich könnte, wenn ich nur wollte, aber ich kann nicht. Ich kann nicht mehr die alte Lizzy sein. Ich kann nicht mehr ich selbst sein. Dabei bin ich gerade jetzt ich selbst, und das ist furchtbar.

Paris legt die Arme um mich und drückt mich. Lizzy, alle mögen dich so wie du bist, sagt sie, denn das ist es, was man in solchen Situationen sagt.

Ich sitze da und halte den Kopf in den Händen, als müßte ich verhindern, daß er herunterfällt und wie ein Fußball davonrollt, dem irgend jemand einen gleichgültigen Tritt versetzt.

3

Liebe tötet

When I think of all the things he did because he loved me-
what people visit on each other out of something like love. It's
enough for all the world's woe. You don't even need hate to
have a perfectly miserable time.
RICHARD BAUSCH
›Mr. Field's Daughter‹

Als ich in die achte Klasse kam, waren meine Eltern drauf und dran, sich gegenseitig umzubringen. Das erstemal seit ihrer Scheidung mußten sie sich regelmäßig treffen und beraten, was sie mit mir tun sollten. Das waren mit Sicherheit fruchtlose und bedrückende Diskussionen, weil schon die kleinste Kleinigkeit meinen Zustand zu verschlimmern schien - ich war wie ein überwürztes Gericht, und die vielen Köche machten den Brei durch ihre Zutaten nur noch ungenießbarer.

Und meine Eltern waren ein katastrophales Gespann, wenn es darum ging, sich zu einigen. Hier waren zwei Menschen, die zehn Jahre lang kaum miteinander gesprochen hatten, nur im Hausflur aneinander vorgingen, wenn sie mich zwischen sich hin- und herschoben, und jetzt hatten sie es plötzlich wieder miteinander zu tun; meistens brüllten und stritten sie spätabends heftig am Telefon. Ich hörte die Stimme meiner Mutter, wenn ich schlaflos in meinem Zimmer lag und nicht einmal versuchte zu schlafen. Und manchmal, im Tiefschlaf, drang ihr Geschrei von nebenan wie eine feindliche Armee in meine Träume ein - die Stimme meiner Mutter war laut und deutlich zu hören, während die Stimme meines Vaters meiner lebhaften Phantasie überlassen blieb. Sie stritten sich darüber, ob Dr. Isaac der richtige Arzt für mich war, wer für was zahlen sollte und vor allem, wer die Schuld daran hatte, daß ich so verkorkst war. Alte Kontroversen wurden ausgegraben, und eins war klar: falls sie ihren Streit jemals beerdigen sollten, dann in einem sehr flachen, provisorischen Grab. Sie waren ungeheuer kleinlich: So beklagte sich mein Vater, daß meine Mutter, als ich eine Zahnklammer brauchte, es geschafft habe, an den teuersten, gerissensten Gauner von einem Kieferorthopäden zu geraten; meine Mutter erwiderte scharf, seine Versicherung habe doch 90 Prozent der Kosten übernommen, wozu also die Aufregung? Er warf ihr vor, sie würde mehr Geld ausgeben, als sie beide hätten, damit ich Privatschulen besuchen und hübsche Kleider tragen könne; sie schrie zurück, wenn es ihm lieber wäre, könnte ich ebensogut auf eine der schrecklichen staatlichen Schulen in Queens gehen (wo er zu der Zeit wohnte) und mit Kindern verkehren, die schlecht sprachen und nie zu Bachkonzerten oder ins Metropolitan Museum gingen. Dazu könne sie nur sagen, es sei ein Glück für mich, daß sie das Sorgerecht habe. Er sagte, sie lebe in einer Traumwelt; sie sagte, er lebe in einer Traumwelt.Obwohl ich nicht seine genauen Worte hören konnte, weiß ich, daß er sie beschuldigt haben muß, eine schlechte Mutter zu sein, was sie noch mehr Geschrei von ihrer Seite auslöste; das war der einzige Vorwurf, die man gegen Mom richten konnte, um ihr zu bedeuten: Dein ganzes Leben ist sinnlos, du kannst nicht mal das eine, das du wirklich können mußt. Ihre Reaktion war immer die gleiche: Donald, brüllte sie, ich habe unsere Tochter ganz allein aufziehen müssen, fast ohne jede Hilfe von dir. Ich habe mich aufgeopfert, jawohl. Du bist nie mit ihr in den Urlaub gefahren. Du hast sie nie an den Wochenenden genommen. Es ist alles an mir hängengeblieben, und ich habe die Sache ziemlich gut gemacht, ohne dein geringstes Zutun. Dann knallte er immer den Hörer auf, und es war Stille, gefolgt von ihrem Geheule - ihr Weinen klang so extrem und furchterregend, als wäre sie im Chor einer griechischen Tragödie, mitten in der großen Begräbnisszene -, und dann dachte ich: Ich verursache mehr Kummer, als ich wert bin.

Ihre Kampflust kam mit etwa zehnjähriger Verspätung. Die Prozedur ihrer Trennung und Scheidung war relativ friedlich verlaufen: Es gab einfach zuwenig Geld oder Besitz, um den es sich zu streiten lohnte, außer einem bißchen Porzellan und einigen schlechten José-Feliciano-Platten, so daß sie nur den Cousin meiner Mutter, der Anwalt war, die Papiere aufsetzen ließen - sie nahmen sich nicht einmal Scheidungsanwälte. Meine Mutter bekam das Sorgerecht, mein Vater schöpfte sein Besuchsrecht nicht annähernd aus, und die Unterhaltszahlungen, die er zu leisten hatte, wurden auf eine wöchentliche Rate von weniger als 75 Dollar festgesetzt. So viele Jahre lang waren sie anständig und ohne Komplikationen miteinander ausgekommen - wenigstens schien es so -, und nun stellte ich mit Erstaunen fest, daß meine Depression die ganze Wut aufeinander, die sie sublimiert hatten, wieder hochkommen ließ.

Als sie anfingen, sich Nacht für Nacht zu bekriegen, kam mir das, wie ich mich erinnere, so vor, als wäre ich im falschen Film, denn wenn ich etwas wußte, dann das eine, daß *ich* diejenige mit den Problemen war. Sie stritten sich angeblich über die beste Behandlungsmethode für mich, aber während sich die beiden anbrüllten, verkroch ich mich in meinem Zimmer und verfiel zusehends in Trübsinn. Um meine Mutter zu ärgern, weigerte sich mein Vater manchmal, die Psychiaterrechnungen durch seine Versicherung begleichen zu lassen, ohne zu merken, daß nicht sie auf die Therapie verzichten mußte, sondern *ich*. Alles war so verdammt außer Kontrolle geraten. Statt mich wie ein Kind zu fühlen, dessen Eltern geschieden *waren*, kam ich mir vor wie ein Kind, dessen Eltern sich scheiden lassen *sollten*.

Hier war dieses Ding namens Depression, das nicht auf irgendeine konkrete Art zu definieren war (Ist sie größer als ein Brotkorb? Kleiner als ein Schrank? Tier, Pflanze oder Mineral?). Das war einfach etwas, was sich in meinem Gehirn eingenistet hatte - eine Fata Morgana, eine Vision, eine Halluzination -, und doch schlich es sich in das

Leben aller ein, die mir nahestanden, richtete alle zugrunde, so wie ich selbst zugrunde gerichtet wurde. Wenn es eine Plage gewesen wäre wie die Schaben, die in unserer Küche herumkrabbelten, hätten wir einen Kammerjäger holen und sie vernichten lassen können; wenn es ein Feuer gewesen wäre, hätten wir den Feuerlöscher darauf gerichtet; mein Gott, selbst wenn es so was wie die Probleme mit quadratischen Gleichungen in Algebra gewesen wäre, hätte es Lehrer gegeben, die mir 2ab hätten erklären können, oder wie man Zahlen und Buchstaben so miteinander kombiniert, daß es stimmt. Aber dies war nur eine Geisteskrankheit. Ich meine, ich war weder Alkoholikerin, magersüchtig, bulimisch noch drogenabhängig. Wir konnten das alles nicht dem Suff oder dem Fressen oder dem Kotzen oder dem Hungern oder der Nadel oder den Folgeschäden zuschreiben. Meine Eltern konnten bis spät in die Nacht streiten, was dagegen zu tun wäre - gegen dieses Ding - aber sie zankten sich im Prinzip um etwas, das in meßbaren Werten nicht existierte.

Ich entdeckte in mir das Verlangen nach einer *richtigen* Krankheit, ein Junkie oder Kokser zu sein - eben irgend etwas Handfestes. Wenn es nur darum ginge, mich von schlechten Gewohnheiten abzuhalten, wieviel leichter wäre dann alles. Heute weiß ich natürlich, daß Alkohol und Drogen auch nichts anderes sind als die Maskierung einer Depression, die sich von der meinen nicht allzu sehr unterscheidet, aber die Therapie gegen Drogenmißbrauch kann man auf einen trügerisch einfachen Nenner bringen: *Laß die Finger davon!* Was jedoch kann man gegen eine Depression tun? Sich vom eigenen Verstand fernhalten? Es ist ein Stück leichter, von Jack Daniels loszukommen als von Elizabeth Wurtzel.

Das war die Zeit, als John und Mackenzie Phillips gerade einen Entzug gemacht hatten, um vom Koks runterzukommen, und entweder er oder sie erschienen beinahe jede Woche auf dem Titelbild von ›People‹ - Mackenzie, weil sie ihre Rolle in der Fernsehsehserie ›One Day at a Time‹ verloren hatte und den Plattenproduzenten Peter Asher heiratete, der sie vermutlich mit Koks versorgte, und

John, weil er The Mamas and the Papas wieder zusammenbringen wollte, jetzt, wo er clean war. Ich las alles über ihr Leben als Drogenabhängige und war überzeugt, daß es tausendmal besser war, solche Probleme zu haben, als so depressiv zu sein wie ich. Zum einen fand man sehr viel mehr Beachtung, wenn man selbstzerstörerische Dinge tat, wie zum Beispiel einen BMW gegen den Baum fahren, und zum anderen mußte man gerettet werden.

Gerettet. So kam es mir vor. Drogenabhängige hatten immerhin ein greifbares Problem, das zu lösen war - sie mußten clean werden. Also gab es Orte, wo man sie hinschaffte, um ihnen zu helfen. Es gab Hazeldon und St. Mary's und die Betty Ford Clinic und den ganzen Staat Minnesota, um sie zu kurieren. Den Entzug stellte ich mir etwa so vor wie ein Fließband, auf das man für vier Wochen oder zwanzig Monate gesetzt wurde, jedenfalls so lange, wie es dauerte, um gesund zu werden. Am Ende flog man vom Montageband, makellos und nagelneu - und konnte ganz von vorn anfangen.

Das war eindeutig eine Wunschphantasie vom Leben der Süchtigen. Viele gehen mehrmals auf Entzug und werden trotzdem nicht clean, aber immerhin können sie was von sich hermachen und alle möglichen Alarmsignale aussenden, wenn sie in irgendeine üble Sucht hineingeraten sind. Ich dagegen hatte eine kleine Überdosis Pillen genommen und meine Beine mit Rasierklingen geritzt, doch retten wollte mich trotzdem niemand. Ich hatte eben nichts, was man mit ein paar Worten benennen konnte. Wäre ich heroinsüchtig gewesen, hätten mich meine Eltern mit Sicherheit schneller weggebracht, als ein Junkie braucht, um sich eine Spritze reinzujagen. Bei einer Drogenabhängigkeit hätten sie mich ins Krankenhaus gesteckt, und ich wäre rund um die Uhr von Betreuern und Ärzten überwacht worden. Außerdem konnte man da die anderen coolen Typen kennenlernen, die clean werden wollten, und ich wäre nie allein gewesen. Nach dem Entzug hätte ich dann denn Rest meines Lebens bei den Anonymen Alkoholikern oder den Anonymen Suchtkranken verbracht und meine Probleme mit ihnen geteilt.

All die Jet-set-Geschichten über Drogenmißbrauch waren angeblich als Warnung für die amerikanische Jugend gedacht, als moralische Lehren, die dir beibringen sollten: SAG EINFACH NEIN! Aber ich war überzeugt, mit der Hilfe von Drogen würde alles möglich sein. Ich würde all diese neuen Freunde haben. Ich würde ein richtiges Problem haben. Ich würde in einen Keller voller Leidensgenossen gehen, und alle würden sagen: Willkommen in unserem Alptraum! Wir verstehen dich! Hier sind unsere Telefonnummern, ruf uns an, wenn es dir schlecht geht, wir sind für dich da .*Für dich da*: Ich konnte mir nicht vorstellen, daß jemand für mich da wäre.

Depression war die einsamste, beschissenste Sache der Welt. Es gab keine Übergangsheime für Depressive, keine Anonymen Depressiven, soweit ich wußte. Zwar waren da psychiatrische Kliniken wie McLean und Bellevue und Paine Whitney und die Menninger Clinic, aber ich konnte nicht einmal davon träumen, in so einer Klinik zu landen, wenn ich keinen Selbstmordversuch unternahm, der ernst genug war, um Sauerstoffmasken, Wundnähte oder Magenschläuche zu garantieren. Ohne einen sichtbaren Akt der Selbstzerstörung würde ich bei meinem Psychiater in Manhattan hängenbleiben, jämmerlich unterbehandelt bei dem bißchen Hilfe, das er mir bieten konnte, und dazu noch ausgeliefert dem Chaos bei mir zu Hause. Ich wünschte mir damals - und bat Gott um den Mut und die Kraft -, daß ich es fertigbrächte, nicht gesund zu werden, sondern meine Pulsadern aufzuschneiden und sehr viel kränker zu werden, um so auf einer psychiatrischen Station zu landen, wo vielleicht echte Hilfe auf mich wartete.

Was die Einzeltherapie betrifft, kann ich Dr. Isaacs Fähigkeiten schwer einschätzen, weil er so lange den Schiedsrichter spielte und versuchte, meine Eltern in Schach zu halten. Später hatte ich dann noch viele andere Therapeuten - bis jetzt sind es neun -, deren Ansatz und Technik ich besser beurteilen kann. Da waren zum Beispiel Dr. Diana Sterling, die mich vorm Selbstmord rettete, oder solche Idioten wie Dr. Eichman, ein Psychologe, zu dem ich im ersten

College-Jahr ging und der mehr über meine Verspätungen redete als über das Eigentliche. Dr. Isaac hingegen sah seine Aufgabe darin, für ein solides Krisenmanagement zu sorgen, so daß ich den Wert unserer gemeinsamen Arbeit nicht beurteilen kann. Er war ein merkwürdiger Mann mit einer gewissen kalkulierten Lässigkeit, die darin gipfelte, daß er zu seinen Anzügen und Krawatten Laufschuhe trug, schon vor dem Verkehrsstreik in New York City. Aber trotz seiner müde-blasierten Art war Dr. Isaac einer jener typischen New Yorker Self-promoter und prahlte gern mit seinen vielen prominenten Klienten. Während einer meiner langen Tiraden über Bruce Springsteen oder die erlösende Kraft des Rock 'n' Roll warf er ein, daß er einmal Patti Smith behandelt hatte - eine Sängerin, die ich abgöttisch verehrte, - als sie in der Psychiatrie war. Ob ich eigentlich wisse, daß er der Arzt war, der Mark David Chapman untersucht hatte, als er nach dem Mord an John Lennon in die Psychiatrie eingeliefert wurde? Oder daß der kürzlich abgesetzte Präsident der NBC zu seinen Patienten gehörte? Und dann dachte ich bei mir, ich muß ja wirklich schlimm dran sein, wenn ich gut genug bin für den Therapeuten von Patti Smith, die schließlich mit Sam Shepard zusammen war und alle ihre Plattencover von Robert Mapplethorpe fotografieren ließ. Trotzdem fragte ich mich: Was springt dabei für mich heraus? Ist das eine Therapie oder ein Essen bei Elaine's?

Die Familienberatung bei Dr. Isaac wurde ungeachtet ihrer therapeutischen Wirkung ständig durch uns zum Entgleisen gebracht, weil wir alle drei versuchten, ihn dazu zu manipulieren und von ihm erwarteten, daß er unser katastrophales Beziehungsdreieck ein wenig geraderückte oder gar in einen glücklichen Kreis verwandelte, aber es war eine unmögliche Aufgabe. Ohne die vereinte Mühe der Eltern geht ein verschlossenes Kind wohl kaum aus sich heraus und wird gesund (obwohl das ein bißchen so ist, als würde man sagen, das einzige, was am Regen stört, ist, daß er naß ist, weil unglückliche Kinder oft das Ergebnis zerrütteter Familien sind). Nach einiger Zeit schien sich Dr. Isaac mit der Einsicht abzufinden, daß er meinen Zustand nicht wirklich bessern konnte und daß es nur noch darum ging, eine Verschlimmerung zu verhüten. Wie alles andere in meinem Leben waren auch diese zweiwöchentlichen Sitzungen nur ein Trostpflaster, eine kleines Refugium, wie geschaffen für gesellige Plauderei und praktische Ratschläge, aber es ging nicht ans Eingemachte.

Mittlerweile hatte Mom Dr. Isaac so ziemlich zu ihrem Guru gemacht, also konnte ich weder meine Vorbehalte gegen ihn zur Sprache bringen, noch hatte sie wirklich ein Ohr für meine Probleme. Und Dad war ganz gegen seine Natur wild darauf, dieses Machtvakuum zu füllen. Ihm gefiel meine schlechte, deprimierende Pubertätslyrik, er genoß sie geradezu. Sie ging etwa so: *Ich ward umschlungen von der Nacht! Ein dunkler Vorhang senkte sich und hüllte mich in seine Falten* und so weiter. Mom interessierte mein jämmerliches Geschreibsel nicht, und sie konnte es sich nicht angucken, ohne sich selbst ganz elend zu fühlen. Obwohl sie nach wie vor in der Lage war, in materieller Hinsicht für mich zu sorgen - sie gab mir zu essen, ein Bett zum Schlafen, schickte mich, zumindest theoretisch, zur Schule -, war sie völlig blind für mein Gefühlsleben. Sie wollte einfach nichts davon wissen und hatte sich entschlossen, das den Experten zu überlassen. Mein Vater dagegen hörte liebend gern zu, wenn ich ihm erklärte, wie schrecklich die Welt sei, und im Prinzip waren wir einer Meinung. Schließlich redete ich fast nur noch mit ihm und kaum noch mit meiner Mutter, und in meinem angeschlagenen Zustand glaubte ich so ziemlich alles, was man mir an verrückten Theorien vorsetzte. So hätte mich mein Vater beinahe davon überzeugt, daß meine Mutter die alleinige Verantwortung für alle meine Leiden trug. Er erzählte mir, daß sie mich auf diese repressiven jüdischen Schulen geschickt hätte, daß sie ihn als aktiven Elternteil ausgeschlossen hätte, und weil ich in meiner Verzweiflung einen Schuldigen für all den Schmerz suchte, dachte ich manchmal: Vielleicht hat er recht.

Hin und wieder beklagte sich meine Mutter, daß Dad und ich uns gegen sie verbündeten - wie damals, als er mich zum Gitarrenunterricht anmeldete, ohne sie zu fragen, und ihr dann die Gebühren anhängen wollte, weil er ihr schließlich für solche Zwecke Unterhalt bezahlte. Oder als er mich ohne ihr Wissen zu einer Reihe von Therapeuten schleppte, um einen Ersatz für Dr. Isaac zu finden. Sie wurde dann wütend und schrie mich an: *Wo war er denn während deiner ganzen Kindheit? Er hat die ganze Zeit verschlafen, und jetzt will er dich abspenstig machen. Das ist Gehirnwäsche, was er mit dir macht!* Wenn sie fertig war mit Brüllen, telefonierte sie stundenlang mit ihrer Schwester, die mich dann ein für paar Tage in ihr Haus auf Long Island nahm, damit Mom und ich uns abkühlen konnten. Manchmal gestand ich meiner Tante, ganz tief drinnen sei mir bewußt, daß Dad nur meine Unzufriedenheit ausnutzte, um meine Mutter zu ärgern, aber um mir meine Depression zu erleichtern, nahm ich alles, was er mir anbot. Ich hatte keine Skrupel: Wenn ich etwas tun konnte, um mich besser zu fühlen, dann tat ich es, auch wenn es Mom unglücklich machte.

Natürlich störte meine Mutter am neu erwachten Interesse meines Vaters an mir vor allem die Hohlheit seiner Gesten. Man konnte manchmal gut mit ihm reden, aber es steckte absolut nichts dahinter. Immer, wenn ich merkte, wie unzuverlässig er war und wie wenig ihn die elterlichen Grundpflichten (Kleider kaufen, mich pünktlich zur Schule schicken oder zur Tanzstunde bringen) interessierten, verschlimmerte das nur mein Elend, weil ich sah, daß er mich vielleicht besser verstand, aber nicht so hingebungsvoll liebte wie Mom. Er schätzte mich in dieser Zeit mehr als sonst, weil ich in all meiner Verzweiflung ziemlich interessant für ihn geworden war. Nachdem er meine Kindheit verpennt, verdöst und verduselt hatte, unbeeindruckt geblieben war von harmlosen Albernheiten der Neunjährigen, die ich einmal war, gleichgültig gegenüber der redebegeisterten Sechsjährigen, faszinierte ihn der selbstmordgefährdete Teenager, der aus mir geworden war.

Meine Mutter dagegen fand diese Metamorphose gar nicht interessant: Es machte sie traurig, daß sich ihr eigenes Kind vor ihren Augen in eine morbide, trübsinnige Fremde verwandelte, die in dem Bett schlief, in dem ich einst gelegen hatte. Eines Abends, mitten in der Zeit dieser Kämpfe, ging ich in Moms Schlafzimmer, um ihr vor dem Schlafengehen einen Gutenachtkuß zu geben. Sie lag unter ihrer burgunderroten Bettdecke in ihrem glänzenden rosa Nylonnachthemd, und der Fernseher plärrte die Nachrichten. Ich trat ans Bett und sah sie da liegen, und sie kam mir so klein und sanft vor. Das schwarze Haar war um ihren Kopf gewickelt, die dunklen Augen waren verschwollen, voller Babyöl, das sie zum Entfernen des Makeups benutzte, und ihre olivbraune Haut, die immer aussah wie nach einem Sonnenurlaub an der Riviera, spannte sich über die hohen Wangenknochen und die scharfe Nase wie eine bemalte Leinwand. Warum hatte ich nicht ihr Aussehen geerbt, ihren mediterranen Teint, ihre scharf gestochenen Züge, ihre großen dunklen Schlafzimmeraugen mit der richtigen Schrägstellung? Warum war ich so sehr nach der Familie meines Vaters geraten, blaß, fleischig, mit hängenden Augen, die immer träge wirkten - persönliche Merkmale, die zum Verblassen und zur Vermischung neigten, als wären sie so fragwürdig und ungewiß wie alles Individuelle? Ich dachte an ein Polaroidfoto meiner Mutter aus der Zeit, als sie bei Macy arbeitete, mit ihrem langen schwarzen Haar und dem dickem Pony, getrennt durch ein breites Stirnband. Für mich sah sie jetzt genauso schön aus, obwohl sich ihr Gesicht verhärtet und den gewissen Hauch von Frivolität verloren hatte. Aber an jenem Abend erschien sie mir ganz weich und zart, wie eine zerbrechliche Puppe.

Sie hätte mich genausogut und ohne ersichtlichen Grund anschnauzen können, als ich über ihr stand, und ihr Blick konnte von einer Sekunde zur anderen von Liebevoll auf Streng umschalten. Sie war so launisch, besonders damals und vor allem deshalb, weil sie mit meiner Depression nicht fertig wurde. Aber so wütend sie manchmal auch wurde, so laut sie auch brüllte, am Ende konnte ich mich doch auf sie verlassen. Nicht auf meinen Vater. Wenn ich etwa von zu Hause weglief und die Nacht in dem Reihenhaus in Westchester verbrachte, das Dad und meine Stiefmutter seit kurzem bewohnten, brachte schon der Umstand, daß ich die Seife im Bad benutzte - ich rede von ganz gewöhnlicher Supermarktseife -, ohne vorher um Erlaubnis zu fragen, den ganzen Haushalt in Aufruhr. So fremd war ihnen meine Anwesenheit. Meiner Mutter hingegen war die Mutterrolle zur zweiten Natur geworden. Wenn wir einen so schlimmen Streit hatten, daß wir tagelang nicht miteinander sprachen, konnte ich mich trotzdem darauf verlassen, daß das Essen jeden Abend für mich auf dem Tisch stand, daß meine Schule bezahlt, daß meine Kleider gebügelt waren. Sie war meine Mutter, und fertig. Was meinen Vater anging, konnte ich mir da nie sicher sein.

Unser Familienleben war wie die Geschichte von König Salomo in der Bibel, in der sich zwei Frauen als leibliche Mutter des Kindes ausgeben. Wie die echte und wahre Mutter, die lieber auf ihr Kind verzichtet, als daß sie es in zwei Teile reißen läßt, würde meine Mutter um mein Leben weinen und alles hergeben, damit ich nur heil blieb. Von meinem Vater könnte ich das nicht so sicher sagen.. Er ist wie ich und geht immer Kompromisse ein, ist immer bereit zu kapitulieren und zweifelt an seiner eigenen Aufrichtigkeit. Es hätte ihm ähnlich gesehen, wenn er verzagt gerufen hätte: *Reißt das Kind auseinander!* Was ja sowieso passiert ist.

Der Unterschied zwischen meinem Leben und dieser Parabel besteht darin, daß nicht zwei Mütter um mich kämpfen, sondern eine Mutter und ein Vater, und sie haben beide einen Anspruch. Um heil zu bleiben, brauche ich sie beide, aber das steht nicht zur Debatte. In mir drin war ich nicht nur depressiv, sondern da riß etwas an mir und zerrte mich zwischen meinen Eltern hin und her, daß es krachte und splitterte. Und manchmal wünschte ich mir, ich könnte durch eine Panoramascheibe gehen, und die messerscharfen Glasscherben würden mich in Streifen schneiden, damit ich endlich so aussah, wie ich mich fühlte.

Ist Scheidung überhaupt möglich, wenn ein Kind da ist? Ich weiß, daß es heute eine ganzes Heer von Eheberatern und Scheidungstherapeuten gibt, deren Aufgabe es ist, den Trennungsprozeß der Eltern für die Kindern erträglich zu machen, und ich weiß, daß alle diese Leute nur helfen wollen und die Dinge so regeln, daß wir, solange wir in Alaska festsitzen, wenigstens einen warmen Mantel haben. Aber kann das jemals die Lösung sein?

Jede Trennung, auch nach einer kurzen Liebesaffäre, birgt emotionalen Sprengstoff. Mit welchem Recht können wir also pragmatisch, realistisch und so grausam vernünftig sein, ein Paar, das sich scheiden läßt, zu bitten, daß es im Interesse der Kinder seine Gefühle zähmt, sich kooperativ verhält und nett zueinander ist, wo doch die Scheidung eine so tiefe und schmerzliche Erfahrung sein kann? Von all den merkwürdigen Anforderungen, die das moderne Leben an die Erwachsenen stellt, scheint es die schwierigste zu sein, daß wir nicht nur gemütlich von einer Ehe zur nächsten wechseln sollen, sondern möglichst auch mit unseren Ehemaligen befreundet bleiben, elterliche Pflichten teilen, sogar zu ihrer zweiten und dritten Hochzeit gehen. Wir sollen so tun, als wäre der tiefste Kummer nur eine kleinere Unpäßlichkeit, die sich mit der richtigen Dosis Psychojargon oder mit ein paar Wiederholungen des Mantras Den Kindern zuliebe! *beheben läßt.*

Gelegentlich empfinde ich sogar etwas wie Achtung vor meinen Eltern, weil sie auch in meinen schlimmsten Augenblicken nicht die geringste Rücksicht auf mich nahmen. Es wäre vielleicht besser für mich gewesen, wenn sie sich zusammengerissen hätten, aber die Heuchelei, das falsche Lächeln, die aufgesetzte Freundlichkeit hätten mich wohl genauso bestürzt, zumindest in dem Maße, wie ich sie meiner naiven Sensibilität wahrnehmen konnte.

Als Dreizehnjährige redete ich oft bis spät in die Nacht mit meinem Vater, immer wieder darüber, wie düster alles sei, und manchmal sagte ich ihm, daß ich meine Mutter hasse, weil es manchmal wirklich so war. Ich zerrte das Telefon an seiner langen Schnur aus dem Schlafzimmer meiner Mutter über den engen Flur, der in mein Zimmer führte, und redete mit ihm im Flüsterton über unser tristes Leben. Natürlich machte das meine Mutter wahnsinnig. Um sie zu besänftigen, erzählte ich ihr dann, daß Daddy sich gar nichts aus mir mache. Ich erzählte ihr, ich würde meinen Vater hassen, was sie für ein Weilchen zufriedenzustellte, bis sie mich wieder in diesem verschwörerischem Ton mit meinem Vater reden hörte und mitbekam. daß ich von Dr. Isaac wegwollte. Dann weinte sie wieder und sagte, es mache sie krank, daß ich mal zu ihr und mal zu meinem Vater halte, so krank, daß sie innerlich verblute.

Eines Tages, drohte sie dann, werde ich so krank, daß du mich wegen der Blutung zur Unfallstation bringen mußt, aber weil du das gar nicht mitkriegst und viel zu sehr damit beschäftigt bist, dich bei deinem Vater über mich zu beschweren, werde ich sterben. Und wie fühlst du dich dann?

Und wie fühle ich mich dann? Ich konnte diese Frage nie geradeheraus beantworten, ich weinte nur, umarmte sie, legte den Kopf an ihre Schulter und sagte: Ich will das nicht, ich hab das nicht gewollt, warum können wir uns denn nicht vertragen?

Nach Art geschiedener Mütter gestand mir Mom in ihren vernünftigen Momenten natürlich zu, daß ich Kontakt zu meinem Vater haben sollte. Jeder braucht und verdient eine Mommy und einen Daddy. In Wirklichkeit wollte sie nicht, daß ich ihm zu nahe kam. Sie wollte, daß er für mich da war, aber nur in seiner rechtmäßigen Samstagnachmittagecke. Und wer konnte es ihr verübeln? Wie konnte Mom, die mich über alles liebte, mir eine gute Beziehung zu meinem Vater, den sie über alles haßte, wünschen, ohne daß ich sie durchschaute? Ebenso mein Vater.

Es ist kein Wunder, daß die Generation der Scheidungskinder nicht so recht erwachsen werden will. Viele schlafen miteinander und bleiben Freunde, schieben die Trümmer zerbrochener Beziehungen beiseite und lassen sich nicht aus der Ruhe bringen. - Das Erleben der Scheidung hat uns gelehrt, wie man mit Freunden schläft, wie man mit Feinden schläft und dann am Morgen so tut, als wäre das völlig normal. Manchmal bewundere ich meine Eltern, weil sie psychologisch so unbeleckt geblieben sind, weil sie all diese Selbsthilfebücher mit Titeln wie ›Ich bin okay - du bist okay‹ ignoriert und es vorgezogen haben, nein, sich instinktiv leiten ließen, ihrer ungezügelten, ungehemmten, unbewältigten und unerkannten emotionalen Unreife treu zu bleiben. Immer wieder setzten sie die Miene gegenseitigen Einverständnisses auf und sagten mir, ich solle mich nicht von den Gefühlen, die sie füreinander hätten, beeinflussen lassen, aber es klang immer falsch: Hätten sie so getan, als gäbe es diese ungeheure Verbitterung nicht, wäre das so gewesen, als hätten sie einen Elefanten in unser vollgestopftes, schlecht beleuchtetes Wohnzimmer gestellt und vorgeschlagen, ihn nicht weiter zu beachten; er sei schließlich zahm und habe gute Manieren. Ich bewundere es, daß sie, statt das Richtige in einer Situation zu tun, die so offensichtlich falsch war, alles so kommen ließen, wie es kam.

Wir fuhren nach Alaska, und wir froren uns tot.

Ich fuhr fünf Jahre hintereinander ins Sommercamp - jedes Jahr in ein anderes, eine andere Szene in einer anderen ländlichen Stadt in den Poconos oder den Catskills oder den Berkshires oder wo immer man sich zum Billigtarif anmelden konnte. Und das Komische ist: Obwohl mich meine Mutter dahin geschickt hatte, wo ich es so einsam und schrecklich fand, haßte ich sie nicht, sondern verbrachte den ganzen Sommer damit, mich nach ihr zu sehnen. Im Wachen und im Schlafen verwandte ich meine ganze Energie darauf, mich nach diesem ziemlich unscheinbaren und instabilen Zuhause zu verzehren, aus dem ich kam. Vom 28. Juni, oder wann immer das Camp anfing, bis zur Heimfahrt um den 24. August herum widmete ich mich voll und ganz der Aufgabe, nach Hause zurückzukehren, ohne die geringste Pause einzulegen.

Jeden Tag verbachte ich Stunden damit, Briefe an Mom zu schreiben, sie anzurufen und ihr einzuschärfen, wann sie mich bei der Rückkehr vom Bus abholen sollte. Ich lief in die Verwaltung des Camps und vergewisserte mich, daß meine Mutter eine genaue Beschreibung der Fahrtroute erhielt, damit sie wußte, wo sie mich finden konnte. Ich nahm ihr das Versprechen ab, daß sie ein, zwei Stunden früher da sein würde. Ich rief sogar Dad an und ließ ihn schwören, daß er mindestens eine halbe Stunde vor dem geschätzten Ankunftstermin dort sein würde. Ich sprach mit dem Hauptbetreuer und gab meiner Sorge Ausdruck, ich könnte in den falschen Bus geraten und irgendwo in New Jersey oder Long Island landen und nie wieder nach Hause finden. Ich fragte andere Mädchen aus New York in meinem Schlafsaal, ob ich mit zu ihnen nach Hause könnte, falls meine Mutter nicht an der Bushaltestelle auftauchen sollte. Ich rief die Großeltern an, Tanten, Onkel und Babysitter - immer schön sammeln! -, um herauszufinden, wo sie am 24. August sein würden, um mich aufzunehmen, falls meine Eltern mich nicht abholen würden. Statt die Vorzüge von Tennis und Volleyball kennenzulernen oder Kordeln zu drehen und Topflappen zu weben, verbrachte ich die ganzen acht Wochen damit, meine zweistündige Heimreise im Bus zu planen.

Manchmal, auch jetzt noch, wenn es im Sommer regnet - dieser kalte, öde Dauerregen, der den Juli zum Herbst oder gar Winter macht und der immer in den Blues-Songs vorkommt -, habe ich so ein komisches Déjà-vu-Erlebnis. Ich spüre, daß sich mein Kopf umnebelt, mein Körper anspannt, und die Tage im Camp steigen in mir auf, diese düsteren, deprimierenden Tage, als der Regen auf mich einprügelte, ich in meiner gelben Regenjacke herumlief, mich verfroren und zerschunden und zerschlagen fühlte, mich fragte, was ich verbrochen hatte, daß mich meine Eltern in die Verbannung schickten. Womit hatte ich mir das eingebrockt, und wie konnte ich es wiedergutmachen?

Ich war so ein gutes Kind, ja wirklich. Ich brauchte niemanden zu meiner Unterhaltung, ich war so erfinderisch. Alleingelassen, hätte ich wahrscheinlich die gesammelten Werke von Tolstoi gelesen oder wenigstens die von Tolkien, ich hätte auf meinem Zeichenblock gemalt oder noch eins von den Kinderbüchern über Tiere geschrieben, die ich mit fünf Jahren serienmäßig produzierte. Mein Gott, war ich glücklich, allein zu sein. Was mit Sicherheit der exakte Grund war, daß ich ein Camp gekarrt wurde und gezwungen war, mich mit anderen Kindern zu befassen: Ein weiterer Versuch, mich normal zu machen.

Ich werde den Verdacht nicht los, daß mit den Sommercamps alles anfing, daß damals mein Exil begann und meine Seele zerbrach - und brach und brach und brach -, ein bißchen mehr mit jedem Sommer. Alles ging für mich im Camp zu Ende. Ich hörte auf, meine Bücher zu schreiben, hörte auf, Grashüpfer zu sammeln, hörte auf, mich hübsch zu finden, wollte nicht mehr wissen, wie Blitze entstehen und Regenbogen und Wirbelstürme, wenn es schon nicht Gott war, der sie machte, wollte nicht mehr wissen, ob es einen Gott gab, hörte auf, Fragen zu stellen, für deren Beantwortung die Erwachsenen sowieso zu müde waren, hörte auf, überhaupt noch etwas zu wollen, überzeugt, daß ich es ja doch nie kriegen würde, da ich aus dem Reich der Möglichkeiten verstoßen war.

Es ist egal, wieviele Jahre vergehen, in wieviele Therapien ich einsteige, wie sehr ich versuche, Abstand zum Vergangenen zu gewinnen, so daß alles, was falsch lief, weit hinter mir liegt und nur noch von gelernten Lektionen und innerem Frieden die Rede ist. Niemand wird je die Sprengkraft meiner Erinnerungen verstehen - sie sind so massiv und so gegenwärtig, daß ich keinen Psychiater brauche, der mir erzählt, daß sie mich verrückt machen. Sie sind nicht in meinem Unterbewußtsein vergraben, sie werden nicht durch mein Über-Ich zurückgehalten - sie stehen direkt vor mir und treffen mich in meiner Mitte, als wäre alles gestern geschehen. Und was ich fühle, wenn ich an das Sommercamp denke, ist ganz häßlich: *Ich will meine Eltern töten, weil sie mir das angetan haben! Ich möchte sie dafür in Stücke hacken, weil ich einmal das beste kleine Mädchen der Welt war und sie mich einfach wegschickten, statt mich in dem zu bestärken, was gut an mir war, und ich habe nie mehr richtig nach Hause zurückgefunden! Ich war etwas Besonderes! Ich hatte eine Zukunft! Aber sie haben mich weggeworfen und versucht, mich gewöhnlich zu machen! Sie warfen mich mit einem Haufen normaler Kinder zusammen, die mich seltsam fanden, bis ich mir ebenfalls seltsam vorkam und dann tatsächlich wurde. Und nach all den vielen Jahren hasse ich sie immer noch, weil sie mir das angetan haben!*

Und die Tränen rollen.

Heimweh ist für mich ein Dauerzustand, immer vermisse ich jemanden, immer fehlt mir etwas, immer versuche ich, zu einem imaginären Irgendwo zurückzukehren.

Mein Leben war ein einziges langes Sehnen.

Vor meiner Abfahrt zum Camp Seneca Lake, es war meine fünfte und letzte Ferienfahrt, erlebte ich die Hölle. Ich erinnere mich nur an Bruchstücke und Momente dieser chaotischen Szene: daß ich am Telefon meinen Vater etwas vorweine, daß meine Mutter im anderen Zimmer weinend auf dem Bett liegt und raucht, daß mein Vater mich bittet, meine Mutter ans Telefon zu holen, daß meine Mutter sich erst weigert und dann doch kommt und ihn weinend anfleht, er möge sich nicht in die Beziehung zwischen ihr und mir einmischen. Sie weint noch mehr, ich auch. Meine Mutter weint in ihrem Zimmer, ich in meinem. Wir brüllen uns an, wir vertragen uns. Wir umarmen und küssen uns und weinen noch mehr, weil wir geschworen haben, Daddy nie wieder zwischen uns kommen zu lassen. Daddy aber schiebt sich sofort zwischen uns, wenn Mommy sich einmal nicht zwischen mich und Daddy schiebt. So ging das zu in jenen Tagen. Immer habe ich den einen mit dem anderen betrogen, als wäre es eine Dreiecksliebe gewesen. Was es natürlich auch war.

Meine Mutter schreit mit mir herum, egal, was ich tue. Als ich mir ein zweites Ohrloch stechen lasse, dreht sie durch, und ich muß ein paar Tage bei ihrer Schwester wohnen. Als ich mit meinem Vater telefoniere, in diesem konspirativen Ton, den sie so gut versteht, ohne auch nur ein Wort zu verstehen, zieht sie sich in ihr Zimmer und zu ihrem Päckchen Gauloises zurück, bleibt stumm, wird hysterisch und verstummt erneut. Sie telefoniert viel mit iherer Schwester. Sie sagt, ich mache ihr so viel Kummer, daß ihre innere Blutung sich verschlimmert, daß ich sie bald ins Grab bringe. Ich sage ihr, daß ich sie nicht traurig machen will, ich will nur eine Beziehung zu meinem Vater, und ich will keine zu Dr. Isaac. Sie sagt, Dr. Isaac hat mir das Leben gerettet, und Daddy stört den Heilungsprozeß.

Und dann sage ich: Da bin ich anderer Meinung.

Währenddessen gehe ich weiter zu Dr. Isaac. Dad weigert sich, die Rechnungen zu zahlen, obwohl er fast nichts aus der eigenen Tasche bezahlen muß, also muß meine Mutter das Geld aus dem Hungerlohn abzweigen, den sie mit der Bearbeitung eines Hotelführers verdient. Als das Geld ausgeht, sagt mir Dr. Isaac, er werde meinen Vater auf Zahlung seines Honorars verklagen, wenn niemand ihn dazu bringt, die Scheißformulare von der Versicherung auszufüllen. Ich habe solche Angst vor dem Zorn meines Vaters, daß ich ihm sage, ich hasse Dr. Isaac, was ihm noch weniger Anreiz gibt, für die Behandlung zu zahlen. Ich sage meiner Mutter, daß ich Dr. Isaac liebe, aber daß Daddy versucht, mich gegen ihn aufzubringen. Ich erzähle beiden, was sie hören wollen, weil ich nur so erreiche, daß sie mich beide lieben. Falls es überhaupt eine Wahrheit für mich gab, änderte sie sich je nachdem, ob ich bei Mom oder Dad war.

Ich wollte nur zwei Eltern, die mich beide liebten. Angesichts dieses häuslichen Dramas hätte das Sommercamp eine Erlösung für mich sein müssen. War es aber nicht. Zum einen sollte die Brendan-Byrne-Arena in New Jersey eröffnet werden, und Springsteen sollte zur Einweihung zehn Konzerte geben. Ich hatte Karten für mehrere von ihnen, aber der Campleiter erklärte meiner Mutter, ich dürfe das Gelände nur anläßlich einer Hochzeit oder einer Bar-Mitzwa-Feier verlassen, aber nicht wegen Bruce Springsteen. Ganz bestimmt nicht. Ich sagte zu meiner Mutter, dann würde ich eben nichts ins Camp gehen. Ganz bestimmt nicht.

Als ich meinen Vater anrief und bettelte, er möge mich den Sommer über bei sich aufnehmen, druckste er herum und sagte, daß Elinor und er den ganzen Tag arbeiten müßten, daß es für mich nichts zu tun gäbe. Ich setzte ihm auseinander, wie wenig ich stören würde, daß ich mich mit Jod und Babyöl in die Sonne legen, Dickens und Daphne du Maurier lesen und niemanden meine Anwesenheit spüren lassen würde, aber ich hörte nur ein nachdrückliches Nein. Er sagte, es geht nicht und gab keine weiteren Erklärungen ab.

Als ich auflegte, war mir klar, daß ich in dieser Angelegenheit allein war, daß keiner von beiden mir beistehen würde. Keiner schien zu merken, daß Seneca Lake für mich das Ende der Fahnenstange war und das bißchen Zuversicht, das ich noch hatte, mit mir untergehen würde. Kaum zu glauben, daß diese Menschen, die mir so nahe waren, nicht sahen, wie verzweifelt ich war, oder wenn sie es sahen, zu gleichgültig waren, um etwas dagegen zu unternehmen, oder, falls sie nicht gleichgültig waren, nicht daran glaubten, mir helfen zu können. Dabei war ihr Glaube das einzige, worauf es ankam.

Ich habe mich nie so einsam gefühlt wie an dem Tag, als ich nach dem Gespräch mit meinem Vater den Hörer auflegte und er nur nein gesagt hatte, wie er das immer tat. Am Ende gingen die Springsteen-Karten an die Kinder des Freundes meiner Mutter und an deren Freunde, und ich wurde ins Camp gekarrt. Aber diesmal, als ich den Bus bestieg, sagte ich meiner Mutter nicht, wie sehr sie mir fehlen würde, sondern daß ich es ihr heimzahlen würde.

Mommy, wie kannst du mir das antun? Ich bin so krank und verzweifelt und in einer solchen bedrohlichen Verfassung, und das weißt du, und ich kann nicht glauben, daß du mich trotzdem einfach so wegschickst. Wie kannst du nur?

Ellie, du weißt, daß es keine andere Wahl gibt.

Mommy, wenn du wüßtest, wie schlimm ich dran bin, dann *gäbe* es eine andere Wahl. Du tust so, als könnte ich mich nicht allein beschäftigen. Was ist denn daran so schlimm, wenn ich einfach nur da bin, lese und Filme sehe? Was denn nur?

Du brauchst die Gesellschaft gleichaltriger Kinder, sagte sie - eine Ausrede, wie ich fand. Es ist nicht gut, wenn du zu Hause bleibst und dich immer mehr in deinem eigenen Kopf vergräbst. Außerdem ist schon alles bezahlt. Und Dr. Isaac meint, es wird dir guttun.

Dr. Isaac ist ein Trottel. Die Tatsache, daß du ihn zu deinem Guru gemacht hat, beweist, daß du ein noch größerer Trottel bist. Und ich hasse dich, weil du mir das antust, Gott ist mein Zeuge, daß ich dir das heimzahle.

Ich küßte sie nicht einmal, als ich auf den Bus zuging. Sie hatte tatsächlich eine Kamera dabei und wollte, daß uns jemand von den anderen Eltern knipste (Arm in Arm) - als wäre alles ganz normal und als hätte ich ihr nicht soeben Rache geschworen. Ich konnte nicht verstehen, warum sie hartnäckig so tat, als wäre alles in Ordnung. Hätte sie diese Energie darauf verwendet, zuzugeben, daß es ein Problem gab und sich dem gestellt, dann wäre das Problem vielleicht keins mehr.

Am Bus sagte ich zu ihr: Wenn du mich ins Camp schickst, könntest du mich ebenso gut in den Tod schicken.

Ach Ellie, hör schon auf, Sarah Bernhardt zu spielen, sei doch nicht so melodramatisch. Du wird dir bestimmt Spaß machen. Probier's doch wenigstens.

Vier Jahre lang habe ich's probiert. Das sollst du noch bereuen, daß du mich zum fünften Mal dahin schickst, das schwör ich dir.

Und als ich im Bus saß, dachte ich: Die ganzen Jahre. Das sollst du mir büßen. Ich konnte mir einfach nicht vorstellen, daß sie ein schweres Leben hatte, daß sie eine Pause brauchte und daß es aus vielen anderen Gründen sehr schwierig für sie war, Mommy zu sein. Ich glaubte damals, daß der achtwöchige Schmerz, den ich erleiden würde, alle Rechtfertigungen, von wem auch immer sie vorgebracht wurden, zunichte machte. Wer nicht weiß, was eine wirkliche Depression ist, hat einfach keinen Begriff von diesem Schmerz, der so schlimm ist, daß der Gedanke an den baldigen Tod zur Verheißung eines Friedens wird, einer Erlösung von diesem Getöse in meinem Kopf.

Als Kind, so erinnere ich mich, wurde ich an vielen verschiedenen Orten zurückgelassen, weil meine Mutter arbeiten mußte und mein Vater nicht da war. Wochenenden und Ferien verbrachte ich oft im Haus meiner Großeltern in Long Island, schulfreie Tage mit organisierten Gruppenreisen in Freizeitparks und Museen. Nach einiger Zeit vermischte sich das Sommercamp in meiner Phantasie mit den Nachmittagen, die ich im Schwartzy's verbrachte, einem Kinderhort, zu dem mich meine Mutter schickte, wo die anderen Kinder Monopoly oder Basketball oder Flipper spielten, während ich lesend und versunken in der Ecke saß, das einzige Mädchen, das Röcke trug; die anderen Kinder steckten alle in Jeans und Turnschuhen. Die einzigen Leute, mit denen ich mich im Schwartzy's gern unterhielt, waren die Frauen, die uns betreuten und immer entzückt waren von meinem hüftlangen braunen Haar und mich mochten, weil ich stillsaß wie eine kleine Erwachsene, im Schneidersitz, mit korrekter Haltung. Ich konnte es kaum erwarten, bis Mommy kam, um mich abzuholen. Die Erleichterung über ihr Kommen war für mich überwältigend: Wenn Mommy kam, konnte ich wieder frei atmen - fast wie eine japsende Asthmatikerin, die endlich ihren Inhalator bekommt.

Und hier war ich nun, im Sommercamp, das selbe Kind wie eh und je, und ich steckte in einer Version von Schwartzy's, die acht Wochen dauerte statt nur ein paar Stunden am Nachmittag, verloren in einer Einsamkeit, die ewig zu dauern schien.

Schon am ersten Tag im Camp Seneca Lake begann ich mit einem Ritual: Ich pflanzte mich im Büro von Direktor Irv auf und verlangte, er solle mich aus dem Lager werfen, oder ich würde eine Überdosis Tabletten schlucken. Ich erklärte ihm, daß ich nicht besonders erpicht aufs Sterben sei, aber genügend Pillen nehmen könne, um im Krankenhaus zu landen und aus diesem verdammten Lager rauszukommen. Ich erzählte ihm, daß ich zwei Jahre zuvor eine Überdosis Atarax im Sommercamp genommen hätte, alle hätten es für ein Versehen gehalten, und ich hätte sie nie über den Irrtum aufgeklärt. Aber diesmal würde ich keinen Zweifel aufkommen lassen und eine Kombination von Motrin und Aspirin mit einer Flasche Nyquil herunterspülen, in eindeutiger Absicht und im Vollbesitz meiner geistigen und körperlichen Kräfte.
Darauf sagte Irv: Du verlierst deinen guten Ruf. Die Leute reden. Gerüchte verbreiten sich - auch in den anderen Camps, und alle, mit denen du zur Schule gehst, werden dahinterkommen.

Wen glaubte er vor sich zu haben?

An anderen Tagen erzählte ich Irv, anstatt mich selbst mit Pillen zu schädigen, könnte ich ja auch meine Kassetten und Bücher, ein paar Klamotten zum Wechseln und meine Tube Clearasil einpacken und eines Morgens zur Bushaltestelle gehen. Er erwiderte, daß die Farmer in diesem überaus ländlichen und rückständigen Gebiet mich vermutlich auf der Straße vergewaltigen würden.

Nach mehreren Wochen unserer fast täglichen Unterredungen entspann sich zwischen Irv und mir ein seltsames Verhältnis, das man fast als liebevoll bezeichnen konnte. Vielleicht mochten wir uns sogar insgeheim, so wie ein Polizist eine gewisse Sympathie für den Mordverdächtigen empfindet, den er verhört. Wer sich stundenlang traurige Geschichten in einem stickigen Amtszimmer anhören muß, kann ja gar nicht anders, als den armen Kerl zu bedauern. Eines Tages tischte mir Irv unvermittelt die Ratschläge auf, die ich schon so oft gehört hatte: Elizabeth, du bist ein hübsches Mädchen und offensichtlich sehr aufgeweckt. Warum versuchst du nicht einfach, normal zu sein? Warum nimmst du nicht einfach an, was dir hier in Seneca geboten wird, statt dagegen anzukämpfen? Ich sehe keinen Grund, warum du dich hier nicht wohlfühlen solltest.

Damit war mir klar, daß Irv keine Ahnung hatte, wie schrecklich es sein konnte, dreizehn zu sein. Unsere Verhandlungen waren an einem toten Punkt angelangt.

Ich schrieb an Dr. Isaac: »Ich sitze am Schwimmbecken und schaue in den klaren blauen Himmel. Ein Adler fliegt vorbei, ein schöner Anblick, aber ich muß nur daran denken, wie ich mich danach sehne, von meinem menschlichen Gewicht befreit zu sein, damit ich fliegen kann wie dieser Vogel. Wenn ich tot wäre, wäre ich nur Geist und kein Leib, also bete ich für meinen eigenen Tod.«

Als Antwort schrieb er mir einen Haufen Platitüden darüber, wie sehr er meinen Schmerz mitempfand. Ich erwiderte: »Sie brauchen meinen Schmerz nicht mit mir zu fühlen - holen Sie mich einfach nur hier raus!«

In jenem Sommer versteifte ich mich so sehr darauf, vorzeitig aus dem Camp wegzukommen, daß ich meine Überdosis-Aktion plante wie ein kaltblütiger Mörder. Tatsächlich hatte sich meine Einstellung spürbar verändert. Da ich auf *beide* Eltern böse war, weil sie mich im Camp unter Quarantäne hielten, und ich mich nicht mehr entscheiden mußte (wie ein Verbrecher im Todestrakt zwischen dem elektrischen Stuhl und der Todesspritze), verwandelte sich meine Depression in eine militante Wut. Die Depression wird oft als nach innen gerichtete Wut bezeichnet, also erfuhr ich den Luxus - oder vielleicht die *Erlösung* -, die Wut endlich nach außen richten zu können. Und es war, als hätte ich endlich wieder die Kraft gefunden, die beiden von ganzem Herzen zu hassen. Das Wissen, daß ich nichts und niemanden hatte, wurde zu einer großen Erleichterung und zur Bestätigung, daß das ganze Leben ein einziger Schwindel sei. Jetzt konnte ich mich mit dem bißchen begnügen, was mir noch blieb, jetzt konnte ich die geborgte Zeit und die Wonnen des freien Falls endlich einmal genießen. Und da ich fest entschlossen war, falls nötig einen Akt der Selbstzerstörung zu begehen, fühlte ich mich vom quälenden Schmerz befreit: Ich hatte einen Ausweg gefunden. Das würde denen verdammt nochmal eine Lehre sein, wenn ich das Camp nicht mit dem Bus oder mit dem Auto verließ, sondern in einem Krankenwagen in Richtung Unfallstation.

Erst einige Zeit nach dem Besuchstag rückte mein Vater mit einem Befreiungsplan heraus. Dieser wohl erste und zugleich letzte Akt väterlicher Solidarität beinhaltete natürlich nicht, daß ich zu ihm zog oder ihn sonstwie belästigte - er schickte mich einfach zu seiner Schwester Trixie, die mit Mann und zwei Töchtern in Matawan wohnte, einer zerbröckelnden Industriestadt in New Jersey. Sie hatten ein Haus mit Zwischenstockwerken und einem Swimmingpool im Hof. Bob, Trixies Mann, war so etwas wie Vorarbeiter in einer Fabrik und die Sorte Mann, die sich nach der Arbeit eine Bierbüchse schnappt und das Abendessen vorm Fernseher einnimmt. Die Möbel hatten alle Plastikbezüge, sie aßen Tiefkühl- oder Dosengemüse,

Ketchup war das Gewürz Nummer eins im Haus, Fertigpudding und Fertigsahne bereicherten jeden Nachtisch. Anders ausgedrückt, lebten sie in dem Arbeiter-Alptraum meiner so peinlich romantisierten Bruce-Springsteen-Welt. *Endlich kriegst du, was du willst*, sagte Mom, als ich sie anrief und ihr die Szene beschrieb.

Natürlich machte es keinen Spaß. Tatsächlich war es dort total öde, und ich erfuhr nun endlich, warum Springsteen partout aus diesem Milieu ausbrechen wollte. Ich hing den ganzen Tag rum, rauchte Pot und sah mir Seifenopern mit meiner Kusine Pamela an, die im Herbst aufs Junior-College gehen wollte, Hauptfach Büroorganisation. Jedenfalls wurden wir in Ruhe gelassen. Wir gingen in die Einkaufszentren und Spielhallen, ohne irgend jemanden um Erlaubnis zu fragen. Im August ging ich in ein Tom-Petty-Konzert im Nassau Coliseum, ohne Irvs Segen. Ich las Tag und Nacht alle möglichen abstrusen Texte, ohne daß mich jemand zum Aufräumen oder Schwimmen oder Fußballspielen überreden wollte. Ich hörte mir ständig ›Layla‹ von Derek and the Dominos an, meine Lieblingsplatte in jenem August. Ich schlief bis in den Nachmittag, und niemand behelligte mich: Mein Vater hatte Trixie irgendwie klargemacht, daß es mir im Moment schlecht ging, und solange ich niemanden störte, sollte sie mich einfach in Ruhe lassen.Pamela und ich verbrachten viel Zeit damit, in die Taco Villa oder ins Jack-in-the-Box zum Lunch zu fahren, aber manchmal kam ich zuschauen, wenn sie mit ihren Freundinnen Baseball spielte, und manchmal nahm sie mich auf eine von diesen nächtlichen Hofpartys mit, wo man Meskalin und Peyote nimmt und dann kotzt und auf dem Erbrochenen der anderen ausrutscht und Black Sabbath (die sie einfach Sabbath nennen) hört und Motley Crue (die sie einfach Crue nennen) und die ganzen Sachen machen, die anspruchsvolle Kinder aus New York City unfein finden würden. Mir gefiel diese Art des Kleinstadtlebens: So bekifft war ich seit dem Sommer nie wieder. Manchmal schwammen Pamela und ich im Pool, oder wir saßen in der Sonne, sie tat meistens ersteres und ich letzteres.

Manchmal kamen ein paar ihrer Freunde von der Highschool vorbei. Alle wollten auf das Community College und als Hauptfach Büroorganisation lernen, genau wie Pamela. Es fiel mir schwer, in dieser Umgebung nicht wie eine überhebliche Rotznase zu erscheinen, also hielt ich meistens die Klappe, um die anderen nicht zu verschrecken.

Wo zum Teufel gehöre ich bloß hin? fragte ich mich immer wieder. Im Camp sind alle so jappymäßig, und hier in Matawan sind sie nicht jappymäßig genug. War es zuviel verlangt, wenn ich eine Umgebung wollte, wo ich *wenigstens etwas* mit den Leuten gemein hatte, mit denen ich leben mußte? Nichts Großartiges - sie mußten nicht unbedingt Springsteen-Fans sein, Bob Seger oder John Cougar hätten es auch getan. Ich meine, ich war schon - wie Dreizehnjährige das nennen - irgendwie irre, aber doch nicht so, daß ich auf einen anderen Stern geschossen werden mußte, um irgendwo dazuzugehören. Oder vielleicht doch? Allmählich kam es mir so vor.

Hätte ich nur die Wahrheit über Pamela gewußt, hätte ich nur gewußt, daß wir doch etwas gemeinsam hatten! Erst Jahre später erfuhr ich, daß Pamela wiederholt depressive Episoden hatte, in eine nahezu katatonische Starre fiel, die meine Tante und meinen Onkel derart frustrierte und hilflos machte, daß sie sie anschrien und schlugen, um sie zum Reagieren zu bringen. Sie war durch den ganzen Lärm regelrecht zum Verstummen getrieben worden und hatte eine Jugend erlebt, die durch Selbstmordneigungen gezeichnet war. Aber natürlich haben wir nie über das Zeug geredet, denn wer hätte davon anfangen sollen? Ich wußte nichts über sie, sie wußte nichts über mich, und weil Depressionen offenbar immer von einem Kordon aus Scham und Schweigen umgeben sind, hatte niemand daran gedacht, es uns zu sagen. Also verlebten wir mehrere gemeinsame Wochen in diesem undefinierbaren Zustand, der sich um das ›General Hospital‹ drehte, um irgendwelche Probleme mit Luke und Laura und darum, wo noch mehr Gras aufzutreiben wäre.

Dann sagte mein Vater eines Tages, als ich ihn von Trixie aus anrief: Hoffentlich spielst du deine Musik nicht so laut und machst damit alle verrückt. Er sagte auch: Hoffentlich schläfst du nicht vor dem Fernseher ein, wie Tante Trixie sagt. Strom ist nämlich teuer.

Plötzlich mußte ich denken, mehr als zehn beschissene Jahre lang gab es in meinem Leben statt einer Vaterfigur nur ein Vakuum, und jetzt sagt er mir, was ich tun soll. Als wäre meine Uhr stehengeblieben, als ich drei war, wartete ich immer noch darauf, daß mein perfekter Daddy auftauchte und mich rettete. Diese leere Zeit war mit nichts anderem angefüllt als mit der Sehnsucht nach einem Vater wie alle anderen. Ich hatte gelernt, mit dem schrecklichen Bewußtsein dieses Mangels zu leben, und jetzt, nach all den Jahren, sagt er mir, ich soll mich anständig benehmen, als ob er wirklich mein Vater wäre, und ich konnte nur denken: Wer zum Teufel ist er denn, daß er mir sagen will, was richtig oder falsch ist? Was zum Teufel versteht er denn vom Vatersein?

Und zum ersten Mal habe ich wirklich begriffen, wie sehr es meiner Mutter zugesetzt haben muß, daß er sich so in ihre Erziehung eingemischt hat. Ich habe verstanden, wie verletzend es ist, daß jemand, der einfach nicht da war, plötzlich ankommt und nicht nur mitreden, sondern sogar das Ruder übernehmen will. Mit Worten, nicht mit Taten. Seine Liebe, in Geld ausgedrückt, hätte nicht mal für den Kauf einer Morgenzeitung ausgereicht, sie war irgendetwas Ungreifbares, das nichts mit den alltäglichen Elternpflichten zu tun hatte.

Nie in all den Jahren der Sommercamps hat mir Mommy so sehr gefehlt wie in diesem Augenblick.

Und ich saß in der Falle: Sie war mir die nächste, die einzige, der ich vertraute, und ausgerechnet sie, an die ich so sehr gefesselt war, kannte mich überhaupt nicht. Ich war wie eine Klaustrophobikerin, die in einer engen, dunklen Höhle lebt, um zu beweisen, daß sie die Angst besiegen kann.

4

Zerbrochen

And something is cracking / I don't know where
Ice on the sidewalk / Brittle branches
In the air / The sun is blinding
Dizzy golden, dancing green / Through the park in the afternoon
Wondering where the hell / I have been.
SUZANNE VEGA
›Cracking‹

Für die einen ist 1980 das Jahr, in dem die Konservativen siegten, die Geiseln aus dem Iran befreit wurden und Ronald Reagan Präsident wurde, für die anderen ist es das Jahr, in dem John Lennon erschossen wurde, als er auf dem Weg in sein Apartmenthaus am Central Park West ein Autogramm gab. Der Mord ereignete sich ziemlich nahe dem Ort, wo ich zu der Zeit gerade im Bett lag, so daß ich mir später einredete, ich hätte die Schüsse gehört, und daß der Lärm vereinzelter Knallkörper, plündernder Jugendlicher und anonymer Schießereien und das Splittern von Scheiben und Flaschen ganz in meiner Nähe sich auf ein bestimmtes Ziel richtete: gegen den Rock 'n' Roll im allgemeinen und John Lennon im besonderen. Für mich war es eine Tragödie. Es war das Jahr des zerbrochenen Glases und der zerbrochenen Mädchen, des zerbrochenen Ich oder einfach des zerbrochenen Ganzen. Es war etwa die Zeit, als mein Vater verschwand.

Damals wurde das Dröhnen so laut und beängstigend wie nie zuvor, es steigerte sich von der Emphase zu Ekstase, und das einzige, das möglicherweise den Lärm hätte beenden können, wäre die Stille und der Frieden nach dem Verschwinden meines Vaters gewesen, der fortging und mich - mich und meine Mutter - unserem

Schicksal überließ. Es gab so viel böses Blut zwischen ihnen, und immer hatte es mit mir zu tun, daß einer von beiden gehen mußte, und da er derjenige war, der sich ins Valium und ins Schweigen geflüchtet hatte, mußte er es sein.

Er verschwand eigentlich erst am Ende meines ersten Highschool-Jahrs (ich war vierzehn oder fünfzehn und dachte, ich brauche sowieso keinen Vater mehr), aber der Anfang vom Ende lag viel weiter zurück, vielleicht war es der Tag, an dem meine Mutter ihn hinauswarf, als ich noch ein kleines Kind war.

Ich erinnere mich an die Abschlußfeier der Junior-Highschool, mein dunkelrotes Kunstseidenkleid und das chinesische Essen mit Frühlingsrollen und Zitronenhähnchen, das meine Mutter an dem Abend kochte. Sie hatte meine Großeltern, Tanten, Onkel, Vettern und Cousinen eingeladen. Und sie hatte in Klarheit verkündet, daß mein Vater nicht kommen dürfe, nicht einmal zur Schulfeier, wo ich mein Abschlußzeugnis entgegennahm, weil er sich nicht um meine Ausbildung gekümmert habe. Wozu also solle er jetzt hier auftauchen?

Ich weiß noch, daß ich versuchte, ihm das zu erklären, und ihm sagte, ich wolle Mommy nicht kränken, aber unfähig war zu sagen: *Wenn du das Geld ausspuckst, sagt sie vermutlich, es ist in Ordnung.* Eigentlich wollte ich nichts damit zu tun haben, und ich wünschte mir, daß einer von beiden verschwinden würde, ohne zu wissen, daß es auf Erden nichts Schlimmeres gibt, als wenn manche Wünsche sich erfüllen.

Vieles hatte sich in dem Jahr, bevor er wegging, verändert. Er stellte die Zahlungen für Dr. Isaac völlig ein, und als Mommy kein Geld mehr hatte, wurde meine Therapie für unbestimmte Zeit abgebrochen. Meine Mutter verklagte meinen Vater, weil er laut Scheidungsvergleich zur Zahlung meiner Arztkosten verpflichtet war. Außerdem waren die Unterhaltszahlungen seit 1969 auf dem gleichen Stand geblieben, und sie wollte eine Anpassung an die Lebenshaltungskosten. Also zogen sie vor Gericht.

Überall Rechtsanwälte. Nein, eigentlich waren es nur zwei, der meiner Mutter und der meines Vaters, aber Dad wechselte ständig, weil niemand glaubte, daß er eine Chance hatte. Also vermehrten sich seine Anwälte scheinbar wie die Kaninchen, und jedesmal, wenn ich die Post holte, wurden es mehr von den dicken Umschlägen, Absender Rechtsanwalt Benton oder Rechtsanwalt Bowl, oder Beavis, oder Butthead, oder Blablabla. Alle sagten, Elizabeth, du brauchst dich nicht festzulegen, beide sind deine Eltern, und sie lieben dich beide - um mich dann durch die Blume zu fragen: Könntest du vielleicht einen Brief an die Richterin schreiben, daß er ein lausiger Vater war? Oder: Wärst du vielleicht bereit, als Zeugin auftreten? Und ich denke: Könnte das überhaupt noch schlimmer werden? Und fühle eine Benommenheit über mich kommen, die schlimmer ist als alles zuvor. Es ist wie ein tiefer Frost, kurz bevor die Eisdecke bricht. Aber darunter ist kein Wasser, überhaupt nichts Flüssiges, nur immer weitere Schichten von Eis - Eisblöcke und Eisberge und Eisschollen - und eine Eisstatue, wo einmal ein Mädchen gewesen war.

Inzwischen galt ich als notorischer Sonderling. Es war die Ära der Miniröcke im Cheerleader-Stil, den Norma Kamali und Betsy Johnson den Modebewußten unter uns aufgezwungen hatten, und alle Mädchen in meiner Jappy-Highschool fielen unter diese Kategorie. Es kam mir vor, als würden sie alle bei den Cheerleaders mitmachen, nur ich wäre bei der Mode à la Stevie Nicks hängengeblieben, bei diesen langen durchsichtigen Dingern, die praktisch bis auf die Knöchel meiner ledernden Reitstiefel hinabreichten, kombiniert mit romantischen, lose geknoteten Tops, die meine Schlüsselbeine freiließen. Ich war ganz Gürtel und Schleifen und Bänder und Stoff, immer mit so viel *Zeug* beschwert, und das war die optimistische Anfangsphase der Ära Reagan, eine Zeit der Unbeschwertheit und der knallbunten Farben. Als alle anderen Mädchen sich mit Plastikohrringen und -accessoires in Türkis und Gelb und Chartreuse und leuchtendem Pink schmückten, war ich für alles, was kalt und dunkel war; Silber und Lapislazuli hingen mir von den Ohren wie Relikte der Sechziger oder Siebziger oder einer unglücklichen Zeit, an die sich keiner erinnerte außer mir.

Ich versuchte, mich ein bißchen anzupassen und kaufte mir sogar ein Betsy-Johnson-Partykleid aus Samt mit einem engen Lycra-Top und einem Rüschenröckchen, aber ich kam mir einfach lächerlich darin vor, wie eine Zirkusfigur, die aus Versehen in einen Fellini-Film geraten ist, wo ich doch eigentlich in die nordische Verzweiflung von, sagen wir, Bergmans ›Siebentem Siegel‹ gehörte. Ich erkannte unter Schmerzen, daß das Mädchen, das ich einmal gewesen war, das alle herumkommandiert hatte und jede Lebenslage meisterte, nicht zurückkommen würde. Ob ich jemals lebendig aus dieser Depression herauskam oder nicht, es spielte keine Rolle, weil sie mich schon fundamental verändert hatte. Sie hatte bleibenden Schaden angerichtet. Nie würde ich den Trübsinn loswerden, weil alles an mir Depression war - und ich fand mich damit ab.

Seltsamerweise stabilisierte mich diese Resignation. Klar, ich rannte immer noch in die Damentoilette und hatte Weinkrämpfe, ich hockte während der Freistunden immer noch allein in der Ecke und litt an dem vertrauten Schmerz, aber ich fand mich damit ab, daß dieser Schmerz zum Leben gehörte - wenigstens zu meinem. Ich würde ihn ewig aushalten. Ich konnte alles mögliche machen: Hausaufgaben, für Prüfungen lernen, Referate schreiben und die Schreibregeln für Bibliographien und Fußnoten befolgen, ich konnte vielleicht sogar mit Leuten auszgehen, die nicht doppelt so alt waren wie ich oder die Hälfte meines IQ hatten. Ich konnte das Leben eines völlig normalen Teenagers leben, dem niemand anmerkte, wie stark gestört er war - ja, mein Gott, ich hätte sogar dem Cheerleader-Korps beitreten können -, aber all das änderte nichts daran, daß etwas nicht stimmte. Daß etwas in mir völlig falsch war.

Ich war wie ein Alkoholiker, der nicht mehr trinkt, sich aber täglich, wenn nicht stündlich, nach einem Schluck Glennfiddich oder Mogen David oder Muscadet sehnt; eine Depressive, die nicht mehr depressiv ist, eine unsymptomatische Ausnahme von der Regel. Aber was war die Regel? Ach ja, erinnerte ich mich: Mein Ziel ist, aus diesem Leben herauszukommen, eine neue Identität aufzubauen, irgendwann in der Zukunft, wenn das möglich wäre. Vielleicht könnte ich mich abschirmen, mich weigern, den Symptomen zu erliegen, gerade lange genug, um diesem Trott zu entfliehen und wirkliche Hilfe zu bekommen, keine Dr.-Isaac-Hilfe, keine Hilfe, mit der meine Eltern zu tun haben. Ich könnte ein paar Jahre lang das Teenager-As sein, das wie ein Zombie Spitzennoten kassiert und in jeder Hinsicht vollkommen und fehlerlos erscheint.

Statt zu denken, es gebe *keine* Zukunft, plante ich nur noch für die Zukunft, behandelte die Gegenwart und all ihre Tücken wie eine langwierige, bemühte Präambel zu einem realen Leben, das mich irgendwo erwartete, überall sonst, nur nicht hier. Ich war immer noch dasselbe Mädchen, das sich acht Wochen lang ausschließlich auf die zweistündige Heimfahrt aus dem Sommercamp vorbereitet, nur daß ich jetzt auf mein Leben als Erwachsene wartete, weil ich da noch glaubte, ich müßte nur von zu Hause weg, aus dem Kreuzfeuer meiner Eltern fliehen, um eine Chance zu bekommen.

Dann kam Zachary, und der war nicht irgendeiner, sondern ein erstaunlich gutaussehender junger Mann aus guter Familie, der Kapitän der Tennismannschaft und von rechtswegen liiert mit einem dieser langbeinigen Mädchen im Minirock. Ich weiß, es ist nicht ungewöhnlich, im ersten seligen Überschwang der ersten Liebe - oder der zweiten, dritten, vierten oder zwanzigsten - zu staunen, daß einem dieses Wunder widerfahren konnte, aber in meinem Fall war ich wahrhaftig verblüfft.

Als Paar erschienen wir so lächerlich ungleich wie Lyle Lovett und Julia Roberts.

Da war dieser wirklich großartige, gesellige, charmante, fröhliche Junge, der auf der mütterlichen Wunschliste so weit oben rangiert, daß er auf seiner Stirn den Stempel »Gute Partie« tragen müßte - und er ist mit mir, ja mir, zusammen. Und alle denken: Wie ist denn das möglich? Ich wußte, daß sie das dachten, weil ich die Mädchen in der Schultoilette über uns reden hörte. Und ich gab ihnen vollkommen recht: wenn ich eine von ihnen gewesen wäre, hätte ich dieselben bissigen Bemerkungen gemacht, ich hätte gedacht, diese Hexe aus der neunten Klasse mit ihrem langen Haar und den langen Röcken hat Zachary nur rumgekriegt, weil sie's mit ihm treibt und ihm andauernd einen bläst und so weiter. Bei mir dachte ich nur: Verdammt, hab ich vielleicht ein Glück! Mit Zachary an meiner Seite fühlte ich mich plötzlich so beschützt, so verwöhnt und verhätschelt und in so viele Schutzschichten eingewickelt, daß alles, was zwischen meinen Eltern vorging, mich nicht mehr kümmerte. Ich fragte mich nur, wann der Teufel aus der Schachtel springen und sagen würde: DIE ZEIT IST UM!

Da ich völlig in Zachary aufging, fiel mir nicht auf, daß ich meinen Vater nicht mehr traf. Die *dates* füllten meine Zeit voll und ganz aus: Wir gingen mit einem anderen Paar zu einem Police-Konzert (Die Go-Go's spielten als Vorgruppe, und ich sprühte meine Haare zu einem grellrosa Wirrwarr), wir gingen zur Hochzeit von Zacharys Bruder (und natürlich gab es davor eine Verlobungsfeier), wir mußten ganze Nachmittage die Schule schwänzen, um in Zacharys neuem 280 ZX zu herumzufahren, als wären wir zwei Vorort-Teenager, oder wir versteckten uns in seinem Schlafzimmer und machten Petting im Dämmerlicht der heruntergelassenen Jalousien. Es war, als hätte ich jahrelang still und heimlich zu Gott gebetet, ER möge mich (was immer das war) verschwinden lassen, in eine andere Person verwandeln, die nicht immer rumlief wie drei Tage Regenwetter - und nun hatte ER mir Zachary geschickt und ließ mich mit dem perfekten Freund ganz in der übernatürlichen Leichtigkeit des Seins aufgehen. Endlich war ich verschwunden, und dieses andere Mädchen, in das sich der perfekte junge Mann verliebt hatte, nahm meinen Platz ein.

In dieser überaus unwirklichen Phase der Wunscherfüllung weigerte ich mich, mir durch Dads Tiefschläge alles verderben zu lassen. Ich wollte ihn nicht sehen und nichts von Rechtsstreit oder finanziellen Schwierigkeiten hören. Ich wollte nicht eine Stunde fahren, um ihn ein paar Stunden pro Woche zu sehen, wollte nicht mitten im Winter im überheizten Auto sitzen, mit ihm und meiner Stiefmutter, die ihre Winstons kettenrauchte, während ich ans Ersticken, an Lungenkrebs und vorzeitigen Tod in diesem verfluchten Oldsmobile dachte. Ich hatte diese ganze künstliche Beziehung zu meinem Vater satt, die sich nie geändert hatte, selbst Jahre nach der Scheidung. Dafür mußte ich jetzt zwischen getrennten und sich gegenseitig ausschließenden Universen hin- und herreisen, um einen von beiden zu besuchen. Diese Brüchigkeit der Beziehungen, merkte ich jetzt, hatte mich schon vor langer Zeit verrückt gemacht.

Und ich fand heraus, daß ich ganz still und unauffällig, fast völlig unbewußt, genau das tat, wovon sie gesagt hatten, ich müsse es nicht tun (obwohl ihr Verhalten sie Lügen strafte): Partei ergreifen. Natürlich, ich bin ja nicht dumm, entschied ich mich für meine Mutter; es war nur normal, daß ich zu der Person hielt, die in ihrer Wohnung ein Zimmer für mich hatte und der es egal war, wessen Seife ich benutzte.

Wir haben uns so sehr ergänzt, meine Mutter und ich, wie zwei Seiten einer Medaille, daß alles, was ihr gehörte, auch meins war. Keine Frage, daß ich mich für meine Mutter entschied.

Manchmal lasse ich Revue passieren, was ich zusammen mit meinem Vater gemacht habe: seine Mutter in ihrem Mietshaus in Brighton Beach besuchen, chinesisch essen und sich gegenseitig die Zettel in den Glücksplätzchen vorlesen, eine neue Design-Ausstellung im Cooper-Hewitt besuchen oder die impressionistische Kunst in der Frick-Collection. Aber das war nicht jeden Samstag. Manchmal nicht einmal jeden zweiten Samstag. Manchmal war es nur einmal im Monat, und manchmal war es nur ein Abendessen mitten in der Woche, bevor ich nach Hause hetzte. Manchmal riefen wir uns eine Zeitlang nicht einmal an. Ein paar Wochen verstrichen dann, und wir suchten nicht einmal nach Ausreden, wenn wir endlich wieder zusammenkamen, weil es keinen Grund gab, etwas zu erfinden, wenn jeder wußte und stillschweigend akzeptierte, daß es so viel einfacher war. So viel einfacher, sich nicht zerreißen zu lassen.

Außerdem - seit ich mit Zachary zusammen war, hatte sich meine Beziehung zu meiner Mutter derart verbessert, wie fünf Jahre Familientherapie es nicht gekonnt hätten. Mom mochte Zachary so sehr, daß sie praktisch schon die Hochzeit plante. Sie kochte ganz besondere Nudelgerichte, wenn sie wußte, daß ich ihn zum Essen mitbrachte, und sie meinte, daß es mit mir doch nicht so schlimm sein konnte, weil ich es geschafft hatte, mir diesen Prachtkerl zu angeln. Sie sagte zwar nicht ausdrücklich so was wie: Ein paar Jahre lang stand es mit dir ziemlich auf der Kippe, Ellie, ein paar Jahre wußte ich nicht, ob du durchkommst, aber jetzt hast du diesen tollen Typen, und alles ist einfach prima. Sie mußte das alles gar nicht sagen, weil es so offensichtlich war, und ich brachte es nicht übers Herz, ihr zu sagen, daß das nicht so war, daß ich mich unter der Oberfläche genau so einsam und verlassen fühlte wie eh und je.

Ich wollte alles leugnen, was vor Zachary war, und weigerte mich zu glauben, daß es ein Danach geben würde. Vielleicht blieben Zachary und ich ja wirklich für immer zusammen, und es würde alles gut. Vielleicht heirate ich ihn ja. Vielleicht bin ich Cinderella auf dem Ball. Vielleicht ist man mit vierzehn nicht zu jung, um zu wissen, wer der Richtige ist, zumal es vor Zachary überhaupt nichts Richtiges gab. Ich richte meine ganze Energie auf die Frage, wie ich verhindern kann, daß diese Beziehung je endet. Ich denke so viel darüber nach, daß bald nichts mehr an der Beziehung ist außer meinen Plänen, sie in Gang zu halten. Für die meisten Paare sind die Telefongespräche, Verabredungen und Pläne Mittel zum Zweck, eine Methode, möglichst viel Zeit auf möglichst angenehme Weise miteinander zu verbringen. Aber für mich diente die gemeinsame Zeit nur dem Bemühen, mehr gemeinsame Zeit herauszuschlagen. Jede Verabredung drehte sich darum, die nächste zu planen und die nächste und die nächste und die nächste; jeder Anruf erschöpfte sich in der Frage, wann er mich wieder anrufen würde, zu welcher Stunde, in welcher Minute. Alles nur, um dieses Ideal festzuhalten und der Angst zu entgehen, der Angst vor der einsamen kleinen Welt, in der ich früher lebte, in der es nur mich und mich und mich gab.

Eines Abends, als ich bei unseren Nachbarn unten im Haus auf die Kinder aufpaßte, reif mein Vater an. Mommy mußte ihm gesagt haben, wo ich war, was, wie ich meine, ein verblüffender Beweis der Reife der beiden ist, da sie sonst kaum miteinander reden, ohne daß Feindseligkeiten aufkommen. Ich hatte Dad drei Wochen nicht gesehen oder gesprochen, vielleicht dachte sogar Mommy schon, daß das zu lange war. Also plaudern wir. Ich erzähle ihm von Zachary, und aus irgendeinem Grund erzähle ich ihm, daß ich zur Familienplanung gegangen bin, um die Pille zu bekommen.

»Ich freue mich, daß du so verantwortungsbewußt bist,« sagt er, wie immer der über den Dingen stehende Vater, nie der Moralapostel, »paß aber auf.«

»Wieso das?« frage ich.–»Paß auf dein Herz auf.«

»Ach so,« sage ich, sicher, daß ich unbesorgt sein kann. »Weißt du, Zachary ist ein ziemlich guter Typ.«

»Ja. Aber paß auf.«

Zum ersten Mal seit langem überkommt mich Traurigkeit, daß ich meinen Vater nicht mehr sehe. Mit meiner Mutter konnte ich nie über Sex reden. Es gab immer Dinge, für die meine Mutter gut war und mein Vater nicht, und umgekehrt, und wenn sie nur ihre Differenzen beigelegt oder auf ein Minimum reduziert hätten, wären sie vielleicht ganz gute Eltern gewesen.

»Hör zu, Kleines,« sagt mein Vater, du weißt, wie sehr ich dich liebe.«

»Ja, ich glaube schon.«

Ich zögere nicht deshalb, weil ich Zweifel an ihm habe. Es ist eher so, daß ... Was zum Teufel soll man sagen, wenn alles so durcheinander ist? Was bedeutet das Wort Liebe? Wozu ist es gut?

»Also Elizabeth, vielleicht geschieht etwas mit dir, was du nicht verstehst oder was dir falsch vorkommt, aber du solltest wissen, daß ich dich liebe und daß ich immer an dich denke.«

»Okay.« Ich fragte nicht einmal: Daddy, wovon redest du? Was soll denn passieren? Weil ich eigentlich nur das Gespräch beenden wollte, um Zachary anzurufen. Mein Vater hatte die Neigung, in Rätseln zu sprechen und die Dinge spannend zu machen, auch wenn nichts dahinter steckte, also dachte ich, er hatte wieder mal einen seiner Momente.

In jener Nacht träume ich, daß ich ein Kind von zwei, drei Jahren bin, mein Vater paßt auf mich auf, während meine Mutter ausgeht, und wie immer lasse ich ihn seine Schuhe vor meine Tür stellen, damit ich weiß, daß er noch da ist. Ich wache mitten in der Nacht auf, die Schuhe sind weg, aber meine Mutter ist nicht zurückgekommen, ich bin allein im Haus, der Strom ist abgestellt, ich kann das Licht nicht anmachen, ich stoße mich an Gegenständen, ich bin allein im Dunkeln, ich bin allein auf der Welt, ich fange an zu schreien.

Einen Monat nach diesem Gespräch verschwand mein Vater spurlos aus New York, eine Tragödie, die nur durch die Tatsache überboten wurde, daß auch Zachary verschwand - und nichts hinterließ außer der schönen Goldkette, die er mir gekauft hatte und die ich behalten sollte. Er sagte etwa, er wolle mit seinen Freunden Basketball spielen können, ohne die Angst, daß ich deshalb in Tränen ausbrach. Und ich sagte, es wäre mir nie in den Sinn gekommen, daß er lieber Bälle in Körbe wirft als mit mir ins Bett zu gehen, und er erwiderte, doch, tatsächlich würde er manchmal lieber Basketball spielen, und daß ihm, aufs ganze gesehen, Sex und Sport gleich wenig bedeuteten, sie wären nur zwei verschiedene Möglichkeiten, sich zu amüsieren.

»Ich war für dich also nur eine Möglichkeit, dich zu amüsieren?« fragte ich.

»Ja. So ist es,« sagte er.

Und das war's.

Paß auf dein Herz auf.

Nach der Trennung war ich, was man ein völliges Wrack nennen würde. Zum erstenmal in meinem Leben hatte mein Schmerz einen handfesten Grund. Und ich verfiel der Trauer. Es war mir egal, was andere dachten, es war mir egal, daß alle Mädchen in der Schule sagen würden: *Seht mal an, er ist endlich schlau geworden.* Es war mir egal, wie dumm ich aussehen würde mit tränenverschmierter Schminke, alles war mir egal, außer daß dies der schlimmste Schmerz überhaupt war. Früher weinte ich, weil ich nichts hatte, was sich zu verlieren lohnte, aber jetzt erstrahlte ich geradezu - verschwollen, rot und hysterisch - von einem Verlust, den ich genau bezeichnen konnte. Ich fühlte mich in meinem Kummer gerechtfertigt und konnte nicht ertragen, daß alles mit Zachary zu tun hatte, wohin ich auch ging: jede Treppe, auf der wir geknutscht hatten, jeder Sessel, auf dem wir uns in den Pausen unterhalten hatten, alles verströmte Erinnerungen an ihn - mein Gott, sogar die Flusen auf meinen Sachen, die mit der Wäsche noch nicht herausgegangen waren, erinnerten mich an Zachary. Im Unterricht brach ich ständig in Tränen aus und entschuldigte mich nicht einmal. Ich weinte in der U-Bahn. Eines Tages wurde ich auf dem Weg zur U-Bahn beraubt und nahm das als willkommene Ausrede, um einfach zurück nach Hause zu gehen und dortzubleiben. Manchmal war ich so in meinen Kummer versunken, daß mich schon die Aufgabe, die Straße zu überqueren oder mir Frühstück zu machen, überforderte und ich es gleich bleiben ließ. Meine Hände wurden schlaff, wenn ich Geschirr spülte oder Lippenstift auftrug. Ich schlief bei den Hausaufgaben ein. Ich fuhr immer Taxi, weil ich nicht die Energie hatte, öffentliche Verkehrsmittel zu benutzen. Meiner Mutter tat ich so leid, daß sie mir die Taxis bezahlte. An manchen Tagen tauchte ich in ihrem Büro auf und weinte. Ich unterbrach Geschäftsbesprechungen, und wenn sie sagte, sie sei beschäftigt und könne mich jetzt nicht sprechen, weinte ich noch mehr. Meine Cousine Alison, die damals die Woche über bei uns wohnte, hörte sich die Geschichte mit Zachary an, vernahm meine Pläne, ihn zurückzugewinnen, sagte mir, daß ich mich wiederholte und tat erstaunt, wenn ich trotzdem weiterredete. Meine Mutter und ich gingen am Memorial-Day-Wochenende auf eine Kreuzfahrt nach den Bermudas, und da es kein Telefon an Bord gab, ließ ich an einem Tag das Schiff im Hafen warten, während ich genug Kleingeld sammelte, um sämtliche Freunde von Zachary in ihren Strandhäusern anzurufen und zu fragen, ob er bei ihnen war, da ich ihn nicht zu Hause antraf.

»Elizabeth, du bist ja besessen, das ist doch verrückt! Jetzt reicht's mir aber! brüllte meine Mutter, als ich in unsere Schiffskabine zurückkehrte. »Er ist nicht dein Mann oder dein Verlobter, er ist nur dein Freund, und er wird nicht der letzte sein.«

Ich konnte ihr nicht klarmachen, daß das nicht stimmte, daß Zachary meine letzte Chance gewesen war.

Als mein Vater verschwand, weit weg zog und mir nicht sagte wohin, als ich seine Nummer wählte und die Stimme vom Band hörte: Kein Anschluß unter dieser Nummer, *als mir nicht einmal die eigene Großmutter sagen wollte, wohin er gegangen war - als mein schlimmster Alptraum Wirklichkeit wurde, weil mein Vater endlich verschwunden war, empfand ich das fast als Erleichterung. Meine schlimmsten Befürchtungen hatten sich bestätigt; ein Beweis, daß sie sich nicht nur im Kopf abspielten (als hätte das irgend etwas gebessert) und daß meine jahrelange Verlustangst nicht unbegründet gewesen war.*

Endlich hatte ich etwas Konkretes.

Als ob es dadurch weniger weh täte.

Kein Anschluß unter dieser Nummer.

Die Entschuldigung kam Jahre später, mit einer Litanei, die die Schuld auf die Umstände schob oder alles so darstellte, als wäre es so das beste gewe-

sen: Ich bin weggegangen, weil ich nicht mehr mit ansehen konnte, wie du zwischen mir und deiner Mutter gefangen warst; ich bin weggegangen, um unten im Süden meine eigene Firma zu gründen, viel Geld zu verdienen und in der Lage zu sein, dich finanziell besser zu versorgen; ich bin weggegangen, um das Leben für dich einfacher zu machen.

Allmählich bekomme ich das komische Gefühl, daß gar nichts mit mir passiert, daß ich nur einen Film sehe, aus dem ich jederzeit weggehen kann. Allmählich denke ich an alles in der dritten Person: Ein Vater hat seine Tochter im Stich gelassen.

Ich denke mir merkwürdige Vorfälle aus und versuche sie so zu sehen, als wären sie das Problem eines anderen: Eine Mann schlägt seine Frau, *höre ich eine ältere Version meiner selbst sagen.* Ein Freund trinkt zuviel und will seiner Freundin die Zähne einschlagen, *höre ich eine andere Stimme aus der Zukunft berichten. Jede Katastrophe, die mich treffen könnte, kann ich mit einfachen Aussagen beschreiben.*

Im Sommer nach dem Verschwinden meines Vaters mache ich eine Ferienreise, und während ich weg bin, öffnet meine Mutter meine Schreibtischlade, von der sie weiß, daß sie mein einziger geheimer Ort ist, aber sie will nur ein Lineal hineinwerfen, das herumlag. Ihre Absichten, schwört sie, waren unschuldig. Sie hat nicht erwartet, eine Folienpackung mit dem Markennamen Ortho-Novum zu finden oder, als sie die Schublade ein paar Zentimeter weiter aufzieht, den Rest meiner grünweißen und pfirsichfarbenen Antibabybillen.

Als ich von meiner Reise zurückkomme, sagt meine Mutter, daß sie an Selbstmord gedacht habe, als sie in meinen Sachen die Pillen fand. Weiß ich etwa nicht, daß ich vor der Ehe keinen Sex haben darf? Ist es ein Wunder, daß es mit Zachary schlecht ausging, wenn wir etwas so Unmoralisches getan haben? Ich sage ihr immer wieder, daß wir gar keinen Sex hatten, daß Zachary und ich an einem Punkt gemerkt haben, daß es ein Fehler sein würde, aber sie hört nicht hin.

Wie kannst du mir das antun? fragt sie.

Um zu demonstrieren, wie betroffen sie ist, öffnet meine Mutter das Fenster und sagt mir, sie würde sich hinausstürzen, wenn ich ihr nicht schwöre, daß ich so etwas nie wieder tue. Sie tobt. Sie will, daß ich zu Dr. Isaac gehe, zu einem einzigen Termin, um darüber zu reden, warum ich mich so benehme.

Immer wieder sagt sie: Wie kannst du mir das antun?

Ich will schreien - tue es aber nicht: Was meinst du damit, wie kann ich *dir* das antun?

Verwechseln wir hier nicht die Pronomina? Die Frage ist doch: Wie kann ich *mir* das antun?

Und plötzlich wird sie hysterisch, und es kommt mir verrückt vor, ganz einfach falsch, daß mein Freund mich verlassen hat, mein Vater mich verlassen hat und ich hier sitze und meine Mutter vom Fensterbrett weglocken muß.

Was stimmt hier nicht? Wer ist gestorben und hat mir das Ruder überlassen?

5

Schwarze Welle

There's nothing I hate more than nothing.
Nothing keeps me up at night.
I toss and turn over nothing.
Nothing could cause a great big fight.
EDIE BRICKELL
›Nothing‹

Ich weiß nicht, ob ich weglaufe, weil ich Angst habe, oder ob ich Angst habe, weil ich weglaufe. Diese Frage stelle ich mir, seit ich im September nach Harvard gekommen bin, und die Antwort weiß ich immer noch nicht. Wenn ich nur eine Minute haltmache - aufhöre, von einer Saufparty zur nächsten zu rennen, aufhöre zu trinken und Drogen zu nehmen, aufhöre, einem Jungen nachzulaufen und vor einem anderen zu fliehen - wenn ich einfach sage JETZT IST SCHLUSS, *mich hinsetze und für eines meiner vier Seminare arbeite, wenn ich mich der ›Ilias‹ oder ›Jenseits von Gut und Böse‹ widme, werde ich dann endlich Frieden finden? Wird endlich die Ruhe einkehren, auf die ich mein ganzes Leben lang gewartet habe? Oder wird das Nichts, das schon immer um mich war, noch größer werden? Eigentlich dürfte es gar nicht mehr da sein. Schließlich bin ich hier im Zauberland, im Amerikanischen Traum, der Universität mit dem illustren Namen, dessen guter Klang von hier bis Australien reicht. Ich kann einfach nicht glauben, daß ich hier, in einer Institution, die größer und besser als alle anderen, die jenseits von Gott dem Allmächtigen ist, immer noch nichts anderes bin als nur ich selbst. Verflucht noch mal.*

So sollte es nicht kommen. Ich wollte eine kleine exotische amerikanische Prinzessin werden, eine gutaussehende, brillante, bebrillte Literaturstudentin, die Foucault und Faulkner liest, am Rollpult in ihrer Dachstube mit dem Fußboden aus Edelholz, mit lauter seltsamen Pflanzen und mit Glöckchen, die von der Decke hängen, und Postern von Filmstars der vierziger und Bands der sechziger Jahren an den elfenbeinfarbenen Wänden, deren Farbe ein wenig abblättert. Mengen von Kräutertee und Kräutern, eine schöne Wasserpfeife aus dem Vorderen Orient, am Boden Kissen mit Paisley-Mustern und Orientteppiche, eine bescheidene, schmale Ottomane, eine Bohème-Existenz. Ich wünschte mir ein Futonbett mit einer dicken karminroten Tagesdecke, in dem ich endlose Liebesnächte mit meinem Freund verbringen würde, der Lincoln oder Bailey oder ähnlich heißt, in Connecticut aufgewachsen ist, auf dem Lacrosse-Feld spielt, auf der Gitarre und auch auf mir und mich mit unbändiger Lust, mit Respekt und Leidenschaft liebt.

Aber wo ist das Mädchen, das so lebt? Warum geht es so abwärts mit ihr?

Warum verbringe ich soviel Zeit damit, aus meinem Zimmerfenster auf den Harvard Yard zu blicken, warum sehe ich mir die Jungen in ihren tiefsitzenden Jeans an, die Ballspiele machen, als ob alles zum besten stünde? Sie sehen nicht so aus, als ob sie verloren wären. Wie kann ich nur in das Leben gelangen, das auf der anderen Seite dieser Fensterscheibe stattfindet. Dort ist die Welt weich wie Schlamm, und die Leute haben keine Angst, sich darin zu wälzen. Was würde ich nicht alles tun, um Frisbee spielen oder lachend und händchenhaltend in die Vorlesung gehen zu können, einen Freund zu haben, zu sein wie Ali MacGraw in ›Love Story‹ oder Ali MacGraw in ›Goodbye, Columbus‹ oder irgendwer sonst in irgend etwas. Mein Gott, wohin muß ich denn gehen, um endlich von mir wegzukommen?

Ich kann nicht aufhören zu rennen. Meistens laufe ich vor der schwarzen Welle weg. Sie verfolgt mich in ganz Cambridge, sie jagt mich an den langen Nachmittagen, wenn ich über den Harvard Square gehe, wenn ich einen der tausend Dritte-Welt-Läden betrete, von denen es in der Massachusetts Avenue wimmelt, und ein Paar langer, baumelnder Ohrringe probiere, die vielleicht ganz hübsch sind. Während ich mir Gedanken über den Wert jener zu tibetanschen Fruchtbarkeitssymbolen geformten Gebilde aus Silberdraht und Glasperlen mache, die an meinen Ohrläppchen hängen, werfe ich einen kur-

zen Blick aus dem Schaufenster nach draußen und sehe, daß die Sonne wieder so furchtbar früh untergeht, daß es hier immer so grau und wolkig ist, daß es so schnell dunkel und nie so richtig hell wird. Und dann überfällt mich plötzlich eine Schwere, dabei tue ich nichts anderes, als mir im Spiegel Ohrringe anzusehen. Ich versuche, mich auf den Schmuck zu konzentrieren, versuche, nur an Bambus und Lapislazuli zu denken, versuche, mit großer Aufmerksamkeit eine Art buddhistischer Übung zu vollziehen, aber es gelingt mir nicht, denn da kriecht schon wieder diese schreckliche Sache auf mich zu, erst von hinten, dann von vorn und von der Seite, dann von überall. Ich bin sicher, daß mich gleich eine schwarze Welle überrollt und erstickt. Ich weiß, daß gleich meine Füße im nassen Sand der Unterströmung stecken und ich wegrennen muß, bevor es zu spät ist.

Ich verlasse den Laden, will schnell mein Zimmer erreichen, laufe über das Kopfsteinpflaster, fliehe vor der Dunkelheit. Ich erreiche das Haus, in dem ich wohne, taste nervös nach dem Schlüssel, eile durch die Eingangshalle, renne ein paar Treppen hoch, stecke den falschen Schlüssel ins Schloß, weil ich so nervös bin, gelange endlich in die Wohnung und krieche schnell ins Bett, verstecke mich unter der Decke und bete, daß die schwarze Welle mich nicht erwischt. Bete, daß sie vorüberrollt, wenn ich hier ganz ruhig liege. Bete, daß die Welle, wenn ich nach einer Weile aufstehe und in der Union abendesse, wenn ich so weiterlebe, als wäre das alles normal, ihre Flut über jemand anderen wirft.

Aber wenn ich die fötale Lage aufgebe und meine Beine ausstrecke und aus dem Bett steige, bricht der Ozean in meinem Kopf erneut über mich herein. Kaum bin ich aus dem Zimmer und froh, wieder unter Menschen zu sein, schlägt die Erleichterung um in den sehnlichen Wunsch, allein zu sein, und das Alleinsein wird zu der schrecklichen Angst, keine Freunde zu haben, mein Leben lang in dieser Welt allein zu bleiben. Diese schwarze Welle, die mit immer größerer Schnelligkeit über meinem Kopf zusammenschlägt, wird mich noch so wahnsinnig machen, daß ich mich eines Tages umbringe, nicht aus irgendeinem bedeutenden existenziellen Grund, sondern nur um mich zu befreien. Diese furchtbare, riesige Masse von Schlamm soll fort, jetzt gleich!

Wir fuhren im Regen nach Harvard, meine Mutter und ich hatten einen weißen Lieferwagen gemietet, in dem waren alle meine Sachen, lauter Dinge, die ich gar nicht haben wollte. Sie meinte aber, sie würden mir gefallen, sogar der flauschige Teppich aus meinem Schlafzimmer, den ich bekommen hatte, als kräftiges Grün und Blau und Dunkelblau in Mode waren. Wir waren beide aufgeregt während dieser Fahrt. Wir hielten bei einem Howard Johnson's und aßen gebratene Muscheln und Pie à la mode und redeten von der aufregenden Zeit, die mir bevorstand. Wir sprachen auch davon, daß ich endlich »in meinem Element« sein würde, was immer das heißen sollte. Wir sprachen davon, daß ich endlich glücklich sein würde. Der Regen war zweifellos ein böses Omen. Es war die Art Regen, über die Bob Dylan in ›A Hard Rain's A-Gonna Fall‹ singt: »Where black is the color and none is the number« und so weiter. Ich lasse mich durch Zeichen von oben eigentlich nicht gern beeinflussen, aber es regnete so heftig, daß der Highway überflutet war. Man konnte nichts mehr sehen, und wir mußten mitten auf der Straße anhalten und eine Weile stehenbleiben, weil die Autos im dichten Regenschleier aussahen wie eingefroren. Ich sah meine Mutter an und sagte etwas wie: »Das bedeutet nichts Gutes.«

Und sie sagte, glaube ich: »Ellie, sei nicht albern.«

Als wir dann am Samstagnachmittag nach Matthews Hall kamen und feststellten, daß ich im fünften Stock wohnte und es keinen Aufzug gab, verflog auch langsam ihr Optimismus. Sie wußte nicht, wie zwei Frauen den ganzen Kram da hinauftragen sollten, besonders in der Hitze und Feuchtigkeit, die Anfang September hier herrscht. Sie verlor etwas den Mut, und uns wurde klar, daß es kein Rettung ohne irgendeine Kehrseite gibt.

Wann hat diese Herumrennerei angefangen? Bestimmt schon vor Jahren, lange bevor ich nach Harvard kam. Ich weiß noch, daß ich in meiner Highschool-Zeit an einem kalten Tag durch den Central Park ging. Beim Geräusch meiner Schritte im trockenen Herbstlaub war mir, als würde mein Kopf mit einem

Krachen aufplatzen. Ich bekam Angst, das könne wirklich passieren. Noch mehr aber fürchtete ich, daß es nicht passierte, daß mich ein elendes Leben erwartete, das sich ewig in die Länge zöge und in dem ich mir nichts als den Tod wünschte. Ich rannte den ganzen Weg nach Hause, suchte Schutz und Hilfe.

In Harvard, so hatte ich gedacht, würde es von selbst aufhören. Dort wäre ich ja weit weg von den Ursachen meiner Depression. Aber es kam anders, es wurde schlimmer. Die schwarze Welle, die Schwermut war allgegenwärtig. Sie jagte mich wie eine Eisenbahn, die sich selbständig gemacht hat, sie klebte an mir wie Blutegel. Ich lief nicht nur im übertragenen Sinn davon, ich rannte ständig umher, wagte es nie, langsamer zu werden, die notwendige Ruhe zum Nachdenken zu suchen. Ich hatte einfach zu große Angst, herauszufinden, was los war.

Am Halloween-Fest meines ersten College-Jahrs rannte ich durch Harvard, weil meine beste Freundin Ruby (jedenfalls bis zu dem Tag) mich verfolgte und mir drohte, mich zu töten. Mit aufgeklapptem Taschenmesser schrie sie etwas wie: Ich bring dich um, du Hure! Sie verfolgte mich, weil ich ihr ihren dicken Freund Sam ausgespannt hatte. Sie hatte es gerade erst herausgefunden - durch die üblichen verräterischen Gegenstände: mein Notizbuch in seinem Zimmer, ein Ohrring auf seinem Schreibtisch -, und jetzt begegneten wir uns auf einer besonders engen Treppe, die offensichtlich nicht groß genug für uns beide war. Nun standen wir uns gegenüber. Ich hätte gewünscht, daß das Geländer ein wenig höher und robuster gewesen wäre. Ruby war furchtbar wütend und rannte hinter mir her, nannte mich eine Hure und Verräterin an der Sache des Feminismus und eine Verrückte dazu.

Das Komische war, daß ich Sam eigentlich gar nicht wollte, Ruby ebensowenig, und er vermutlich weder sie noch mich. Wir hatten uns ausführlich über ihn unterhalten, während wir wie immer nach dem Mittagessen in der Union bis zu siebzehn Tassen Kaffee tranken, und ich wußte, daß sie etliche Zweifel an diesem schlaffen Typ hatte, der in der Freizeit Milton Friedman las und so schwächliche Arme hatte, daß er nicht mal anständig Squash spielen konnte. Noch weniger war er in der Lage, einem das Gefühl von Sicherheit und Wohlbefinden zu geben. Ich glaube, daß wir alle nur ein Spiel spielten, ich wollte Sam, weil er Ruby gehörte, und sie wollte ihn zurück, weil er sie nicht mehr wollte. Ich weiß heute, daß dieser ganze Unsinn hätte vermieden werden können, wenn wir vor Mitternacht ins Bett gegangen und rechtzeitig aufgestanden wären, um in die Morgenvorlesungen zu gehen, kurz, wenn wir uns verhalten hätten wie normale Menschen. Aber so ein Leben führten wir nicht. Wir waren alle irgendwie übergeschnappt und verzweifelt. Wir spielten in diesem Dreieckspsychodrama mit, weil das Nichts, das uns umgab, uns dahin trieb. Wir waren alle von Leere umgeben, waren verrückt, traurig und leer.

Ich war es also nicht allein. In Harvard gab es viele solcher durchgedrehter Leute, und natürlich hatten wir uns gefunden, wie durch Zentrifugalkraft zusammengeworfen. Aber meine Depressionen waren schlimmer als die der anderen. Die anderen Studenten waren exzentrisch genug, um meinen Neurosen ein neues Betätigungsfeld zu geben, boten mir neue Anlässe, mich auszuleben. Als der Vorhang nach all den kleinen Tragödien fiel, schienen alle wieder in der Lage, in ihr Zimmer, in ihr Leben zurückzukehren. Sie schienen zu wissen, daß es nur ein Spiel war. Man trug kleine Wunden davon und war ein wenig erschöpft, es war jedoch noch früh genug, damit aufzuhören. Nur ich blieb zurück, weinte und schrie. Ich wollte mehr, ich wollte mein Geld zurück, wollte etwas Befriedigung, etwas anderes als dieses Gefühl der Leere. Ich war gewissermaßen die einzige, die zur Prostituierten ging, um die wahre Liebe zu finden. Ganz gleich, wie oft ich enttäuscht wurde, immer war ich bereit für die nächste Runde, wie ein Drogenabhängiger, der hofft, die nächste Spritze würde so schön werden wie die allererste. Aber ich hatte die anfängliche Euphorie, die einen Junkie dazu bringt, mehr Stoff zu wollen, nie gekannt, und immer suchte ich Trost an Orten, wo ich ihn, das wußte ich genau, nicht finden konnte.

Als Ruby mich hinter dem Yard in Richtung Science Center verfolgte, wußte ich, daß ich eine Linie überschritten hatte, alles stand mir plötzlich klar vor Augen, und ich wußte: Das ist Wahnsinn: Wahnsinn bedeutet, zu wissen, daß das, was man tut, vollkommen idiotisch ist, aber dennoch nicht aufhören zu können.

Ich rannte panisch davon, wußte, wenn ich anhielte, müßte ich mir die Frage stellen, warum ich immer davonlief. Ich würde herausfinden, daß es keinen Grund gab. Lauf, lauf, lauf. Lief ich auf etwas zu oder von etwas fort? Das alles war so sinnlos, und mich damit näher zu beschäftigen, hätte mich in noch tiefere Verzweiflung getrieben. Ebenso wie alle meine früheren Pläne, den Dämonen in meinem Kopf zu entkommen, fehlgeschlagen waren, würde auch dieser neueste Plan nicht gelingen. Sam war für mich nicht nur irgendein Junge, sondern eine Art Rettung. Sein Vater war Direktor eines größeren Filmstudios, und als Sam in der Cafeteria zu mir kam und sagte, er wolle mit mir nach Los Angeles fahren, mich von meinem Leben und mir selbst befreien, wir könnten zusammen Drehbücher schreiben, als er sagte: Baby, ich mache einen Star aus dir, wußte ich, daß dies alles nur eine Masche war, aber ich ging trotzdem darauf ein. Die Semesterferien könnten wir in seinem Haus auf den Bahamas verbringen, wir könnten zu den Filmfestspielen nach Cannes fahren. Er redete und redete und redete. Und ich glaubte ihm. Ich hatte mir eine Schutzzone, eine Welt aus Sonne und Sicherheit vorgestellt, träumte davon, in ein Land zu gehen, in dem es weder Angstzustände noch böse Gedanken noch schwarze Wellen gab. Für wenige Tage, als ich meine Reise in das paradiesische Land plante, in das ich dank Sam gelangen wollte, war ich fast guten Mutes, konnte mich sogar länger als eine Minute auf Hegel konzentrieren.

Den Gedanken, daß meine Fluchtphantasien zerstört werden könnten, weil Ruby Sam überzeugt hatte, zu ihr zurückzukehren, konnte ich nicht ertragen. Die Vorstellung, daß der nächste Versuch, meinem Leben lebend zu entkommen, auch wieder in Enttäuschung enden sollte, ließ mich erstarren. Die Zeit wurde faßbar und zähflüssig. Jede Minute, jede Sekunde, jede Nanosekunde legte sich um meine Wirbelsäule, meine Nerven waren gespannt und schmerzten. Ich floh in Abstraktion und Leugnung; durch selbsterzeugte Betäubung trat eine schmerzliche Leere an die Stelle meiner Empfindungen. Erst als Ruby mein Gesicht sah, hörte sie auf zu schreien, begriff, daß ich für mich selbst eine viel größere Gefahr war als für ihr oder anderer Glück.

»Was ist los mir dir? Sag doch was! Erklär mir, wie du mir das antun konntest!«

Alles, was ich hätte sagen können, wenn auch zu keiner bestimmten Person, war: Bitte, laß mich nicht allein, laß mich nicht hier sterben, geh nicht weg!

»Was hast du, Elizabeth? Warum sprichst du nicht mit mir? Sag doch etwas. Warum wehrst du dich nicht?«

Ich wollte sagen: Ich kann es nicht, ich habe aufgegeben, ich bin verloren!

»Du bist verrückt«, sagte Ruby. »Du solltest zum Arzt gehen.«

Ich wollte eigentlich sagen: Ja, du hast recht. Statt dessen ging ich einfach davon wie im Taumel und ließ Ruby stehen. Der Yard erschien mir wie ein Phantom, durch das ich hindurchging, wie in eine Plastikhülle gepackt, die meine vernebelte Welt von allem abschirmte. Es war dunkel und grau, tote Blätter knirschten unter meinen leichten Schuhen und erinnerten mich an das Gefühl von früher, bei dem mein Kopf krachend aufsprang.

Ich traf Freunde, die mich grüßten. Ich konnte sie jedoch kaum sehen oder hören, ihre Stimmmen schienen von weither zu kommmen, wie in einem Film, dessen Ton nicht mit den Bildern übereinstimmt. Oder eher wie wenn Dias gezeigt werden. Lauter beschnittene körnige Bilder, und das Klicken des Projektors in den Ohren. Ich ging schnell weiter, immer geradeaus, wie ein programmierter Roboter.

Ich lief zum Gebäude des Health Service, ging durch die Glastüren, durch die Drehtür. Ich atmete noch. Dann lief ich durch eine der Aufzugtüren, stieg auf der dritten Etage an der gegenüberliegenden Seite wieder aus. Ich folgte den Schildern mit der Aufschrift »Psychiatrie« in den Westflügel. Ich bat darum, einen Psychiater zu sprechen. Der Mann am Empfang sagte, es sei nur ein Psychologe da. Nach ein paar Minuten betrat ich Dr. Kings Büro. Ich sagte: Ich brauche dringend Hilfe, ich habe Angst. Es ist, als würde der Boden unter meinen Füßen einstürzen, als fiele mir gleich die Decke auf den Kopf. Ich komme mir vor wie ein Wolkenkratzer aus der Art-Deco-Epoche, wie das Chrysler-Building, aber mein Fundament stürzt ein, zersplittertes Glas fällt auf die Bürgersteige, auf meine Füße, ich laufe barfuß in einer tiefdunklen Nacht über zerbrochenes Glas. Ich breche zusammen, über mir selbst. Ich bestehe aus Glasscherben, ich bin ein Mensch, der vom Glas verletzt wird. Ich bin dabei, mich zu töten. Ich denke daran, wie mein Vater verschwand, ich denke daran, wie Zachary und ich in der neunten Klasse Schluß machten. Ich erinnere mich, wie ich als kleines Kind weinte, als meine Mutter aus dem Kindergarten wegging. Ich weine heftig, japse nach Atem, redete lauter wirres Zeug und kann nicht anders.

Dr. King schickte mich für ein paar Tage ins Stillman-Hospital, ich sollte mich dort erholen, sollte mich ein wenig beruhigen, damit ich zurück zum Harvard Yard gehen und wieder dieselben Dummheiten machen konnte. Aber das dachten sie natürlich nicht, sondern glaubten, ich würde auf andere Gedanken kommen, wenn ich mich ein wenig ausruhte. Ich wußte es besser: Diese Pause war nichts als eine Unterbrechung. Bettruhe über mehrere Tage reichte bei weitem nicht aus, um mich von Grund auf zu erneuern, das aber war notwendig, um mir meine eingespielte Gewohnheit auszutreiben, Fluchtwege zu suchen, mich wie eine Kletterpflanze daran festzuklammern und dann zuzusehen, wie diese leblosen Kräfte mich plötzlich fortstießen, wo ich doch unbedingt am Leben bleiben wollte. Ich wußte, daß ich einen anderen Sam finden würde und irgendeine andere Möglichkeit, mir - zumindest für eine Weile - einzubilden, daß es mir so schlecht gar nicht ging. Ich habe immer so etwas gefunden. Inzwischen wurde ich auf der Station für die nächste Runde von Pannen gestärkt, man servierte mir gekochtes Huhn auf Plastikgeschirr, gab mir am Abend Schlafmittel, um sicherzugehen, daß ich auch genug schlief. Als sie den Eindruck hatten, ich werde mir nichts antun, wurde ich entlassen, allerdings mit der Auflage, eine Therapie zu machen. Ich wußte nicht, wie ich ihnen meine Versicherungsprobleme schildern sollte, wie schwierig es für mich war, mit meinen Eltern über Geld zu reden, daß die Auseinandersetzungen um die Kosten einer Therapie mir mehr schaden würden, als wenn ich versuchte, allein mit dem Leben zurechtzukommen. Erstaunlicherweise war Dr. King bereit, meinen Vater anzurufen und sich darum zu kümmern, daß meine Rechnungen von der Angestelltenversicherung der IBM bezahlt wurden, ohne daß ich damit behelligt wurde.

So etwas Nettes hatte noch nie jemand für mich getan.

Die Jungen brachten eigentlich genug Verwirrung in mein Leben, aber durch Drogen wurde das ganze noch entschieden schwieriger. Ecstasy wurde von der DEA noch nicht zu den verbotenen Drogen gerechnet, und in meinem ersten College-Jahr waren die kleinen weißen Kapseln noch ganz legal. Sie sahen aus wie Vitamintabletten und wirkten wie eine Nitroglyzerin-Liebesbombe, die in der Hirnrinde explodierte. Hasch und Kokain mochte ich nicht, auch keinen Alkohol, nahm aber trotzdem alles. Ecstasy aber brachte mir sanfte Erlösung. Wenn ich Ex nahm, konnte ich damit rechnen, daß ich mir eine Zeitlang entkam. Es dauerte nie lange genug, ich hätte es gerne länger gehabt, hätte mir gewünscht, daß die Droge eine längere Halbwertzeit hatte als ich, aber eine Weile, während ich den Ecstasy-Rausch genoß, war an der Kampffront meines Gemüts alles ruhig.

Bis es außer Kontrolle geriet. Wir fingen nämlich an, so viel zu nehmen, daß die Leute auf dem Campus, die Ruby, unsere Freundin Jordana und mich, kannten, uns die Ecstasy-Göttinnen nannten. Auf

Partys gingen wir zu Leuten, die uns gar nicht kannten, und sagten ihnen, wie sehr wir sie liebten. Wenn wir unter Ecstasy-Wirkung standen, waren wir mit jedermann gut Freund, die Klassenschranken in Harvard spürten wir nicht mehr, wir kamen uns nicht mehr arm und häßlich vor. Wir entkamen der sozialen Kluft, die uns drei samt unseren alleinlebenden, überarbeiteten Müttern, unseren Stipendien und Studentendarlehen von den Jungen getrennt hatte, Jungen mit Familiennamen wie Cabot oder Lowell, Greenough und Nobles, mit denen wir es jetzt aufnehmen konnten. Sie schienen vorher in Andover und Hotchkiss gewesen zu sein, und sie kamen nach Harvard, weil sie reiche Erben waren. »Entwicklungsfälle« nannte man in der Universitätsverwaltung die Kinder reicher Spender. Sie alle waren Studenten unter Niveau und wurden von der Hochschule aufgefordert, sich noch ein Jahr fortzubilden, bevor man sie zum Studium zuließ. Warum wir flotten jüdischen Mädchen aus der Stadt, die wir als Nachtwächterinnen und Schreibkräfte arbeiteten, um uns das Studium zu verdienen, unbedingt mit diesen Kerlen anbändeln mußten, weiß ich bis heute nicht. Sie jedenfalls waren nicht abgeneigt, wohl weil sie die Blondinen, die Hockey spielten und Libby oder so ähnlich hießen, gründlich satt hatten. Sie kannten diese Art Mädchen schon von den Sommern in Maine oder den Vorbereitungskursen. Warum wir uns aber von ihrem Geld und ihrem Kokain dominieren ließen, ist mir bis heute ein Rätsel. Vielleicht dachte ich, daß das in Harvard dazugehörte. Vielleicht, daß ich es mir schuldig war. Oder es erschien als einzige logische Folgerung aus der Enttäuschung, die Harvard für mich darstellte: In der Highschool hatte ich mir alle Mühe gegeben, gute Zensuren zu bekommen, hatte eine Zeitung und eine Literaturmagazin herausgegeben, hatte tanzen gelernt und alles mögliche andere, nur weil ich auf ein berühmtes College wie Harvard gehen und eine ganz andere werden wollte. Als ich dann aber dort war und feststellte, daß die Atmosphäre in Cambridge keineswegs aufregend war, daß es ein Ort war wie jeder andere, vielleicht noch gewöhnlicher, als ich herausfand, daß meine Studienkollegen keine hochgeistigen Glanzlichter, sondern nur ein Bündel von Hormonen auf Beinen waren wie alle Teenager im Land, da kam ich, glaube ich, zu dem Schluß, daß ich es dort genausogut mit Drogen schaffen konnte. Wie auch immer, jedenfalls entdeckte ich, daß ich - das Mädchen, das Angst vor Drogen hatte, weil es furchtbar ist, seinen Verstand zu auszuschalten - nichts anderes wollte, als meinen Verstand auszuschalten.

Drei Tage vor den Winterferien merkte ich, daß ich einen Tiefpunkt erreicht hatte. Ich erwachte an einem Sonntagmorgen im Zimmer von Noah Biddle. In der Nacht waren wir auf Ecstasy-Trip gegangen. Noah ist Erbe eines Bankvermögens, war in Andover, stammt aus einer der ältesten Familien Philadelphias. Als man ihm in Harvard sagte, er solle ein Jahr aussetzen, bevor er ins College ging, beauftragte er einen Berater, um das Jahr für ihn zu planen. Er nahm so viel Kokain, daß ich mich schon fragte, wie er aussehen würde, wenn er eines Tages ein drittes Nasenloch hätte. Ich mochte ihn nicht besonders, aber aus irgendeinem Grund tat ich alles, damit er mich mochte, eine unlösbare Aufgabe, denn er mochte mich überhaupt nicht. Ich dachte, wenn ich Noahs Liebe gewinnen würde, könnte ich mich endlich so fühlen, als ob ich wirklich in Harvard wäre. Ich hängte mich an ihn, weil er so sehr hierher gehörte, sich hier, auf der Welt und in seiner Haut zu Hause fühlte, so wie ich es nie tun werde, und ich hoffte, die Minenfelder in meinem Kopf würden für eine Weile aufhören zu explodieren.

Und nun lag ich fast nackt auf dem Teppich im Wohnzimmer seiner Suite, den Kopf in einer Bierpfütze. Noah lag neben mir am Boden, wir waren ineinander verhakt wie vertrocknete, zerzauste Blumen, die seit einer Woche in der Vase stehen. Ausgedörrt und erschöpft blickte ich auf die Überreste der nächtlichen Feier. Da alle rauchten und Kaugummi kauten, wenn sie Ecstasy nahmen, lag überall Asche herum, und am Kaffeetisch und auf dem Boden klebten kleine rosa Kügelchen. Wenn man Ecstasy nimmt, hält man sich für besonders geschickt, ist in Wirklichkeit aber plump und unbeholfen. Überall umgekippte Flaschen und leere Plastiktassen. Auch Kleider lagen überall herum, die meisten davon waren meine. Durch den Schleier meiner ausgetrockneten Kontaktlinsen, die ich vor Stunden hätte herausnehmen müssen, konnte ich keine Uhr erkennen. Ich mußte aber wissen, wie spät es war, weil meine Großeltern zu Besuch kommen und vor zwölf an meinem Zimmer sein sollten. Als es mir endlich gelang, auf die Uhr zu schauen, sah ich, daß es vier Uhr nachmittags war. Ich begriff, daß sie vermutlich schon da gewesen und wieder fort waren. Außerdem fiel mir ein, daß ich bis zum nächsten Tag ein Referat schreiben mußte. Mich ergriff Panik, die aber nicht richtig zum Ausbruch kam, weil die Nachwirkungen von Ecstasy das verhinderten. Aber trotz der Betäubung wußte ich tief drinnen, daß ich gewaltigen Mist gebaut hatte. Ich wußte, daß nichts war, wie es sein sollte, nicht mal so, wie ich es mir wünschte. Ich hatte den Besuch meiner Großeltern verschlafen, nun konnte ich genausogut den Rest meines Lebens verschlafen. Mich packte solches Entsetzen, daß ich den lautesten Schrei meines Lebens ausstieß.

Noah fuhr hoch, erschrocken über meinen Schrecken, versuchte mich zu beruhigen und sagte, die Leute würden denken, daß mich jemand vergewaltigt oder umbringt, aber ich konnte nicht aufhören zu schreien. Ich versuchte es, aber es gelang mir nicht. Er war wie versteinert, wünschte, mich nie kennengelernt zu haben, sah mich an, als sei ich ein Tornado vor seinem Fenster, vor dem er sich nicht schützen konnte, und als bete er, daß der Schaden möglichst gering bleiben würde. Ich schrie immer noch. Als Veteran des Drogenkonsums noch von Schulzeiten her kannte Noah sich mit Horrortrips mitten in Grateful-Dead-Konzerten aus und wußte, was zu tun war und wie man an eine Adrenalinbehandlung herankam. Er zog sich an, half mir in die Kleider, hielt mir den Mund zu, packte mich und schob mich aus der Tür, um mich in die Notaufnahme zu bringen. Auf dem Weg über den Yard schrie ich pausenlos, in Schnee und Eiseskälte.

Noah übergab mich einer Krankenschwester, die mich in einen Behandlungsraum schleifte. Ich war sicher, daß ich Noah nie wiedersehen würde und sagte mir, ihn nicht wiederzusehen ist sogar noch schlimmer das miese Gefühl gegenüber meinen Großeltern. Die Schwester rief den diensthabenden Psychiater. Sie ließ mich nicht aus dem Zimmer, obwohl ich sagte, ich müsse zu meinen Großeltern, um mit ihnen zum Brunch zu gehen, sie seien über achtzig und extra aus New York gekommen. Sie erklärte, dazu sei es jetzt sowieso zu spät, da es schon fünf Uhr nachmittags sei. Ich wiederholte, daß ich meine Großeltern unbedingt finden müsse. Ich hätte ebenso Dorothy sein können, die die Hacken ihrer rubinroten Slipper zusammenschlägt und immer wieder sagt: *There is no place like home*. Wenn wir nur in Oz wären.

Sie fragten mich, ob ich in den letzten 24 Stunden Drogen genommen hätte, und ich sagte nein. Dann sagte ich, vielleicht habe ich ein wenig Haschisch geraucht und ein bißchen Koks geschnüffelt, aber nur, damit das Ecstasy länger hält. Ich gestand auch, daß ich etwas getrunken hatte. Dann fragte mich der Arzt, ob ich Drogenprobleme hätte, und da konnte ich nur lachen. Ich lachte kräftig und laut, ein heulendes Hyänengelächter, weil ich mir sagte, wie schön es doch wäre, wenn ich nur Drogenprobleme hätte, wenn nicht mein ganzes Leben ein Problem wäre, und wie wenig da Drogen halfen. Ich lachte immer noch, wie eine Wahnsinnige, und schließlich war der Doktor bereit, mir Valium zu geben. Er hielt mich in Seitenlage auf dem verstellbaren Untersuchungstisch fest, bis ich mich beruhigt hatte. Es verging vielleicht eine Stunde, bis das Valium auf seine ruhige, freundliche Art meine Hysterie in einen Zustand der Gefühllosigkeit verwandelte, und nachdem ich mehrmals versichert hatte, es gehe mir gut, ließ der Doktor mich gehen und riet mir, mich in den Ferien ein wenig auszuruhen.

Als ich in mein Zimmer zurückkam, fand ich acht Nachrichten von meinen Großeltern vor. Sie hatten von acht verschiedenen Orten in Cambridge angerufen, und die letzte Nachricht lautete, daß sie jetzt wieder nach Hause fahren würden. Die Mitbewohnerinnen erzählten, sie hätten auch versucht, bei Noah anzurufen, aber da habe sich keiner gemeldet. Sie sahen mich an, als wäre ich ein Scheusal. Sie sehen mich an wie jemanden, der den Besuch der Großeltern verschlafen hat, obwohl die achtzigjährigen Leute an einem Tag extra 500 Meilen gefahren sind, um ihn zu sehen. Und das hatte ich ja auch getan. Brittany sagte: *Du solltest dir mal frei nehmen.* Jennifer sagte: *Was ist denn los mir dir? Alle drehen mal durch, aber wie kannst du das deinen Großeltern antun, die armen, alten Leute haben sich solche Sorgen gemacht.* Ich ging schweigend in mein Zimmer und legte mich ins Bett.

Nach einem tiefen Valium-Schlaf wachte ich auf und dachte: Ich werde schon genau so scheußlich wie mein Vater. Dann rief ich den Philosophiedozenten an - das Seminar hieß sinnigerweise ›Gerechtigkeit‹ - und sagte ihm, leider könne ich das Referat für den nächsten Tag nicht fertig machen, weil ich auf dem Eis ausgerutscht sei und eine Gehirnerschütterung hätte. Das Mädchen, das nie eine Arbeit auch nur einen Tag zu spät abgab, das sich immer an alle Vorgaben hielt, an alle Termine, die dafür sorgen, daß seelische Zustände nicht ausufern, dieses Mädchen schien beschlossen zu haben, daß all diese Dinge keine Rolle mehr spielten. Dieses Mädchen war fort. Es fuhr in die Ferien und würde nie mehr zurückkehren.

Seltsamerweise empfand ich beim Einnehmen von Drogen, ganz gleich in welchen Mengen, nie so etwas wie Vergnügen oder Feierstimmung. Es war immer so jämmerlich, traurig und psychotisch. Ich stopfte mich mit allem Zeug voll, an das ich herankam, tat alles, um meinen Kopf für eine Weile auszuschalten. Noah, ein glückliches Kind aus glücklichem Elternhaus, brachten Koks und Ecstasy in Feierstimmung. Ich erinnere mich noch an seine dümmliche Freude, als er mir beibrachte, wie man Haschischpfeife raucht, wie man Kokain schnupft, ohne einen Teil des Pulvers vom Spiegel zu blasen wie in der einen Szene im ›Stadtneurotiker‹. Mich machte das alles nur unglücklich. Es war auch keineswegs so, daß ich nur gelegentlich Drogen nahm. Egal, wohin ich kam, überall suchte ich die Medizinschränkchen durch und nahm soviel Xanax und Atavan, wie ich nur finden konnte. Ich hoffte, damit dieselbe Wirkung zu erzielen wie mit verschreibungspflichtigen Betäubungsmitteln wie Percodan und Codein, die man normalerweise nach Weisheitszahnoperationen oder anderen Eingriffen bekommt. Wenn ich Percodan nahm, das nichts anderes ist als ein serienmäßig hergestellter Schmerzkiller, hatte ich fast keine Beschwerden. Ich sammelte die kleinen Tabletten und hob sie auf für besondere Notfälle und nahm dann so viele, bis mir alles gleichgültig geworden war.

Ich hatte jedoch nie genug Geld oder Szenekenntnisse, um den Drogenkonsum zu meiner täglichen Gewohnheit zu machen. Ich war auf Zufälle angewiesen, auf die Vorräte anderer und zwar bei allem, was ich nahm. Meistens bewirkte es nichts. Auch wenn ich etwas Erleichterung verspürte, nie schien es mir genug. Auch war ich keine geschickte Drogenkonsumentin, immer wieder hatte ich Horrortrips und mußte ins Krankenhaus. Dann schworen die anderen, daß sie nie mehr mit mir zu tun haben wollten, weil ich immer solches Theater mache. Nur zwei Tage, nachdem mich Noah wegen meines Panikanfalls nach der Ecstasy-Fete in die Ambulanz gebracht hatte, landete ich schon wieder dort, mitten in der Nacht. Ich brauchte Thorazin, weil ich zuviel Hasch geraucht hatte und glaubte, mein Fuß habe ein Eigenleben - ähnlich wie die Schizophrenen, die mehrere Persönlichkeiten haben und deren Hände Dinge schreiben, von denen ihr Kopf nichts ahnt -, dann dachte ich, die Wände zögen sich um mich zusammen, und als ich im Bett lag, war ich überzeugt, das Schwert des Damokles hänge über mir, und ich würde nicht mehr lebend erwachen.

Im Grunde konnten Drogen keines meiner Probleme lösen. Ich war ein Nichtsnutz mit einem Joint in der Hand, so ungeeignet zur chemischen Selbstzerstörung, daß ich oft an die Geschichte dachte, wie Spinoza versucht, sich zu ertränken, aber immer scheitert, weil sein Fuß am Ufer festhängt. Ich wünschte mir nichts mehr, als aus eigener Kraft gesund und ausgeglichen zu sein. Ich hätte mir nichts sehnlicher gewünscht, als meine Großeltern zu sehen, ihnen Cambridge zu zeigen, sie über den Harvard Yard zu führen, zur Widener Library, dem Eingang zu Adams House mit der hübschen goldgesprenkelten Mosaikdecke. Ich wäre gern mit ihnen ins Pamplona, Algier oder Paradiso oder ein anderes der Cafés gegangen, in denen ich viele Stunden verbrachte, mit Lesen und Quatschen und doppelten Espressos, um nicht müde zu werden. Ich hätte ihnen so gerne bewiesen, daß es mir trotz allem gut ging, daß es ihrem einsamen Enkelkind, diesem trübseligen Bücherwurm, inzwischen gut ging.

In meinem letzten Jahr auf der Highschool hatte meine älteste Cousine, eines der anderen Enkelkinder, einen Wall-Street-Hai geheiratet, die Hochzeit wurde in Windows on the World gefeiert, und die ganze Familie war stolz auf sie mit ihrer guten Partie. Ich wußte, daß ich so etwas nie tun würde, mich zogen eher hoffnungslose Hippies und andere verlorene Seelen an, die mir ähnlich waren. Ich wollte meine Großeltern mit dem beeindrucken, was ich konnte: Ich konnte schreiben, studieren, war in Harvard aufgenommen worden. Ich hatte mich auf ihren Besuch gefreut wie ein Mädchen, das früher dick und unansehnlich war, nun, zehn Jahre später, eine schlanke, strahlende Frau ist und sich auf ihr Klassentreffen freut. Noah hätte zum Brunch mitkommen können, zumindest in meiner Phantasie. Er war zwar kein Jude, aber immerhin ein charmanter Yankee aus Pennsylvania, seine Schwestern gehörten alle der besseren Gesellschaft des Nordostens an, und meine Großeltern wären nach Long Island zurückgefahren und hätten gedacht, was für einen tollen Erfolg ich doch auf dem College hatte.

Jetzt aber machten sie sich Sorgen, hatten Angst um mich, fragten sich, was um Himmels willen ihrem jüngsten Enkelkind zugestoßen war, dem Mädchen, das jedes Wochenende und die Ferien bei ihnen verbracht hatte, weil seine Mutter arbeitete, sein Vater schlief und sich um nichts kümmerte. Sie hatten mich gewissermaßen erzogen, und jetzt mußten sie sich fragen, was schiefgegangen war. Ich wußte nicht, wie ich ihnen erklären sollte, daß ich Depressionen hatte, die so stark waren, daß es mir unmöglich war, meinem Kopf zu entkommen und mich um andere Leute zu kümmern - was ich an jenem Tag liebend gern getan hätte -, und wenn ich es noch so sehr wünschte. Die Depressionen und die Drogen, die ich nahm, um sie zu bekämpfen, fraßen mich vollständig auf, und so war von mir nichts übrig, kein Rest von jenem Ich, das ihnen ein paar angenehme Stunden hätte bereiten können. Ich taugte zu nichts.

Es sind Winterferien, und ich tue nichts, als mich zu Hause in meinem Zimmer zu verstecken. Ich vermute, daß ich mich einfach ausruhen muß. Das Semester war zu aufregend, und ich sage mir, daß man eine Zeitlang braucht, um sich anzupassen, wenn man zum erstenmal im College ist, normal kommt mir das allerdings nicht vor. Ich kann nicht einmal behaupten, alle anderen hätten diese Probleme auch, schließlich bin ich die einzige in Harvard, die von ihrer besten Freundin mit einem Messer über den Campus gejagt wurde, ich bin auch die einzige - dabei müßte es eigentlich noch andere geben -, die aus einer Wohnung in Matthews Hall in ein Einzelzimmer in Hurlbut gezogen ist, mit der Begründung, wegen meiner seelischen Unausgeglichenheit könne ich nicht mit anderen Leuten in einer Wohnung leben. Natürlich hat jeder am College eine Menge Probleme, aber die anderen scheinen sich an ihre Situation gewöhnt und eine, wenn auch unvollkommene, Art von Frieden gefunden zu haben, sie haben sich einigermaßen bequem eingerichtet, und das macht das Leben erträglich. Ich habe mich an gar nichts gewöhnt. Ich werde immer umherirren, werde mir über die Schulter sehen oder, wenn jemand mit mir zu reden versucht, über die seine, auf die nächste Gelegenheit blicken, den nächsten Anker, nach dem ich greifen könnte. Nur hier zu Hause gelingt es mir, zur Ruhe zu kommen, mich sicher zu fühlen.

Eines Abends kommt meine Mutter nach der Arbeit in die Wohnung und schaut in den dunklen Schlupfwinkel meines Zimmers. Ich liege seit dem Tag, an dem ich vom College heimgekommen bin, in dem ewig gleichen roten Flanellnachthemd im Bett. Ich habe viel für das Gerechtigkeitsseminar gearbeitet, bin erstaunt, wie spannend das sein kann, wieviel ich aus Kants ›Grundlegung zur Metaphysik der Sitten‹ lernen konnte oder aus Mills ›Über die Freiheit‹ oder John Rawls ›Theorie der Gerechtigkeit‹. Vielleicht hätte mich das erste Semester nicht so aus dem Gleichgewicht gebracht, wenn ich länger über meinen Büchern gehockt hätte. Wenn ich mir sagen könnte, daß Harvard - im Gegensatz zu dem Mythos, den man daraus gemacht hat - nur ein normales College und keine Heimstatt für fehlgesteuerte Jugendliche ist, könnte ich doch einigen Gewinn aus diesem Ort ziehen. Ich habe mich schließlich immer in die Isolation meiner Arbeit zurückgezogen.

Meine Mutter setzt sich auf das Gästebett in meinem Zimmer, hat immer noch ihren Pelzmantel an, als wäre ihr die Kälte von draußen gefolgt. Sie knipst die Deckenlampe an, denn sie erträgt die Dunkelheit eines Wintertags um sechs Uhr abends nur schwer. Ich weiß nicht, ob sie begreift, daß die kleine Leselampe, die ich benutze, gerade so hell ist, wie ich es ertragen kann. Ich weiß nicht, ob sie merkt, daß ich mich in ein Schneckenhaus zurückgezogen habe.

»Hier sieht es ja furchtbar aus«, sagte sie. »Elizabeth, entweder du räumst hier auf, oder du ziehst woanders hin. Ich kann mit einer solchen Unordnung nicht leben.«

»Ich kann mich nicht rühren«, möchte ich sagen, schweige aber lieber. »Mom, ich bin zu depressiv, um etwas zu tun, ich kann nicht mal aufräumen. Außerdem ist es mein Zimmer, was regst du dich auf, wenn es bei mir unordentlich ist?«

»Das ist meine Wohnung, und so möchte ich nicht leben!«

Sie fährt sich durchs Haar, dreht ihre Locken über die Finger. Sie kann es nicht aushalten, mich so zu sehen, ahnt nicht, daß die Unordnung in meinem Zimmer noch das geringste Übel ist.

»Übrigens, Elizabeth, gerade kam die Rechnung für dein nächstes Semester, trotz deines Stipendiums ist es immer noch eine Menge Geld.«

»Ich weiß.«

»Weißt du es wirklich? Ich habe immer alles für dich bezahlt, dafür gesorgt, daß du bekommst, was du brauchst, auch wenn ich nicht genug für mich hatte. Ich glaube, du weißt gar nicht, was Geld wert ist. Ich bin selbst daran schuld, weil ich dich so verwöhnt habe.«

Sie schüttelt den Kopf, ich sehe, daß sie anfängt zu weinen, und denke: bitte nicht!

»Wenn du wüßtest, was Geld wert ist, würdest du etwas mit deinem Studium anfangen und nicht nur Partys feiern und was du sonst so machst«, sagt sie unter Tränen.

Ich unterbreche sie, sage ihr irgend etwas wie, es sei alles nicht so vergnüglich, wie es scheine, das Studium sei nicht so toll, wie immer behauptet werde, aber sie bedeutet mir, still zu sein.

»Ich weiß ja nicht, was du dort alles tust, und habe das Gefühl, daß ich es gar nicht wissen will. Aber der Gedanke, daß du dich amüsierst, während ich mich hier jeden Tag abrackere und jeden Penny umdrehe, damit du in Harvard sein kannst, macht mich krank. Jetzt bist du dort und kommst nach Hause, total heruntergekommen. Ich möchte wissen, was los ist. Ich will es wissen, oder ich bezahle deine Gebühren für das nächste Semester nicht.«

»Gerade hast du noch gesagt, du willst es nicht wissen.«

»Will ich auch nicht.« Jetzt weint sie heftiger. »Ich habe so hart gearbeitet, damit du eine gute Ausbildung bekommst. Ich habe es allein geschafft, hatte niemanden, an den ich mich wenden konnte. Ich habe mich so bemüht, eine gute Mutter zu sein. Dann gehst du nach Harvard, und plötzlich hat alles, was ich dir beigebracht habe, keine Bedeutung mehr. Es ist dir egal, ob die Jungen, mit denen du ausgehst, Juden sind oder nicht und ...« Sie spricht nicht weiter, gibt nur noch winselnde Laute von sich und verzerrt das Gesicht, als würde sie einen Anfall bekommen. »Und dann diese, diese ...«

»Diese was, Mom? Was denn, Mom?« Ich gehe hinüber zu ihr und halte sie fest, damit sie aufhört zu weinen. Ich kann noch so schlimme Probleme haben, ihre erscheinen immer als die schlimmeren.

»All diese Drogen!« Sie schluchzt. »Ellie, ich kann es nicht glauben. Nicht meine Tochter. Ich kann das nicht mitansehen. Ich bin so unglücklich! Du bringst mich noch ins Grab!«

»Wie kommst du darauf, daß ich Drogen nehme, Mom?«

»Wenn du keine nähmest, hättest du nicht die Großeltern verpaßt, als sie dich besuchen kamen. Du bist zwar egoistisch, du bist der einzige Mensch, an den du denkst, aber selbst du hättest es nicht zugelassen, daß deine Großeltern diesen langen Weg machen, um dich zu sehen, und du kommst einfach nicht.« Sie jammert weiter.

»Aber ich habe dir doch schon gesagt, daß ich im Krankenhaus war, weil ich am Abend vorher hingefallen war und eine Gehirnerschütterung hatte.«

Ob mir das irgend jemand glaubte?

»Aha, du bist also hingefallen? Und du denkst, daß ich dir das abnehme?«

Ich glaube nein.

»Ich bin auf dem Eis ausgerutscht. In Cambridge ist es kälter als in New York.«

»Elizabeth, hör auf, mich anzulügen. Wenn du hingefallen bist, dann, weil du Drogen genommen hast.«

Sie holt tief Luft, schaut mich ungläubig und fragend an, sieht aus wie jemand, der eine schwierige mathematische Aufgabe löst, die so lang und kompliziert ist, daß man, wenn man einer Lösung näherkommt, irgendwann gar nicht mehr weiß, um welches Problem es sich ursprünglich gehandelt hat.

»Ich habe keine Ahnung, was dort vorgeht, vielleicht sind es ja gar nicht die Drogen. Ich habe keine Ahnung.«

Ich bin ganz erleichtert, daß sie von der Drogenhypothese abgekommen ist, ich wüßte einfach nicht, wie ich ihr das erklären sollte. Aber sie läßt nicht locker.

»Sieh dich mal an«, sagte sie. »Du siehst furchtbar aus. Alle, die ins College gehen, nehmen zu, du bist dünner denn je, das kommt wahrscheinlich von den Drogen. Ich sehe es ja auch hier zu Hause, Du ißt ja kaum etwas.«

Natürlich ist etwas dran. Als ich ins College ging, wog ich mindestens 120 Pfund, vor einer Woche habe ich mich gewogen, und da waren es nur noch 100. Ich bin leicht genug, um in Balanchines Ballettruppe aufgenommen zu werden, wo alle Mädchen immer dürr und wie Schwäne aussehen müssen, wo so viele ganz verrückt sind vom Drogenkonsum und Hungern. Ich wollte nie so verrückt sein wie eine Tänzerin, wollte nie so verrückt sein wie ich.

»Vielleicht bin ich nur depressiv«, sage ich, und hoffe, die Wahrheit befreit uns aus diesem furchtbaren Gespräch. »Warum soll man äußere Dinge wie Drogen dafür verantwortlich machen? Du sagst immer, es sei Daddys Schuld, weil er dich im Stich gelassen hat oder weil du in der Stadt großgeworden bist. Jetzt sagst du, ich sei so schlimm dran, weil ich in Harvard bin. Denk doch einfach mal an die Möglichkeit, daß ich Depressionen habe, ganz von selbst, ohne irgendwelche Einflüsse. Vielleicht bin ich einfach so. Vielleicht wurde ich unter einem schlechten Stern geboren. Vielleicht brauche ich tatsächlich Drogen, damit es mir besser geht, solche, die man vom Arzt verschrieben bekommt.«

»Vielleicht«, sagt sie und seufzt. Ich weiß, was sie denkt. Warum ist es immer so schwierig? Sie hat sich ein wenig beruhigt, ihr lautes, hysterisches Weinen ist nur noch ein leises, resigniertes Wimmern.

»Die Ärzte haben immer gesagt, körperlich seist du vollkommen gesund, es sei rein psychisch. Sie sagten, sie könnten dir helfen.« Dann geht das Gejammere wieder los. »Ich weiß, daß jeder mal Probleme hat, Elizabeth. Aber nicht jedes Mädchen nimmt der Freundin den Freund weg, oder zieht aus dem Zimmer aus oder feiert dauernd Partys wie du. Und niemand verpaßt seine Großeltern, wenn sie zu Besuch kommen.« Sie schreit richtig und heult dazu. »Was hast du dir nur gedacht an diesem Tag? Sie sind alte Leute, über achtzig.

Sie wissen nicht, was los ist. Sie begreifen nicht, wo du warst. Sie sind einfache Leute und sicher nicht vollkommen, und vielleicht hättest du ja lieber andere Großeltern, vielleicht hättest du lieber eine Familie, die dir ähnlicher ist, aber sie lieben dich. Sie lieben dich wirklich. Was ist bloß los mit dir, sag es mir doch!«

Was soll ich ihr sagen. Ich bin so kaputt, daß ich mir wünsche, jeder andere Mensch zu sein, nur nicht ich selbst.

Am liebsten wäre ich tot. Ich versuche, einen Grund für meine Depressionen zu finden, aber ich kann mir keinen Reim darauf machen. Ich kann es nicht mal mir selbst erklären. Ich kann ihr nicht ins Gesicht sehen und sagen: Na ja, ich hatte ja eine schwere Kindheit, weil das nach einer Ausrede klingt, weil es wie eine Last ist, die ich auf meine Schulter gelegt habe, um mit all meinem Elend leben zu können. Nicht, daß ich immer geschlagen oder von Wölfen großgezogen wurde, nicht daß ich irgendeine Ausnahme wäre. Ich gehöre zu einer ganzen Generation von Scheidungskindern, deren Eltern ihre Probleme nicht lösen konnten und ihren Kindern schadeten. Ob vielleicht die Familienverhältnisse für die Probleme verantwortlich waren? Hatte die Beschaffenheit meines Gehirns etwas damit zu tun? Wer zum Teufel konnte mir sagen, warum es mit mir so schiefgegangen war? Aber es war nun mal nicht zu ändern. Ich konnte nicht aufstehen, nicht essen, mich nicht anziehen, konnte nicht mal meiner Mutter begreiflich machen, was mit mir los war.

»Mommy«, sagte ich und begann wider Willen zu weinen, »du kannst dir nicht vorstellen, wie schlimm es für mich war zu wissen, wie schwer es für dich war. Ich fand es schrecklich, das einzige Kind zu sein, so abhängig von dir zu sein, weil Daddy nichts mehr mit uns zu tun haben wollte, und ich fand auch schrecklich, daß du so abhängig von mir warst. Nie konnte ich ein kleines Kind sein, nie durfte ich mich einfach nur freuen, und du konntest nie richtig genießen, daß du Mutter warst. Immer lastete solcher Druck auf dir. Immer hast du versucht, mir zu gefallen, und ich habe versucht, dir zu gefallen.

Ich wollte immer besser sein als alle anderen in der Familie, besser als die Vettern und Cousinen. Ich hatte immer das Gefühl, ich sei nicht gut genug für sie, weil ich keinen Vater hatte wie alle anderen.«

Jetzt weinen wir beide.

»Aber ich war eigentlich gut genug. Ich war das beste kleine Mädchen der ganzen Welt. Weißt du das nicht mehr? Erinnerst du dich nicht daran? Ich erinnere mich noch genau, auch wenn kein anderer dazu in der Lage ist. Ich erinnere mich, daß ich mir solche Mühe gab und daß *mir nie irgendwer sagte, ich wäre ein gutes Kind*. Ich hätte mir nichts lieber gewünscht, als ein glückliches Kind zu sein, aber immer war ich eine kleine Erwachsene, und nie sagte mir jemand, *ich wäre ein gutes Kind*.«

Ich rede immer weiter, und merke, daß ich übers Ziel hinausgeschossen bin. Es ist ganz peinlich. Ich wollte etwas sagen, um meiner Mutter deutlich zu machen, was mich quält. Statt dessen werde ich nun auch von Sentimentalität ergriffen. Was ich sage, hört sich an wie Sätze aus einem Film mit Tom Cruise in der Hauptrolle, ein Film, in dem alles ausgesprochen und getan wird, in dem sämtliche Tragödien der Weltgeschichte ausgebeutet werden - die Kulturrevolution in China, der Krieg in Vietnam, der Holocaust, die Bomben der IRA in London -, und angesichts dieses welterschütternden Unheils werden die Probleme des Helden als Mangel an Selbstbewußtsein präsentiert, als nichts weiter. Filme dieser Art behaupten, daß weltweites Unglück von Müttern hervorgerufen wird, die zuviel lieben oder nicht genug, von Vätern, die eines Tages verschwinden oder Alkoholiker sind. Ich merke, während ich mit meiner Mutter spreche, daß meine Worte klingen wie lauter Klischees aus Hollywood, und dennoch weiß ich, daß eine Menge dieser Stereotypen irgendwie auf Wahrheit beruht. Ich weiß, daß Persönliches manchmal politische Dimensionen hat, daß Leute, die die Welt verbessern könnten, schießlich zu ihrer Zerstörung beitragen, weil sie aus schlechten Elternhäusern stammen. Deshalb fahre ich mit meinem Geschwätz fort.

»Ich dachte immer, wenn ich nach Harvard komme, habe ich dir und allen anderen bewiesen, daß ich gut genug für euch bin«, sage ich. »Ich dachte, wenn ich es schaffe, nach Harvard zu kommen, sagen alle endlich: So ein tolles Mädchen. Aber jetzt schreist du mich an, und bald ruft wahrscheinlich deine Schwester an und jault mir was vor, weil ich den Großeltern das angetan habe, deine ganze Familie wird wieder behaupten, ich bin ein schreckliches Kind, dabei gebe ich mir solche Mühe. Ich gebe mir solche ...«

Meine Mutter ist hysterisch, ich bin hysterisch, wir halten uns in den Armen, meine Mutter hat immer noch den warmen Mantel an, ich das Flanellnachthemd, das für mich ist wie eine zweite Haut.

»Ich wollte nie etwas anderes, als daß du und die anderen, daß ihr mich so lieb habt, wie ich bin«, sage ich flüsternd in ihren Pelzkragen. Mir ist egal, ob sie es versteht, ich weiß sowieso nicht, weshalb ich überhaupt noch etwas sage.

»Aber heute hasse ich alle. Mir sind alle anderen egal, weil ich voller Haß bin.

»Ellie, ich weiß es«, sagt meine Mutter, »ich weiß es, und es tut mir so leid.«

6

Glückspillen

Leute wie wir, die an die Physik glauben,
wissen, daß die Unterscheidung von Vergangenheit, Gegenwart
und Zukunft nur eine hartnäckige Illusion ist.
ALBERT EINSTEIN

Harvard in seinem unerforschlichen Ratschluß ließ auf die zwei Wochen Ferien eine Woche vorlesungsfreier Zeit und drei Prüfungswochen folgen, was bedeutete, daß es keinen Grund gab, während des eigentlichen Semesters zu arbeiten. Man konnte alles auf diese sechs Wochen konzentrieren, wie bei einem Seil, an dem man alles aufhängte, was vom Verstand übrig war nach all dem Nichts, all den Tagen, die man in Cambridge herumhing und die gelegentlich von Seminaren unterbrochen wurden. Nach den Ferien, die mir erschienen waren wie Hausarrest, kam ich nach Cambridge, ich war dieselbe geblieben. Selbst in meinen schlimmsten Augenblicken, wenn ich mich in meinem Zimmer verkroch, wußte ich, daß ich wieder in die Vorlesungen gehen, gute Prüfungen ablegen und in das zweite Semester aufgenommen würde. Im Grunde war ich ein Durchhaltetyp, und ich konnte immer verbergen, wie schlecht ich mich fühlte; die Phasen starker Depressionen verschob ich auf die Ferien, wenn Zeit genug für eine verkürzte Version des totalen Zusammenbruchs blieb. Am Ende konnte ich immer aufstehen und das Notwendige tun, gerade genug, um mitzuhalten.

Eines Abends während der ersten Prüfungsphase in Harvard saß ich nach dem Essen in meinem Zimmer und versuchte, mich auf die

›Odyssee‹ zu konzentrieren, aber es gelang mir nicht. Ich wußte, daß es ein schönes und unterhaltsames Buch war, eine Reise mit lauter Sirenen und Lotusessern, Inselromantik bei Kalypso und der armen Penelope, die an ihrem Webstuhl sitzt und webt, aber immer alles wieder auftrennt, alle Freier abweist und als Inbegriff weiblicher Tugend wartet und wartet, daß ihr umherirrender Odysseus nach Hause kommt. Die ›Odyssee‹ war eines der Bücher, das alle mochten und der ›Ilias‹ vorzogen, weil darin nur Krieger und Schlachtfelder und alle möglichen Machos vorkamen, die Karriere machen wollten. Aber ich konnte diesem antiken Globetrotting nicht das geringste Interesse abgewinnen. Meine Gedanken waren anderswo. Ich war erstaunt darüber, daß ich einfach nach Hause gehen und ein paar Wochen nichts anderes tun konnte als lesen, daß es mir sogar gelang, der trüben Stimmung zu entkommen, indem ich mich auf Bücher konzentrierte. Jetzt aber, wo ich wieder an der Universität war, überkamen mich Zweifel. Ich bebte am ganzen Körper, mein Kopf tat mir weh, meine Gedanken wanderten nach draußen, wo jetzt sicher alle meine Freunde das Leben genossen und erleichtert waren, daß sie mich nicht ertragen mußten.

Nicht nur wenn ich high war und, gefolgt von einer Schar hilfloser Begleiter, in der Notaufnahme landete, war ich eine Plage, auch dann, wenn es mir gut ging. Meine Gegenwart verdarb die lockere Stimmung der Jungstudenten-Partys. Mir reichte es nicht, auf eine Fete zu gehen und mich über die Gesellschaft der anderen zu freuen, nie genügte es mir, bei Quarters oder anderen dümmlichen Trinkwetten mitzumachen, ich verfolgte irgendeine großspurige Erlösungsidee und nahm keine Rücksicht darauf, ob ich damit jemanden vor den Kopf stieß. Mein Benehmen war anscheinend so zermürbend, daß Noah mir schließlich sagen mußte, er liebe mich von ganzem Herzen, ja wirklich, aber ich könne nur bleiben, wenn ich einfach still dasäße und Musik hörte und keine Drogen nähme. Aber Noahs Zimmer war nun mal die reinste Opiumhöhle, und es war unmöglich, dort nüchtern zu bleiben.

Deshalb versuchte ich, in meinem Zimmer zu bleiben und zu lesen, wie sich das gehörte. Aber ich schaffte es einfach nicht, auch nur eine Seite der ›Odyssee‹ zu Ende zu lesen. Das Motiv des verschwundenen Vaters mußte mich irgendwie beeindruckt haben, jedenfalls griff ich zum Telefon und wählte die Nummer meines Vaters in Florida. Er war in ein hübsches kleines Landhaus gezogen - mit gekacheltem Fußboden, Wollteppichen, Korbmöbeln und Kissen in Pfirsich und Meerschaum und einem nierenförmigen Pool im Garten. Seit er fort war, hatte er nicht schlecht gelebt. Ja, es war nicht zu übersehen, daß es ihm verdammt viel besser ging, seit er sich vor vier Jahren das tägliche Hickhack mit meiner Mutter und mir vom Halse geschafft hatte. Ich nahm es ihm furchtbar übel, daß es ihm so gut ging, daß er im Luxus lebte, daß ihm etwas gelang, wovon andere nur träumen: Er vergaß alle Unannehmlichkeiten einfach und schaffte sie damit aus der Welt. Obwohl er im Lauf der Jahre, nachdem er fortgegangen war, zu bestimmten Gelegenheiten immer wieder erklärte, daß er stets an mich denke, daß ein Teil von mir für immer zu seinem Leben gehöre, glaubte ich ihm einfach nicht. Es war so viel einfacher für ihn zu vergessen.Seit mein Vater weg war, versöhnten wir uns zweimal im Jahr, ähnlich wie Warenhäuser, die alle halbe Jahre einen Schlußverkauf machen und damit die Leute anlocken, um ihre alten Ladenhüter loszuwerden. Genau so erging es uns. Wir trafen uns mit den besten Absichten, ich schwor mir, ihm zu verzeihen, daß er mich im Stich gelassen hatte, und er schwor sich, sich nicht von Schuldgefühlen überwältigen zu lassen. Er wollte, daß wir uns freundlich unterhielten. Dann hörte ich sechs Monate nichts mehr von ihm. Jedesmal aber brach das seelische Trauma über uns herein: *Du bist ein furchtbarer Vater/Deine Mutter machte mir das Leben zu Hause unmöglich* und all dieser Mist.

Im ersten Jahr, nachdem er nach Florida gezogen war, kam mein Vater aus irgendeinem Grund nach New York, lief ausgerechnet bei Bloomingdale's meiner Mutter in die Arme und rief mich an. Ich war gespannt zu hören, was aus ihm geworden war, denn niemand, nicht mal meine Großmutter, hatte mir gesagt, wo er jetzt war, so daß ich schon dachte, er sei aus dem Land geflohen, sei auf den Cayman-Inseln, in Argentinien oder an sonst irgendeinem Ort, an dem sich böse Menschen verstecken. Ich stellte mir immer vor, er würde mit Josef Mengele Poker spielen. Zu erfahren, daß er sich noch auf US-amerikanischem Boden befand, an einem Ort, den Delta und United Airlines anflogen, in einer Gegend, die man telefonisch erreichen konnte, ließ mir seine Missetaten weniger schlimm, nicht so weltumspanndend und eher persönlichkeitsbedingt erscheinen. Ich weiß gar nicht, warum ich diese nichtssagenden Unterschiede machte, vielleicht weil es praktisch war, vielleicht weil ich ihm vergeben wollte. *Natürlich* wollte ich ihm vergeben, er war schließlich mein Vater, der einzige, den ich hatte, außerdem erschien es mir ein unveräußerliches Recht zu sein, zwei Eltern zu haben. Eines Abends erschien er vor dem Ausgang der Highschool und lud mich zum Essen ein, wir umarmten und küßten uns lange, redeten lange, dann kehrte er in seine prächtige Hazienda zurück und ließ nichts mehr von sich hören.

Eine paar Wochen, bevor ich ins College ging, besuchte ich meinen Vater in Florida, lag eine Woche lang an seinem Swimmingpool, machte Ausflüge nach Coconut Grove und Calle Ocho, wir unternahmen Dinge, die Vater und Tochter nun mal miteinander unternehmen. Ich unterhielt mich auch viel mit meiner Stiefmutter, sagte ihr, wie weh es mir getan habe, daß sie nicht mit mir habe sprechen wollen, daß es sehr schwer für mich gewesen sei, im Alter von sechs Jahren neben ihr auf dem Sofa zu sitzen und im Fernsehen ›Star Trek‹ zu sehen und zu erleben, daß sie nur mit meinem Vater sprach und sich weigerte, mich zur Kenntnis zu nehmen. Sie gab zu, daß sie sich vor mir gefürchtet habe, beichtete alle ihre Sünden, entschuldigte sich dafür, daß sie mich mit meiner Mutter verwechselt habe. Sie sagte auch, sie habe es nicht ertragen, daß mein Vater vor ihr eine Familie hatte. Ich glaube, wir unternahmen wichtige Schritte, um alles wiedergutzumachen. Wir hatten viel Spaß miteinander, und ich dachte sogar, meinem Vater und mir sei ein echter Durchbruch gelungen, und wir seien uns für alle Zukunft näher gekommen. Ich schrieb einen Artikel für die Zeitschrift ›Seventeen‹ darüber, in dem ich voll Optimismus berichtete, daß wir nach mehreren Jahren der Mißverständnisse und Ärgernisse wieder zusammengefunden hatten. Ich stellte mir alles wunderbar vor.

Dann kam er im Herbst mit meiner Stiefmutter nach Harvard, um unsere Beziehung zu verbessern. Er brachte seinen Fotoapparat mit und fotografierte mich mit meinen Freunden vor der Matthews Hall, vor der John-Harvard-Statue, vor der Widener-Bibliothek. Er ging mit mir in das Gerechtigkeits-Seminar und gab vor, sich für Professor Sandels neokantianisches Plädoyer zu interessieren, gemäß dem eine Stadt in Minnesota, die Pornographie verbieten wollte, das Recht erhalten sollte, den ersten Zusatzartikel der Verfassung zu umgehen und das Verbot zu erlassen. Wir tranken zusammen Cappuccino und aßen Sandwiches im Pamplona, ich durfte ihn meinen Freunden und Bekannten vorstellen, die in dem kleinen Café von Tisch zu Tisch wechselten und die neuesten Gerüchte austauschten. Er benahm sich wie ein stolzer Vater, der seine schöne Tochter im College besucht. Er tat, als sei alles ganz normal. Mit den richtigen Klamotten hätten wir für J. Crew Modell stehen können.

Aber mich beherrschte nur ein Gedanke: Was bildet sich dieser Mann eigentlich ein? Er verschwindet für Jahre aus meinem Leben, verdammt elende Jahre, in denen ich ständig krank oder depressiv war, und jetzt bin ich in Harvard, und alles scheint in bester Ordnung zu sein. Er glaubt, er braucht nur herzukommen und Bilder von seiner perfekten Elite-Tochter zu machen, als wäre nichts von all den schrecklichen Dingen geschehen. Wo zum Teufel war er, als ich ihn brauchte? Ich schwor mir, nie wieder mit ihm zu sprechen. Ich sagte mir, daß der Gedanke, ihm je verzeihen zu können, ihm je wieder nahe zu sein, nur ein Traum sei, ebenso wie der, daß ich nur nach Harvard zu gehen brauche und hinterher alles in bester Ordnung sei. Mich überkam tiefer Haß, ich konnte einfach nicht anders. Ich hätte die Vergangenheit so gerne vergessen, aber sie war immer da, wie eine offene Wunde, die nicht heilt, ein offenes Fenster, das selbst der stärkste Arm nicht zu schließen vermag. Mir fiel der Doppler-Effekt ein, den wir im Physikunterricht an der Highschool durchgenommen hatten, die paradoxe Reaktion zwischen Schall und Raum, die zur Folge hat, daß ein Geräusch lauter wird, wenn es sich entfernt, als wenn es in der Nähe ist. Genau so empfand ich jetzt: Die Wut auf meinen Vater war jetzt, wo alle Probleme der Vergangenheit anzugehören schienen, viel stärker.Nichts, was in meinem Leben geschehen war, ließ sich auslöschen oder im Pantheon meiner Kindheitserlebnisse konservieren. Immer trug ich alles mit mir herum, der Speicherraum meines Gehirns war mit lebhaften Erinnerungen überfüllt, wie die Mansarde meiner Großmutter mit alten Fotos und Kleidern. Nur war ich nicht die komische Alte in ihrer Mansarde, sondern die Mansarde selbst. Die ganze Vergangenheit war über mir, unter mir, in mir.

Was ich jedesmal, wenn sein Name genannt wurde, über meinen Vater dachte, war sehr einfach: ICH BRINGE DICH UM. Ich wäre gerne reifer und vernünftiger gewesen, hätte gerne ein großes Herz gehabt, das vergeben konnte, das von all jenem Ärger wußte, aber dennoch Raum für Liebe und Zuneigung hatte. Aber ich hatte es einfach nicht.Trotzdem wählte ich an jenem Abend während der Prüfungszeit seine Nummer, tippte die Zahlen ein und fühlte mich wie ein Bumerang, der immer an denselben Ort zurückkehrt. Eine seltsame Gewohnheit, auf die ich immer verfiel, wenn ich mich einsam fühlte, niedergeschlagen war und glaubte, alle anderen Möglichkeiten ausgeschöpft zu haben, das heißt, wenn ich keinen neuen Mann fand, für den ich mich begeistern konnte. Also rief ich meinen Daddy an, in der Hoffnung, daß es mir hinterher besser ginge. Ich saß auf den kalten Dielen und hörte das Telefon klingeln, war in großer Erregung, zitterte, haßte mein ganzes Leben, haßte meinen Vater und wollte ihm ein für allemal und so klar wie nie zuvor sagen, wie sehr ich ihn haßte.

Ich bat um ein R-Gespräch. »Hallo, Elizabeth, was gibts?« fragte er, nachdem er es angenommen hatte.

»Prüfungen, ich muß viel arbeiten. Nichts Besonderes. Und du?«

»Das gleiche wie immer. Ich arbeite den ganzen Tag, dann komme ich nach Hause, sehe fern oder lese.«

»Aha.« Verlegene Stille. Ich wußte nicht, worüber ich sonst reden sollte, deshalb sprach ich über Geldangelegenheiten. »Daddy, hast du die Arztrechnungen bekommen, die ich dir geschickt habe? Du weißt doch, für die psychiatrische Behandlung, die ich brauchte, als letzten Herbst alles schiefging, mit den Leuten und auch sonst. Weißt du noch?«

»Ja, ich habe die Rechnungen.«

»Mir schicken sie immer noch Rechnungen. Wahrscheinlich hast du noch nicht gezahlt oder so, und du hattest damals gesagt, du würdest es tun. Du hattest, glaube ich, mit Dr. King ausgemacht, daß du sie gleich an die Versicherung schickst, damit sie das regeln. Kannst du dich noch an das Versprechen erinnern?«

»Damals hab ich's getan, aber jetzt ist das vorbei.«

»Aber, Daddy, du hast es doch versprochen.« Ich überlegte fieberhaft: Da hatte ihn nun angerufen, weil ich mich mit ihm streiten wollte, aber ich war nicht darauf gefaßt, daß es so schnell losgehen würde. Wenigstens ein bißchen freundliches Geplauder hatte ich erwartet. Warum machte er es mir so schwer, wo die Sache für ihn nur eine Kleinigkeit ist? Er brauchte nur einmal im Monat ein paar Formulare zu unterzeichnen, und schon konnte man solche Diskussionen verhindern. Warum mußte er immer aus jeder Mücke einen Elefanten machen? Der Umgang mit ihm war wie der mit einem kleinen Angestellten, dessen einzige Macht darin besteht, den Leuten, die etwas von ihm wollen, ihre Bitten abzuschlagen, Leuten, die stundenlang in einer Schlange warten, die gar nichts dafür können, daß er so klein und ohnmächtig ist, weil sie selbst es auch sind. Das Vatersein meines Vaters bestand darin, daß er mir abschlagen konnte, was ich brauchte.

Scheiß drauf, scheiß auf ihn.

Warum muß ich mir das bieten lassen?

»Daddy, ich kann mich genau erinnern, daß du gesagt hast, deine Versicherung zahlt neunzig Prozent, und du würdest den Rest übernehmen.«

Ich hatte im Herbst eine Therapie begonnen, weil Daddy gegenüber Dr. King geäußert hatte, er würde dafür bezahlen. Wenn er es nicht versprochen hätte, wäre ich erst gar nicht hingegangen. Inzwischen waren die Kosten auf über tausend Dollar geklettert, und ich hatte das Geld einfach nicht.

»Daddy«, jammerte ich, »du hast gesagt, du zahlst. Ich habe die Therapie nur angefangen, weil du es mir versprochen hattest. Sonst hätte ich es nie getan.«

»Ich habe es damals gesagt, ja, ich habe es versprochen. Aber du hast dein Versprechen ebensowenig gehalten. Seit unserem Besuch warst du eiskalt und eklig zu mir.«

Die Wut stieg in mir auf und machte sich breit wie ein Teefleck auf dem weißen Tischtuch. »Was denkst du denn, mit wem du es zu tun hast, Daddy!« schrie ich, »für wie blöd hältst du mich?« Ich schnaufte vor Wut. »Wie kannst du es wagen zu behaupten, ich wäre kalt und eklig zu dir gewesen! Wer ist denn vor vier Jahren abgehauen, du oder ich?«

»Elizabeth, hör mir zu ...«

»Nein, nein, nein! Verdammt. Einmal im Leben hörst du *mir* zu! Vier Jahre lang bist du abgetaucht, dann bist du angekommen und hast dich entschuldigt, hast erzählt, die Anwälte hätten dir geraten, wegzugehen, Mommy hätte dich vertrieben, und du hättest keine andere Wahl gehabt. Jetzt hörst du mir zu: Immer, wenn du da warst, war ich nett zu dir, weil du mein Vater bist und ich dich lieb habe und einen Vater haben wollte wie alle anderen ...«

Ich fing an zu weinen, ohne Vorwarnung. Mein Gesicht war plötzlich naß, ich schrie nicht mehr, sondern wimmerte. »Ich wollte doch nur einen Vater haben wie alle anderen, ich wollte nur ein normales Kind sein. Ich wollte nichts als meinen Vater wiederhaben. Ich habe mich nie mit dir gekracht, habe dir nie gesagt, daß ich böse auf dich war, weil du weggegangen warst. Ich war nie nie kalt und eklig zu dir, weil ich Angst hatte, daß du wieder gehst. Ich habe mich nie getraut, aber dann bist du sowieso gegangen, und ich hoffte immer, du würdest wiederkommen, weil alle meine Freunde Väter hatten und sagen konnten, ihr Vater ist Anwalt oder Geschäftsmann oder Kleiderfabrikant, ich aber wußte nicht einmal, wo du warst, und auch nicht, was du machtest, und anstatt wütend auf dich zu sein, hab ich mir nur gewünscht, daß du wieder mein Vater bist.«

»Elizabeth, hör mir zu ...«

»Nein, ich hör dir nicht zu. Ein einziges Mal will ich dir ins Gesicht sagen, wie furchtbar du warst. Diesmal wirst du nicht alles auf die anderen schieben und mich fertigmachen, diesmal wirst du dir die Wahrheit anhören: Du bist ein egoistischer, schrecklicher Vater, und du bist weggegangen, weil du verantwortungslos bist!«

Jetzt weinte er. »Elizabeth, glaubst du denn, das wüßte ich nicht? Glaubst du, ich hätte nicht darunter gelitten, daß ich all die Jahre nicht mit dir leben konnte, weil deine Mutter und ich geschieden waren, und daß es danach nicht möglich war, weil ich so weit fort war? Für mich war es auch sehr schwer. Und ich habe dafür bezahlt. Ich habe gezahlt, weil ich offenbar das Mädchen, das einmal meine geliebte Tochter war, verloren habe.«

»Alles leere Worte«, sagte ich. Inzwischen weinte ich nicht mehr, sondern schniefte nur noch ein bißchen. »Nichts als leere Worte, zum Teufel noch mal. Du solltest wissen, daß Taten wichtiger sind als Worte. Aber wenn du so mies bist, hast du nichts anderes mehr als Worte parat.«

»Elizabeth, was soll ich denn noch sagen?« Er schluchzte. »Das alles hat mich doch auch kaputtgemacht.«

»Mag ja sein«, sagte ich, »aber du hattest die Wahl. Wenn du nicht mit Kindern umgehen kannst, darst du eben keine in die Welt setzen. Ich hab dich nicht darum gebeten.«

Das war zwar ein unfaires Argument, aber es war mir egal.

»Elizabeth, ich mache mir Sorgen um dich«, sagte er, als könnte er damit meinen Ärger besänftigen. Ich hatte ihn noch nie heftig angeschrien. »Elizabeth, geht es dir gut? Ist wirklich alles in Ordnung?«

»Versuch jetzt nicht abzulenken, verdammt noch mal! Und mach dir keine Gedanken, ob es mir gut geht. Wie sollte es denn. Früher ging es mir auch nicht gut, und da war es dir gleichgültig, was interessiert es dich also jetzt? Es würde dich keinen Pfifferling kosten, mir diesen einen Gefallen zu tun und meine Therapie zu bezahlen. Ich brauchte im Herbst Hilfe, und ich brauche sie auch jetzt noch. Damit ich überhaupt je wieder mit dir Kontakt haben kann, brauche ich Hilfe. Und deine Antwort darauf ist, daß du dich weigerst, meine Arztrechnungen zu übernehmen, obwohl sie dich selbst keinen Penny kosten. Findest du, daß so ein guter Vater handelt?«

»Elizabeth, es tut mir leid.«

»Immer sagst du, es tut dir leid«, schrie ich, »statt daß dir immer alles leid tut, solltest du dich lieber damit abfinden, daß du ein mieser Kerl bist.«

»Aber ich bezahle die Rechnungen nicht, dafür ist nach unserem Scheidungsvertrag deine Mutter zuständig.«

»Mein Gott, Daddy«, schluchzte ich, »ich könnte hier sterben, wahnsinnig werden, mich umbringen, und du würdest dich hinstellen und sagen, jemand anders ist dafür zuständig, mir zu helfen. Dabei bist du der einzige, der es wirklich kann! Mommy verausgabt sich schon völlig für das College. Immer wieder das alte Thema, es ist wirklich furchtbar!«

»Elizabeth, was soll ich denn darauf sagen?« Auch er weinte jetzt wieder. »Wenn ich zurückschaue, sehe ich, was ich alles falsch gemacht habe, und fühle mich ganz hilflos. Wie soll ich bloß wiedergutmachen, was passiert ist?«

»Du könntest damit anfangen, indem du die Therapie vom Herbst bezahlst, und vielleicht auch für jetzt, damit ich die Wut verarbeiten kann, die ich auf dich habe.«

»Das werde ich nicht tun, ich habe dir doch schon gesagt, daß dafür deine Mutter zuständig ist.«

»Dad, ich geb's auf, ich kann mir das nicht länger anhören.«

»Was soll ich denn sagen?«

»Weißt du was? Ich wünsch dir alles Gute. Das war's für mich.«

Als ich Jahre später an dieses Gespräch dachte, fiel mir ein weiser Satz ein, den jemand beim Vatermordprozeß gegen die Menendez-Brüder von sich gegeben hatte: »Wenn man von den eigenen Kindern umgebracht wird, ist man teilweise selbst dafür verantwortlich.«

An einem Samstagabend im Mai nahm ich mit Ruby ein bißchen Ecstasy, um irgendeinen kleineren Erfolg zu feiern. Wir hatten beschlossen, es nur noch zu nehmen, wenn es außer Depression und Langeweile einen wirklich guten Grund gab. Wir fanden uns unter einem Tisch im Advocate-Gebäude wieder, banden den Leuten die Schuhbänder zusammen und sahen zu, wie sie beim Aufstehen stolperten. Wir fanden das ungeheuer lustig, bis es plötzlich heiß und stickig unter dem Tisch wurde und wir dringend ins Freie mußten. So war es immer, wenn man Ecstasy nahm, jeder Antrieb wurde zum Befehl, alles, was den Rausch behinderte, mußte zerstört, aufgegeben oder sofort beendet werden. Wir rannten zum Swimmingpool von Adams House, einer Art-Deco-Schöpfung mit steinernen Wasserspeiern, leuchtenden Kacheln und bunten Fensterscheiben, die uns wie das Paradies erschien. Spät am Abend zogen Ruby und ich uns, nachdem wir auf verschiedenen Gesellschaften gewesen waren, an den sanftblauen Swimmingpool zurück, saßen am Beckenrand und werteten unsere Erlebnisse aus.

In jener Nacht redeten wir im Ecstasy-Rausch dummes Zeug, bis die Sonne ihre ersten Strahlen durch das bunte Glas sandte. Plötzlich begann die Feuchtigkeit mir auf die Nerven zu gehen. Wie alles Katastrophale in meinem Leben, das außerdem unerwartet kommt, machte mir die Feuchtigkeit eine solche Angst, daß ich fürchtete zu ersticken. Ich wollte Ruby fragen, ob schon einmal jemand an Dampf, dunstiger Luft oder Nebel gestorben sei. Mir kam es vor, als wären wir in einer Wolke gefangen. Mein grünes Wollkleid juckte mir auf der schwitzenden Haut, ich glaubte, irgendwelche Milben oder Käfer krabbelten unter meiner Haut. Ich kam auf die Idee, daß man das Ungeziefer ersticken könnte, indem man sich Nagellack über den ganzen Körper goß. Während ich an erstickende Milben dachte, fiel mir ein, daß ja ich es war, die in diesem stickigen Hallenbad stand und erstickte.

Ich stand auf und starrte in das flache, reglose aquamarinblaue Wasser. Es kam mir wie Stunden vor, in Wirklichkeit waren es nur wenige Minuten. Ich dachte, ich würde gleich ins Wasser stürzen und ertrinken. Sterben wie ein Rolling Stone, wie Brian Jones. In einem Swimmingpool sterben und dann an der Oberfläche treiben wie William Holden in der Eingangsszene von ›Boulevard der Dämmerung‹. Über Bord gehen wie Natalie Wood oder sich freiwillig ertränken wie Virginia Woolf. Jung sterben, in Schönheit sterben.

Hatte ich Angst zu ersticken oder wünschte ich es mir? Und wie oft am Tag drängten sich mir Todesphantasien auf? Schon oft hatte ich meine eigene Beerdigung geplant, in der Gewißheit, daß ein so früher Tod als Tragödie angesehen würde, mit einem ausführlichen Bericht in der Presse, vielleicht im ›Boston Phoenix‹ oder in ›New York‹, wo ich während meines letzten Highschool-Jahres volontiert hatte. Ich konnte mir die Story genau vorstellen, es gab Stoff genug: Harvard, Männergeschichten, Schriftstellerin und so weiter. Dann würde der Journalist die Frage aufwerfen, was für eine Gesellschaft das ist, in der ein so vielversprechender junger Mensch sich das Leben nimmt. Ich sah alles genau vor mir. Als Tote wäre mein Leben plötzlich voller Symbolik und Bedeutung, die es zu meinen Lebzeiten nie gegeben hatte. Solange ich am Leben blieb, würde ich weiterhin bei Tagesanbruch in Schwimmbäder starren, innerlich leer und voller Qualen.

Aber ich wußte natürlich, daß ich am Leben bleiben würde. Ich wußte, daß mir, selbst wenn ich ins Becken sprang, der Mut fehlen würde, mich zu ertränken. Dabei hat man mir gesagt, man brauche nur dem natürlichen Drang zu widerstehen, an die Oberfläche zu kommen, um Luft zu holen, dann sei es die am wenigsten qualvolle Methode, sich umzubringen. Qual oder nicht, ich würde sicher den Rest meines Lebens mit Selbstmordphantasien verbringen, ohne sie je in die Tat umzusetzen. Ob es einen psychologischen Ausdruck dafür gab? Gab es eine Krankheit, bei der der Patient den dringlichen Wunsch verspürte zu sterben, aber nicht den Willen aufbrachte, ihn in die Tat umzusetzen? Konnte man das Reden über Selbstmord und den ständigen Gedanken daran als eine Krankheit für sich ansehen? Als eine besondere Art der Depression, bei der mangelnder Lebenswille nicht mit der Entschlossenheit zu sterben einhergeht? In den Broschüren, die man in der Psychiatrie bekommt und in denen ungefähr zehn Symptome aufgezählt werden, die auf eine Depression hinweisen, gelten Suiziddrohungen und auch das Reden über Selbstmord als sehr ernst. Vielleicht deshalb, weil das, was zuerst nur in Worte gefaßt wird, später in die Tat umgesetzt werden kann. Vielleicht werde auch ich eines Tages, wenn ich jahrelang mit solchen unausgegorenen Gedanken herumgelaufen bin und mir in manchen Augenblicken gewünscht habe, tot zu sein, dem Todesdrang nachgeben. Bis dahin könnte ich mich in mein Zimmer zurückziehen, mich dort verstecken und schlafen, als wäre ich tot.

Die nächsten Tage verbrachte ich in einer Art Dämmerzustand, ließ mir, wenn ich Hunger hatte, etwas zu essen bringen. Ruby kam mich besuchen, weil ich auf keine ihrer Nachrichten reagiert hatte. Hadley, die auf demselben Flur wohnte wie ich und nach einem Selbstmordversuch das erste College-Jahr wiederholte, legte mir einen Zettel hin, auf dem stand: »500 000 Heroinsüchtige können nicht irren.« Das brachte mich nach langer Zeit einmal wieder zum Lachen. Dann geriet ich in Panik, weil ich am Mittwoch eine

Prüfung hatte, aber mir fiel ein, daß ich ja in Harvard war, der Hochschule, in der es für jede Situation eine Entschuldigung gab, also hatte ich keinen Grund zur Sorge. Ich ging an jenem Morgen einfach zur medizinischen Ambulanz und sagte, ich hätte psychische Probleme. Ich brauchte nur auf der gepunkteten Linie zu unterschreiben (sie weisen niemanden ab, der sich vor einer Prüfung drücken will, weil ein Student, bei dem sie es taten, sich danach umbrachte). Ich erklärte der Krankenschwester, daß ich eine Zeitlang in Therapie war, aber kein Geld mehr dafür hätte, und jetzt völlig am Boden sei, worauf sie sagte, ich solle zum Krisenberater gehen, der für akute Fälle zuständig sei.

»Die Psychiatrie ist im dritten Stock«, sagte sie.

»Ich weiß«, sagte ich, »ich kenne mich aus.«

Als ich oben ankam, war ich überrascht, wie vertraut mir der Ort inzwischen war, wie sehr ich mich an die Zeitschriften (›Saturday Evening Post‹, ›National Geographic‹ und andere Blätter, die nicht mal Verrückte lesen) und die orangefarbenen Plastikstühle im Warteraum gewöhnt hatte. Nach einer Weile wurde ich zur diensthabenden Ärztin gerufen. An ihrer Tür stand: HANNAH SALTENSTAHL, M. D. Sie saß in einem Drehstuhl hinter ihrem großen Schreibtisch, ich ließ mich auf der Couch gegenüber nieder. Das Zimmer war vollgestopft mit Pflanzen, Postern, Gemälden und mexikanischen Wandteppichen, wodurch es wohl weniger steril und gemütlicher wirken sollte. Bei meiner langjährigen Therapieerfahrung konnte mich nichts mehr schrecken. Dieses Dekor, das eine individuelle Note und Behaglichkeit zum Ausdruck bringen sollte, war nichts anderes als die übliche Geschäftsausstattung von Psychiatern.

Ich fing ganz von vorn an, mit meiner Mutter und meinem Vater, erklärte, was es für mich bedeutet hatte, nach Harvard zu kommen, und erzählte ihr, daß ich schrieb. Alles in allem: Was für ein Glück ich hätte, daß mein Leben auf dem Papier einfach sei, ich aber ohne Grund und zu den unmöglichsten Zeiten depressiv geworden sei, dann nämlich, wenn ich eigentlich hätte glücklich sein müssen. Ich erzählte ihr von der schwarzen Welle, die ich förmlich spüren konnte, mit einem so handgreiflichen Schmerz, als hätte ich eine Flasche Tequila getrunken und schlechtes LSD genommen. Ich sagte, ich hätte regelrecht den Verstand verloren, ich sei überzeugt, daß das körperliche Ursachen haben müsse, und ich brauche Psychopharmaka.

»Elizabeth«, sagte sie, »keine Tablette der Welt kann Ihnen helfen. Wir haben keine Möglichkeit, zu messen, ob Ihnen etwas fehlt oder nicht. Wir diagnostizieren psychische Krankheiten aufgrund der Berichte des Patienten, dann verschreiben wir Mittel, von denen wir glauben, daß sie ihm am besten helfen. Da es keinen Bluttest zum Nachweis von Depressionen oder Schizophrenie gibt, müssen wir ausprobieren, was am besten hilft. Ich ersehe aus Ihren Unterlagen, daß Sie dieses Jahr schon öfter hier waren«, sagte sie und blickte auf grüne und blaue Papiere, offenbar meine Krankenakte. »Wenn ich kann, helfe ich Ihnen gerne. Aber nach allem, was Sie erzählen und was ich hier lese, bin ich sicher, daß Sie Ihr Problem nicht mit Medikamenten lösen können.«

»Gibt es denn nicht irgend etwas, das ich einnehmen kann, damit ich mich nicht mehr in den unpassendsten Momenten unglücklich fühle?« fragte ich.

Am liebsten hätte ich geschrien, sie solle mir Lithium oder den Tod geben, dann aber sagte ich: »Ich habe wirklich jeden Grund, glücklich und zufrieden zu sein, aber ich bin es nicht, also muß etwas mit mir nicht stimmen. Es ist doch nicht normal, sich ohne Grund so schlecht zu fühlen! Ich habe auch immer so heftige Stimmungsumschwünge. Einen Moment bin ich noch begeistert und im nächsten ganz elend. Vielleicht bin ich manisch-depressiv und brauche nur Litium. Das denke ich immer wieder. Ich denke an all die berühmten Manisch-Depressiven wie Anne Sexton, deren Krankheit man erst im Alter erkannte, wodurch sie jahrelang an diesem schrecklichen Auf und Ab litten, genau wie ich, dabei hätte ihnen das Litium schon viel früher helfen können.«

Ich erwartete, daß sie etwas sagen würde wie: Sie sind nun mal nicht Anne Sexton, aber sie schwieg, und ich redete weiter.

»Dr. Saltenstahl, ich möchte nicht in einer Katastrophe enden, aber es sieht so aus, als ob mir das bevorstünde. Ich brauche Hilfe.«

»Hören Sie, Elizabeth«, begann sie mit einer Stimme, die mir sagte: Meine Geduld ist grenzenlos, aber irgendwie auch nicht, deshalb hören Sie jetzt gut zu und begreifen Sie endlich, was ich Ihnen sage. »Für Ihre Generation ist es nicht untypisch zu glauben, man könnte alles mit Tabletten heilen. Es wäre ja auch wunderbar, wenn wir nur Glückspillen nehmen müßten, und alles Schlimme wäre vorbei. Wir leben in einer Drogenkultur, einer legalen und einer illegalen. Aber ich will Sie nicht belügen und wider besseres Wissen behaupten, irgendeine Pille könnte Ihnen helfen. Nach allem, was ich von Ihnen über Ihre Eltern gehört habe, besonders Ihren Vater, haben Sie sich im Lauf der Jahre hinter einen Abwehrmechanismus zurückgezogen. Sie brauchen keine Medizin, Elizabeth, Sie brauchen enge, warmherzige Beziehungen zu anderen Menschen. Sie brauchen jemanden, dem Sie vertrauen können. Sie müssen einfach denken, daß Ihre Mitmenschen gut sind.«

»Wie soll ich denn denken, daß alles gut ist, wenn alles so schrecklich ist?« Ich begann zu schniefen. »Ich brauche Hilfe. Bitte geben Sie mir Tabletten!«

»Ich verstehe Sie ja«, sagte sie und schüttelte den Kopf. »Es geht Ihnen sehr schlecht, und Sie brauchen sicher eine längere Therapie, um all Ihre Probleme aufzuarbeiten.« Sie holte tief Luft, als wäre sie ganz erschöpft. »Dafür braucht man viel Zeit zum Nachdenken. Es ist nicht einfach, eingefahrene Lebensmuster zu ändern. Ihre negativen Verhaltensweisen gegenüber anderen Menschen sind im Lauf der Zeit immer stärker geworden. Sie sagen, seit Sie elf waren, wären Sie immer wieder depressiv gewesen, Sie sagen, wie schwer das Verschwinden Ihres Vaters Sie mit vierzehn getroffen hat. Ich glaube, die Wurzeln Ihrer Depression sitzen viel tiefer. Sie beginnen in der frühen Kindheit und werden im Lauf der Zeit immer schlimmer.« Sie schüttelte bekümmert den Kopf, dann lächelte sie, als hätte sie einen tröstenden Einfall. »Sehen Sie, es tut mir leid, daß man Sie jahrelang verletzt und eine depressive junge Frau aus Ihnen gemacht hat. Eigentlich hätten Sie, und das sagen Sie ja selbst, guten Grund, glücklich und dankbar zu sein. Ich bin sicher, daß es eines Tages so sein wird, aber es stehen Ihnen, fürchte ich, noch schwere Zeiten bevor. Bis es Ihnen besser geht, müssen Sie hart an sich arbeiten, und meines Wissens gibt es kein Patentrezept.«

»Ich weiß«, sagte ich. Dann begann ich zu weinen, und sie gab mir ein Papiertaschentuch. »Und wie ich das weiß!«

Dieses Wissen nützte mir gar nichts. Dank meinem Vaters hatte ich kein Geld, eine Therapie zu machen, ich zahlte immer noch die Rechnungen vom letzten Herbst ab. Dr. Saltenstahl, die ich mochte, obwohl sie mir keine Pillen verschreiben wollte, hatte in Harvard und in ihrer privaten Praxis zu viele Patienten. Die medizinischen Ambulanz sei, so sagte sie, nur dazu da, Studenten mit akuten Problemem zu helfen und sie, wenn nötig, an andere Therapeuten zu verweisen. Mehr könne sie nicht für mich tun. Sie riet mir dringend, eine Therapie bei einem strengen, verständigen Arzt zu machen. Ich erklärte ihr, dies sei unter den gegebenen Umständen unmöglich, es sei denn, ich hörte mit dem Studium auf und ginge arbeiten. Sie fühlte sich daraufhin veranlaßt, mir mitzuteilen, daß ich bei Selbstmordabsichten jederzeit die Notaufnahme der Klinik aufsuchen könne. Alles folgte immer noch den alten, eingefahrenen Regeln: Es mußte erst so schlimm kommen, daß man ins Krankenhaus kam, dann konnte man mit Hilfe rechnen, für die auch die Versicherung zahlte. Bis dahin aber: Hilf dir selbst!

7

Trinken in Dallas

I started out on burgundy / But soon hit the harder stuff.
Everybody said they'd stand behind me / When the game got rough.
But the joke was on me. / There was nobody even there to call my bluff.
I'm going back to New York City. / I do believe I've had enough.
BOB DYLAN
›Just Like Tom Thumb's Blues‹

Sommer 1987. Dallas, Texas, genauer gesagt, Oak Lawn Section. Ich habe mein zweites College-Jahr in Harvard abgeschlossen. Irgendwie ist es mir nebenher gelungen, den ›Rolling-Stone-College-Journalism-Award‹ zu ergattern; für einen Essay über Lou Reed, den ich für den ›Harvard Crimson‹ geschrieben hatte. Und jetzt habe ich einen Ferienjob bei den ›Dallas Morning News‹ als Kulturreporterin.

Dies ist genau der Ort, an dem ich immer sein wollte - jedenfalls seit ich als kleines Kind zum erstenmal in Dallas meine Verwandten besuchte. Texas, das bedeutet für mich große, starke Männer in Cowboystiefeln, rauhe, tatkräftige Individualisten à la Thoreau, die nach Öl bohren, als wäre es Gold, was es ja einmal auch war. Außerdem ist Dallas ein riesiger Country Club mit wildwuchernden Vorstädten, wo alle Jungen Football spielen und alle Mädchen vom Erwachsenwerden und von Schönheitsoperationen träumen. Überall Muskelmänner und Silikon-Schwestern. Ich bin nicht wild auf diese Art von Kultur, auf all den Materialismus und Reichtumskult, aber ich ging in dem Glauben nach Dallas, daß mir der Aufenthalt dort guttun würde. Richtige Kapitalisten sind viel zu sehr mit Geldverdienen und -ausgeben beschäftigt, um sich mit

Melancholie abzugeben. Ich dachte, Dallas sei so lebendig, so erfrischend neu, so cowboyhaft-städtisch und rowdyhaft, so sehr das Gegenteil von allem, was Depressionen ausmacht, so viel heller und leuchtender als all die dumpfe Düsternis des Nordostens.

Als ich dann nach Dallas kam, war die Wirklichkeit natürlich ein bißchen anders. Öl- und Grundstücksmarkt waren übersättigt, die Wirtschaft auf dem Tiefstand - wenn auch nicht so schlimm wie in Houston, wie alle optimistisch betonten. Aber Dallas war in besorgniserregendem Zustand. Texas bedeutet, daß man reich sein muß, denn die gesamte Zivilisation dort basiert auf starken Typen, die schnell zum Erfolg kommen, und so machen die Texaner, vor allem die aus Dallas, nicht gerade den Eindruck, als könnten sie einigermaßen elegant mit Armut umgehen. Sie kaufen samstags bei Neiman Marcus teures Kristall, auch wenn sie freitags gerade zweihundert Leute entlassen haben. Sie wirken wie erwachsene Männer, die zu stolz sind zu weinen, sich verzweifelt die Tränen verkneifen, dann aber doch losflennen.

An fast jedem Haus sehe ich ein Schild mit *Zu verkaufen*, an jedem Wohnkomplex ein Transparent *Zu vermieten, ein Monat kostenlos*, entlang der Autobahn massenhaft halbfertige Wolkenkratzer, rosa Granit und Silberglas aus Zeiten des Wohlstands. Sie werden nie zu Ende gebaut. Überall Bagger und Schutt. Früher hieß es einmal, das Wahrzeichen von Dallas sei ein Bagger, der sein geöffnetes Maul dem blauen Himmel entgegenstreckt. Dies alles hat nichts mehr mit der Stadt zu tun, die ich kennenlernte, als ich 1980 während des Republikanischen Konvents meine Verwandten in North Dallas besuchte.

Das Dallas von 1987 ist depressiv und deprimierend.

Trotzdem war ich dort auf unerklärliche Weise glücklich, zumindest am Anfang. Ich wohnte zur Untermiete in der großen, verträumten Wohnung einer Zeitungsreporterin, die gerade das Zusammenleben mit ihrem Freund ausprobierte. Als ich die Wohnung zum erstenmal sah - sie kostete nur 300 Dollar im Monat, weniger als mein Wochenlohn -, fand ich, daß es die schönste Wohnung war, die ich je gesehen hatte. Sie besaß große Fenstertüren, einen Ventilator an der Decke, eine kleine Veranda mit Pflanzen und Blumen, einen Frühstückstisch aus Gußeisen mit Glasplatte und eine große offene Küche mit blauweißen Mittelmeerkacheln, und ich hätte am liebsten Kräuter und Efeu neben das Waschbecken gestellt und Glocken ins Fenster gehängt. Die Badewanne hatte kleine Füße, und ihr Rand war geformt wie Cappuccino-Schaum, der über den Tassenrand quillt. Zum erstenmal in meinem Leben wohnte ich allein wie eine Erwachsene und dachte: Das ist alles für mich. Ich fühlte mich wie Audrey Hepburn in ›Frühstück bei Tiffany‹, die glücklich ist, auf eigenen Füßen zu stehen und immer lächelt, wenn sie die Fifth Avenue hinabgeht; oder wie Mary Taylor Moore, die in Minneapolis ihren Hut in die Luft wirft und sich des Lebens freut.

Ich mochte die Wohnung so sehr, daß ich mich manchmal voller Verzückung zu Boden warf und über das Parkett rollte.

Zu meiner großen Überraschung gab es in Dallas sogar so etwas wie eine Alternativkultur - klein, aber groß genug, um sich einen Sommer lang zu zerstreuen. Ich verbrachte viel Zeit in Deep Ellum, einem Einkaufsviertel am Ostrand der Innenstadt, wo Künstler und Musiker in Lofts mit Ziegelmauern und nackten Rohrleitungen lebten. Die Rock-Clubs waren so groß wie Flugzeughallen und alles, was es dort zu trinken gab, war Dosenbier. Ein- bis zweimal die Woche spielten Gruppen wie Edie Brickell und die New Bohemians draußen im Dada Club. Deep Ellum war von einer Lebendigkeit, die mir fast kitschig vorkam. Hier versuchten junge Leute, eine ganz neue Szene aufzubauen, lebten auf alternative Art, als sei dies etwas völlig Neues. Für sie war es das auch. In Deep Ellum kommt man sich ein wenig so vor, als hätte man sich in die sechziger Jahren verirrt, nicht weil die Jugendlichen dort diese Zeit nostalgisch idealisieren, sondern weil die Ermordung Kennedys die Stadt so sehr lähmte, daß die sechziger Jahre in Dallas erst zwanzig Jahre später Einzug hielten.

Ich hätte in Dallas glücklich sein können, wenn nicht das Autoproblem gewesen wäre. Da ich in New York aufgewachsen war, hatte ich nie fahren gelernt, und die Fahrstunden in Cambridge, die ich für den Sommeraufenthalt genommen hatte, waren umsonst gewesen, weil ich die Fahrprüfung verschlief. Ohne Führerschein, ohne Leihwagen und ohne Zugang zu irgendeinem Wagen, mußte ich mir in diesem Sommer immer neue Fahrgelegenheiten suchen. Die ›Morning News‹ zahlten mir das Taxi, wenn ich für die Zeitung unterwegs war, aber sonst war ich mehr oder weniger auf Fremde angewiesen. Immer mußte ich mich nach anderen Leuten richten. Wenn es mir irgendwo gefiel, mußte ich früher gehen; manchmal langweilte ich mich bis spät in die Nacht, weil ich auf den Mitfahrer warten mußte. Ich konnte nie mal eben schnell nach Hause gehen, um mich umzuziehen oder etwas zu holen wie jemand, der ein Auto besaß. So mußte ich meine Tage immer sorgfältig planen.

In diesem Sommer begriff ich zum erstenmal, warum Teenager in Amerika den Führerschein als Zeichen der Freiheit betrachten. Mir wurde klar, daß ich ohne Auto in Dallas eine Gefangene war. Und als mich wieder die trübe Stimmung überkam, womit ich einfach hätte rechnen müssen, blieb ich allein in meiner Wohnung, hatte Todesangst und konnte nicht weg.

Den ganzen Juni über und den größten Teil des Juli ging es mir zum ersten Mal richtig gut. Ich glaubte schon, ich hätte mich ganz von den Depressionen erholt, alles, was mir gefehlt hätte, sei eine zufriedenstellende Arbeit, die mich ausfüllte. Das ewige Herumsitzen unter Intellektuellen, unsere Analysen, Hypothesen, Betrachtungen, Erklärungen und Prognosen schienen mir die Quelle all meiner Probleme zu sein. Nicht Stoffwechselprobleme bedrohten mein Leben, sondern die Semiotik. Ich brauchte offenbar nur weniger zu denken und mehr zu tun.

Ich schrieb wie eine Wahnsinnige, mindestens zwei bis drei Reportagen pro Woche, manchmal sogar mehr. Ich schrieb, als hinge mein Leben davon ab, und in gewisser Weise war es auch so. Die Redakteure waren überrascht von soviel Produktivität und dachten schon, ich würde Drogen nehmen oder irgendwo abschreiben. Sie belohnten mich, indem sie mich ausgefallene Essays über Kunst und Feminismus, Madonna und Edie Sedgwick schreiben ließen, oder irgend etwas anderes, mit dem ich Eindruck machen konnte. Die Sachen erschienen dann auf der ersten Seite der Sonntagsausgabe. Sie nominierten mich auch für Preise der Texas Newspaper Association und des Dallas Press Club. Überstunden wurden mir bezahlt, so daß sich mein Lohn fast verdoppelte. Schließlich wurde es so teuer für sie, daß der stellvertretende Geschäftsführer, der sich meine Artikel ansah, vorschlug, ich solle lieber ab und zu ein paar Tage frei nehmen. Die Redakteure waren hochzufrieden mit meiner Arbeit, weil ich produktiv und gewissenhaft war. Deshalb ließen sie die Dinge auch laufen, als ich anfing, zu Bruch zu gehen.

Es vollzog sich in kleinen Schritten. Ich kam erst nachmittags um drei in die Redaktion - mit der Begründung, ich hätte zu Hause noch einiges lesen müssen oder ich sei die ganze Nacht aufgewesen, um mir die Bands in der Theatre Gallery anzuhören. Dies alles sei völlig legitim, kein Problem, sagte der Redakteur, solange ich nicht für den nächsten Tag einen Artikel schreiben müsse. Dann begann ich, meine Zeit im Büro mit privaten Telefongesprächen zu verbringen oder den Kollegen von meinen neuesten Liebhabern zu erzählen, einer ganzen Palette von Cowboys, Restaurantbesitzern, Musikern, Studenten - ich verschliß sie in einem solchem Tempo, daß ich bald auch ihre Brüder und Vettern und ganze Familien drangenommen hätte. Mich amüsierte das köstlich. Ich redete und redete. Die Leute schien es zu unterhalten, aber die meisten sahen mich verwundert an, als wollten sie sagen: Warum erzählt uns das Mädchen nur all das Zeug? Wir sind hier in der Redaktion und versuchen zu arbeiten, hätten sie wohl am liebsten gesagt.

Letzten Endes war es den Leuten egal. Ich wurde mit allen Artikeln rechtzeitig fertig, meine Arbeit war immer gut, und sie sagten sich: Sie ist noch jung, und sie kommt aus dem Norden, wo viel geredet wird, also was soll's. Wenn alle um sechs das Büro verließen, blieb ich noch stundenlang da, um meine Sachen fertigzukriegen. Solange jemand da war, mit dem ich reden konnte, konnte ich unmöglich arbeiten. Bei all dem Schreiben und Reden waren meine Wochen so ausgefüllt, daß ich außer in Augenblicken der Übermüdung nicht an meinen seelischen Zustand dachte.

Nur an den Wochenenden, wenn ich nicht irgendwelche dringenden Aufgaben zu erledigen hatte, merkte ich, daß ich allein im großen Staat Texas, daß ich allein auf der Welt war. Die kleine, nur zwei Tage währende Arbeitspause genügte, um das scheußliche alte Gefühl zu wieder aufleben zu lassen: Die schwarze Welle legte sich wieder über mich, drohte mich fortzureißen. Da ich von Montag bis Freitag nur wenig schlief, hätte man denken können, daß ich die freien Tage nutzte, um Schlaf nachzuholen, aber ich konnte kaum schlafen, und so waren die Nächte unruhig und wenig erholsam. Ich war dauernd müde, aber unfähig, mich auszuruhen, ähnlich wie nach einem Kokainrausch, wenn man nur noch müde ist und die ganze Nacht an die Decke starrt, ohne Schlaf zu finden. Der einzige Unterschied: Ich hatte keinen Stoff genommen, es passierte einfach so und zwar dauernd. Ich brachte die Stunden herum, so gut ich konnte. Niemand außer mir haute gern seinen freien Samstag auf den Kopf, um über eine Heavy-Metal-Band mit Namen Texxas Jamm zu berichten, ich aber erklärte mich gerne bereit, mir Poison, Tesla und die anderen kunterbunten Bands anzuhören, die im Footballstadion spielten. Keiner hatte Lust, den Nationalfeiertag mit einem Willie-Nelson-Picknick in Waxahachie zu verbringen, so tat ich meine Bürgerpflicht und übernahm die Aufgabe. Wenn ich den anderen noch so sehr auf die Nerven ging, wer konnte einem Mädchen böse sein, das sie davor bewahrte, über all die geschmacklosen und peinlichen Auswüchse der texanischen Kultur berichten zu müssen, die nur ein Yankee würdigen konnte?

In gewissem Ausmaß neigt jeder, der allein und neu in einer Gegend ist, dazu, viel umherzufahren, und zuerst dachte ich, diese manische Energie bei mir sei nur auf den Reiz des Unbekannten zurückzuführen. Aber an jenem fremden Ort war ich kaum eine Fremde. In meiner Jugend war ich oft in Dallas gewesen, war durch den gesamten Bundesstaat gereist, hatte Verwandte in Dallas, kannte die Stadt sehr gut, und ich hätte die Wochenenden ohne Mühe bei diesen Verwandten verbringen können, mit Grillen und Einkaufen. Manchmal tat ich das auch. Aber es machte mir keinen Spaß. Ich war ständig nervös, hatte immer das Gefühl, etwas zu versäumen. In meinem Kopf summte es wie ein Bienenschwarm, ein quälendes Gefühl.

Einmal wachte ich morgens auf, und glaubte, da ich keine Brille aufhatte, auf meiner Digitaluhr die Zahl Acht zu erkennen. Ich hatte plötzlich Angst, zu irgend etwas zu spät zu kommen, sprang aus dem Bett, nahm eilig eine Dusche, zog mich an, trank Kaffee, aß Schoko-Crispies, und erst als ich meine Handtasche nahm und durch die Tür gehen wollte, merkte ich, daß draußen noch Nacht war und ich mich gar nicht zu beeilen brauchte. Das hätte ich ohnehin nicht tun müssen, da es bei der Zeitung keine Stechuhren gab. Als ich wieder im Bett lag, lachte ich ein wenig über mich, dann aber dachte ich: Das ist doch verrückt. Was ist nur mit mir los? Ich habe so viel Energie, aber keine erfrischende, angenehme, sondern eine nervöse, angstvolle, und ich weiß absolut nicht, was ich damit anfangen soll. Wenn die Redakteure der ›Dallas Morning News‹ aus irgendeinem Grund auf die Idee kommen würden, mich die ganze Zeitung allein machen zu lassen, wäre ich immer noch nicht beschäftigt genug, um diesen unerbittlichen Drang zur Bewegung in mir abzusättigen. Immer wird dieses Defizit über mir hängen, dieser kranke Teil meiner selbst, der mehr Aufmerksamkeit erfordet, als ich und 72 andere Leute ihm geben können. Was täte ich nicht, um wie Alice durch den Spiegel klettern und eine Pille nehmen zu können, die mich winzig klein macht, was täte ich nicht, um weniger zu werden.

Verdammt, ich brauche etwas, was alle diese Gedanken in Zaum hält, dachte ich, sonst werde ich einfach wahnsinnig. Ich war nun fast zwanzig, und in diesem Alter hatten Leute mit manisch-depressiver Neigung meistens ihre erste manische Phase, und vielleicht passierte das gerade mit mir. Wenn ich nicht arbeitete, war ich auf irgendeiner Party, verabredete mich mit sechzehn verschiedenen Männern auf einmal, nachts konnte ich nie schlafen. Ich kippte Red Bull herunter und schnupfte Speed zum Frühstück, um irgendwie durch den Tag zu kommen. Ich sagte mir, am besten werde ich mit meinen Stimmungen fertig, wenn ich abends ein gutes Quantum Bier und Wein und am Morgen kräftige Aufputschmittel nehme.In Dallas zu trinken war entschieden lustiger als irgendwo sonst, dabei könnte ich nicht sagen warum. Vielleicht deshalb, weil ich viel mit Sensationsreportern zusammen war, die gern harte Sachen tranken. Man hatte fast den Eindruck, Alkohol wäre das Wahrzeichen eines jeden erfolgreichen Journalisten, der all das Blut, die Kreidemarkierungen, die Leichensäcke zu sehen kriegt und trinken muß, um das Grauen, das ihn - nicht ohne perverses Vergnügen - überkommt, wegzuspülen. Die Vielfalt dessen, was man mit Alkohol erleben konnte, reizte auch mich. Damals gab es Corona-Bier - mit einer ausgequetschten Limone - nur im Südwesten, und das war eine tolle Neuigkeit für mich, ein herrliches Mittelding aus Mixgetränk und einfachem Gebräu. Boilermakers - ein Schuß Bourbon, am besten Maker's Mark, zusammen mit Bier - waren eine weitere Entdeckung. An ein bißchen Speed heranzukommen - Amphetamin oder Dexedrin oder Benzedrin - war recht einfach, weil die Drogenszene in Dallas so klar auszumachen war. Es war so, als wohnte jeder in nächster Nähe irgendeines menschenfreundlichen Dealers, der sein Studium an der Southern Methodist University verdiente, indem er Pflanzen, Pillen und Pulver verkaufte oder einen anderen kannte, der es tat. Normalerweise brauchte ich nur das Koffein und den Zucker meines Kraftgetränks, um durch den Tag zu kommen, und so hielt ich den Zyklus von Auf und Ab im Gleichgewicht, billig und legal.

Eines Nachts wollte ich die Butthole Surfers nach ihrem Auftritt in Deep Ellum interviewen. Am nächsten Morgen brachen sie zu einer Europatournee auf und wollten nach ihrer Show, statt noch ein paar Stunden zu schlafen, lieber wach bleiben. Ich blieb mit ihnen auf, rauchte ihr Marihuana, trank Corona mit Limone, hörte mir Geschichten über ihre Pitbull-Terrier an, erfuhr von der indirekten sexuellen Begegnung, die sie mit Amy Carter hatten - als sie in der Brown University auftraten, rieben sie ihre intimen Körperteile an ihrem Koffer. Sie erzählten von einem früheren Schlagzeuger, der inzwischen als Penner im Golden Gate Park in San Francisco lebte, ich hörte, warum sie Butthole Surfers genannt wurden und stellte fest, daß diese Jungs die lebende Verkörperung des Films ›Spinal Tap‹ waren. Ich erfuhr, daß sie vorher Winston-Salems geheißen hatten und gelegentlich unter dem Namen Jack Officers in Bars auftraten.

Ich amüsierte mich so köstlich, daß ich immer bekiffter und betrunkener wurde, und das letzte, woran ich mich erinnern kann, bevor ich nach Hause ging, um mich für die Redaktion frisch zu machen, ist, daß ich in einer Nebenstraße hinter dem Club mit dem Gitarristen sprach, den ich mit seinen sanften braunen Augen und seinem bezwingenden Lächeln einfach umwerfend fand. Als er so vor mir stand und mir mit klarem Blick direkt in die Augen sah, obwohl er mehr Joints geraucht hatte als ich, war ich bereit, alles für ihn zu tun, wirklich alles. Ich war stoned und erregt und wollte mich am liebsten ausziehen, gleich hier im Dunkeln, neben dem Schutt einer Baustelle. Wir fingen an, uns zu küssen, er streifte sein Hemd ab, und bald war er mit seinen Händen unter meiner Bluse, hielt meine Brüste und umkreiste mit den Fingern die Brustwarzen. Ich griff in seine Hose und umfaßte seinen Penis, der in meiner Hand hart wurde, und plötzlich merkte ich, daß ich all das gar nicht wollte.

Kaum ein Jahr zuvor hatte ich meine Jungfräulichkeit verloren, an einen Yale-Absolventen, den ich auf dem Festessen des Rolling Stone College Journalism Award kennengelernt hatte. Damals war ich zu dem Schluß gekommen, daß mein Mund vom vielen Blasen schon ganz ausgeleiert und rissig wurde und daß es an der Zeit war, Sex zu haben wie eine normale Neunzehnjährige. Meine Initiation lag also erst ein knappes Jahr zurück, und ich war - wohl vorwiegend aus ethischen Gründen - nicht bereit, mit einem Wildfremden in irgendeiner Seitenstraße von Dallas rumzuvögeln. Jedenfalls, in einem Augenblick der Wahrheit wußte ich, daß ich das nicht wollte, daß ich so nicht leben wollte, daß ich sofort hier wegmußte. Also zog ich die Hand aus seiner Hose, steckte meine Bluse fest und rannte los. Aber wohin sollte ich laufen? Ich mußte erst ein Taxi rufen. Und ich sagte mir: Das nervt. Das nervt, wenn du keinen sauberen Abgang hast.

Irgendwas war mal wieder völlig falsch. Was hatte ich bloß von dem Kerl gewollt? Warum war ich überhaupt mit ihm rausgegangen? Das schien meine Masche zu sein, daß ich solche Sachen anfing, dann aber nicht einfach abbrach, sondern fluchtartig den Raum verließ, als würde ich mich schämen oder bedroht fühlen. Ich *wollte einfach nicht mehr dort sein*, ich fühlte mich gefangen und verkrampft. Und doch wünschte ich mir nichts sehnlicher, als mich völlig zu vergessen und mich wie eine Hure einem Fick nach dem anderen hinzugeben, ohne jede Vorsicht. Ich wollte eine scharfe Nummer sein, aber am Ende schaffte ich es nie, weil es so nicht funktionierte. Es machte mir kein Vergnügen, mich vom jedem Typ umlegen zu lassen. Schneller, billiger Sex macht einfach keinen Spaß. Für so etwas bin ich zu kompliziert. Wenn ich Filme wie ›9 1/2 Wochen‹ sehe, beneide ich Kim Basinger, daß sie einen richtigen und sogar mehrfachen Orgasmus erleben kann, während sie, mit dem Rücken an der Ziegelmauer, in einer finsteren Sackgasse im Regen steht, während die Ganoven hinter ihr her sind und eine streunende Katze mit einer toten Ratte im Maul an ihr vorbeiläuft. Wie gerne wäre ich eine Frau, die durch soviel Aufregung in Erregung gerät. Wäre ich in einer solchen Situation, würde ich ehrlich gesagt einen Regenschirm nehmen, nach Hause gehen und mir Hände und Füße warmreiben. An Sex wäre nicht zu denken.

Viele Jahre lange versuchte ich, meine Traurigkeit im Sex zu vergessen, ich wollte aufhören, ich selbst zu sein und zum Spielzeug eines anderen werden, aber ich war einfach nicht dazu in der Lage. Die frühen Abenteuer mit Abel im Alter von zwölf waren die schönsten Erfahrungen, die ich je gemacht hatte. Er war so zärtlich zu mir und brachte mir bei, wie mein Körper Freude geben und empfangen konnte, er zeigte mir so vieles und machte mich so glücklich. Wenn ich mit Abel zusammen war, kam ich mir vor wie eine Portion Eiscreme, die in ihrer Schale langsam dahinschmilzt. Aber wenn es ihm genauo viel Spaß machte, mich aufzuschlecken, wie es mich beglückte, von ihm vernascht zu werden, dann war alles gut. Und so war es nie wieder gewesen.

Mein Gott, dachte ich, als ich in Deep Ellum auf das Taxi wartete, ich brauche einen Drink.

Wenn ich dann endlich einschlafe, schwindet die Zeit. Ich kann mich nicht erinnern, ob ich das Interview mit den Butthole Surfers gestern, vorgestern oder heute gemacht habe, ob ich die Story über Suzanne Vega letzte Woche, letzten Monat oder erst gestern geschrieben habe oder wann ich zum Rap-Konzert gegangen bin. Mir ist, als sei es vor Urzeiten gewesen. Ist morgen Samstag oder Montag? Muß ich morgens aufstehen oder kann ich ausschlafen? Kennt irgendwer den Unterschied? Ich kann so mies drauf sein, wie ich will, solange ich noch meine Arbeit schaffe, und ich schaffe sie immer. Deshalb werden alle meine Schwierigkeiten auf die Hormone geschoben.

Niemand in Dallas mag mich. Ich bin eine Fremde in der Stadt und auf der Erde - auch wenn ich mir immer wieder sage, daß ich den Ort doch gut kenne, es stimmt einfach nicht. Ich bin eine Fremde, ganz gleich, wohin ich gehe, weil ich mir selbst fremd bin. Meine Seele macht, was sie will, fragt mich nie, ob es richtig ist, so oder so zu empfinden. Immer stehe ich einen Meter neben mir und beobachte, was ich tue oder sage oder empfinde, und mag es überhaupt nicht, doch ich kann nicht damit aufhören. Am nächsten bin ich mir, wenn ich trinke. Mit der ausreichenden Menge Wein kann ich sogar nachts schlafen. Ich frage mich, wie ich einen Arzt davon überzeugen kann, daß ich völlig aus der Balance geraten bin und mir vorkomme wie eins jener Glasdinger, in denen Schnee fällt, wann man sie schüttelt. So geht es ständig in meinem Kopf zu, ständig fällt Schnee, dauernd ist schlechtes Wetter, nur Windhosen, Tornados, Zyklone. Und ich bin der Zauberer von Oz. So geht es einfach nicht weiter. Warum hilft mir nur kein Arzt? Ich war schon bei so vielen, und alle sagen: Sie brauchen Liebe. *Oder:* Sie müssen sich mal aussprechen. *Begreifen sie nicht, daß ich trotz ihrer gutgemeinten Ratschläge immer weiter falle? Ich weiß es genau.*

Als meine Mutter zu Besuch kam, erschien es mir bereits völlig normal, die ganze Woche über zu saufen und mich am Wochenende am Swimmingpool meines Onkels zu erholen. Daß ich oft zu essen vergaß, merkte ich nicht mehr. Meine Mutter war erschrocken, wie dünn ich geworden war, und ich war erschrocken festzustellen, daß es stimmte.

Noch mehr überraschte es mich, daß sie im Haus meines Vetters eine Geburtstagsparty für mich veranstalten wollte. Die Idee fand ich eigentlich nicht schlecht, wenn ich aber nachgedacht hätte, wäre mir klar geworden, daß es ein großer Fehler war. Meine Mutter, perfekt wie sie war, würde bestimmt wieder eine Riesenaffäre daraus machen, Stunden damit verbringen, die richtige Marinade für das Grillhähnchen zu bereiten, ihre Honig-Senf-Sauce für die Sandwiches, die Birnentorte und das Apfelgebäck und den Geburtstagskuchen zum Nachtisch.

Stunden um Stunden würde sie sich abrackern, dabei hätte ich meinen Geburtstag ebensogut mit meinen Freunden feiern können, die alle im Zentrum wohnten wie ich und nie so weit raus nach North-Dallas fuhren, wo meine Verwandten lebten. Da es sehr kompliziert war, den Weg zu beschreiben, beschloß ich, nur wenige einzuladen, ich konnte ja immer noch mit den Freunden feiern.

Mein Geburtstag fiel auf einen Freitag, und der Chef beschloß, daß meine Abteilung nach der Arbeit in einer Bar feiern sollte. Es war ein furchtbarer Tag gewesen. In der Redaktion wußten nur wenige Leute, daß ich Geburtstag hatte, was nicht weiter schlimm gewesen wäre, wenn ich nicht so viel aus meinem Leben ausgeplaudert hätte, daß sie glaubten, mich in- und auswendig zu kennen. Dabei ich hatte ich ihnen nur Schmus über mein Intimleben erzählt, und sie hätten mich besser kennengelernt, wenn ich nur brav dagesessen und nie ein Wort gesagt hätte. Ich bekam Geburtstagsanrufe aus Berkeley, Cambridge und New York, auch von meinem Ex-Freund Stone, der jedoch meinen Geburtstag vergessen hatte und mir nur mitteilen wollte, er habe im Acid-Rausch mit Ruby geschlafen und hoffe, ich sei ihm nicht böse. Der einzige Mensch in Dallas, der wirklich mit mir feiern wollte, war meine Mutter. Warum hatte sich das Schicksal bloß so gegen mich verschworen, daß ich immer glauben mußte, sie sei der einzige Mensch auf der Welt, der mich liebte?

Ich saß den ganzen Tag niedergeschlagen an meinem Schreibtisch, und selbst als ich in Tränen ausbrach, fragte mich niemand, was denn los sei, irgendwie hatten wohl alle das Gefühl, es ginge sie nichts an.

Abends holten mich die anderen Mitarbeiter der Abteilung ab, um bei Louie's einen zu trinken. Ich war ganz erleichtert. Ein paar Stunden verbrachte ich in der Bar und trank Bier mit Bourbon und Gin Tonic, kippte Tequila mit Limone und Salz und Cinzano mit Limonade herunter, und dabei verging die Zeit wie im Flug. Als ich merkte, daß es Zeit war, zu meinem Onkel zu fahren, um dort zu feiern, war es schon spät, und niemand hatte große Lust, noch so weit rauszufahren.

Immer wieder dieses Problem mit dem Auto, dachte ich.

Anstatt aufzustehen und ein Taxi zu rufen, bestellte ich noch einen Drink, einen Glenlivet pur, ich sagte dem Ober, er solle ihn doppelt machen und für sich auch einen. Erst, als ich aufstand und dabei stolperte, merkte ich, daß ich schon etwas über den Durst getrunken hatte. Mir war, als liefe ich über ein schwankendes Boot, das kurz vor dem Kentern war. Ich hielt mich an der Wand fest, riß mich nach Kräften zusammen, ging zum Telefon und versuchte, meinen Vetter Bruce davon zu überzeugen, daß er mich abholen müsse. Ich sei vollkommen blau, ob er mich abholen könne. Er war so alt wie ich, und bestimmt hatte er Verständnis dafür, daß man sich einen antrank, bevor man mit der Familie feierte. Er würde mir sicher aus der Patsche helfen. Aber statt mir zu antworten, schrie er los: »Wo zum Teufel steckst du? Deine Mutter hat den ganzen Tag wie ein Dienstmädchen in der Küche gestanden, um deine Party vorzubereiten, und du kommst einfach nicht!«

»Bruce«, sagte ich, »ich bin so blau, ich kann nicht mehr gerade stehen. Mir geht es so dreckig. Sie hätte es nicht machen sollen. Bitte, Bruce, hol mich ab.«

»Ich denke gar nicht dran. Du bist selbst schuld, sieh zu, wie du aus der Scheiße rauskommst. Ruf dir ein Taxi und mach, daß du herkommst. Ich hatte dir angeboten, dich abzuholen, aber jetzt ist es zu spät, also mach dich auf die Beine.«

»Bruce, mein Geld reicht nicht ...«

»Borg dir was, aber komm, bevor deine Mutter durchdreht.«

Um halb zehn stolperte ich über die Schwelle meines Onkels, drei Stunden zu spät. Als erstes rannte ich in die Toilette und reiherte. Alle Freunde und Geschäftspartner meiner Mutter, die in North Dallas wohnten, standen um mich rum, und meine Mutter versteinerte.

Es gab Hühnerschnitzel und Geburtstagskuchen, die Kerzen wurden ausgeblasen, es gab Geschenke, eine Rede auf das Geburtstagskind und das Übliche, aber es mußte sehr schnell gehen, weil es schon so spät war. Ich wollte nur weglaufen und wünschte mir, ich wäre früher gekommen und so weiter. Meine Mutter sah so elend und unglücklich aus. Ich ging immer wieder zu ihr und versuchte, sie zu streicheln, ihr zu danken, zu erklären, daß ich depressiv war und deswegen getrunken hatte, daß ich die Kontrolle über mich verloren hatte. Aber es nützte nichts. Sie stieß mich weg, und sie sagte, jetzt reiche es ihr, und sie könne einfach nicht glauben, was für ein verdorbenes Kind ich sei.

Ich sagte immer wieder. »Mommy, Mommy, mir geht es so schlecht, ich werde wahnsinnig, bitte stoß mich nicht so von dir.« Und sie sagte: »Es tut mir leid, aber du hast mich doch weggestoßen.«

Eine Hälfte von mir sagte, diesmal hast du wirklich alles verbockt, aber die andere war böse auf meine Mutter, weil sie sich gegen meinen Willen so viel Mühe gemacht und mich in eine Lage gebracht hatte, in der ich, wie üblich, nichts anderes sein konnte als das undankbare Kind. Als schließlich alle Gäste gegangen waren, saß meine Mutter am Swimmingpool und weinte, und ich weinte auf dem Sofa im Wohnzimmer, und mein Vetter Bruce saß gleich neben mir, legte mir den Arm um die Schulter, und ich sagte: »Wir sind ein schönes Pärchen, meine Mutter und ich, findest du nicht?«

»Der einzige Grund, weshalb ich einigermaßen nett zu dir bin, ist, weil du Geburtstag hast und ich finde, sie hätte das nicht alles für dich machen sollen. Aber du bist ein richtiges Arschloch.«

»Ich weiß.«

So ging es immer. Ich tat alles, um meiner Mutter zu gefallen, aber immer wieder enttäuschte ich sie.

Bruce fuhr mich zurück nach Oak Lawn, stumm saßen wir im Porsche seines Vaters. Erst als ich unter der Tür stand, rief er mir durchs Fenster nach. *»Alles in Ordnung, Cousinchen, kommst du jetzt klar?«* Ich nickte heftig, um ihn zu beruhigen, ging in den Flur, öffnete den Briefkasten. Außer einem Versandhauskatalog und einer Gasrechnung waren drei Geburtstagskarten gekommen, alle von meinem Vater. Dabei hatte ich seit mindestens einem Jahr nicht mehr mit ihm gesprochen.

Wie zum Teufel ist der an meine Adresse gekommen? fragte ich mich. Woher wußte er, daß ich in Texas war? Und warum mußte er mir ausgerechnet an meinem Geburtstag auf die Nerven gehen, der auch so schon nervend genug war?

Ich öffnete die Umschläge mit den Karten auf dem Weg nach oben. Er hatte sie numeriert, damit ich sie in der richtigen Reihenfolge las. Er schrieb, wie sehr er mich liebte, daß er zu mir hielt, auch wenn wir so weit auseinander wohnten. Alles Hallmark-Karten mit sentimentalen Gedichten, wie man sie an eine verlorene Geliebte schickt, nicht aber an seine Tochter.

Völlig irre, dachte ich.

Vielleicht ist es ja inzwischen nichts Ungewöhnliches mehr, daß sich ganze Familien einander entfremden, vielleicht ist das spurlose Verschwinden meines Vaters ganz normal, und vielleicht gehört es dazu, daß er mich hier in Texas ausfindig macht, mir sentimentale Karten schreibt und mich mit »Mein Schätzchen« anredet. Aber wenn es wirklich so sein muß, dann lehne ich dieses Leben ab. Selbst wenn alle Familien der Welt wie meine wären, wenn Scheidungen Vorschrift, wenn Kriege um Unterhaltszahlungen Routine wären und jede Mutter jeden Vater verklagte und umgekehrt, wäre meine Familie immer noch genauso kaputt. Ich würde ebenso ungern in meinem Apartment in Dallas hocken und zusehen, wie ein fünf Zentimeter langer Käfer die Wand entlangkrabbelt, so groß und häßlich, daß ich mich nicht traue, ihn zu töten, und nur hoffe, daß er mir noch Platz übrig läßt. Ich glaube nämlich, ich breche gleich zusammen.

Ich bin jedoch zu erregt, um mich auszuruhen, zu betrunken, um zu trinken, zu unglücklich, um es nicht zu tun, und so gehe ich hinaus, die Oak Lawn Avenue herunter, schnell und zielstrebig, in meinen Jeans und meinen spitzen Cowboystiefeln, wie eine Frau, die etwas zu erledigen hat. Natürlich weiß ich nicht, wohin. Ich laufe in die Innenstadt, hier gehen nur Arme oder Verrückte zu Fuß, aber ich laufe immer weiter, weil die Vorstellung, mich zu bewegen, gehen zu können, wohin ich will, in meinem eigenen Körper frei zu sein, meinen Zustand ein wenig mildert.

Ohne zu wissen warum, gehe ich zu dem Haus, in dem der Musikkritiker der ›Morning News‹ wohnt, nicht weit von meiner Wohnung entfernt. Ich bin ein wenig in Rusty verknallt, und mit ihm zu reden ist auf jeden Fall nicht schlecht, deshalb finde ich die

Idee, ihn zu besuchen, recht gut. Als ich an dem hübschen, kleinen Haus ankomme, das gleich neben einer Tankstelle und gegenüber einem Warenhaus liegt, sind die Lichter aus, und sein Suzuki-Jeep steht nicht vor der Tür. Ich klingele, poche an die Tür, klopfe immer heftiger, als könnte ich Rusty durch mein Gepolter herbeizaubern. Schließlich habe ich bis vor einer Stunde Geburtstag gehabt, und Rusty muß da sein, wenn ich mir das wünsche.

Ich bearbeite mindestens zehn Minuten die Tür, ohne mich um den Krach zu kümmern, bis der Tankwart kommt, um nachzusehen, was los ist. Ich sehe ihm ins Gesicht, ein einfaches Gesicht, das mich erstaunt ansieht und zu fragen scheint: Warum wirft sich dieses Mädchen dauernd gegen die Tür? Da fange ich an zu heulen.

Irgendwie kommt er mir nett vor. Ich schreie: »Alles geht schief, alles läuft schief!«

Er weiß nicht, was er machen soll, und so fährt er mich nach Hause. Ich sitze da und heule und sage, ich hätte einen Nervenzusammenbruch. Er sagt kein Wort. Und einen Moment fürchte ich, daß er vielleicht mit mir nach oben kommen will, daß er mich vielleicht vergewaltigt und ich ihn gar nicht kenne, nicht mal seinen Namen. Da ich in seiner Gegenwart heule, schafft das vielleicht eine vertrauliche Atmosphäre, die ich aber gar nicht will. Dann merke ich, wie dumm ich doch bin. Frauen, die aus Trauer um Tote weinen oder vor Rührung auf einer Hochzeit, können ja noch ganz attraktiv sein, nicht aber ein hysterisches Mädchen mit rotem und verquollenem Gesicht und wirrem Haar, das man im Auto sitzen hat. Wer will schon etwas mit so einem Mädchen zu tun haben.

Ich komme sicher nach Hause, trinke eine Flasche Chardonnay und schlafe erschöpft ein.

Als ich am Morgen aufwache, steht meine Mutter an meinem Bett. Anscheinend habe ich die Tür offen gelassen. Sie bittet mich, ein Schriftstück zu unterzeichnen. Darauf steht, daß sie mein Studium nur bezahlt, weil sie dazu verpflichtet ist, weiter nichts. Ich erfahre nur, was draufsteht, weil sie es mir vorliest. Ich kann gar nicht aus den Augen gucken. Als ich die Worte höre, stehe ich auf, stolpere ins Badezimmer, weil ich mich übergeben muß. Mir ist übel, ich habe einen furchtbaren Kater. Ich wanke zurück ins Schlafzimmer und lasse mich wieder ins Bett fallen, und alles, was ich sagen kann, ist: »Entschuldigung.«

Ich sehe sie an und sage mir, daß ich jetzt besser unterschreibe, weil sie es nächste Woche eh wieder vergessen hat.

»Elizabeth«, sagt sie streng, »diesmal bist du zu weit gegangen. Ich habe dich immer lieb gehabt, ich habe diese Party vorbereitet, damit du dich freust, aber du behandelst mich so schäbig.« Sie fängt an zu weinen. »Warum bist du so zu mir? Was habe ich dir denn getan?«

»Mom!« Ich stehe auf, weil ich sie umarmen will, aber sie stößt mich von sich.

»Nein«, sagt sie. »Ich laß mich nicht von dir verschaukeln. Ich gebe dir nur einen kleinen Rat, weil ich dich liebe und du immer noch meine Tochter bist. Ich glaube, du bist extrem gestört, und das seit langer Zeit. Aus irgendeinem Grund lehnst du mich ab. Ich glaube, wenn ich du wäre, würde ich hier in Dallas bleiben. Laß das Studium sausen, verdien dir deinen Lebensunterhalt. Gib dein Geld für eine Therapie aus. Du magst deine Arbeit, die Leute mögen dich offenbar auch, also bleib hier und laß dich in Harvard beurlauben. Denn«, sie schluchzt plötzlich, »ich kann dir nicht Harvard und eine Therapie bezahlen, und ich glaube, all die Jahre ohne Therapie haben ihre Spuren hinterlassen. Wenn ich dich so ansehe, merke ich, daß du zutiefst gestört bist.«

Sie geht zur Tür, ich möchte sie aufhalten, aber ich fühle mich zu schwach, das ist mir einfach zuviel am frühen Morgen. Bevor sie geht, sagt sie noch: »Wenn du dich entscheidest, im Herbst aus Dallas wegzugehen, finde ich das auch in Ordnung, aber die Heimreise bezahlst du, und wenn du zurück bist, mußt du dich vernünftig benehmen.«

In der Woche darauf rief eine Produzentin von ›Oprah!‹ an und fragte, ob ich an einer Fernsehsendung teilnehmen wolle, in der es um Väter geht, die ihre Kinder verlassen. Im ›Readers' Guide to Periodic Literature‹ hatte sie unter dem Stichwort »Scheidung« einen Artikel ausgegraben, den ich mal für ›Seventeen‹ geschrieben hatte. Darin hatte ich einigermaßen optimistisch gesagt, mein Vater und ich hätten uns wieder versöhnt. Aber seitdem hatte sich ja herausgestellt, daß mein Vater und ich nie mehr miteinander zu tun haben würden. Warum sollte ich im Fernsehen über so scheußliche Dinge reden? Aber die Produzentin fragte mich, ob ich nicht teilnehmen wolle, und es hörte sich an, als könnte es Spaß machen, und so sagte ich wider besseres Wissen zu.

In erster Linie dachte ich, es wäre nicht schlecht, nach Chicago zu fahren und für ein paar Tage aus Dallas fort zu sein. Meine Chefin fand die Idee ausgezeichnet, gab mir einen Tag frei und sagte, sie würden sich die Sendung alle gemeinsam ansehen, und alle Leute in der Zeitung meinten, ich solle es unbedingt machen. Mein Freund Tom, ein Lokalreporter, meinte, daß vielleicht jemand meine Geschichte so faszinierend fände, daß er einen Film oder so was daraus machen wollte.

Damit war die Sache entschieden. Ich dachte, wenn ich mich in Zelluloid verwandelte, müßte ich eine Zeitlang nicht mehr ich sein. *Ich hätte alles getan, um nicht mehr Elizabeth zu sein.* Bislang hatte allerdings nichts funktioniert. Nach Harvard gehen, Artikel schreiben, bei der Zeitung arbeiten - ich hatte ja alles gemacht, und trotzdem war ich ich geblieben. Und deshalb dachte ich mir, daß ich eigentlich lieber doch nicht bei ›Oprah!‹ auftreten sollte. Es wäre zu sehr nach der Art, daß ich mir ein trauriges, persönliches Thema aussuchte, Wildfremden in Technicolor die kleinste Einzelheit erzählte und mich auf diese Weise von meinem Leben befreite. Danach würde ich mir billig und leer vorkommen, tief unzufrieden, und mich fühlen wie eine Maulhure, die irgendeinem alten Typ alles ausplauderte, was er von ihr hören wollte. Vielleicht sollte ich mein Leben wieder für mich beanspruchen, es wieder privatisieren. Vielleicht, aber nur vielleicht, würde ich diesen Drang, allen alles zu erzählen, verlieren, mich wie ein glücklicher Mensch benehmen und dann auch wirklich glücklich sein.

Der Schlüssel zum Glück war es, so befand ich, *nicht* bei ›Oprah!‹ aufzutreten.

Schließlich war ich eine, die es fertigbrachte, auf den Vorschlag von Freunden hin den Verlust meiner Jungfräulichkeit mit einer Party zu feiern. Ich fand die Idee lustig, und außerdem hatte ich lange genug auf diesen Moment gewartet. Auf den macintoshverfertigten Einladungen stand: »Anläßlich eines bahnbrechenden und fruchtbringenden Ereignisses laden wir Dich ein zu Ehren von Elizabeth Wurzel«. Dargestellt war eine Blume, deren Knospe soeben aufgegangen war. Obwohl ich meinte, der Anlaß wäre sehr diskret angedeutet, wußten alle Gäste, worum es sich handelte, und viele Mädchen sagten zu mir, ich wäre schon eine scharfe Nummer, daß ich so etwas drauf hätte, daß sie das auch gern nach ihrem ersten Mal gemacht hätten, doch mit Abstand die meisten fanden mich einfach sonderbar.

Das fand auch der Knabe, mit dem ich geschlafen hatte. Er begriff nicht, wieso ich aus unserer Privatangelegenheit ein solches Spektakel machen mußte. Ich wußte nicht, was ich darauf antworten sollte. Ich wußte nur, aber das konnte ich ihm während des Ferngesprächs zwischen Cambridge und Washington D. C. nicht sagen, daß dabei etwas im Spiel war, was mir viel bedeutete. Ich hatte den Teil meiner selbst, den ich für die wahre Liebe und für depressionslose Zeiten bewahren wollte, einfach so weggegeben. Ich hatte meine Jungfräulichkeit einem Kerl geschenkt, der mich gar nicht besonders liebte, der mich nun fragte, wie ich eine so intime Angelegenheit publik machen konnte. Aber für mich war sie nicht intim gewesen. Er kannte mich gar nicht richtig, nicht mein wirkliches Innere, nicht das sensible Zentrum tief drinnen, an das niemand herankommt. Ich war nur soweit beteiligt, daß er in meinen Körper eindrang, daß es sich gut und interessant anfühlte, aber letzten Endes war es keine intime Sache, und wenn ich es mir noch so sehr einzureden versuchte. Nicht daß es schlecht war, aber ich hatte mir so gewünscht, Sex auf die richtige Art mit dem richtigen Mann zu erleben, bis ich eines Tages im zweiten College-Jahr zu dem Schluß kam, daß es dieses Traumerlebnis, auf das ich wartete, für mich gar nicht gab, und so nahm ich mir vor, den Mann zu lieben, mit dem ich zufällig zusammen war.

Ich schenkte alles weg.

Aber mit meinem Vater und mir, das war etwas anderes. Ich kam wenige Stunden nach meiner Zusage zu der Erkenntnis, daß ich auf keinen Fall in ›Oprah!‹ auftreten konnte. Mein Vater und der kleine Rest von Beziehung zu ihm gehörten noch mir. Das wollte ich nicht auch noch weggeben. Als ich Diane, die Produzentin, anrief, hatte sie sich bereits überlegt, daß sie am liebsten - war das nicht eine tolle Idee - meinen Vater und mich zusammen einladen wollte. So könnten jeder die Dinge aus seiner Perspektive darstellen, »um die Konflikte zu beleuchten und verständlich zu machen, was einen Vater veranlaßt, sein Kind zu verlassen«. Als sie mir dies vorschlug, sagte ich, ich würde überhaupt nicht mit meinem Vater reden und wüßte auch nicht, wo er sei, nach dem Poststempel auf den Geburtstagskarten irgendwo in Virginia. »Das ist doch gar kein Problem«, sagte Diane. »Wir haben Leute, die ihn aufspüren, und wir kriegen die Wiedersehensszene vor die Kamera. Wann war es gleich, daß Sie das letztemal mit ihm gesprochen haben?«

Sie begriff es einfach nicht. Oder sie begriff es sehr wohl und wollte trotzdem ihren Willen durchsetzen. Es war ja schließlich ihr Job, andere Leute dazu zu kriegen, in ›Oprah!‹ offen über ihr Privatleben zu sprechen. Ich konnte ihr nicht klarmachen, daß es für mich unmöglich war, meinem Vater nach so vielen Jahren ausgerechnet im Fernsehen wiederzubegegnen. »Ich finde die Idee furchtbar«, sagte ich.

Zuerst war ich schockiert, daß Diane mir so etwas überhaupt vorschlagen konnte, dann wurde mir klar, daß es in der Welt, oder besser gesagt im Amerika des *fin de siècle*, eben so zugeht. Nicht nur die nächste Revolution würde im Fernsehen übertragen, sondern jede Banalität überhaupt. Es wurde ja auch schon oft genug praktiziert: Fernsehbegegnungen von Adoptivkindern mit ihren leiblichen Eltern, von Ehemann, Freundin und Ehefrau; Fernsehdiskussionen - über Satellit - zwischen angeketteten Mördern in der Todeszelle und den Familien ihrer Opfer; Gegenüberstellungen von Inzestopfern und ihren blutschänderischen Verwandten, von Schönheitschirurgen und Frauen, die sie entstellt hatten; die Vorführung eines Priesters, eines Mönchs, eines Rabbiners und eines Pfarrers, die jeweils mit Mitgliedern ihrer Gemeinden geschlafen hatten. All das konnte man auf den ganz normalen Fernsehkanälen sehen, und alles an einem Tag. Vielen Leuten oder zumindest den Eingeladenen, mit denen die Shows gefüttert wurden, war nichts zu heilig für die Kamera. Es gab sogar bereits eine Datenbank mit den Namen von Leuten, die in solchen Talkshows auftreten wollten, mit Beschreibung ihrer Macken, Besonderheiten, und Behinderungen. Alle Leute, die in Shows auftreten wollten, um ihr Privatleben vor Millionen Menschen auszubreiten, sagten, sie täten dies, um Leute mit einem ähnlichen Schicksal zu ermutigen, um öffentliche Betroffenheit zu erzeugen, ihrem Schmerz eine Stimme zu verleihen oder was auch immer. Keiner von ihnen hätte zugegeben, daß es um nichts ging als um Exhibitionismus, Voyeurismus und Einschaltquoten. Keiner von ihnen hätte erleben mögen, wie meine Freunde und ich im Studentenheim saßen, die Vorabendshow ansahen und uns über diesen Seelenschmalz lustig machten. Sie alle glaubten, was sie da taten, sei gut. Diane hatte versucht, mich an ›Oprah!‹ zu verkaufen und dies auch noch als Dienst an der Allgemeinheit zu bezeichnen. Wäre es nur um mich gegangen, hätte ich ihr fast geglaubt, als sie aber meinen Vater ins Spiel brachte, wußte ich, daß es nichts anderes als Showbusiness war, und mir wurde übel.

Diane rief jeden Tag bei mir an, am Abend sogar zu Hause. Ich hatte keinen Anrufbeantworter und floh am Wochenende zu meinem Onkel, um nicht dauernd das Läuten zu hören. Ich wußte ja, daß es nicht meine Mutter war, die mir sagen wollte, sie habe mich immer noch lieb, und auch nicht irgendein Mann, der mir sagte, wie sehr er mich mochte, sondern nur eine Frau, der ich nie begegnet war und die herausfinden wollte, ob sie mein Privatleben für ihre Zwecke ausbeuten konnte.

Der Rest des Sommers war einfach furchtbar. Ich fing etwas mit Jack an, einem Polizeireporter, der von vier Uhr nachmittags bis Mitternacht arbeitete, was zur Folge hatte, daß ich nachts aufblieb, um mit ihm zu saufen. Wir waren immer so betrunken, daß wir kaum miteinander schliefen. Ich war dauernd elend und mußte kotzen. Ich verbrauchte eine Tube Zahnpasta pro Tag und stellte fest, daß ich nie zur Alkoholikerin werden würde, mochte ich mich noch so sehr anstrengen. Vielleicht drogensüchtig, aber bei der Sauferei mußte ich ständig kotzen.

Jeden Abend sitze ich in meiner Wohnung, bis es zwölf ist, starr vor Angst, daß Jack nicht anruft, mich nicht sehen will, eine andere hat. Ich bin überzeugt, wenn das passiert, bleibt mir nichts anderes, als mich in meine kleine altmodische Badewanne zu setzen und das heiße Wasser mit dem Blut aus meinen Handgelenken burgunderrot zu färben. In solche Verzweiflung bringt mich Jack. Er läßt mich an Selbstmord denken. Dabei kenne ich ihn kaum, und wir sind erst seit ein paar Wochen zusammen. Aber ich bin geradezu besessen von ihm.

Manchmal liege ich im Dunkeln auf dem Boden neben dem Telefon, warte, daß er anruft, und überlege, was zum Teufel mit mir passiert ist. Warum habe ich solche Angst, daß er sich nicht meldet? So schlimm wäre es doch auch nicht. Zur Abwechslung könnte ich mal schlafen. Ich könnte anfangen, die Bücher zu lesen, die ich aus Cambridge hierhergeschleppt habe, um das Tutorium vorzubereiten. Ich könnte ›Das andere Geschlecht‹ lesen, außerdem ›A Vindication of the Rights of Women‹, mir Gedanken machen, wie ich mich aus der Sklaverei der Männer befreien kann. Natürlich hat sich Simone de Beauvoir für ihren Sartre weggeschmissen, und Mary Wollstonecraft war, wenn ich mich recht erinnerte, über beide Ohren in John Stuart Mill verknallt, aber Jack ist schließlich nicht Jean-Paul. Wäre es nicht so ein verheerender Gedanke, würde ich mir eingestehen, daß Jack eine Null ist. Egal, welchen Mann ich mir angle, jeder, in den ich mich verliebe, ist nach 24 Stunden wie Jesus für mich. Ich weiß, daß es passiert, sehe es kommen, manchmal stehe ich sogar für einen Moment vor der Wahl, wegzugehen - Sag einfach nein! -, *aber ich tue es nie. Ich greife nach allem, habe am Ende nichts mehr, und dann fühle ich mich leer, weine um etwas, was ich nie besessen habe. Ich bin sehr, sehr krank.*

Mein Gott, wie ich mich nach meiner Mutter sehne! Aber neuerdings redet sie nicht mehr mit mir. Was mir bleibt, ist Jack - und die Flasche.

An einem Samstagnachmittag wollen Jack und ich uns ›The Big Easy‹ ansehen, er wollte vorher anrufen, tut es aber nicht. Ich warte Stunden, bleibe in der Wohnung, er nimmt den Hörer nicht ab, und es befällt mich genau die Verzweiflung, vor der ich mich jeden Abend fürchte. Ich könnte tausend Dinge tun, um mir die Zeit zu vertreiben, aber ich sitze in der Falle und habe Angst, bin zu aufgeregt zu lesen oder irgend etwas Sinnvolles zu tun. Der einzige Alkohol, den ich habe, ist ein scheußlich riechender Rum, und ich denke mir, man kann gar nicht früh genug anfangen. Dann aber fällt mir ein, daß Globe, der Typ aus der Industrial-Rap-Band, der mit der Tochter des Polizeikommissars befreundet ist und außerdem dealt, in meinem Schrank seinen Vorrat an Psilocybin-Pilzen hinterlegt hat. Ich esse sie alle auf. Ungefähr zehn Gramm. Ich weiß es nicht genau. Als das Zeug anfängt zu wirken, fühle ich mich wie auf dem Planeten Pluto.

Ich rufe alle Bekannten an und spreche auf ihre Anrufbeantworter. Ich gehe in den Plattenladen und kaufe - vergeb's Gott - vier Alben von Grateful Dead. Dann besuche ich Rusty, und wir kiffen zusammen, trotz der Pilze. Danach finde ich, daß ich jetzt ein bißchen rumlaufen muß. Ich gehe Meile um Meile, stundenlang, bis in die Slums von South Dallas, fast bis Oak Cliff. Ich komme durch Deep Ellum, ich lache die ganze Zeit, und alle Gesichter um mich herum sehen aus wie erleuchtet, ich esse in einer Imbißbude Brathähnchen und Kekse mit Sahnesauce und laufe weiter.

Aus Versehen gerate ich in ein Konzert der New Bohemians. Ich höre Edies Stimme mit ihrem wunderbaren Drive, sie singt von Kreisspielen und Umdrehungen. Ich sitze benommen auf der Bank und döse beim Klang von Stimme und Gitarren, Mandolinen und Schlagzeug, ich gleite hinüber in einen Zustand, als würden tausend Saiten in mir schwingen. Es ist der glücklichste Augenblick des ganzen Sommers, der schönste Ort für mich, hier und jetzt. Wäre doch mein ganzes Leben nichts als Worte und Musik, würde doch alles andere verschwinden. Kein Jack, keine Mutter, keine Arbeit, kein Herumgetue, einfach nichts. Warum nur verwandeln sich alle Kleinigkeiten, auch die schönen, unausweichlich in eine riesige Belastung? Warum kann nicht alles so rein sein wie dieser Augenblick? Wenn ich doch nur für immer hier bleiben könnte.Dann kommt Edie mit dem Song ›Mama Help Me‹, sie singt die Zeilen »crazy mean crazy, people on the street, mean crazy mean, half the people that you meet«. Plötzlich wird ihre Stimme hart, ich werde jäh aus meinen Träumen gerissen, und ich weiß wieder, wer ich bin: das Mädchen, das vor ein paar Stunden eine mehrfache Überdosis Psilocybin genommen hat, nur weil ein Mann, den sie kaum kennt, nicht anrief wie versprochen. Ich bin das Mädchen, das seine Mutter enttäuscht hat. Ich bin das Mädchen, das den Überblick verloren hat. Ich bin das Mädchen, das zurück nach Hause muß. »Where will I go when I cannot go to you, Where I don't know, when you go I'm going too«, singt Edie. »Mama mama m-m-mama help me, mama, mama, mama tell me what to do.«

Lieber Gott, ich brauche Hilfe, denke ich, als ich den Club, die Hippie-Version eines Amphitheaters, verlasse. Ich steige ins Taxi - es steht sogar eins da, vielleicht gibt es einen Gott - und als wir am Bahnhof vorbeifahren, spüre ich, wie mir etwas Nasses über das Gesicht läuft. Woher kommt das her? Da merke ich, daß ich weine, daß mir das Salzwasser nur so aus den Augen schießt. Weil ich aber auf dem Trip bin, spüre ich das Weinen nicht. Bestenfalls kann ich mir zuschauen, neben diesem verlassenen Körper sitzen und die Tränen laufen sehen. Aber das bringt mir keine Erleichterung, weil niemand in mir drin ist. Ich bin fort. Ich bin verschwunden. Ich bin aus weiter Ferne so nahe an mich herangekommen, ich verstecke mich hinter dieser Scheibe und sehe mir zu, ich blicke auf ein Leben, das ich lieber nicht sehen möchte.

Als ich nach Hause kam, wartete David, der Musikkritiker vom ›Dallas Times Herald‹, auf der Treppe. Offenbar waren wir für ein paar Stunden früher verabredet, um gemeinsam zu Billy Squier zu gehen. Ich hatte mehrere Nachrichten auf seinem Anrufbeantworter hinterlassen, daß ich am Ende wäre und ausflippen würde und ähnliches, und so hatte er sich Sorgen gemacht. Er hatte sogar Rusty angerufen und gefragt, wo ich sein könnte. Weil er mich nicht fand, ging er allein zu der Show, rief aber immer wieder an. Als er seinen Bericht fertig hatte, fuhr er durch Deep Ellum, um mich zu suchen. Überall traf er auf Leute, die mich hier oder da gesehen hatten, aber irgendwie verfehlte er mich. Deshalb beschloß er zu warten, bis ich nach Hause kam.

»Geht es dir gut?« fragte er.

Ich stand vor ihm und weinte. »Sehe ich so aus?«.

»Das kann man nicht gerade sagen, aber bei dir weiß man nie.«

»Geht zum Teufel!« schrie ich, »geht zum Teufel, du und alle anderen! Was soll das heißen, bei dir weiß man nie? Ich bin ein Mensch wie jeder andere! Ich bin fertig wie jeder andere. Wenn ich weine, ist es nicht anders als bei anderen Menschen. Es bedeutet, daß es weh tut. Mensch, David! Und wie es weh tut!«

»Hat es was mit Jack zu tun?«

»Nein, verdammt noch mal! Männer machen mich doch nicht fertig!« Ich schrie immer lauter.

Dann setzte ich mich neben ihn auf die Stufen, er legte seinen Arm um mich, zog mich dicht an sich heran, und ich weinte.

»Ich möchte wirklich gern dein Freund sein«, sagte er, »aber du machst es einem nicht leicht. Wir haben uns Anfang der Woche verabredet, aber du kommst nicht. Wenn irgend etwas unangenehm wird, nimmst du Drogen. Sieh dich mal an! In was für einem Zustand bist du bloß? Wie gehst du nur mit dir um? Clay und ich glauben, du hast Probleme mit Drogen und brauchst einen Arzt.«

Clay war der Musikredakteur des ›Dallas Observer‹.

Ich sah ihn erschrocken an.

Warum zum Teufel glaubten alle, daß es Drogen waren?

»Ich würde was drum geben, Probleme mit Drogen zu haben, David«, sage ich. »Wenn es doch nur so einfach wäre. Dann brauchte ich nur eine Therapie zu machen und würde eines Tages gesund entlassen. Das wäre toll.«

Das war mein Standardsatz, und das Schlimme war, daß er, wie alle Klischees, tatsächlich stimmte. Ich nahm zwar zu viele Drogen und zuviel von allem, aber eine bestimmte Grenze hatte ich nie überschritten, diejenige nämlich, die Suchtkranke - Leute, die entgiftet werden müssen, um gesund zu werden - von den anderen unterscheidet, die zwar Anwandlungen und Phasen haben, aber keine echte Abhängigkeit von bestimmten Stoffen. Worunter ich litt, das waren Depressionen. Das Trinken und die Drogen waren nur Begleiterscheinungen. Das erste Jahr im College, der lange, heiße Sommer in Dallas, das waren Zeiten, in denen ich manche Dinge im Übermaß tat, aber später tat ich sie nie wieder. Was blieb, war die Krankheit Depression.

»Es sind nicht die Drogen«, sagte ich zu David, »es ist nur ... nur ... nur immer alles so schrecklich.«

Um sieben Uhr morgens war David gegangen, nachdem ich ihm zugemutet hatte, alle vier Alben von Grateful Dead hintereinander anzuhören. Ich beschloß, meine Mutter anzurufen.

»Mommy«, weinte ich ins Telefon, »nächstes Wochenende muß ich aus Dallas weg, ich will nach Hause. Wirklich! Hier läuft alles schief. Ich kann nicht mehr bleiben, und ich vermisse dich so. Ich möchte zurück.«

»Ach, Ellie!«

Mehr sagte sie zunächst nicht, und so wußte ich nicht, ob sie sich freute, sich ärgerte, ob es ihr gleichgültig war oder was sonst. Sicher war sie erstaunt, daß ich schon so früh morgens auf war, und ich traute mich nicht, ihr zu sagen, daß ich gar nicht erst ins Bett gegangen war.

»Hör zu, Schätzchen, ich habe mir überlegt, daß es ganz wichig für dich ist, wieder eine Therapie zu machen, egal, wo du bist, es geht dir sonst einfach zu schlecht.«

»Ich weiß.«

»Also müssen wir irgendwie sehen, daß wir das Geld zusammenkriegen.«

»Mommy, du sollst mich nicht hassen.«

»Ich hasse dich doch nicht, sei nicht albern, ich hab dich lieb. Aber manchmal stellst du furchtbare Sachen an.«

»Das will ich wirklich nicht.«

»Ja, ich verstehe. Und ich weiß, daß du irgendeinen Groll hegst, ich weiß nicht, ob gegen mich oder gegen deinen Vater oder gegen die ganze Welt, aber mir scheint, wenn du früher eine Therapie gemacht hättest, wenn wir bei Dr. Isaac geblieben wären, wärest du jetzt nicht so schlimm dran. Es ist meine Schuld, und ich will gern alles tun, damit es dir, wenn du in Harvard fertig bist, wieder gut geht.«

»Glaubst du, das ist möglich?«

»Ich weiß nicht«, sagte sie. »Ich hoffe es.«

8

Raum, Zeit und Bewegung

She is the rain,
waits in it for you,
finds blood spotting her legs
from the long ride.
DIANE WAKOSKI
›Uneasy Rider‹

Das nächste Semester sollte ganz toll werden. Eine Erholungsphase. Cambridge sollte für mich so etwas sein wie ein Rehabilitationszentrum für psychisch Kranke, in dem es Vergleichende Literaturwissenschaft, *Café au lait* und Therapien gab. Kein Freund, kein Alkohol, keine Drogen, keinerlei Ablenkung - angenehm oder nicht - von meinem redlichen, hartnäckig verfolgten Ziel, gesund zu werden. Leben gab es für mich nicht, solange ich nicht lernte, es jetzt zu leben. Klar, manchmal eine Party mit Freunden und Klatsch - Freunde und Klatsch sind eine schöne Sache -, aber bloß keine Verwicklungen. Keine zwanghaften Beziehungen, die einen immer so in Anspruch nehmen, daß man, wenn man mittendrin steckt, nicht mal die Modeseiten von ›Vogue‹ durchblättern oder 7000 Wörter über Demi Moore in ›Vanity Fair‹ lesen kann. Wie sollte ich sonst die Konzentration aufbringen, die man braucht, um sich auf eine Therapie einzulassen, ein Programm zu erarbeiten und stur die schweren Schritte zu gehen, die notwendig sind, um diesen verdammten Depressionen ein für allemal den Garaus zu machen.

Das erste, was ich nach dem Umzug in meine Wohnung in der Kirkland Street tun mußte, war, einen anständigen Therapeuten zu finden. Mom war bereit, dafür zu zahlen, weil sie vor Schreck wie gelähmt war. Sie dachte, am besten sei ein richtiger Arzt, jemand von einer Elite-Universität wie Harvard. Sie dachte nämlich, ich wäre ganz dem Wahnsinn verfallen. Aber der Vater meiner Zimmergenossin Samantha, ein prominenter Analytiker, riet mir, mich an einen psychiatrischen Sozialarbeiter zu wenden, der seine Ausbildung bei ihm gemacht hatte. Ich beschloß, zu allen hinzugehen, die mir empfohlen wurden, ob von Dr. Saltenstahl oder irgendwelchen Bekannten, die selbst mal durchgedreht waren. Ich konsultierte so viele Ärzte, daß ich tagelang nichts anderes mehr sah als eine lange Reihe von Türschildern und ein Titelgemisch aus den verschiedensten Buchstaben des Alphabets - Dr. psych., Neur., Therap., Prof. Dr. Es kam mir wie Ironie vor, daß ich, so krank wie ich war, Entscheidungen zu fast allen wichtigen Dingen des Lebens treffen mußte und jetzt noch entscheiden sollte, wer mir dabei helfen sollte, meinen Zustand zu verbessern.

Schließlich entschied ich mich für eine Psychiaterin, die Dr. Saltenstahl für mich ausgesucht hatte. Sie hatte früher in Harvard gearbeitet und unterhielt eine Praxis in ihrem schönen Haus im Kolonialstil in der Mt. Auburn Street. Sie hieß Diana Sterling, und ich mochte sie, weil sie wie ich in Harvard gewesen war, in den frühen Siebzigern. Jetzt war sie mit einem ehemaligen Studienkameraden verheiratet und hatte zwei Kinder mit den bürgerlichen, aber doch sehr modischen Namen Emma und Matthew. Sie besuchten eine Privatschule in Cambridge, in der es von Professorenkindern und zu Hippies gewordenen Töchtern der Amerikanischen Revolution nur so wimmelte. Ich hatte den Eindruck, daß sie ein normales, geregeltes Leben führte. Das gefiel mir, weil es anders war als bei vielen Therapeuten, die ich kennengelernt hatte und die den Eindruck machten, als hätten sie ihren Beruf nur ergriffen, um ihre eigenen Dämonen auszutreiben. Ich fand auch gut, daß sie nicht jüdisch war. Sie faßte nämlich bestimmte Neigungen, andere übermäßig zu bemuttern, übermäßig zu beanspruchen oder zu kritisieren, die ich immer als Merkmale meiner kulturellen Zugehörigkeit angesehen hatte, als destruktives und funktionsgestörtes Verhalten auf, und das waren sie schließlich auch.

Zweimal die Woche ging ich zu Dr. Sterlings Praxis im Erdgeschoß ihres Hauses. Ich erzählte ihr von diesem und jenem früheren Therapeuten und dieser und jener schlimmen Erfahrung. Ich sprach über meine Eltern, meine jüdische Erziehung, erzählte, wie ich in New York City großgeworden war. Zwischendurch stellte sie hin und wieder Fragen, aber die Atmosphäre war angenehm, fast zu friedlich. Ich wartete auf meine Tränen, auf Gefühle, die mich überwältigten, auf die Katharsis, das Drama, die Offenbarungen. Ich wartete, daß die Therapie mir einen Schlag auf den Kopf versetzte und ich sagen konnte: Das also ist das Problem, wenn ich das nur eher gewußt hätte!

Aber mein Leben in Cambridge war dermaßen ruhig und ereignislos, daß ich kaum neue Vorkommnisse zu verarbeiten hatte; oft war ich zu gelassen und ausgeglichen, um viel Zeit damit zu verbringen, böse Erinnerungen auszugraben. Manchmal saß ich im Bus unterwegs zu Dr. Sterlings Praxis und überlegte, worüber ich sprechen könnte. Ich kam mir vor wie ein Mädchen, das darauf wartet, mit dem Knaben ihrer Träume auszugehen, legte mir im Geiste ein Notizbuch mit möglichen Gesprächsideen für den Fall an, daß mir nichts mehr einfiel. Ich machte mir Sorgen, Frau Dr. Sterling vielleicht nicht genug zu unterhalten, fürchtete, sie könnte mich auf eine Ebene mit anderen langweiligen Patienten stellen, über die sie spätabends mit ihrem Mann redete, Leute, die nicht genügend Psychodramen erlebten, um fünfundvierzig Minuten damit zu füllen. Ich fürchtete, meine Entscheidung, mich nicht mehr selbst zu zerstören, könnte zu furchtbarer Langeweile führen. Ich dachte allmählich schon, ich sei in meinem jetzigen Zustand für eine Therapie zu gesund. Ich begann mich zu fragen, ob meine Zeit und mein Geld nicht besser investiert werden konnten als mit Herumsitzen, Lesen, Schreiben und Hoffen, daß mir Antworten einfielen.

Dann fand ich für zwei Nächte pro Woche einen Job im Sicherheitsdienst des Harvard Police Department. Dieser Posten war bei Studenten sehr beliebt, weil er nicht viel Aufwand erforderte und man während des Dienstes dasitzen und lesen konnte. Ich arbeitete von elf Uhr abends bis sieben Uhr morgens, und zwar im Adams House, wo die meisten meiner Freunde wohnten. So saß ich oft bei ihnen im Zimmer und kippte jede Menge Kaffee aus Tommy's Lunch herunter und schrieb am Ende der Nacht einen kleinen Bericht. Der Job ermöglichte es mir, unter Leute zu kommen und zu lesen, aber zwei Tage der Woche die Sonne nicht zu sehen, fiel mir schwer. Auch wenn man jeden Morgen bei Sonnenaufgang aufwachte, war Cambridge eine graue, wolkenreiche Stadt, in der es nicht recht hell wurde, eine Stadt, in der mit Einbruch des Winters die Tage kürzer und die Nächte lang wurden, schwarz und bitter kalt. Überhaupt kein Tageslicht zu sehen - selbst wenn es nur an zwei Tagen der Woche war-, schlug mir auf die Stimmung, da ich sehr auf Licht angewiesen bin. Im Winter ging ich nur deshalb in ein Bräunungsstudio, weil ich ein paar ultraviolette Strahlen abbekommen wollte. Bereits im September im Dunkeln zu leben, obwohl es noch nicht einmal Herbst war, hielt ich kaum aus.

Aber es war nicht nur der Mangel an Sonne. Das Wachsein in zwei Nächten der Woche brachte meinen Zeitplan durcheinander. Ich begann, Seminare und Vorlesungen zu versäumen, wenn ich zu müde war. Die Pfeiler, die meinem Leben einen regelmäßigen Rhythmus gaben, existierten nicht mehr, und ich hatte den Eindruck, immer zu wenig zu schlafen. Wie sollte man Zeit zum Mittag-, Abendessen oder einer Kaffeepause haben, wenn man zu benommen war, um sich zu bewegen? Die Krone setzte ich dem Ganzen auf, indem ich außerhalb des Campus lebte, was in Harvard selten vorkommt, denn dort gibt es schöne Wohnheime, die außerdem noch billiger sind als alles, was man auf dem freien Markt finden kann. Schließlich fühlte ich mich vom Lebensstrom abgeschnitten.

Zwischen meiner Wohnung und meiner Arbeit fühlte ich mich jenseits von Raum und Zeit.

Ich wurde wieder depressiv. Eines Nachmittags, nachdem ich in der Nacht Wachdienst gemacht hatte, konnte ich mich nicht mehr erinnern, welcher Tag es war und welche Seminare ich verpaßt hatte, und ich fühlte mich so orientierungslos, daß ich kaum noch sagen konnte, ob ich in meinem eigenen Bett, meinem eigenen Zimmer, meinem eigenen Kopf war. Es war, als ob ich einen Kater hatte, ohne Alkohol getrunken zu haben. Ich fühlte mich unsicher und war plötzlich überzeugt, daß meine Wohnung gar nicht mein Zuhause, sondern ein Ort war, an dem ich mich nur vorübergehend aufhielt. Ich glaubte, alles, was ich hier tat, hatte wie alles andere in meinem Leben keine dauerhafte Bedeutung. Ich stand auf, ging über den langen Flur zum Badezimmer, spülte mein Gesicht mit Wasser ab und spürte, daß mir übel wurde. Gleich darauf hing ich mit dem Kopf über der Toilette und übergab mich. Ich hatte so lange nichts mehr gegessen, daß nur Gallenflüssigkeit und irgendwelche Magensäfte nach oben kamen. Ich hatte einen bitteren Geschmack im Mund, war aber zu erschöpft, um mich aufzurichten und mir die Zähne zu putzen.

Vom Badezimmer aus hörte ich meinen Freund Eben auf dem Anrufbeantworter. Es sei fünf Uhr, ich müßte jetzt losgehen, wenn ich pünktlich zu dem Pink-Floyd-Konzert kommen wolle. Ich hatte ihm dummerweise erzählt, daß ich hinwollte. Ich lief zum Telefon, nahm den Hörer ab und erklärte ihm, ich sei plötzlich krank geworden, hätte wahrscheinlich Fieber.

»Das kommt von der Nachtarbeit, Liz«, sagte er. »Wenn du aufstehst und rausgeht, wirst du dich gleich besser fühlen.«

Er hatte vermutlich recht. Aber irgendwie war mir alles gleichgültig. Ich war überzeugt, nicht weggehen zu können. »Eben, ich kann nicht mit dir zu Pink Floyd gehen.« Ich begann zu weinen. »Eben«, schluchzte ich, »es tut mir wirklich leid. Ich bezahl die Karte auch. Und auch deine. Aber bitte mach es mir nicht schwer, nicht jetzt.

Ich bin so schwach, ich weiß auch nicht, was mit mir los ist. Mein Kopf tut mir weh und mein ganzer Körper, ich habe Angst und weiß nicht warum.« Ich weinte immer noch.

»Schon gut, Liz. Ist auch egal.«

Am nächsten Tag sagte ich zu Dr. Sterling, ich hätte wahrscheinlich einen Nervenzusammenbruch gehabt, wüßte aber nicht warum. Vielleicht die Dunkelheit und der Schlafmangel. Vielleicht auch, daß die Schonfrist zu Semesterbeginn abgelaufen war und mich jetzt die Wirklichkeit, die Routine und damit auch die Depression überfielen. Weder Jungen noch Alkohol wären der Grund für diesen neuen depressiven Anfall, offenbar sei das mein Schicksal. Was es auch sei, ich könne es mit dem Körper spüren, ein psychisches Leiden habe Fieber ausgelöst, es sei, als führe mein Körper einen Angriff gegen meinen Verstand. Ich beschrieb den Schüttelfrost, die Hitze, die Übelkeit und Erschöpfung.

»Irgendwas stimmt nicht mit mir«, stöhnte ich, »ich habe solche Schmerzen, nicht nur im Kopf, überall, wie bei einer schlimmen Grippe, einer psychischen Grippe, obwohl sich alles am Körper manifestiert.«

Ich nahm an, Dr. Sterling würde glauben, dies alles sei plötzlich geschehen, da ich ihr ja wenige Tage zuvor noch erzählt hatte, wie erstaunlich gut es mir gehe. Sie wußte aber, daß Leute aus heiterem Himmel zusammenbrechen können.

»Dies alles kann zu einer Depression gehören«, sagte sie, nachdem ich meine Symptome beschrieben hatte. »Einen Monat dauert die Therapie jetzt, und dies ist das erstemal, daß sie Sie mitnimmt. Dies ist vielleicht der erste Zusammenbruch, aber seien Sie unbesorgt, das gehört zu einer Therapie. Es trägt dazu bei, daß es Ihnen bald besser geht.«

Ein paar Tage später erwachte ich in einer Blutlache. Blut auf der Bettdecke, auf dem Laken, Blut auf meinem Nachthemd. Ich dachte, das wäre mein Ende. Ja, ich dachte, ich wäre schon tot.

Dann fühlte ich das getrocknete Blut zwischen meinen Schenkeln, sah die dicken weinroten Klumpen an meinen Beinen hinabwandern wie eine Laufmasche in einem Strumpf. O nein, dachte ich.

Ich hatte mich die ganze Woche vorher übergeben, dachte aber, es sei dasselbe wie immer. Es war mir schließlich schon oft so gegangen. Ich war leer, aber immer wieder mußte ich mich übergeben und wurde noch leerer. Am Wochenende ereigneten sich seltsame Dinge. Etwas in meinem Kopf schmerzte so sehr, daß mich heftige Stürme und Halluzinationen packten. Da beschloß ich, meinen Ex-Freund Stone anzurufen. Ich bat ihn zu kommen und ungarischen Rotwein mit mir zu trinken, dabei hatte ich ja eigentlich nichts trinken wollen, aber ich wollte mein Bewußtsein betäuben. Sechs Stunden lang streichelte er mich, weil ich fürchtete, ich könnte, wenn er mich losließe, aus dem Fenster springen, weil mein Kopf sich anfühlte wie ein Flugzeug kurz vor der Bruchlandung. Jetzt war es plötzlich die Leichtigkeit, der Mangel an Halt, der mir angst machte: Ich fürchtete, wenn Stone mich losließe, würde ich bis zum Mars fliegen.

Als ich dann am Montagmorgen erwachte und in meinem eigenen Blut lag, war ich sicher, ich würde meinen Körper nun für immer verlassen. Ich rollte mein Futonbett zusammen, richtete mich auf und lehnte mich an die Wand. Dann kroch ich langsam den engen Flur entlang bis zum Telefon. Ich legte mich mit angezogenen Beinen wie ein Fötus um das Telefon, weil die Krämpfe so weh taten und mein Rücken sich anfühlte, als wäre ich mit eisernen Zangen eingeklemmt worden. Dann wählte ich Stones Nummer.

Als ich mich umdrehte, sah ich eine Blutspur, Abdrücke und Spritzer auf dem Boden und Streifen an der Wand wie auf einem Bild von Jackson Pollock.

»Ich sterbe, Stone«, sagte ich, als er den Hörer abnahm.

»Schon wieder?«

»Stone, ich bin tot! Ich weiß, ich habe das schon am Samstag gesagt, und es tut mir leid, dich zu wecken, aber da ist soviel Blut, und ich zittere und habe Schmerzen, und ich glaube, ich sterbe.

Es wäre besser, zum Arzt zu gehen.«

»Vielleicht hast du deine Regel.«

»Vielleicht sterbe ich, und wenn du nicht kommst und mich ins Krankenhaus bringst, bist du schuld, wenn ich tot bin.«

Stone gehörte nicht zu jenen, die bei einer solchen Logik lange fackelten. Es war der 19. Oktober, und ich fuhr nur mit einem Nachthemd und einem Pullover bekleidet mit dem Taxi ins Krankenhaus. Ich war über und über voll Blut, und ich erbrach mich über den ganzen Fußboden. Die Leute im Warteraum überlegten, ob sie nicht besser in ein anderes Krankenhaus gehen sollten. Derweil fiel der Aktienmarkt um 508 Punkte, und später stellte ich fest, daß der Markt und ich zur selben Zeit zusammengebrochen waren.

Ich lag auf dem Behandlungstisch der Ambulanz und schrie: »Ich sterbe, ich sterbe!« In meinem Magen stach es, als bohrten sich Eisnadeln in mein Inneres. Schließlich sagte die Schwester: »Nein, Schätzchen, du stirbst nicht. Wenn hier irgendjemand stirbt, dann ist es dein Baby.«

»Mein Baby?« Ich begann zu weinen, weinte und weinte, ohne aufzuhören. Ich dachte, vielleicht würde ich neun Monate lang weinen. Stone war schon lange fort, und ich lag hier in einem sterilen Raum mit Neonbeleuchtung und war unter lauter Fremden, die mir erzählten, ich sei schwanger gewesen, vermutlich schon ein paar Monate. Da hatte ich tatsächlich nicht gewußt, daß ich ein Baby im Bauch hatte und fand es erst jetzt heraus, als ich es verlor.

Alles verliere ich.

Wie konnte ich nur schwanger geworden sein? Wahrscheinlich mit Jack. Andere gab es nicht. Vielleicht Stone, an jenem Abend, an dem er wollte, daß ich mich der Erde näher fühlte und meinte, Sex könnte dabei behilflich sein. Aber sonst niemand. Selbst bei Jack war ich mir nicht sicher, wann es passiert sein konnte oder ob es überhaupt geschehen war. Aber irgendwas mußte es ja gewesen sein. Es gab nur eine einzige jungfräuliche Mutter in der Menschheitsgeschichte, und die hatte keine Fehlgeburt gehabt.

»Das Mädchen hat Glück«, hörte ich die Ärztin im Nebenraum sagen, während sie die Ausschabung vorbereitete. »So bleibt ihr die Abtreibung erspart.«

Eine Abtreibung?!

Ich begriff nicht, warum die Ärztin einfach so annehmen konnte, daß ich das getan hätte. Vielleicht hätte ich es wirklich getan, möglicherweise aber das Kind auch zur Adoption freigegeben. Vielleicht wäre ich auch eine ganz gewöhnliche alleinstehende Mutter gewesen und hätte mein Kind in die Krippe gebracht, während ich in die Vorlesung ging, hätte es im Park gestillt und darauf geachtet, daß die Männer, mit denen ich ausging, Kinder mochten. Vielleicht wäre ich schneller gestorben. Und vielleicht hätte ich ja wirklich eine Abtreibung machen lassen. Wie aber konnte eine Frau, die so wenig Liebe im Leben erfahren hatte, die Liebe, die in ihr wuchs, töten? Lieber hätte ich mich selbst umgebracht oder die Ärztin, die sich über mich beugte und wissend lächelte, obwohl sie gar nichts wußte. Am liebsten hätte ich uns beide umgebracht. Am liebsten wäre ich bei so viel Mord in Tränen ausgebrochen.

Das tat ich dann auch. Ich weinte so sehr, daß sie mir schließlich Xanax gaben, um mich zu beruhigen. Als es zwei Stunden später noch nicht gewirkt hatte, gaben sie mir Valium. Spät in der Nacht weinte ich immer noch, da gaben sie mir Thorazin oder etwas in der Art und sagten mir, ich müsse ein paar Tage im Krankenhaus bleiben.

Niemand sagte ihr, was mit ihr nicht stimmte. Sie lag im Bett, starrte an die rosafarbenen Wände, nahm rosafarbene Tabletten, die ihr die weißgekleidete Schwester brachte. Zwischen den grünen und gelben. Und dann die Trauer.

Ich blieb dann doch nur eine Nacht im Krankenhaus. Mir kam es vor wie Tage oder Jahre, weil ich unter Medikamenten stand und nicht wußte, wo ich war oder was die meiste Zeit über geschah. Dies ist vermutlich das beste, wenn Hysterie die Alternative ist. Der diensthabende Psychologe kam, um mit mir zu sprechen, man entnahm meinem Arm etwas Blut, steckte mir ein Thermometer in den Mund, brachte mir zu essen. Sonst bekam ich kaum Menschen zu sehen. Einmal kam meine Mitbewohnerin Samantha und fragte, was man für mich täte. Alles, was ich sagen konnte, war. »Sie geben mir Tabletten und lassen mich schlafen.«

»Das ist ja wie im Mittelalter!« rief Samantha. Sie ereiferte sich und sagte, ich brauchte jemanden, der mit mir redet, und keine Drogen. Ich war zu erschöpft, um ihr zu sagen, daß ich für anderes als Tabletten wahrscheinlich zu erschöpft war. Ich war erstaunt, daß Samantha und ich, obwohl wir uns noch nicht lange kannten - erst seitdem wir im September durch Vermittlung einer gemeinsamen Freundin in die selbe Wohnung gezogen waren -, bereits jetzt eine Beziehung wie zwischen Schwestern entwickelt hatten. Samantha war zwei Jahre älter als ich und war gerade nach einem Jahr Studienunterbrechung zurückgekehrt. Sie hatte als Aktienverkäuferin in einer Investitionsbank in London gearbeitet. Jetzt war sie halbtags bei der selben Gesellschaft in Boston beschäftigt, außerdem schrieb sie Positionspapiere für den Präsidentschaftswahlkampf von Dukakis, sie setzte sich für einen kolumbianischen Dissidenten namens Brooklyn Rivera ein, flog an den Wochenenden nach Minnesota zu ihrem Freund, einem Sohn Walter Mondales, und besuchte außerdem zahlreiche Vorlesungen. Sie schaffte es sogar noch, mehrmals in der Woche zu joggen.

Samantha erzählte mir oft, wie depressiv und mutlos sie früher war, daß sie sich im Bett ihres Londoner Freundes in den Schlaf geweint hatte, weil sie sich so einsam fühlte, auch wenn sie neben ihm lag, und daß sie bei Dinnerparties mittendrin ohne Entschuldigung aufgestanden und nach draußen gelaufen war, weil sie ohne Grund in Tränen ausbrach. Sie erzählte mir das, damit ich glaubte, auch ich würde mit allem, was mich quälte, fertigwerden. Es war schwer zu glauben, daß ich je so mit mir im reinen sein würde wie Samantha mit sich. Sie hatte vor, in den Winterferien durch Nicaragua und El Salvador zu wandern, um Daten für ihre Arbeit über die Nachkriegsdiplomatie zwischen Mittelamerika und der britischen Regierung zusammenzutragen. Samantha konnte nicht einmal Spanisch, vielleicht ein paar Brocken, aber das empfand sie nicht als Hindernis. Ich lag in meinem Krankenbett und dachte: Um mit diesen Sprachkenntnissen in ein Land zu fahren, wo Leichen in den Toiletten der Supermärkte gefunden werden, braucht man mehr Energie, als ich für mein ganzes Lebens zur Verfügung habe. Von meinem Bett aus war der Gedanke, nach Mittelamerika zu fahren, einfach unmöglich, und zwar für immer. Ich konnte mir nicht vorstellen, daß es mir jemals besser gehen könnte.

Das ist eben das Besondere an Depressionen: Ein Mensch kann fast alles ertragen, wenn er weiß, daß es ein Ende gibt. Depressionen aber sind heimtückisch und werden jeden Tag schlimmer, so daß es unmöglich ist zu glauben, daß sie je enden. Es ist wie ein Käfig ohne Schlüssel.

Nachdem ich das Krankenhaus verlassen hatte, war ich eine Zeitlang beinahe glücklich. Alden, meine andere Mitbewohnerin, brachte mir, als sie nach Hause kam, einen Fuchsienstrauß mit, und wir saßen zusammen und lachten über das Geschehene. Ich hatte geglaubt, verrückt zu werden, dabei war es nur eine Fehlgeburt gewesen. Wir tranken Weißwein und stießen darauf an, daß mir eine glückliche Zukunft bevorstand, jetzt, da ich wußte, was mir gefehlt hatte.

Wenn ich's nur gewußt hätte.

Plötzlich waren meine Probleme offenbar körperlich, und körperliche Erklärungen stellten mich eher zufrieden als psychische. Als ich engen Freunden erzählte, ich hätte eine Fehlgeburt gehabt und nicht einmal gewußt, daß ich schwanger war, schienen alle mehr Sympathie für mich zu empfinden - selbst im nachhinein -, als bei einer Depression, die ich ihnen so schlecht erklären konnte.

Deswegen strickte ich die Fehlgeburtsmasche weiter, selbst lange nachdem die Krämpfe, die *furchtbaren* Krämpfe, sich gelegt hatten. Ich hatte sie allerdings noch nicht vergessen. Zuerst machte ich ein großes Geheimnis aus meiner Schwangerschaft und beschwor neue Freunde, die es erfuhren, es ja niemandem weiterzusagen. Aber nach einiger Zeit konnte ich nicht anders, als offen darüber zu reden. Die Leute waren so nett und voller Mitgefühl, wenn ich nur das Wort Schwangerschaft erwähnte. Und wenn ich dann weiter erzählte, ich hätte gar nicht mitgekriegt, was mit mir passiert sei, und mein eigener Körper sei mir, nachdem ich geschwängert worden sei, so fremd gewesen, daß ich nicht einmal gemerkt hätte, daß meine Menstruation ausblieb, bis ich eines Tages aufwachte und in meinem eigenen Blut lag, wenn ich das auch noch erwähnte, rief ich die Empörung der Feministinnen hervor.

Ich hatte mich so daran gewöhnt, schlagfertig zu sagen: *Bitte schone mich, ich hatte gerade eine Fehlgeburt*, daß ich beinahe vergaß, daß eine Menge wahr daran war. Ich fühlte mich elend. Körperlich war ich erschöpft, und seelisch fühlte ich mich leer, und ich schätzte, daß ich nicht mehr lange mit der Entschludigung Ich-war-schwanger-und-wußte-nichts-davon-bis ... durchkommen würde.

Aber was kam danach?

»Sie brauchen sich nicht dafür zu entschuldigen, daß Sie depressiv sind«, sagte Dr. Sterling in einer unserer Sitzungen. »Sie sind es nun mal. Und Sie müssen aufhören, sich deswegen schuldig zu fühlen. Wenn Sie sich schuldig fühlen, werden Sie nur noch depressiver.«

»Was ich jetzt sage, hört sich einigermaßen dumm an«, antwortete ich, denn alles, was ich sagte, kam mir ziemlich banal vor, »aber es ist so, daß ich das Gefühl habe, ich hätte kein Recht, immer so elend dran zu sein. Natürlich kann man nach hinten schauen und sagen, mein Vater hätte mich vernachlässigt und meine Mutter mich unterdrückt, ich war in einer Umgebung, zu der ich nicht paßte, aber ...«

Aber was für Entschuldigungen brauchte ich noch? Ich war nicht plump genug, Bergen-Belsen, Krebs, Blasenfibrose und alle anderen *wirklichen* Gründe für meinen Kummer zu nennen. Ich fuhr fort: »Viele Leute hatten eine schlimme Kindheit, viel schlimmer als meine, aber sie sind erwachsen geworden und gut damit fertiggeworden.«

»Viele von ihnen nicht.«

»Die es nicht geschafft haben, sind mir egal. Ich möchte zu denen gehören, die es schaffen. Ich hatte in vielen Dingen Glück, vieles wurde dadurch wiedergutgemacht ...« Mir wurde ganz übel, wenn ich mir zuhörte. Wie oft und wie vielen Therapeuten hatte ich das alles schon erzählt? Wann würde ich endlich aufhören zu fragen, welches Recht, welche *Unverfrorenheit* ich besaß, Depressionen zu bekommen. Es langte mir, immer über meine Verletzungen nachzudenken, und wenn ich so redete, klang es schon so, als spräche aus mir die Figur eines Fernsehfilms mit dem Titel ›Das beste Mädchen der Welt‹ oder ›Sie wird es schon schaffen‹.

»Ich weiß nicht. Das einzig Gute an dieser Fehlgeburt war, daß sie mir einen Grund gab, mich mies zu fühlen.«

»Mögen Sie handfeste Gründe?«

»Ja klar, geht es nicht jedem so?«

»Nicht unbedingt.«

»Aus diesem Grund hat mir immer der Gedanke an einen Selbstmordversuch gefallen. Da es mir nun schon nicht gelungen ist, drogen- oder alkoholabhängig zu werden, ist das einzig Schreckliche, was mir passieren kann, soweit ich sehe, irgendeine Überdosis. Dann würden die Leute glauben, daß ich wirklich krank bin und nicht nur irgendwie depressiv.«

»Sie müssen lernen, sich keine Gedanken darüber zu machen, was andere Leute denken, und versuchen, sich ganz auf das zu konzentrieren, was Sie empfinden.«

»O Gott«, sagte ich, »Ich tue doch nichts anderes, als darüber nachzudenken, und alles, was ich empfinde, ist furchtbar.«

»Na ja«, sagte Frau Dr. Sterling seufzend, »das ist ja wohl der Grund, weshalb Sie hier sind.« Dann sagte sie, es sei für heute Zeit aufzuhören.

Da ist eine Sache, über die ich nicht spreche, auch mit Dr. Sterling nicht. Es gibt nämlich so viele Dinge, die eine Frau der Mittelklasse mit College-Abschluß - besonders in den frühen Zwanzigern, wenn sie die Biologie, die Zeit und die Zukunft auf ihrer Seite hat - im Zusammenhang mit Schwangerschaft nicht denken darf. Nie darf sie denken Ich wollte das Kind, ich hätte es behalten können *oder irgend etwas Ähnliches. Schwangerschaft bedeutet Unglück, Unannehmlichkeiten, etwas, dem man mit einem einfachen chirurgischen Eingriff ohne Klinikaufenthalt beikommen kann. Natürlich tut es etwas weh, man hat Krämpfe, ähnlich wie starke Menstruationsschmerzen; ein bißchen depressiv wird man auch, weil die Hormone Amok laufen. Ich habe so viele Freundinnen morgens vor acht zu ihrem Abtreibungstermin ins St. Acme's Women's Health Center oder wie die Orte alle hießen, begleitet, daß es schon wie ein Durchgangsritual ist, selbst eine Abtreibung zu haben oder als Unterstützung mitzugehen, wenn eine Freundin an der Reihe ist.*

Ich wußte nicht, daß ich schwanger war, so brauchte ich mir auch keine Gedanken über eine Abtreibung zu machen, aber hätte ich's gewußt, auch dann hätte ich mir keine Gedanken darüber gemacht. Ich hätte es einfach getan, ohne Fragen zu stellen oder zu diskutieren. Na gut, vielleicht hätte ich mir eine Alternative vorgespiegelt, vielleicht hätte ich bei einem Psychologen oder einer Krankenschwester gesessen und überlegt, ob es andere Möglichkeiten gab, zum Beispiel die Schwangerschaft auszutragen. Vielleicht hätten wir über Adoption oder Alleinerziehung gesprochen, aber auch das hätte nur zur Routine gehört. Über die Möglichkeit, eine Abtreibung zu vermeiden, hätte ich mit ähnlicher Überzeugung nachgedacht wie ein Anwalt, der einen Vergewaltiger oder Mörder verteidigt, von dem er weiß, daß er schuldig ist, der aber das Recht auf ein faires Verfahren hat. Es wäre nur eine Farce gewesen wie auch meine Teilnahme am Marsch nach Washington 1989 oder erneut 1992, auf dem das Selbstbestimmungsrecht der Frauen gefordert wurde, als ob es je eine wirkliche Wahl gegeben hätte.

Für ein Mädchen wie mich gibt es keine Wahl, sondern nur die Abtreibung.

Wenn heutzutage ein Junge Anstand hat und tut, was sich gehört, wenn er ein Mädchen geschwängert hat, dann begleitet er sie zur Abtreibungsklinik. Vielleicht zahlt er noch die Hälfte des Eingriffs. Möglicherweise sagt er auch noch: Ich teile deine Schmerzen *oder:* Es war auch mein Kind. *Es gibt ja diese Dampfhochzeiten von früher nicht mehr, wo ein echter Gentleman das richtige tat, wenn er durch die Kirche marschierte, die Braut am Arm. Solche Regeln gibt es nicht mehr. Natürlich weiß ich, daß es so besser ist. Keine ungewollten Kinder werden in die Welt gesetzt, keine Teenagerbräute, keine Knaben mit Bartflaum werden zu Eheschließungen gezwungen, die besser nie stattgefunden hätten. Ich weiß, daß es so besser ist.*

Das weiß ich genau.

Scheidungen ohne Schuldprinzip finde ich auch besser. Und doch werde ich das Gefühl nicht los, daß wir in einer Welt leben, in der etwas schiefgegangen ist. Daß es so viele Empfindungen gibt, die man nicht mehr zu haben braucht, weil es keinen Grund mehr für sie gibt, und doch sind sie da, wie die Rachenmandeln oder der Wurmfortsatz.

Ich würde mich so gerne schlecht fühlen, weil ich schwanger wurde, aber ich kann es nicht, ich traue mich nicht. Ebensowenig wie ich mich in Texas traute, Jack zu erzählen, daß ich mich in ihn verliebt hatte. Ich wußte, daß ich eine Frau von heute bin, die in der Lage sein muß, mit der Unverbindlichkeit solcher Beziehungen umzugehen. Nie darf ich Jack oder sonst jemandem sagen: Denkst du, ich bin so reich, daß du mein Herz stehlen kannst, und es bedeutet mir nichts?

Manchmal wünsche ich mir, ich könnte auf der Stirn ein Schild mit der Aufschrift »Vorsicht zerbrechlich« tragen. Manchmal wünsche ich, ich könnte den Leuten begreiflich machen, daß in einer Welt ohne Regeln zu leben nicht bedeutet, daß es am Morgen danach nicht wehtut. Manchmal sage ich mir, ich war gezwungen, mich in Depressionen zu flüchten, weil dies der einzige Weg war, gegen eine Welt zu protestieren, die sagt, es sei in Ordnung, daß die Leute kommen und gehen, wie es ihnen paßt, daß es keine wirklichen Verpflichtungen mehr gibt. Natürlich sind Enttäuschung und Verrat in Liebesbeziehungen und auch in politischen Dingen nichts Neues, aber es gab eine Zeit, in der dies als böse und gefühllos galt und als verletzend für andere Menschen. Heute aber ist es üblich, so etwas wie ein Teil des Wachstumsprozesses. Nichts überrascht mehr. Mein Vater hat ein Kind, das er im Stich ließ, ohne daß ihm das allzu viel ausmachte; es scheint ganz natürlich, daß so viele von uns schwanger werden und sich dieses Zustands einfach entledigen. Nach einer Weile hat nichts mehr eine Bedeutung oder einen tieferen Sinn. Wenn man Vater sein kann und keinerlei Verpflichtungen eingehen muß, dann ist es nur natürlich, daß man mit einem Mädchen zusammen sein kann und gar nichts tun muß. Bald kann man Freunde, Bekannte, Kollegen oder jeden anderen auf die Liste der Leute setzen, mit denen man etwas teilt, aber einen Verhaltenskodex, an dem sie sich orientieren müßten, gibt es nicht. Und irgendwann erscheint es ganz vernunftwidrig, daß man sich über etwas ärgert oder durch etwas verletzt wird, denn was hat man schon erwartet? Was soll in einer Welt, in der die kleinste soziale Einheit, die Familie, überflüssig wird, alles andere bedeuten?

Mich überläuft ein Schauer, wenn ich denke, welch paradoxe Wirkung der Verlust normaler Gefühle auf mich hat: Ich bin zum emotionalen Wrack geworden. Der russische Schriftsteller Alexander Kuprin drückt es so aus: »Begreifen Sie, meine Herren, daß der ganze Schrecken gerade darin besteht, daß es keine Schrecken mehr gibt!«

Am darauffolgenden Freitag war ich im Theater, und nach der Aufführung brach ich völlig zusammen. Es war ein Stück von Sam Shepard. Ruby führte Regie. Es muß etwa vier Stunden gedauert haben. Es war eines von Shepards obskureren Werken, die Schauspieltruppen ausgraben, wenn ›Fool for Love‹ und ›True West‹ ihre Wirkung beim Publikum getan haben. Es bedurfte nicht viel, damit ich an jenem Abend in dem Shepard-Stück aus der Fassung geriet. Schließlich war ich erst ein paar Tage zuvor aus dem Krankenhaus gekommen, und ich blutete noch immer stark. Ich sagte mir schon, das Rote Kreuz täte gut daran, zwischen meinen Beinen eine Blutspenderzentrale zu eröffnen. Es fehlte nur noch der unerfreuliche Wortwechsel mit Ruby vor der Vorstellung, und schon drehte ich durch.

Zu der Zeit hatte sich Ruby gerade mit Gunnar angefreundet, einem Typ aus meiner Semiotik-Vorlesung, der aussah wie Cary Grant mit langen Haaren. Sie hatte sich noch nicht davon erholt, daß ich vor einiger Zeit versucht hatte, ihr ihren Freund aus dem ersten Studienjahr abspenstig zu machen, und sie war überzeugt, daß ich Gunnar verführen würde, während wir über Charles Pierces Linguistik, Levi-Strauss' Anthropologie, den russischen Formalismus, die Frankfurter Schule und ihren Einfluß auf ein neues Verständnis von Grimms Märchen diskutierten. Bei all diesem intellektuellen Mumpitz hätte ich unmöglich auf Gunnar achten können, selbst wenn ich gewollt hätte, und außerdem hatte ich schon ein Auge auf einen anderen Typ geworfen, der überhaupt der Grund war, weshalb ich in diese alberne Vorlesung ging.

Im übrigen war ich schon so das reinste Nervenbündel, hatte gerade diese üble Fehlgeburt hinter mir, und eine weitere Katastrophe, indem ich Ruby den neuen Freund wegnahm, war das letzte, was ich mir wünschte. Als Ruby, Gunnar und ich vor der Aufführung im Foyer standen, streckte ich die Hand aus, um Gunnars zerknitterte Krawatte ein wenig zu glätten - er trug sie Ruby zu Ehren, da es ihre Premiere war -, und Ruby betrachtete das als eine Art Vergewaltigung. Ich hätte kein Recht, ihren Mann anzufassen, sagte sie, wurde ganz ärgerlich und sprach an diesem Abend kein Wort mehr mit mir. Ich entschuldigte mich immer wieder und verfolgte sie durch das Theater, während sie Kekse und große Weinflaschen für die Premierenfeier auf die Tische stellte. Ich bot ihr an, Tabletts zu tragen. Aber Ruby sagte nur: »Dir kann man nicht trauen.«

»Bitte, Ruby, es tut mir leid. Was immer ich auch getan hab, es tut mir leid. Sei mir bitte nicht böse, es geht mir nicht gut. Ich brauche Freunde, die nett zu mir sind, ich brauche dich!«

Nach der Aufführung sprach Gunnars Mitbewohner Timothy mit mir. Warum, verstand ich nicht. Ich stand da, verlor pro Stunde einen halben Liter Blut, eine meiner besten Freundinnen beachtete mich nicht, und so schien es mir unglaublich, daß irgendwer nett zu mir sein konnte. Timothy versuchte, mich in eine Diskussion über die Hauptmotive des Stückes oder etwas Ähnliches zu verwickeln, aber ich wollte nur darüber reden, wie gemein Ruby zu mir war. Ich weiß nicht, warum ich mich überhaupt mit ihm unterhielt. Ich kannte ihn ja kaum, und so, wie mir war, konnte ich weiß Gott niemanden für mich interessieren. Jungen gegenüber muß man schwungvoll und lebhaft sein, ganz egal, wie man sich fühlt. Jedenfalls sagte das meine Mutter immer. *Laß dir nicht anmerken, wie verrückt du bist*, sagte sie. *Niemand mag ein Mädchen, das so deprimiert ist wie du.* Aber Timothy war an jenem Abend für mich nur das, was jeder in einer solchen Situation für mich war: ein neuer Typ, dem ich etwas vorweinen konnte. Jemand, der meine Geschichte noch nie gehört hatte, jemand, für den meine Depressionen und meine Probleme, ob real oder eingebildet, noch nicht die alte Leier waren.

»Das Leben ist so furchtbar«, sagte ich, als ich mich mit Timothy in ein Straßencafé setzte und den letzten Hauch des Indianersommers in mich einsog, bevor die Fröste begannen. »Das Leben ist furchtbar, Ruby behandelt mich scheußlich, ich will nur noch sterben.«

»Nein, das willst du nicht«, sagte er. Was sollte er auch sagen? Wir kannten uns ja erst zwanzig Minuten. Für Small talk war nicht der richtige Moment.

»Doch, das möchte ich«, sagte ich. »Ich habe keinen Grund, dich anzulügen. Ich kenne dich ja kaum. Ich hatte neulich eine Fehlgeburt, ich finde alles nur beschissen, und jetzt will Ruby, eine meiner besten Freundinnen, nicht mit mir reden. All das zusammengenommen reicht schon für einen Selbstmord aus.«

Er antwortete nicht, und plötzlich ging mir auf, daß ich Timothy ja kannte. Er war der Freund von Hadley gewesen, mit der ich zusammen im ersten Studienjahr war. Sie hatte das erste Jahr wiederholen müssen, weil sie während der ersten Monate in Harvard zweimal versucht hatte, sich umzubringen, und etliche Monate im McLean-Hospital zubringen mußte.

Timothy war derjenige, den sie ein Jahr später, noch immer im Stupor, als die große Liebe ihres Lebens bezeichnet hatte.

»Mensch, da fällt mir plötzlich ein, bist du nicht der Timothy, von dem Hadley immer sprach?«

»Ja, der bin ich.«

Ich plapperte drauflos, sie hätte mir so viel von ihm erzählt, und er erklärte, Hadley hätte das Ausmaß ihrer Beziehung gewaltig übertrieben, vor allem deshalb, weil er nett zu ihr gewesen war, als sie den Verstand verlor.

»Als Hadley im McLean lag, war ich der einzige, der sie besucht hat«, sagte er.

»Oh.«

»Ich weiß, daß du dich nicht wirklich umbringen willst. Du möchtest nur in irgendein Krankenhaus, damit du eine Weile Pause machen kannst.«

»Schon möglich.«

»Nicht schon möglich«, sagte er mit Nachdruck, »sondern ganz bestimmt, und ich weiß auch, was du denkst.«

Er war so unerbittlich mit seiner Ich-war-dort-und-hab's-gesehen-Haltung, daß es keinen Zweck hatte, sich mit ihm zu streiten.

»Ich hab Hadley regelmäßig besucht, und deshalb kann ich dir sagen, daß es wirklich furchtbar war. Wenn sie dich einweisen, ist das nicht so, als ob du auf eine Farm in den Bergen kommst, wo du lange Spaziergänge machen und in Ruhe nachdenken kannst. Sie machen auch keine besondere Therapie mit dir. Meistens liegst du in diesem gräßlichen Bett und tust gar nichts. Von Zeit zu Zeit sehen die Ärzte nach dir, und du gehst in Gruppensitzungen mit andern Leuten, die noch mehr abgedreht sind als du, so daß du nicht weißt, was du mit ihnen anfangen sollst. Außerdem sind Krankenhäuser total steril, weiß oder hellblau oder hellrosa. An der Decke hängt eine Glotze. Das Essen ist schaurig. Wenn du hier draußen gesund werden kannst, dann weiß ich nicht, was du da drin sollst.«

»Vielleicht glaube ich nicht, daß ich das kann.« Ich spürte plötzlich Ärger darüber, daß Timothy mir raten wollte, was ich zu tun hatte. Vielleicht mochte ich ja schlechtes Essen und ein steriles Dekor und eine Glotze, die an der Decke hängt. Außerdem wollte ich vielleicht wirklich sterben. Wie konnte er das wissen?

»Hör zu, Timothy, das war sehr nett und informativ, aber jetzt muß ich wirklich gehen«, sagte ich, »ich muß ein Referat über Raum, Zeit und Bewegung schreiben.« Es stimmte sogar. Im Physikseminar, das ich mit zweiwöchiger Verspätung angefangen hatte, mußte ich eine Menge nachholen. Ich lächelte, als wollte ich sagen: Was bin ich für ein Trottel, daß ich Freitag nachts arbeite.

»Glaubst du wirklich, du bist jetzt dazu in der Lage?«

»Klar. Wenn ich arbeite, geht es mir immer besser.« Dies stimmte übrigens auch. »*Arbeit macht frei*«, fügte ich noch hinzu, aber da fiel mir ein, daß Timothy nicht jüdisch war und meine geschmacklose Anspielung auf Auschwitz vielleicht gar nicht verstand.

»Ich laß dich nicht allein nach Hause gehen, wenn du über Selbstmord redest.«

»Es ist wirklich so. Es geht mir besser, wenn ich produktiv bin. Ich meine, wenn einen schon die Freunde im Stich lassen, gibt es immer noch irgendeinen Mist zu Hause, den man erledigen muß. Also gehe ich jetzt nach Hause und fange an.«

»Elizabeth«, sagte Timothy. »Es ist schon nach eins, warum gehst du nicht einfach ins Bett?«

»Kann ich nicht, ich kann nichts tun, bevor ich nicht die Arbeit geschrieben habe. Schlafen kann ich morgen immer noch.«

»Ich glaube, du brauchst Schlaf, und zwar jetzt. Dann wird es dir auch besser gehen.«

Ich nahm meine Sachen und lief zum Harvard Yard zu meiner Wohnung. Timothy folgte mir. »Sieh mal, Timothy, ich gehe nach Hause, ich tue, was ich tun muß und werde mich besser fühlen.« Ich lächelte. »Und wenn ich aus irgendeinem seltsamen Grund morgen früh tot bin, mußt du Ruby sagen, daß ich erwägen werde, ihr im nachhinein zu vergeben.«

»Ich laß dich nicht allein –«, fing er wieder an, aber da war ich schon losgerannt, über den Yard und die Kirkland Street hinunter. Irgendwann mochte Timothy sich gesagt haben, daß ich ihm entschlüpft war, weil ich den Heimweg allein geschafft hatte.

–

Als ich dort ankomme, will meine Mitbewohnerin Alden mich für ein Nachtschwätzchen gewinnen und erzählt mir von einer Tanzaufführung, in der sie war, als interessierte mich das. Alden hat keine Ahnung, daß alles, was zählt, Raum, Zeit, und Bewegung sind, ein Seminar, von dem ich nichts verstehe, von dem ich aber glaube, daß es mir das Leben retten kann. Ich brauche nur mein Referat zu schreiben, und alles ist in Butter.

Ich gehe sicheren Schrittes in mein Schlafzimmer, aber Alden hört, daß ich weine, und kommt hinterher. Ich falle auf den Boden, meine Tasche, mein Mantel und ich, alles übereinander, wie ein Haufen Plunder, ein heulender Haufen Plunder. Alden schaut zu und weiß nicht, was sie tun soll. Ich weine immer noch, gehe zum Schreibtisch, nehme ein Buch über Raum, Zeit und Bewegung, trage es zum Bett und schlage es auf, als wollte ich es lesen.

»Hör zu, Elizabeth«, sagt Alden und kommt näher. »Ich glaube, du mußt jetzt schlafen und dich beruhigen. Warum hebst du dir nicht die Arbeit für morgen auf?«

»Wenn ich damit durchkomme«, murmele ich, »wenn ich es schaffe, das hier zu lesen, geht es mir gut. Wenn ich tun kann, was ich tun muß, geht's mir gut.«

»Elizabeth, das ist doch Wahnsinn!«

»Und wenn ich demnächst sterbe, können die Leute wenigstens sagen, ich hätte im Leben was geleistet und meine Arbeit pünktlich erledigt. Ich bin vielleicht tot, aber Raum, Zeit und Bewegung habe ich rechtzeitig geschafft.«

Ich lehne mich zurück, lege das Buch auf die Knie und versuche zu lesen, obwohl ich blind vor Tränen bin. Alden kommt heran und zieht mir das Buch weg. »Erzähl mir lieber, was los ist!«

»Es spielt keine Rolle mehr. Nichts spielt mehr eine Rolle.«

»Mein Gott, Elizabeth, Samantha schläft, ich weiß nicht, was ich machen soll. Was soll ich denn tun? Ich mache mir Sorgen um dich!«

»Mir geht es besser«, schreie ich, »wenn du mich endlich mein Raum-Zeit-und-Bewegung-Referat schreiben läßt.«

Sie verläßt das Zimmer und geht zum Telefon. Sie ruft den Notarzt an und spricht mit dem diensthabenden Psychiater. Sie erzählt von meiner Fehlgeburt, sagt, wie unglücklich ich bin, daß ich mit Selbstmord drohe. Schließlich holt sie mich aus dem Bett und zieht mich zum Telefon. Ich weine immer noch.

»Was ist los? fragt die Ärztin.

»Nichts«, sage ich. »Ich will nur meine Arbeit machen.«

»Ach so, ich verstehe, aber es ist schon spät, und ich habe den Eindruck, daß Sie dringend etwas Schlaf brauchen.«

»Gottverdammt!« schreie ich, »alle sind auf diesen idiotischen Schlaf fixiert. Entweder ich schreibe jetzt mein Referat, oder ich bring mich um, kapiert?«

»Vielleicht kommen Sie besser ins Krankenhaus, wenn Ihnen danach ist«, schlägt sie vor, »die Atmosphäre hier könnte Ihnen helfen.«

»Aber das kann ich nicht.« Ich finde, es wird immer ätzender. »ICH KANN NICHT INS KRANKENHAUS GEHEN, WEIL ICH MEIN REFERAT ÜBER RAUM, ZEIT UND BEWEGUNG SCHREIBEN MUSS. SONST FLIPPE ICH TOTAL AUS. WARUM VERSTEHT DENN KEINER, DASS ALLES IN ORDNUNG IST, WENN ICH NUR MEINEN DARWIN IN RUHE LESEN KANN?«

Die Ärztin begreift es nicht, denn sie sagt, sie schickt zwei Pfleger, die mich noch heute nacht ins Krankenhaus bringen. Sie sagt so etwas wie: Sie wolle mich jetzt nicht mit meinem Vorhaben allein lassen.Ich weine immer noch, als sie das zu mir sagt, und ich weine noch mehr, als sich Alden nervös über mich beugt, weil sie wissen will, ob ich wirklich in sichere Hände gelange. Die Ärztin sagt, sie läßt mir Zeit, meine Tasche zu packen, damit ich mitnehmen kann, was ich brauche, und daß der Wagen in zehn Minuten vor der Tür ist.

»Okay? fragt sie, bevor sie auflegt. »Dann sehen wir uns gleich im Krankenhaus.«

»Gut, aber ich bringe meine Arbeit mit«, sage ich. »Ich muß das Referat über Raum, Zeit und Bewegung fertig machen, sonst ist alles vorbei.«

»Schön«, sagt die Ärztin gönnerhaft. »Nehmen Sie mit, was Sie wollen.«

Außer zu lesen und fernzusehen gibt's im Krankenhaus nicht viel zu tun. Alle paar Stunden kommen Ärzte und fragen mich, was mir fehlt und wie ich alles auf die Reihe bringen will. Ich sage, ich weiß es nicht, weil ich es wirklich nicht weiß. Sie geben mir Tabletten, vor allem Dalman, damit ich schlafe und aufhöre, über Raum, Zeit und Bewegung und unfertige Referate zu reden. Selbst ich muß zugeben, daß in diesem isolierten Raum alles gutzugehen scheint. Timothy hatte unrecht. Hier drinnen ist es steril und trist, es gibt nur künstliches, zu grelles Licht, aber wenigstens kann mir niemand etwas tun.

9

Tief unten

God have mercy on the man who doubts what he's sure of.
BRUCE SPRINGSTEEN
›Brilliant Disguise‹

Ich weiß nicht, ob Orte mit einer gewissen Beerdigungsatmosphäre Depressive anziehen oder ob sie die Leute erst depressiv machen. Ich weiß nur, daß ich das gesamte erste Jahr im College unter einem großen Poster schlief, auf dem die Worte LOVE WILL TEAR US APART prangten, und daß ich mich fragte, warum sich in diesem Bett nie etwas Schönes ereignete.

Aber es war nicht nur mein Schlafzimmer, es war die ganze Wohnung. Sie wirkte düster und muffig - es würde mich nicht wundern, zu erfahren, daß man sie nach meinem Auszug in ein Irrenhaus oder eine Schießbude verwandelt hat. Oder besser noch in ein Erholungsheim für Vampire. Es war mittags ebenso dunkel hier wie mitternachts. Der ideale Ort für einen Nervenzusammenbruch. Meine luftige, sonnige Wohnung in Texas war der Ort, an dem sich das Unglück zusammenbraute, aber um sich zu vollenden, bedurfte es jenes verhexten Hauses, das ich in Cambridge bezog.

Da ich nach der Fehlgeburt mein Bett kaum verließ, außer um spätnachts durch die Straßen von Cambridge zu streifen, verbrachte ich mein Leben buchstäblich im Dunkeln. Unser Wohnzimmer war sonnig und ging nach Süden, aber niemand hielt sich je darin auf, denn seit wir beschlossen hatten, die häßlichen braunkarierten

Couchen unter weißen Baumwolltüchern zu verstecken, sah es aus, als würden wir Totenwache halten. Der Rest der Wohnung und alle eintönig aneinandergereihten Schlafzimmer, die man vom Flur aus betrat, gingen auf einen Hof im Norden hinaus. Wir igelten uns in unseren dunklen, doch riesig großen Zimmern ein und verloren uns in der Existenz von Höhlenbewohnern, weil wir depressiv oder müde waren oder arbeiteten. Die ganze Wohnung schien mit einer Art Wahnsinn infiziert. Alden mit ihrem Zen-Buddhismus meditierte zehn Stunden am Tag; Samantha hatte einen überehrgeizigen Stundenplan, als hätte sie Angst, so zu werden wie ich, wenn sie ihr Tempo verlangsamte.

Sindhi, unsere vierte Mitbewohnerin, stammte aus Pakistan und ging mit meinem Freund Paul aus. Als sie beschloß, mit ihm zusammenzuziehen, in der Hoffnung, daß ihre Eltern in Karatschi es nicht herausfinden würden, ersetzten wir sie durch eine Reihe von Mitbewohnern, die alle, sobald sie bei uns einzogen, entweder die Universität verließen oder ihr bisheriges Leben aufgaben. Jean-Baptiste, ein Franzose, der künstliche Intelligenz am MIT studierte, beschloß schon nach zwei Monaten, nach Paris zurückzukehren und Oboe spielen zu lernen. Inigo, ein Engländer, der in Harvard Geschichte studierte, verließ uns schon nach einem Monat, um auf dem Bauernhof seiner Eltern in Shropshire Schafe zu hüten. W. B. hatte gerade seinen Abschluß in Harvard gemacht, er wohnte viele Monate bei uns, und obwohl wir ihn alle zum Sterben gern hatten, verfinsterte sich sein Geist zusehends, während er hier wohnte. An einem Tag war er Redakteur bei der Zeitschrift ›Sail‹, am nächsten Fahrradbote, einen Tag später schrieb er sich für Jura ein, am nächsten Tag fuhr er nach L. A., um Drehbücher zu schreiben. Er und ich, wir vermuteten, diese Wohnung sei eine Filiale der Hölle, und die Miasmen der Depression und Konfusion hätten sich in ihre Wände eingenistet.

Als Alden nach Barnard im Staat New York zurückging, weil sie nur Gaststudentin in Harvard gewesen war, zog meine Freundin

Veronica in das frei gewordene Zimmer und wurde sogleich depressiv. Veronica brach in ihrem letzten Semester das Studium ab, weil sie ihre Diplomarbeit nicht schreiben konnte - es ging einfach nicht. Jedesmal, wenn sie sich an den Macintosh setzte, wurde sie körperlich krank, bekam Klaustrophobie und war wie gelähmt, alles nur, weil sie zu uns zog. Nach ein paar Wochen in der Kirkland Street und einer schwierigen Trennung von ihrem Freund sowie der plötzlichen Unfähigkeit, vor vier Uhr nachmittags aus dem Bett zu kommen, war die Diplomarbeit Veronicas geringstes Problem. Mit Ausnahme von Samantha also, die eine Frau mit fest gesteckten Zielen war (was ja auch eine Art Macke ist), waren alle in dieser Wohnung reif für die Klapsmühle.

So viele Leute hatten in all den Jahren in dieser Fünfzimmerwohnung gelebt, daß sie vom Geruch einer verewigten Pubertät ganz durchdrungen war. Die Flecken der Aknemittel verkrusteten das Waschbecken im Badezimmer, das Spiegelschränkchen war angefüllt mit Resten von Bactrim und anderen verfallenen Medikamenten gegen Harnwegsinfekte. Die Wohnung war billig und groß, in der Modellküche blitzte es, aber alle gingen nach spätestens einem Jahr, im dunklen Wissen, daß sie noch einmal mit dem Leben davongekommen waren.

Ich werde zu einem jener Menschen, die nachts allein spazierengehen, während andere Wiederholungen von Mary Tyler Moore sehen oder die ganze Nacht hindurch an einem Referat sitzen, das am nächsten Morgen fällig ist. Ich trage immer eine Menge Zeug mit mir herum, egal, wo ich rumlaufe, Bücher, Kassetten, Stifte und Papier, nur für den Fall, daß ich vom Drang erfaßt werde, mich irgendwo hinzusetzen und etwas nachzulesen oder mein Meisterwerk zu schreiben. Ich möchte alle meine wichtigsten Dinge, meine irdischen Güter, immer bei mir haben, ich möchte das bißchen Zuhause-Gefühl, das mir geblieben ist, immer festhalten. Ich fühle mich immer so schwer und beladen, fühle mich wie eine Pennerin, die ihre Habe mal hierhin, mal dahin, überall und nirgendwohin schleppt.

Es ist Oktober und zu kalt, um so umherzuziehen. Aber ich muß mich bewegen, muß immer weiter von dem Feuer fliehen, das mich ganz zu verbrennen droht. Es ist kalt draußen, aber ich werde verrückt vor Hitze.

Am Nachmittag nach Halloween wache ich auf. Wie immer ist es dunkel, und ich komme nicht aus dem Bett. Heute ist Sonntag, und die Sonntage sind immer öde. Ich habe nichts zu tun, außer Sachen für die Universität nachzuarbeiten, ich fühle mich verkatert und nehme Aspirin. Als ich noch auf dem Campus wohnte, war das einzig Gute am Sonntag, daß es Schoko-Crispies zum Frühstück gab, ein Hochgenuß für jemanden, der mit zuckerfreiem Körnermüsli aufgewachsen ist. Aber jetzt liege ich am Boden auf meinem Futon, wohne nicht mehr auf dem Campus, und in der ganzen Wohnung gibt es nichts zu essen, weil es zu anstrengend ist, zum Supermarkt zu gehen, für mich, weil ich nichts zu tun habe, für Samantha, weil sie zuviel zu tun hat.

Na gut, sage ich mir, während ich im Bett liege, sehen wir den Dingen ins Auge, Mädchen, hier herrscht große Unordnung. Natürlich wirst du wahnsinnig, Elizabeth. Leute müssen verrückt werden, wenn sie nicht mal eine Tüte Milch im Kühlschrank haben.

Ich schiebe mich mühsam aus dem Bett und trotte in die Küche, um Tee zu machen, und sage mir, das Richtige wäre es jetzt, meine Mutter anzurufen. Ich glaube, ich muß etwas ganz Normales tun. Irgendwas, was normal ist und mir das Gefühl gibt, eine Verbindung zur Außenwelt zu haben. Ich komme mir nämlich gerade wie ein Baum vor, der soeben gefällt wurde und jetzt auf dem Weg zum Holzplatz ist, um in lauter kleine Teile zersägt zu werden. Meine Mutter ist zwar übergeschnappt, aber dabei ganz normal. Sie zahlt Steuern, arbeitet, verdient ihren Lebensunterhalt, sie kocht Wasser, ohne den Topf durchbrennen zu lassen. Sie ist so weit weg von allem, was mich umgibt, daß ich glaube, sie anzurufen könnte mich irgendwie an einen gesünderen Ort versetzen. Früher haben wir fast jeden Tag telefoniert, aber in letzter Zeit nicht mehr, weil es zu vieles gibt, was ich ihr nicht sagen will, und zu vieles, was sie nicht wissen möchte. Unser Schweigen ist ein gegenseitiges Abkommen, obwohl wir alle paar Tage über gar nichts reden. Vielleicht ist es Zeit für solch ein Gespräch.

Kaum hat sie den Hörer abgenommen, da fängt sie schon an zu brüllen. Zum einen, weil sie vor ein paar Tagen angerufen hat und ich mich bisher nicht gemeldet habe, zum andern, weil sie gerade aus Harvard eine Apothekenrechnung bekommen hat und wissen will, was das für Medikamente sind. Außerdem brüllt sie, weil sie es immer tut. Ich stamme aus einer Familie von Brüllern. Wenn sie irgend etwas anderes sagen wollen als »Gib mir das Salz, bitte«, wird es schreiend vorgebracht. Meine Mutter ist das Gegenteil von Gelassenheit, und ich rufe sie einzig in der Hoffnung an, daß ihre mütterliche Stabilität durch die Telefonleitung dringt.Beinahe sage ich: *Mommy, ich wende mich an dich, weil ich dich brauche, und du mußt jetzt für mich da sein oder wenigstens so tun, ich brauche jetzt eine mütterliche Mutter, die glaubt, daß ich nichts Falsches tue.* Ich bin so verzweifelt, daß ich es sagen würde, wenn ich wüßte, daß es etwas nützt.

Es nützt nichts. Unzählige Male hat sie hysterisch reagiert, und ich habe sie angefleht, sich zu beruhigen, weil sie der einzige Erwachsene in meinem Leben ist, dem ich traue. Und wenn sie durchdreht, ist es für mich so, als würde mir der Boden unter den Füßen weggezogen, aber das hält sie nicht auf. Sie bringt einfach nicht genug Verständnis für mich auf, um mir zuzuhören und das Schreien sein zu lassen. Es fehlt ihr der Abstand, um zu erkennen, daß ihr Verhalten unpassend oder übertrieben oder - das ist am schlimmsten - unproduktiv ist. Sie schreit weiter. Und ich sitze da und überlege, was ich unternehmen kann, um diesen Lärm zu beenden. In welch tiefe Verzweiflung muß ich geraten, damit sie merkt, daß sie mich umbringt, wenn sie weitermacht.

Aber an diesem tristen Sonntagnachmittag wird es nicht passieren, soviel ist sicher. Ich beende das Gespräch mit meiner Mutter schlecht und recht, und frage mich, was bleibt.

Nachdem ich bei meiner Mutter aufgelegt hatte, wählte ich Rafes Nummer, was ich schon seit Jahren tun wollte.

Ich wußte nicht, was mich erwartete - ich hatte ihn nur einmal getroffen, während meines letzten Highschool-Jahres, als ich mir Colleges ansah und die Brown University besuchte -, was ich aber brauchte, war Rettung. Rafe war der Freund eines Freundes; der hatte uns zusammengebracht, weil Rafes Eltern wegen derselben Sachen im Streit lagen wie meine, auch er redete nicht mit seinem Vater, und unser gemeinsamer Freund dachte, es würde uns vielleicht Spaß machen, Frontberichte aus dem Familienkrieg auszutauschen. Das taten wir auch, aber das war vier Jahre her.

Ich wußte nicht, wie ich Rafe beibringen sollte, daß er dazu ausersehen war, mein Leben zu retten.

Als er sich meldete, erkannte ich die Stimme sofort. »Hallo, bist du Rafe?«

»Ja.«

»Hi, Rafe, ich bin Elizabeth, eine Freundin von Jim Witz. Wir haben uns vor ein paar Jahren kennengelernt, als ich nach Brown kam, weil ich eine Uni suchte.«

»Mh-mh.« Er erkannte mich offensichtlich nicht.

»Na, jedenfalls, Jim hatte uns bekannt gemacht, weil ich die ganzen Probleme mit meinem Vater hatte, und du hattest ähnliche mit deinem ...« An seiner fehlenden Reaktion - kein Seufzen oder Stöhnen der Erinnerung - bemerkte ich, daß er unsere Begegnung völlig vergessen hatte. »Na ja, du erinnerst dich wahrscheinlich nicht mehr, es war ja auch nur ein Abend und ist so lange her«, fügte ich noch hinzu, um die Peinlichkeit in Grenzen zu halten.

»Wenn du mir sagst, wie du aussiehst, fällt es mir vielleicht wieder ein«, sagt er.

»Also, als ich dorthin kam, war es gerade deine erste Woche am College, deshalb ist alles für dich bestimmt weit weg.« Antworte auf seine Frage, Elizabeth. »Aber, wo du schon fragst,ich habe sehr langes braunes Haar, dunkle Augen und trage meistens Schwarz, das heißt, ich sehe mehr oder weniger aus wie jedes andere Mädchen deiner Bekanntschaft.«

»Ja, stimmt, so sehen tatsächlich die meisten hier aus.«

»Der eigentliche Grund, weshalb ich anrufe« - was ist denn nun der eigentliche Grund? - »ist, mh, ich versuche, Jim aufzutreiben, und ich dachte, du wüßtest vielleicht, wo er jetzt nach dem Examen hingegangen ist.«

»Keine Ahnung.«

Das war es dann wohl.

»Na gut, dann will ich dich nicht länger damit nerven.«

»He, warte mal«, sagte er, endlich ein bißchen lebhafter. »Leg nicht auf! Du hast mir doch noch gar nicht erzählt, wie es dir seitdem gegangen ist.«

»Aber du erinnerst dich doch sowieso nicht.«

»Doch, so ganz vage.«

!!!!!!!!!!!!!!

»Na ja, ich bin jetzt Junior in Harvard, studiere Vergleichende Literaturwissenschaften, schreibe viel, das heißt, in den letzten paar Jahren hat sich nicht besonders viel ereignet.« Eine Fehlgeburt, ein Nervenzusammenbruch, nichts Besonderes. »Mit meinem Vater rede ich immer noch nicht, obwohl ich's versucht habe.«

Aus irgendeinem Grund redeten wir über die Bands und die Bücher, die wir mochten. Dann erzählte er mir, er wolle nach dem Examen zurück in seine Heimatstadt Minneapolis und versuchen, Schauspieler zu werden. Er habe gerade, wie er sagte, in einer modernisierten Fassung von Molières ›Tartuffe‹ die Hauptrolle gespielt. Es sagte, ich hätte es sehen sollen, es sei großartig gewesen. Ich fragte mich, wie es Frauen so tun: Warum wünscht er sich, daß ich es sehe? Weil ein Schauspieler immer möchte, daß alle ihn sehen? Oder weil *ich* ihn sehen soll?

Während ich so nachdachte, sagte ich, es tue mir leid, daß er nicht wisse, wo Jim steckt, daß ich aber jetzt weg müsse. »Viel Glück für alles, ich hoffe, du kriegst es hin!«

»Warte doch«, sagte er. »Gib mir deine Telefonnummer, vielleicht komme ich ja mal nach Boston.«

»Was willst du denn in Boston?«

»Ich kann dich anrufen, wenn ich mal zufällig dort bin, dann können wir uns vielleicht mal treffen.«

»Ach so.«, sage ich cool. Elizabeth, nie in deinem Leben warst du so cool. »Das wäre wirklich nett.«

»Vielleicht bin ich sehr bald dort, weil ein guter Freund von mir aus Cambridge stammt«, sagt er. »Und mein Mitbewohner kommt aus Arlington.«

»Das ist ja schön«, sage ich. Wie nett. »Gut, dann ruf mich an!«

Zwei Tage später, am Dienstagabend, telefonierte ich erneut mit Rafe.

»Hi, ich bin's noch mal«, sagte ich, als wäre ich schon mit ihm vertraut. »Du wirst das vielleicht komisch finden, aber ich habe mir überlegt ...äh ... könnte ich dich am Wochenende besuchen kommen? Ich muß hier einfach mal raus und weiß nicht so richtig, wo ich sonst hin soll, außer nach Hause, aber da ...«

Er unterbrach mich mit seinem Lachen. »Das Witzige ist«, sagte er, »in den letzten Tagen habe ich mir immer wieder überlegt, wie ich nach Boston kommen kann, um dich zu besuchen.«

Um vier Uhr morgens in der Nacht von Freitag auf Samstag waren wir im Theater gewesen, hatten mehrere Partys besucht, waren schon seit ein paar Stunden wieder zu Hause bei Rafe, und er hatte mich immer noch nicht geküßt. Ich wußte nicht, was ich tun sollte.

Rafe hatte eine recht hübsche Wohnung, jene Art von Behausung, die man als Seniorstudent vom Wohnungsbüro der Uni bekommt. Er teilte sie mit zwei Mitbewohnern, und ein Freund, der aus seiner Studentenverbindung geflogen war, hauste in der Dachstube. Aus irgendeinem Grund war trotz der späten Stunde außer Rafe und mir niemand da. Wir saßen auf der Liege im Wohnzimmer und unterhielten uns. Ich hatte Angst, er würde mir vorschlagen, hier zu schlafen, da der gynäkologische Alptraum, den ich gerade hinter mir hatte, ihn ziemlich beeindruckt hatte. Er schien mir zu der Art von Jungen zu gehören, die der Meinung sind, es sei besser, getrennt zu schlafen.

Ich dachte erschrocken, so ist es also: Nichts weiter als ein Wochenende an einem anderen Ort, ein bißchen Zeit, die Gedanken zu ordnen, um frisch und ausgeruht nach Harvard zurückzukehren. Die Befürchtung, daß Rafe mich nicht retten würde, war unerträglich für mich. Er *mußte* mich retten.

Und gerade, als ich mir verdrossen sagte, ich hätte das Wochenende ebensogut damit verbringen können, das Referat über Raum, Zeit und Bewegung zu schreiben, anstatt bei einem Knaben rumzuhängen, der nichts war als freundlich, teilnahmsvoll und politisch korrekt, gerade, als mir einfiel, daß ich so viele andere Dinge zu erledigen hatte und nur hergekommen war, um gerettet zu werden, küßte Rafe mich endlich.

Gerettet!

Ich sehe ihn jedes Wochenende. Manchmal von Freitag bis Sonntag, immer öfter aber von Donnerstag bis Montag. Wenn wir zusammen sind, sind wir nichts als zusammen. Nichts wird getan, keine Theaterproben, wir räumen nicht auf und kochen kaum. An den drei Tagen in Cambridge versuche ich zu schaffen, was ich tun muß, lesen, Referate schreiben, Wäsche waschen, den neuen Job in der Lamont Library, und ich gehe sogar zu Vorlesungen. Es fällt mir schwer, mich für irgendwen oder irgend etwas in Harvard zu interessieren. Ich lebe in völliger Dunkelheit und hoffe jeden Tag, daß Rafe mich anruft, oder überlege, wann ich ihn anrufen werde.

Ich sehe mich ständig in meiner Wohnung um. Ich bemerke, daß die Poster, die ich so sorgfältig ausgesucht und an die Wände geklebt habe, herunterfallen, weil sich das Klebeband in der Winterkälte ablöst. Ich weiß, daß ich sie neu befestigen muß, aber ich lasse sie einfach herabhängen, bis sie auf die Sofas und Schaukelstühle fallen. In der Küche liegen mehrere prall gefüllte Müllsäcke, und ich weiß genau, daß, wenn sie nicht bald einer wegräumt, die Ratten hier einziehen werden. Obwohl ich das weiß, schaffe ich es nicht, morgens einen Sack mit hinauszunehmen.Ich kann an gar nichts anderes denken als *Wo ist Rafe?*

Jedesmal, wenn ich mich von Rafe verabschiedete, brach ich in wilde Tränen aus. Ich weinte im Bus von Providence nach Boston, in der Vorortbahn von Boston nach Harvard und auf dem Fußweg vom Harvard Square zu meiner Wohnung. Ich weinte, wenn ich zu Hause ankam und entdeckte, daß alle Mitbewohnerinnen bereits schliefen und ich keiner etwas vorheulen konnte. Stundenlang weinte ich, ohne aufzuhören. Ich saß am Computer und schrieb für die folgende Woche über Raum, Zeit und Bewegung. Das war das einzige Seminar, das ich noch ernst nahm. Ich weinte zwischen Kants Erkenntnistheorie und der Sprache der Hopi-Indianer, zwischen Raum-Zeit-Kontinuum, nicht-euklidischer Geometrie und Lichtstrahlen.

Ich wachte am Morgen auf, weinte immer noch und fragte mich, ob es möglich war, daß ich die ganze Nacht im Schlaf geweint hatte. In solchen Nächten konnte ich nur schlafen, wenn ich eine Halcion-Tablette aus Aldens Schreibtischschublade stibitzte. Sobald ich am Morgen erwachte, lief ich, belebt durch die Nachwirkungen des Halcions, zum Telefon und rief Rafe an. Ich sagte ihm, ich könne nicht aufhören zu weinen, hätte aber keine Ahnung, warum. Und er hatte keine Ahnung, was er mir darauf antworten sollte.

Ich weine, weil die Liebe etwas so Trügerisches ist, weil es unmöglich ist, einen anderen so sehr für sich zu haben, daß man das Loch füllen kann, jenes riesige Loch, das bei mir mit Depressionen angefüllt ist. Ich verstehe gut, daß Leute manchmal ihre Liebhaber töten, sie aufessen oder ihre Asche einatmen möchten. Dies ist, so glaube ich, die einzige Möglichkeit, einen anderen Menschen zu besitzen, wenn man sich so verzweifelt danach sehnt, wie ich mich danach sehne, Rafe in mich aufzunehmen.

Nach einiger Zeit genügte es mir auch nicht mehr, mit Rafe zusammen zu sein. Er war mir immer zu weit entfernt. Selbst wenn wir miteinander schliefen und er so tief in mir war, wie ein lebendiger Mensch es nur sein kann, war er immer noch weit fort, auf dem Mars, dem Jupiter oder der Venus, jedenfalls, was mich betraf.

Wenn ich ohne Rafe war, weinte ich meistens, wenn ich bei ihm war, tat ich dasselbe. Als ich das Dr. Sterling erklärte und ihr sagte, Rafe sei der beste Freund, den ich je hatte, er sei mir, soweit ich sagen könne, völlig ergeben, trotzdem weinte ich die ganze Zeit, konnte sie mir nicht sagen, was nicht stimmte.

»Ich könnte mir denken, daß die Nähe, die Sie bei Rafe erfahren, etwas ist, was Ihnen sehr lange gefehlt hat. Jedesmal, wenn Sie spüren, daß er sich entfernt, geraten Sie in große Erregung. Ich nehme an, der Kontrast zwischen den beiden Zuständen, bei ihm zu sein und ohne ihn zu sein, überfordert Sie.«

»Aber oft bin ich auch traurig, wenn ich mit ihm zusammen bin«, antwortete ich. »Er kann mir das noch so sehr versichern, doch er kann mich nicht überzeugen, daß er wirklich mir gehört.«

»Es muß einen Grund dafür geben, daß Sie so empfinden«, antwortete Dr. Sterling. »Sie sind kein irrationales Wesen, Irgendetwas, was er tut, wirft Sie um.«

Ich fühlte die Flut hinter meinen Augen anschwellen. Heißes Wasser, heißes Blut und heißes Salz. Die Tränen sprudelten nur so, als ich aufzählte, was ich alles tat, um mit Rafe zu sein, und was er alles nicht tat, um mit mir zu sein. »Er hält es für selbstverständlich«, sagte ich, »daß ich jedes Wochenende bei ihm erscheine, aufgeputzt wie eine Geschenkpackung, als wäre ich nur dazu da, ihn zu lieben und zu bedienen.«

Ich wußte, daß ich diese Situation heraufbeschworen hatte, und ich haßte ihn dafür, daß er mich so sein ließ. Ich haßte ihn dafür, daß er nicht mehr tat. Ich haßte ihn dafür, daß er nie zu mir nach Cambridge kam und sich immer damit herausredete, er müsse ins Theater oder eine Arbeit schreiben. Ich haßte ihn, weil ich seinetwegen alles hinschmiß, ohne daß er mich darum gebeten hätte. »Alles, was er sagt, wie sehr er mich liebt, bedeutet nichts für mich, solange ich das Gefühl habe, daß wir nur deshalb zusammen sind, weil ich mich ständig darum bemühe!« klagte ich.

»Woran erinnert Sie das?«

»An meinen Vater natürlich.« Warum fragte sie überhaupt? Dachte sie, ich wäre Therapie-Anfängerin? »Es ist wie bei meinem Vater, der nie irgendetwas unternahm, der mich nie besuchte, nie anrief, mir nie Geschenke kaufte, mich nie zu sich einlud, aber die wenigen Male, die wir uns sahen, immer schwor, er würde mich lieben. Rafe sagt mir dauernd, daß er mich liebt, aber meines Wissens sind das nur leere Worte.«

»Ich glaube, das müssen Sie ihm sagen«, antwortete Dr. Sterling. »Es ist wichtig, daß er bald einmal nach Cambridge kommt, sagen Sie ihm das.«

»Glauben Sie, er liebt mich wirklich?«

»Das weiß ich nicht«, antwortete sie. Es ging ihr sichtlich auf die Nerven, daß ich von ihr erwartete, die Gefühle von Leuten zu kennen, denen sie nie begegnet war. Sie seufzte. »Alles, was ich weiß, ist, daß er es behauptet, und daß er keinen Grund hat zu lügen.«

»Du wirst mich verlassen, stimmt's?« sagte ich vorwurfsvoll, als Rafe mich schließlich in Cambridge besuchte und ich das ganze Wochenende lang weinte. »Du hast genug von mir, stimmt's? Du mußt die Schnauze voll haben von all dem Geheul und meinen Launen. Und ich muß dir sagen, ich habe auch genug davon. Manchmal kommt es mir vor, als hätte mein Innenleben einen eigenen Willen. Ich werde hysterisch und habe keine Kontrolle mehr über mich. Ich weiß nicht, was ich dann machen soll. Und mir tut es so leid für dich, weil du auch nicht weißt, was du tun sollst, und ich bin sicher, daß du dich von mir trennen wirst.« Dann weinte ich wieder.

»Laß mich das doch selbst entscheiden«, sagte er und reichte mir einen Teller. Er hatte netterweise für mich gekocht - Spaghetti Bolognese, nicht weiter schwierig, wie er sagte - weil er fand, es wäre nicht schlecht, wenn ich einmal in meiner Wohnung etwas Selbstgekochtes zu essen bekäme. »Wenn es dir besser gehen soll, brauchst du zu allererst was zu essen«, sagte er. »Seit ich hier bin, hast du noch keinen Bissen zu dir genommen. Außerdem glaube ich, daß ich ganz gut mit dir umgehen kann. Ich bin hart im Nehmen, aber natürlich mache ich mir Sorgen um dich. Ich liebe dich wirklich, Elizabeth. Selbst wenn du in diesem Zustand bist. Und ich habe Angst um dich. Wie schwer es auch sein mag für Leute, die dich gern haben, ist es doch gar nichts gegen das, was du dir selbst antust. Du treibst dich noch in den Wahnsinn.«

»Ich weiß.«

»Was sagt die Therapeutin dazu?«

»Ach, das Übliche.« Alles, was Therapeuten über ihre verrückten Patienten sagen, immer dasselbe über Väter und Mütter und frühkindliche Traumata. »Ich möchte jetzt nicht so gern darüber sprechen, ich habe nicht die Kraft dazu.« Ich seufzte, denn ich war erschöpft. Ich setzte mich auf, nahm den Teller und begann, Spaghetti auf meine Gabel zu drehen. »Ich möchte nur sicher sein, daß du nicht total die Schnauze von mir voll hast.«

»Gott noch mal, Elizabeth, ich sage dir doch, das habe ich nicht.« Er holte tief Luft und schüttelte den Kopf. »Ich liebe dich, aber ich weiß wirklich nicht mehr, wie ich dich davon überzeugen soll. Bis zu diesem Wochenende hatte ich immer gedacht, alles könnte sich anders entwickeln, es würde sich von selbst legen, würde einfach verpuffen. Aber heute abend, wo ich erlebe, wie traurig du bist, merke ich, daß ich dir ganz und gar gehöre. Es geht uns beide an. Was immer dir zu schaffen macht, meinetwegen brauchst du dir keine Gedanken zu machen. Ich weiß, daß dies wirklich ernst und wichtig ist, und ich will dich unter keinen Umständen verlassen.«

»Wirklich?«
»Ja.«
»Wirklich?«
»Ja.«

Wir versuchen die ganze Zeit, Worte zu finden, um unsere Liebe auszudrücken, wir kämpfen um die richtigen Worte. Die Qualität und Quantität. Wir sind sicher, daß seit der Erschaffung der Welt noch niemand so empfunden hat wie wir. Vielleicht Catherine und Heathcliff, vielleicht Romeo und Julia oder Tristan und Isolde, Hero und Leander, aber die sind ja nur Figuren und nicht echt. Wir haben uns immer gekannt, schon bevor wir gezeugt wurden. Wir erinnern uns, daß wir zusammen in einem Laufstall gespielt haben. Bevor Christus lebte, trafen wir uns vor dem heiligen Tempel, begrüßten einander auf dem Forum, auf dem Parthenon, auf Schiffen, die Christoph Columbus bei seiner Fahrt nach Amerika passierte. Wir haben gemeinsam ein Pogrom überlebt, sind gemeinsam in Dachau umgekommen, wurden gemeinsam vom Ku Klux Klan gelyncht. Wir hatten Krebs, Kinderlähmung, die Beulenpest, Schwindsucht und waren morphiumsüchtig. Wir haben gemeinsame Kinder, wir waren als Kinder zusammen, wir haben den Platz im Mutterleib geteilt. Unsere Geschichte ist tiefgreifend, weitreichend und lang, eine Million von Jahren kennen wir uns bereits. Und doch wissen wir nicht, wie wir diese Art Liebe, diese Art Gefühl ausdrücken sollen.

Manchmal bin ich wie gelähmt. Manchmal, wenn wir unter der Dusche sind, würde ich ihm gerne sagen: Ich könnte metertief unter Wasser sein, ohne zu ertrinken, selbst ohne Angst, zu ertrinken, weil ich weiß, daß ich bei dir immer sicher sein kann, daß ich sogar zu sterben bereit bin, solange du bei mir bist. Ich würde es gerne sagen, tue es aber nicht.

Rafe hat mir gesagt, während seiner Winterferien werden wir uns vier Wochen nicht sehen. Er muß sich um seine geistesgestörte verwitwete Mutter und um seine elfjährige Schwester kümmern, der es gerade sehr schlecht geht, weil sie auch irgendwie gestört ist und vielleicht Behandlung braucht.

Ich frage mich, warum so viele Leute, mit denen Rafe zu tun hat, verrückt werden.

Und ich sage mir, daß mir seine Mutter und seine Schwester oder wer auch immer in Minneapolis vollkommen gleichgültig sind. Ich weiß nur, daß es mich gibt und ich keinen Monat ohne Rafe überlebe.

Ich weine heftig, nachdem Rafe mir das gesagt hat, das ganze Wochenende lang, ohne aufzuhören. Und ich schreie auch. Du gehst weg und kommst nicht wieder! Du gehst weg und kommst nicht wieder!

Er schüttelt nur den Kopf und hält mich in seinen Armen. Er sagt, vier Wochen, das ist doch gar nicht so lange.

Nachdem er das gesagt hat, weine ich noch mehr, weil ich merke, daß er keine Ahnung hat, wie lang und schwer und handgreiflich Zeit für mich ist, daß selbst vier Minuten, in denen ich mich so fühle wie jetzt, zuviel sind.

Als ich in den Ferien nach Hause fuhr, aß ich mit meiner Mutter zu Abend und erzählte ihr von der Uni, von Rafe und von allen möglichen alltäglichen Dingen, und spät am Abend stand für mich fest, daß es für mich *absolut keine* Möglichkeit gab, ohne ihn zu überleben. Nach dem Essen überkam mich plötzlich ein Gefühl größten Unbehagens. Ich wußte nicht, was ich tun sollte. Das schreckliche Gefühl überwältigte mich. Ich kam mir vor wie ein Bauernhof, über den die Heuschrecken hergefallen sind und der völlig vernichtet wird. Spätabends ging ich mit meiner Freundin Dinah Kaffee trinken; wir landeten in einer Pinte in der Amsterdam Avenue, und ich erzählte ihr von Rafe und sagte ihr, wie schmerzlich es für mich war, ohne ihn zu sein.

Dinah und ich hatten uns schon mit vier Jahren angefreundet, wir hatten uns im Kindergarten kennengelernt. Sie erzählte mir, daß ihr Vater Zauberer sei, ich sagte, der meine sei Juwelier-Astronaut. Sie füllte Wasser in leere Limonade-Flaschen und sagte, es sei ein Zaubertrank. Ich versprach ihr, wenn ich meinen Vater wiedersähe, würde ich ihr eine Smaragdhalskette oder ein Stück Mond schenken. Wir blieben während der Grundschulzeit und in der Highschool gute Freundinnen. Auch als wir auf verschiedene Colleges gingen, blieben wir in ständigem Kontakt. Sie kannte mich besser als jeder andere, hatte mich auch schon früher mit depressiven Anwandlungen erlebt, kannte also die ersten Anzeichen. Meinen Erzählungen über Rafe hörte sie mit trauriger Miene zu.

»Elizabeth, du siehst Rafe doch schon in wenigen Wochen wieder«, sagte sie mit einer Logik, die mir auf grausame Weise fremd war. »Es ist normal, daß Leute sich trennen, hinterher sehen sie sich dann wieder.«

»Ich weiß, aber ich glaube, das halte ich nicht aus.«

Ich sprach von den unerträglichen Schmerzen, obwohl selbst ich begriff, daß ich hätte froh sein sollen, zum erstenmal seit der Highschool so sehr in jemanden verliebt zu sein. Aber es gelang mir nicht. Ich stellte mir nur noch das Ende vor, den Schmerz, den ich empfinden würde, wenn es so weit wäre. Dadurch wurde das Glück, das ich jetzt noch genoß, nicht nur fragwürdig, sondern ging ganz verloren. Je glücklicher zu sein ich mir jetzt gestattete, desto unglücklicher würde ich später sein.

Ich war wie eine Süchtige, die nicht an ihre Droge herankommt. Ich saß da, ohne Rafe, und gierte nach ihm. Ich war überzeugt, daß Heroinentzug nicht anders sein konnte. Ich hatte Schmerzen, weinte, zitterte, fiel auf die Knie und übergab mich, weil er mir fehlte. Es war wie ein kalter Entzug.

Ich war sicher, daß er irgendwo im Sonnensystem verlorengegangen war und ich ihn nie wiederfinden würde. Ich würde ihn nicht am Telefon erreichen, er würde verschwunden sein, ich würde ihn verlieren. Ich müßte mich ans FBI wenden, aber sie würden ihn nicht ausfindig machen. Ich stellte mir ein Schicksal vor wie das von Horacio Oliveira in Julio Cortázars Roman ›Rayuela‹. Voll Mitleid dachte ich an den Mann, der den Rest seiner Tage auf der

Suche nach der seit langem vermißten La Maga war, die in Montevideo oder einem anderen heruntergekommenen Ort Uruguays verschwunden war, einem Land, in dem es mehr Vermißte als Gefundene gibt, in dem man jemanden für immer verlieren kann. Es ist das ideale Land für die Phantasien und Irrungen der Literatur, weil Leben und Tod in Lateinamerika allgegenwärtig sind.

Ich erzählte Dinah von meinen Ängsten, sagte, ich sei überzeugt, Rafe werde sich in Nichts auflösen. Sie antwortete nur: das ist verrückt, das ist völliger Quatsch, und ich muß ihr recht geben. Aber ich komme nicht dagegen an, schaffe es einfach nicht.

An all diesen Tagen tat ich nichts anderes, als durch die Straßen der Upper West Side zu laufen und an Rafe zu denken. Ich versuchte auch, etwas anderes zu tun, wollte mir ›Eine verhängnisvolle Affäre‹ ansehen, schaffte es aber einfach nicht, ins Kino zu gehen, weil ich wußte, wenn ich einmal dort wäre, würde ich Schlange stehen müssen mit dem Gefühl, daß es ewig dauerte. Dinah nahm mich mit ins Museum of Modern Art in eine Paul-Klee-Ausstellung, aber ich konnte mich nicht auf all die abstrakten Bilder konzentrieren. Ich mußte auch für die Uni arbeiten, kriegte aber nichts auf die Reihe. Ich sollte ein Referat in Semiotik über Motorradkultur und Fahrradrituale schreiben, aber jedesmal, wenn ich die Zeitschrift ›Easy Rider‹ zur Hand nahm, erschien mir das Umblättern einer einzigen Seite wie eine der Taten des Herakles. Ich schlief in der Badewanne ein und lag die ganze Nacht wach. Ich konnte mir nicht mal morgens das Gesicht waschen, meine Hände waren einfach zu schwach.

Ich hörte mir die neue CD von Marianne Faithful an. Sie hieß ›Strange Weather‹, eigentlich hätte sie heißen müssen: ›Musik zum Pulsaufschneiden‹. Ich weinte, wenn ich sie hörte, ich weinte, wenn ich sie nicht hörte. Ich wollte gerne Rafe etwas vorweinen, aber ich konnte ihn nicht siebenundzwanzigmal am Tag anrufen. Er hatte viel zu erledigen. Seine Schwester war, wie es schien, eine echte Last, seine Mutter ebenso. Er gab sogar zu, daß er manchmal mit mir die Geduld verlor. Trotzdem rief ich ihn zwölfmal am Tag an. Einmal war er gerade nicht zu Hause, und ich versuchte, ihn den ganzen Abend über zu erreichen, bis seine Mutter schließlich das Telefon abstellte. Ich hatte Angst, der Hörer würde nie mehr aufgelegt werden, und ich würde Rafe nie mehr erreichen. Ich blieb die ganze Nacht auf und hörte mir zitternd das Besetztzeichen an. Meistens war er, gerade wenn ich anrief, mit irgendetwas beschäftigt oder ärgerlich oder besorgt, und wenn ich ihn dann fragte, ob er mich noch liebe, schrie er: *Ja! Und jetzt laß mich in Ruhe!* Er haßte es, daß ich ihn so nervte, während er mit Problemen beschäftigt war. Schließlich gab es in seinem Leben noch etwas anderes als mich.

Mir wurde klar, daß ich etwas tun mußte, um Halt zu finden. Niemand außer Rafe konnte ihn mir geben. Ich sagte meiner Mutter, ich würde nach Dallas zur Hochzeit einer Freundin fliegen. Sie müsse meinen Flugschein bezahlen, ich würde ihr das Geld aber später wiedergeben. Ich könnte ein paar Artikel für die ›Morning News‹ schreiben, und so käme bei der Reise auch etwas heraus. Sie meinte, die viele Reiserei wäre nicht gut, ein Symptom meiner Krankheit, und ich sollte nur fahren, wenn Dr. Sterling einverstanden wäre. Dr. Sterling war in die Weihnachtsferien gefahren, aber das hielt mich nicht davon ab, sie mehrmals um vier Uhr morgens in ihrem Skihütte in Vermont anzurufen. Ich war der Meinung, am Tag könnte meine Mutter sie ruhig dort anrufen. Gott sei Dank fand Dr. Sterling, daß Reisen mich ablenken und die Zeit bis zum Wiederbeginn der Therapie überbrücken würden. Sie habe in den letzten Tagen mit mir gesprochen, und ich hätte mich noch nie so verzweifelt angehört.

Was beide nicht wußten, war, daß ich auf dem Rückweg von Dallas einen Abstecher nach Minneapolis machen wollte, um Rafe zu sehen und mich zu versichern, daß er mich noch liebte.

Ich fuhr also nach Texas und gab mir den Anschein, Artikel zu schreiben. Ich ging sogar zu den ›Morning News‹ und setzte mich an meinen früheren Platz, weil alle in den Ferien waren. Die wenigen anwesenden Redakteure brauchten Geschichten. Ich interviewte Leute, hatte vor, etwas über ein texanisches Autorenpaar zu schreiben, dessen Bücher soeben erschienen waren. Hatte ich dann die Interviews aufgeschrieben, merkte ich, daß ich gar nicht fähig war, daraus Artikel zu machen.

Wenn ich mit meiner Mutter telefonierte, erzählte ich ihr, es gehe mir gut, ich schriebe eine Menge, würde dafür bezahlt, verdiente was ich brauche, und es sei das Beste, was ich je gemacht hätte.

Die übrige Zeit in Dallas verbrachte ich im Bett, nur am Neujahrsabend stand ich auf, um fernzusehen. Es kam mir lächerlich vor, daß die von Holly Hunter gespielte Figur sich am Morgen fünfzehn Minuten zum Weinen reservierte, während ich nicht in der Lage war, Zeit zu finden, in der ich nicht weinte.

Rafe kam zu spät zum Flughafen. Als er endlich auftauchte, saß ich schluchzend in der Halle, und er erzählte irgendwas von einem kaputten Wecker.

Ich hätte ihn am liebsten umgebracht, schließlich war ich um sechs Uhr morgens abgeflogen und in Houston umgestiegen, um ihn zu treffen, und jetzt redete er mit mir über die Unzuverlässigkeit japanischer Haushaltsgeräte. Ich konnte es nicht fassen, daß er nicht die ganze Nacht aufgeblieben war, wie ich es für ihn getan hätte. Ich sagte aber nichts, denn irgendein minimaler Rest von Normalität in meinem Gehirn sagte mir, daß ich verrückt war und er vermutlich nicht.

Ich saß da und heulte den ganzen Weg nach Minneapolis. Rafe sagte, wir unterhalten uns besser, wenn du dich beruhigt hast.

In einem Restaurant sagte er mir, er könne die Beziehung nicht fortsetzen, weil ich ihn zu sehr in Anspruch nähme, und das täten auch schon alle anderen, und er wolle nur ein normaler Seniorstudent sein, das letzte Semester vor dem Examen genießen, jede Menge Acid einwerfen, mit den jungen Studentinnen schlafen und sich nicht dauernd Sorgen um Leute wie mich machen.

Ich sagte nichts darauf, dachte aber, jetzt sterbe ich gleich.

Ich sollte nur den Nachmittag in Minneapolis verbringen und nach ein paar Stunden nach New York weiterfliegen, aber ich weigerte mich, ein Flugzeug zu besteigen, solange Rafe nicht seine Meinung änderte.

Wir fuhren zu ihm nach Hause, ich lernte seine Mutter kennen, sie hatte einen harten deutschen Akzent und strenge preußische Manieren. Wir tranken Weißwein und machten Fotos, als wäre alles in bester Ordnung. Ich verpaßte meinen Flug mühelos. Ich war so ruhig und benahm mich so normal, daß Rafe meinte, wir müßten uns doch nicht trennen. Dann gingen wir mit Rafes Schwester ins Kino, um ›Empire of the Sun‹ zu sehen, und danch flippte die Kleine aus und bohrte mit einem Regenschirm ein Riesenloch in die Wandbespannung des Foyers. Mitten in der Nacht wurde sie in die Notaufnahme gebracht, weil sie sich nicht beruhigte. Sie hörte nicht auf, die Wohnungseinrichtung ihrer Mutter in dem großen alten Haus oberhalb des Lake Minnetonka zu ruinieren, und es sah aus, als müßte man sie wirklich einliefern.

Mich ließen sie in dem Haus zurück, ich war allein im Gästezimmer, allein im nächtlichen Minnesota, und ich hatte solche Angst, daß ich Dr. Sterling anrief. »Morgen fliege ich nach New York«, sagte ich, nachdem ich erklärt hatte, wo ich war. »Rafe und ich haben uns wieder geeinigt, aber ich habe das Gefühl, daß es nicht lange hält.«

»Es hört sich so an, als ob Sie zufrieden wären«, sagte sie.

»Im Moment ja, weil ich noch hier bin.« Ich schweige eine Minute, um herauszufinden, warum ich nicht trauriger klinge. »Es ist fünf Uhr morgens, und ich rufe Sie an, also kann es mir doch nicht gut gehen.«

»Ich glaube, Sie sollten gleich nach Cambridge kommen, wir

müssen über eine wirksamere Therapieform nachdenken. Ich mache mir Sorgen über die Entwicklung der letzten Monate. Immer sagen Sie, was muß ich tun, damit die Leute mich ernst nehmen? Sie müssen nicht versuchen, sich umzubringen, ich nehme Sie auch so ernst. Ich kann Sie ins Stillman-Hospital oder ein anderes Krankenhaus in Harvard als Vollpatient überweisen, und ich kann Ihre Behandlung bei einem der Ärzte dort, die ich kenne, überwachen.«

Ich sagte nichts, ich war sprachlos.

»Aber zuerst müssen Sie hierherkommen, damit ich Sie sehen kann. Per Telefon kann ich Ihnen nicht gut helfen.«

»Dr. Sterling«, wimmerte ich.

»Ja?«

»Danke!«

10

Stillgelegt

I myself am hell.
ROBERT LOWELL
›Skunk Hour‹

An einem Samstagabend im Januar liege ich in einem Krankenhausbett und sehe fern. Ich lese auch ›Verletzungen‹ von Margaret Atwood, obwohl es hoffnungslos polemisch und veraltet ist. Ich möchte mein feministisches Bewußtsein damit wachrütteln, hoffe, daß es mich inspiriert, in die Wildnis zu gehen und meine Beziehungen zur Erde, zu Baumwurzeln, Schafen und meinem eigenen nackten, ungeduschten, ungeschminkten Selbst neu zu ordnen, wie es die Erzählerin der Geschichte tut. Gegen Ende des Buches ist sie von Schlamm bedeckt, eine lebensechte Naturfrau eben, die ihren eigenen Dreck im Schmutz begräbt, als käme es nur darauf an. Ich muß meine Freundinnen warnen, alles Frauen mit den richtigen Überzeugungen, die glauben, sie müssen dieses Buch lesen, weil es als feministischer Klassiker gilt.

Vielleicht sollte ich besser Thoreau lesen, zum Beispiel ›Walden‹; alle sagen nämlich, das würde mir neues Lebensglück bescheren. Henry David, der im Garten herumwerkelt, und lauter solche Sachen. Dabei wage ich nicht einmal mehr, von Glück zu träumen. Ich hoffe nur, daß sich mir der Weg zu einem so befriedigenden und erfüllten Leben öffnet, daß ich Rafe nicht mehr brauche. Ich wäre so gerne eine jener unabhängigen Frauen wie Barbara Stanwyck in ›Babyface‹ oder Jean Harlow in ›Red Headed Woman‹ oder die Heldin in irgendeinem anderen Film noir, die die Männer ungestraft lieben und verlassen können. Leider aber bin ich in der blauweißgestreiften Stillman-Krankenhaus-Uniform niemand anderer als ich selbst.

Im Fernsehen zeigen sie die US-Meisterschaften im Eiskunstlauf. Ich sehe die Pflichtprogramme, höre die Sportreporter von dreifachen Rittbergern und Doppelaxeln reden. Es sind gerade die Frauen dran. Die einzige, von der ich schon gehört habe, ist Tiffany Chin, eine zierliche Asiatin, die dazu verurteilt ist, Zweite nach Debi Thomas zu werden, der Medizinstudentin aus Stanford, die ihrerseits dazu verurteilt ist, bei den Olympischen Spielen eine schlechte Kür zu laufen und nur Bronze zu bekommen.

Debi ist ziemlich stämmig, kein bißchen hübsch, kein bißchen wie jene Eisläuferinnen, für die ich immer schwärmte, als ich noch klein war. Sie waren immer geschmeidig und mager, und wenn sie nicht schön waren wie Peggy Fleming, dann doch wenigstens anbetungswürdig und elfenhaft bezaubernd wie Dorothy Hamill. Ich weiß, daß Eislaufen etwas mit Pirouetten, doppelten Rittbergern und Tripelaxeln zu tun hat und nichts mit weiblicher Schönheit. Aber mich verführt wie jeden anderen die Oberfläche daran, und ich weiß noch, daß ich jedes Jahr zu den ›Ice Capades‹ im Madison Square Garden ging und davon träumte, so zu werden wie Peggy Fleming. Sie hatte blaue Augen und schwarzes Haar und war von einer tänzerischen Geschmeidigkeit, die nach ihr keiner mehr erreichte, bis Katharina Witt kam.Erst später erfuhr ich aus den Klatschspalten der Zeitschrift ›People‹, daß all diese Frauen unter Einsamkeit leiden, daß es Streß bedeutet, immer in Form zu sein, und das Leben als Sportler keineswegs einfach ist. Damals fand ich auch heraus, daß viele der hübschen Ballerinas in ›Schwanensee‹, viele der makellosen, aber nicht ganz erstklassigen Models, die irgendwann einmal in ›Glamour‹ auftauchen, die Tennisspielerinnen, die Background-Sängerinnen - daß alle diese Frauen nur scheinbar zu beneiden sind und in Wirklichkeit im Elend stecken.

Selbst Debi Thomas hat Probleme. Sie wird schließlich zur weniger renommierten Universität von Colorado wechseln, heiraten und das Eislaufen an den Nagel hängen. Heute abend aber bietet sie eine hervorragende Darstellung, sämtliche dreifachen Rittberger, Pirouetten und Sprünge gelingen ihr, die Sportreporter schwärmen von ihrer Top-Form, erzählen, wie hart sie für diesen Abend trainiert hat, und sind begeistert, mit welcher Bravour sie all diese Sprünge schafft! Für heute abend ist Debi der Star. Sie ist nicht anmutig, aber kräftig und stabil. Eigenschaften, die mir, die ich schwach und kraftlos im Bett liege, einfach bewundernswert erscheinen.

Auch ich werde von der Freude über Debis großen Auftritt angesteckt. Sie lächelt, während sie über das Eis gleitet, scheint voller Vertrauen, und ich sage mir: Zur Hölle mit den ›Verletzungen‹ und dem Leben der Cromagnon-Frau. Leben hat etwas mit Eislaufen, der Beherrschung von Metallkufen auf dünnem Eis zu tun. Ich weiß noch von meinem eigenen Ballettunterricht, daß es anstrengend ist, so weit zu kommen, daß das Tanzen auch Freude bereitet und man sich nicht mehr auf die Schrittfolge konzentrieren muß. Die Glieder brauchen Jahre, um ein inneres Gedächtnis zu entwickeln. Aber wenn es ihnen gelingt und der Körper die Dinge in die Hand nimmt, gibt es einem ein Gefühl der Freiheit, jetzt tanzt man wirklich. Ich sehe Debi beim Eislaufen zu, weiß, wie viele Jahre harter Arbeit und des Trainings für diese eine Vorstellung notwendig waren - natürlich auch für andere, aber diese ist die einzige, die im Moment zählt - und ich beginne zu weinen.

Ich glaube, ich weine Freudentränen, weil es einfach schön ist, dieser jungen Frau voller Leben, die etwa in meinem Alter ist, bei ihrer Vorführung zuzuschauen. Ich weine, während ich ihr Lächeln sehe. Sie lächelt und weiß, daß alles, was sie macht, richtig ist, und daß es für sie das Richtige ist. Ich weine noch, als sie auf das Siegerpodest steigt, um die Goldmedaille in Empfang zu nehmen. Ich weine, und Debi auch. Ihr Sieg zeigt, daß ihr Pech auf der Olympiade sie nicht ruiniert hat und daß, wie die Sportreporter mit unangemessenem Nachdruck hervorheben, ihre Niederlage gegen Tiffany Chin bei den US-Meisterschaften vom Vorjahr nur ein Ausrutscher war.

Ich weine noch, als die Sendung schon längst vorüber ist und merke jetzt, daß diese Tränen alles andere sind als Freudentränen. Es sind dieselben Tränen wie die, welche ich weine, wenn ich Gorbatschow in den Abendnachrichten sehe, den Mann, der die Welt verändert und bewiesen hat, daß ein einzelner etwas bewegen kann. Dieselben Tränen weine ich, wenn ich das Gospel mit dem Text »This little light of mine/I'm gonna make it shine« höre und darüber nachdenke, daß auch einfache Leute im Großen wie im Kleinen Feindschaft überwinden können.

Mir fällt ein, daß ich in der Highschool-Zeit stundenlang weinte, nachdem ich Robert Redford in ›Der Unbeugsame‹ gesehen hatte. Da weinte ich darüber, daß Entschlossenheit und Überzeugung einen einfachen Baseball-Spieler dazu brachten, übernatürliche Dinge zu tun. Nach dem Kino aß ich mit meiner Mutter bei Sbarro am Times Square zu Abend. Es war ein Freitag. Sie wollte wissen, was mich so traurig machte. Alles, was ich antworten konnte, war, er ist so begabt, es ist ein Geschenk, begabt zu sein, es bedeutet große Verantwortung, es ist so schwer, ein Naturtalent zu sein.

Meine Mutter hat offenbar verstanden, was ich meine, und sagt: »Du spielst auf dich selbst an, oder?«

Ich nicke.

»Deshalb, weil du auch ein Naturtalent bist?«

Ja, hätte ich am liebsten gesagt, vielleicht hab ich's auch gesagt, aber ich weine, weil ich vielleicht große Fähigkeiten habe, sie aber von so viel anderem verschüttet sind. Und dieses andere ist nicht gut, sondern falsch und verdreht, das fühle ich genau. Meine Begabungen sind nicht so klar erkennbar wie die Fähigkeit, einen Ball mit einem Schläger zu treffen oder eine dreifache Pirouette auf dem Eis zu drehen. Meine Begabungen sind etwas fürs Leben, sie ermöglichen es unglücklicherweise, die Grausamkeit und das Elend der

Welt mit besonderer Schärfe wahrzunehmen. Meine Begabungen sind unspezifisch, ich bin eine verhinderte Künstlerin, ich habe verrückte Ideen, hochtrabende Bedürfnisse und auch ein wenig Glück, weiß aber nicht, wie ich das zum Ausdruck bringen soll. Ich bin wie die Hauptfigur in ›Betty Blue‹, die Frau, die etwas in sich hat, aber was es ist, wird nicht ganz klar. Es ist eine bestimmte Energie, die kein Medium findet, und so sticht sie sich schließlich die Augen mit der Schere aus, landet in einer Heilanstalt und wird von ihrem Liebhaber umgebracht. Sie ist verloren, und ich bin auf dem Weg dahin. Deshalb weine ich am Ende von ›Der Unbeugsame‹.

Und jetzt bin ich hier, Jahre später, dabei sollte ich eine Schriftstellerin sein, die dem Gefühl der fehlenden Kunstform durch Schreiben entkommt, und es ist Samstagabend, und statt in Adams House auf einer Party zu sein oder eine Doppelvorstellung mit Preston-Sturges-Filmen im Brattle Theater zu sehen oder irgendwo in einem Zimmer mit ein paar Freunden Hasch zu rauchen, liege ich in einem Krankenhausbett und sehe fern.

Das ist alles, wozu ich im Moment in der Lage bin. Ich bin so depressiv, daß ich wenig anderes tun kann, als hier in diesem weißen Zimmer zu liegen, mit weißem Bettzeug und einem Fernseher an der Decke, dessen Fernbedienung man quetscht wie eine Zitrone, mit der man den Tee säuert. Ich weiß, daß ich so viel mehr könnte als das, ich weiß, daß ich Lebenskraft habe, mit meiner ganzen Seele lieben könnte, zu Gefühlen fähig bin, die stark genug sind, um auf den Mond zu fliegen.

Ich weiß, daß ich, wenn ich nur aus dieser Depression herausfände, so viel anderes tun könnte als am Samstagabend vor dem Fernseher zu weinen.

Als ich ins Krankenhaus kam, sagte Dr. Sterling, ich könne solange bleiben, wie ich wolle, müsse aber meine Arbeit schaffen. So schlimm es auch immer kommen mag, ich muß meine Referate immer pünktlich abgeben und meine Prüfungen machen und auch die Termine für meine Artikel halten. Mein Computer und alle meine Bücher sind mit mir ins Stillman-Hospital gezogen, und so bilde ich mir ein, Trost in meiner Arbeit zu finden wie früher.

Aber jetzt geht es mir zum Arbeiten viel zu schlecht. Offenbar habe ich zu viel Zeit damit verbracht, den Leuten klarzumachen, daß ich wirklich Depressionen habe, aber jetzt, wo alles zu spät ist, will ich es nicht wahrhaben. Ich bin wie versteinert bei allem, was mir hier widerfährt, und habe riesige Angst davor, den Dingen auf den Grund zu kommen und zu sehen, daß das schon alles ist. Wie konnte mir das nur passieren?

Vor nicht langer Zeit, vor zehn Jahren vielleicht, war ich noch ein kleines Mädchen, das eine neue Rolle übte, krankhafte Depression als eine Art Punk-Rock-Protest ausprobierte, und jetzt bin ich hier und habe sie wirklich.

Ich rufe alle fünf Minuten bei Dr. Sterling an und lasse mir versichern, daß ich eines Tages aus all dem herauskomme. Sie beruhigt mich immer, sagt stets das Richtige. Kaum habe ich aufgelegt, kehrt die Angst zurück. Und ich rufe wieder an.

»Elizabeth, wir haben doch gerade darüber geredet. Was soll ich denn tun, damit Sie mir glauben?«

»Sie können gar nichts machen«, sage ich unter Tränen. »Begreifen Sie nicht? Nichts bleibt hängen. Das ist ja das Problem. Rafe geht für fünf Minuten aus dem Zimmer, und ich glaube, er kommt nie wieder. So geht es mir mit allem. Nichts erscheint mir wirklich, solange ich es nicht vor Augen habe.«

»Furchtbar, so leben zu müssen.«

»Gerade das versuche ich Ihnen ja zu erklären!«

Ich frage mich, ob sie begreift, daß ich es so nicht länger aushalte.

Zugleich sage ich mir, daß gesund zu werden eine Willenssache ist, daß ich mich eines Tages entscheiden muß, aufzustehen, das Bett zu verlassen, glücklich zu sein. Ich werde es erzwingen und glaube, es schaffen zu können. Wieso glaube ich daran, daß es möglich ist?

Wohl deshalb, weil die Alternative mich erschreckt. Die einzige Alternative ist der Selbstmord. Bislang habe ich immer gedacht, Selbstzerstörung sei so etwas wie eine rote Fahne, die man schwingt, um die Leute zu warnen, damit man die notwendige Hilfe bekommt. Aber jetzt, wo ich hier im Krankenhaus liege, denke ich zum erstenmal ernsthaft über Selbstmord nach, weil ich die Qualen nicht mehr ertrage. Ich frage mich, ob all die Krankenschwestern, die durch mein Zimmer laufen, mir Essen bringen, mein Bettzeug wechseln und mich ermahnen, mich zu waschen, in der Lage sind zu begreifen, daß ich nichts bin als die Summe meines Schmerzes und so verwundet bin, daß es tödlich sein kann. Das könnte schon die Fallgeschwindigkeit eines Mädchens sein, das nicht mehr zu retten ist. Was, wenn das mein Leben lang so bleibt?

Erneut rufe ich Dr. Sterling an, frage immer wieder dasselbe, und endlich kommt sie zu dem Schluß, daß ich Medikamente bekommen soll. Ich bin schließlich nicht ihre einzige Patientin, sie hat noch andere Probleme, und wenn sie mir sagt, sie wolle auch ein wenig Zeit für ihre Kinder haben, fange ich an zu weinen und sage ihr, daß ich jetzt sterbe und sie ihre Hände mit Blut befleckt. Dr. Sterling versucht nun, mich mit Chemie zu behandeln, weil sie wieder ein Privatleben haben möchte. Mit der richtigen Medikation könne ich sogar meine Arbeit schaffen, meint sie. Mein Studienberater und Dr. Sterling und ein paar Freunde haben vorgeschlagen, ich solle nicht regelmäßig zu den Veranstaltungen gehen und meine Arbeit auf später verschieben, aber aus irgendeinem Grund kann ich es nicht. Es würde mich zu sehr entmutigen. Ich sage mir immer wieder, solange ich meine Referate schreiben kann, habe ich noch Hoffnung. Wenn ich aber nicht für die Universität arbeite, bin ich gezwungen, mich umzubringen, weil der letzte Anker, den ich hatte, verloren ist. Andere Studenten mit seelischen Problemen lassen sich beurlauben, aber sie haben Familien, haben das Gefühl, es gibt einen Ort auf der Welt, an dem sie bei all ihrem Kummer immer Aufnahme finden. Alles, was ich habe, ist ein Anschein von Leben, den ich mir in Harvard selbst aufgebaut habe, und ich kann das nicht einfach aufgeben. Entweder ich mache meine Arbeit, oder ich sterbe.

Meine Hauptprobleme sind, wie Dr. Sterling sagt, Angst und innere Erregtheit. Ihrer Meinung nach ist meine Angst, nie mehr aus der Depression herauszukommen, schlimmer als die Depression selbst. Wie immer scheint es auch hier so zu sein, daß ich mich in gewisser Distanz zu meinen Problemen befinde, eher aufgeregte Zuhörerschaft bin als der eigentliche Film.

»Glauben Sie, daß ich unter Meta-Depressionen leide?« frage ich scherzhaft, als mir einen Augenblick zum Lachen zumute ist.

»Man kann es so sehen«, antwortet sie.

Dr. Sterling glaubt, solange ich noch keinen Psychopharmakologen im McLean-Hospital konsultiert habe, ist Xanax das beste Mittel für mich, vor allem weil es sofort wirkt. Auf längere Sicht sei ein Antidepressivum zwar angemessener für meine Beschwerden, aber sie glaubt, ich würde die Wirkung eines solchen Medikaments nicht mehr erleben - die setzt nämlich erst mehrere Wochen nach der ersten Einnahme ein -, und so müßten wir eine Lösung finden, die mich von meiner akuten Verzweiflung befreit.

Einige Zeit nach der ersten Einnahme von Xanax bin ich gerade von meinem täglichen Spaziergang zurückgekommen und liege wieder im Stillman-Hospital im Bett, die Beine dicht am Bauch, mit den Armen umklammere ich das Kopfkissen. Ich bin überzeugt, daß ich für immer in diesem Elendsmorast stecke. Das Leben ist schrecklich, es ist immer schrecklich gewesen, wird immer schrecklich sein. Mit jedem neuen Tag wird es schlimmer. Dr. Sterling ruft an, um zu fragen, wie es mir geht. Ich erzähle, daß ich draußen auf dem Square war, in einer endlosen Schlange bei *Au bon pain* gestanden habe, beinahe einen Panikanfall bekam, fast zusammenbrach und in einem Fastfood-Café Zuckungen bekam, weil es mich so würgte. Ich mache ihr schreiend Vorwürfe, weil sie behauptet hat, Xanax sei gut gegen meine Angst, aber ich wäre noch nie im Leben so erregt gewesen. Ich erzähle ihr, ich hätte mich am Kopfkissen festgeklammert, weil ich jeden Moment die Männer in den weißen Kitteln erwarte, und wenn ich mich gut genug festhalte, können sie mich nicht in die Zwangsjacke stecken.

»Elizabeth«, sagt sie lachend. »Sie sind längst da, wo die Männer in den weißen Kitteln Sie hinstecken würden, deshalb besteht keine Gefahr, daß es geschieht. Offenbar hat Xanax bei Ihnen nicht richtig angeschlagen.« Sie redet so sachlich, dabei bin ich doch ein psychosomatischer Notfall.

»Ich glaube, es hat mich so entspannt, daß ich jetzt in der Lage bin, ungehindert über meine Probleme nachzudenken. Ich habe festgestellt, daß ich mich bisher über meine Lage getäuscht habe und daß mein Leben noch viel schlimmer ist, als selbst ich es dachte.«

»Hören Sie«, sagt Dr. Sterling, »ich glaube, Sie sollten kein Xanax mehr nehmen. Wir müssen etwas anderes finden.«

Sobald wir aufgelegt haben, nehme ich entgegen ihrer Anweisung noch ein paar Xanax mehr, ich hoffe nämlich, daß ich dann einschlafe und mich nicht mehr so schlimm fühle. Aber es funktioniert nicht ganz, wie ich möchte. Ich schlafe zwar lange, aber die ganze Nacht träume ich von Mauern, die sich um mich schließen; ich träume, ich bin ein wildes Tier, das Jäger in einer Falle gefangen haben; ich möchte fort und beiße mir das eigene Bein ab, aber ich entkomme nicht, sondern verblute im Schnee. Der Boden ist rot, der Boden ist weiß, der Himmel ist blau, und als ich aufwache, fühle ich mich immer noch entsetzlich.

In Romanen und Filmen kommt oft als Lieblingsfigur des Publikums ein hingebungsvoller Therapeut vor, der mit einer verrückten Patientin schwimmen geht, um ihr zu beweisen, daß sie nicht ertrinken wird, auch wenn ihre ältere Schwester auf diese Weise umgekommen ist. Ein anderer fliegt quer durch Amerika und besucht die Familie des Patienten, um herauszufinden, warum dieser ein so krankes Gemüt hat. Natürlich gibt es auch den Typus des bösen Psychiaters, der seine Patienten manipuliert, Hannibal Lecter, der den unheilbaren manisch-depressiven Patienten umbringt und dann sein Fleisch mit Prinzeß-Bohnen ißt und dazu Chianti trinkt. Die meisten Psychiater, mit denen ich näher zu tun hatte, gehörten dem letzteren Typus an, auch wenn sie nur im übertragenen Sinne Kannibalen waren. Frau Sterling ist die einzige, von der ich sagen kann, sie hat mein Leben gerettet. Ich glaube, sie hat gewußt, daß sie mit all der Mühe kaum Geld verdienen würde, aber sie tat das, was ihrem Gefühl nach notwendig war.

Mit meiner Erlaubnis nahm sie sogar Verbindung zu meinem Vater auf, obwohl ich ihr gesagt hatte, daß ich unter keinen Umständen mit ihm reden wolle. Ich glaube, sie war einfach neugierig, ihn kennenzulernen, weil sie in den letzten Monaten so viel von ihm gehört hatte, andererseits dachte sie wohl auch, daß es, da seine Versicherung neunzig Prozent der Therapiekosten trug, eine Möglichkeit geben müsse, ihn für die Sache zu interessieren. Während meines ersten Aufenthalts im Stillman-Hospital rief sie meinen Vater an und sagte ihm, er werde gute Gründe haben, meine Mutter für meine Therapie aufkommen zu lassen, und bei etwas besseren finanziellen Verhältnissen würde sie das vielleicht auch für eine vernünftige Entscheidung halten. Sie müsse mich jedoch jeden Tag besuchen und wolle wissen, ob er bereit sei, dafür zu zahlen, da meine Mutter es nicht könne. Ich weiß nicht, was sie sonst noch sagte, aber sie muß die Lage sehr drastisch geschildert haben, denn es funktionierte. Er schickte Dr. Sterling Versicherungsformulare, die innerhalb einer Woche ausgefüllt werden mußten.

Dr. Sterling besorgte für mich einen Therapieplatz in der Universitätsklinik von Harvard, und so ersparte sie mir den Aufenthalt in einer Heilanstalt. Sie hatte erkannt, daß irgendwo in mir ein munteres Mädchen verborgen war, das sich des Lebens freuen wollte, und sie meinte, es sei wichtig, daß diese Seite von mir zum Ausdruck kam. Wenn sie mich im McLean-Hospital einsperrten, würde ich, so glaubte sie, nicht so schnell zu meinem quirligen

Selbst zurückfinden. Alles, was mich umgäbe, wären gepolsterte Wände und eisenvergitterte Fenster und die Schizophrenen im Flur. Sie wollte mir eine Therapie in einem ähnlichen Haus wie dem McLean-Hospital verschaffen, ohne daß ich vollkommen eingesperrt war. Ich verdanke es ihrer Entschlossenheit und Hingabe, daß ich jenes Jahr nicht hinter Anstaltsgittern verbringen mußte, ihr verdanke ich, daß ich heute überhaupt noch am Leben bin.

Ich versuchte, mir zu sagen, daß es nicht an Rafe lag. Das Problem bestand darin, wie Dr. Sterling mir erklärte - und ich wußte es auch selbst -, daß ich total im Eimer war. Rafe war nur ein Notbehelf, eine Art Tablette, die ich nahm, um das schreckliche Gefühl loszuwerden. Jetzt, da er nicht mehr richtig funktionierte und sich weigerte, sich ausnutzen zu lassen, jetzt, da er sagte, er wolle mein Freund sein und nicht mein Patentrezept, trug er nicht mehr zur Lösung, sondern nur zur Verschlimmerung des Problems bei.

So geht es in meinem Leben: Ich bin so selbstzerstörerisch, daß ich alle Lösungen in Probleme verwandele. Alles, was ich berühre, zerstöre ich. Ich bin das Gegenteil von Midas.

Bevor ich mich mit den wichtigen Fragen des Tages zuwandte - Haarewaschen oder nicht -, kam Alden herein, brachte einige Kleider, um die ich gebeten hatte, und eine Tasse heißen Kakao aus dem Café, für die ich ihr dankte. Ich fragte nicht, ob jemand angerufen hatte, weil ich nicht enttäuscht werden wollte. Hätte Rafe angerufen, sie hätte es mir bestimmt erzählt. Alden legte mir ja sonst immer die Zettel hin, auf denen mit dickem Filzstift stand: »Rafe hat angerufen« oder »Er hat angerufen«. Alden war normalerweise nachlässig beim Übermitteln von Nachrichten, aber wenn ein Anruf wichtig war, wußte sie es.Ich fragte nicht, sie sagte nichts davon, der Tag verging, Leute kamen zu Besuch. Susannah brachte mir ›The Hissing of Summer Lawns‹ von Joni Mitchell mit, und sie sagte mir, ich solle P. G. Wodehouse oder J. P. Donleavy lesen oder irgend etwas anderes Fröhliches und Humorvolles. Paul kam vorbei und brachte mir chinesisches Essen und eine Kerze mit Vanilleduft, dann gingen wir durch den Schnee zu seiner Wohnung in der Mt. Auburn Street und hörten uns ›Clouds‹ auf seinem Kassettenrekorder an. Jonathan, der Cheflektor von ›Crimson‹, besuchte mich und schenkte mir eine Anthologie erotischer Frauenliteratur, ›Village Voice‹ und die letzte Ausgabe von ›New Republic‹. Sharon brachte mir ›Modern Times‹ von Paul Johnson mit. Es habe, wie sie sagte, mit meinem Zustand zu tun. Ich hoffte, irgendwer würde mir eine ›Cosmopolitan‹ mitbringen, damit ich mein neuestes Horoskop lesen und erfahren konnte, daß es mir irgendwann besser gehen würde, aber auf diese Idee kam keiner.

Der Tag ging vorüber, es wurde Abend. Wie lange hatte ich mir ausgemalt, in einem Krankenhausbett zu liegen und Besuch zu empfangen. Jetzt war es Wirklichkeit und auch recht nett und schön, aber wenn Rafe nicht anrief, bedeutete es mir nichts. Eben und Alec brachten mir ein Kakaomilchshake von Steven's und ein Sandwich mit Truthahn und Boursin vom Formaggio. Es war nett, mit ihnen zu sprechen, aber schon als sie kamen, wurde mir schwindelig. Obwohl ich mich ausgeruht und geliebt fühlte, machte sich in mir der Irrsinn breit, stieg mir in den Kopf und brachte mich fast zum Ersticken. Es war, als wäre ich nackt und lebendig im heißen Sommersand begraben und müßte verbrennen.

Dann gab es niemanden mehr, der mich hätte besuchen können, keine Alden, keinen Paul, keine Susannah, keine Samantha, keinen Jonathan, keinen Eben, keinen Alec, niemanden, und niemand ist mehr da, um den Schmerz zu lindern, den ungeheuren, verdammten Schmerz, und ich fange an zu weinen. Ich kann nichts anderes denken als: *Warum hat Rafe nicht angerufen, er verschwindet und läßt mich im Stich wie alle anderen auch, er hat mir versprochen, er täte es nicht, aber er hat's doch getan, oh, mein Gott, ich möchte sofort sterben, in diesem verstellbaren Krankenhausbett, mein Körper soll weiß sein wie diese Laken, weißer als diese Decke, ich möchte restlos verbluten, kein Mensch mehr sein, nie mehr etwas fühlen.*

Ich weine und habe solche Schmerzen, daß ich es nicht mehr ertragen kann. Normalerweise haben Tränen etwas Befreiendes; wenn man weint, läuft das Salzwasser aus den Augen und schwemmt das Elend fort. Aber jetzt werden die Gefühle durch die Tränen, die sie ausdrücken, nur noch schlimmer, und je mehr ich weine, desto unglücklicher werde ich. Und ich denke an die vielen Male, die ich wegen Rafe weinte, weil ich dachte, er würde mich nicht genug lieben, und jedesmal beschwichtigte er mich und sagte, ich wäre ein Dummchen. Jetzt aber merke ich, daß ich nicht dumm bin, denn wo ist er jetzt, da ich ihn so sehr brauche? Wo ist er jetzt, da ich hier liege und sterbe, und warum ist überhaupt nie einer da, der für mich da ist?

Sehr bald weine ich, weil Daddy mich verlassen hat, weil ich allein bin in meinem Kinderbettchen, allein im Mutterleib, allein im Leben, und ich glaube, das hört nie mehr auf. Irgendwer muß dem ein Ende machen. Ich frage mich, ob Xanax hilft, ob ich vielleicht etwas davon in meinem Rucksack versteckt habe, ob überhaupt irgendwas hilft oder ob es vielleicht keine Pille, kein Serum, keine Spritze, kein Elixier gibt, nichts unter der großen schwarzen Sonne, das bis zu meinem Schmerz vordringen kann. Es muß doch etwas geben, irgendeine starke Hand, die das furchtbare Gefühl mit festem Griff abstellt.

Ich rufe Dr. Sterling an und schreie ins Telefon, weil mir der Durchblick fehlt und ich solche Angst habe. Und dann sage ich ihr, ich will versuchen, am nächsten Morgen Rafe anzurufen, und wünschte, irgendwas würde mich bis dahin außer Gefecht setzen. Ich hoffe, sage ich, daß mich irgendwas für längere Zeit außer Gefecht setzt, bis dieses Gefühl endlich aufhört, weil dagegen auch keine Therapie mehr hilft. Wir können tagelang herumanalysieren, aber der Schmerz geht davon nicht weg. Etwas, was stärker ist als ich, hat sich meiner bemächtigt, ich bin besessen.

Dr. Sterling bittet mich, deutlicher zu benennen, was mir fehlt, und was ich brauche, damit es mir besser geht. Ich sage wieder und wieder, ich will, daß mein Gehirn ausgelöscht wird, damit es nicht immer weiter ackert und rackert, um auf den Sinn des Ganzen zu kommen, auch hier im Krankenhaus braucht es eine Erholung. Ich will, sage ich schließlich, meinen Kopf weghaben, ich will Heroin.

Natürlich will Dr. Sterling mir kein Narkotikum verschreiben. Sie verschreibt mir ein Mittel mit Namen Mellaril, ein Antipsychotikum, ein Mittel, mit dem man Schizophrene behandelt, wenn sie ihre Visionen bekommen, ein Beruhigungsmittel aus der Gruppe der Thorazine. Es sei absolut geisttötend, versichert sie mir, es werde mich außer Gefecht setzen.

Ich lege auf, die Tränen fließen in Strömen, eine Schwester kommt herein und gibt mir eine kleine braune Tablette und etwas Preiselbeersaft, eine Art Hausgetränk des Stillman-Hospitals. Sie sagt, ich soll mich nicht verschlucken, weil sie sieht, daß ich vom vielen Weinen schon ganz außer Atem bin.

Nur wenige Minuten später versiegen meine Tränen, plötzlich fühle ich mich wohl, wie durch Zauberei. Ich bin ruhig, sorglos. Ich sitze in meinem Bett und blicke auf die Wand, ich fühle mich glücklich, freue mich über den Anblick der Wand, über das Rosa und das Weiß. Nie zuvor sind mir Rosa und Weiß so rosa und so weiß erschienen.

Am nächsten Tag erklärt Dr. Sterling mir, sie sei hocherfreut über die Wirkung des Mellaril, sie habe beschlossen, daß ich es jetzt immer nehmen solle. Dreimal am Tag bringt mir die Schwester nun die kleine braune Tablette.

Ich weiß nicht, auf welche Wirkung sie abzielt - offenbar versuchen Ärzte am McLean-Hospital, das Mittel bei niedriger Dosierung als Antidepressivum zu testen -, aber die wesentliche Wirkung bei mir ist völlige Gleichgültigkeit. Im Gegensatz zur anfänglichen Euphorie führt die dauernde Einnahme von Mellaril nur noch zur Abstumpfung. Ich bin jetzt nicht mehr das depressive Mädchen, nur noch das stillgelegte Mädchen. Alle Affekte sind mir abhanden gekommen, so daß Dr. Sterling und die anderen Ärzte glauben, mein Zustand hätte sich gebessert. Ich glaube, das hat er auch. Ich bin ruhig genug, um Referate in Semiotik zu schreiben, selbst einen Essay für den Tutorenkurs über feministische Theorien und die Orestie habe ich verfaßt und kann sogar während der Ferien für ein paar Tage nach Hause.

Ich rufe Rafe an. Er erklärt mir, aus unserem Vorhaben, uns ein paar Tage in New York zu sehen, bevor er zur Brown University zurückgeht, würde nichts werden. Er brauche Zeit, um Referate zu schreiben und sein Examen vorzubereiten. Ich höre ihn, aber es kommt nicht richtig bei mir an. Es ist, als hätte das Mellaril meine Fähigkeit, Tatsachen mit Gefühlen in Verbindung zu bringen, blockiert.

Someone could walk into this room and say your life is on fire, höre ich Paul Simon singen, dieser Song stammt aus einem Leben, das so weit entfernt scheint.

II

Guten Morgen, Liebeskummer

I'm going out of my mind
With a pain that stops and starts
Like a corkscrew through my heart
Ever since we've been apart.
BOB DYLAN
›You're A Big Girl Now‹

Unangemeldet stand ich vor Rafes Tür. Ich wußte, daß er seit einer Woche wieder an der Brown University war, aber er hatte noch immer nichts von sich hören lassen. Nachdem er mir erklärt hatte, es sei nun zu Ende mit uns, hatte er nicht einmal die Höflichkeit besessen, mich zum Bus zu begleiten, weil er zur Probe mußte und nicht wegkonnte. Er bat seinen Mitbewohner, mich hinzufahren. Ich kam mir vor wie ein lästiger Verwandtenbesuch, um den sich jeder reihum widerwillig kümmert, weil es sich so gehört. Ich sah Rafe vor mir, wie er zu seinem Mitbewohner sagte: Ich möchte sie nicht sehen, mach du es.

Wir stiegen in seinen kleinen Honda. Es war unter Null draußen, und ich sagte mir, ich sollte dankbar sein, denn wenn Rafe mich zum Bus begleitet hätte, hätten wir zu Fuß gehen müssen, aber so empfand ich es nicht. Der Mitbewohner setzte mich am Busbahnhof ab. Er war die Verlegenheit selbst, was sollte er auch zu einer Person sagen, mit der er nichts zu tun hatte und die er nie wiedersehen würde. Ich mußte alle meine Kraft aufbringen, um mir die Fahrkarte zu kaufen, einzusteigen, einen Platz zu finden und mir Zeitschriften für unterwegs zu besorgen, obwohl ich mich auf nichts konzentrieren konnte. Nicht einmal auf die ›Premiere‹-Titelgeschichte über Cher oder den ›New York‹-Artikel über John Cassablancas und seine Model-Agentur. Nicht mal das Inhaltsverzeichnis von ›Cosmopolitan‹ kapierte ich. Auch an Rafe konnte ich nicht denken, denn wie soll man sich auf etwas konzentrieren, das einen so beansprucht, daß es so allgegenwärtig ist wie die Luft? Das einzige, was ich tun konnte, war, an nichts zu denken. Und ich dachte nur: *So ist das also, das ist der Schmerz, auf den du dein Leben lang gewartet hast. Liebeskummer auf der ganzen Linie.* Ich erinnere mich, daß ich dachte, nichts könnte schlimmer sein.

Alle im College haben Beziehungen, die ein paar Monate dauern und dann zu Ende sind, wie es in solchen Dingen eben geht. Manchmal tut das Ende sehr weh, manchmal ist es nicht weiter schlimm, manchmal eine angenehme Erleichterung. Meistens ist es so, daß ein paar Tage auf dem Sofa einer Freundin, ein Stapel Taschentücher und eine Flasche Gin die Heilung bringen.

Wer die Dinge von außen sah, mußte glauben, daß die Geschichte mit Rafe zu den flüchtigen Romanzen gehörte, die nie richtig in Gang kommen. Jeder, der nichts Genaueres wußte, hätte angenommen, unsere Jugend, die Zeit und die räumliche Distanz würden schon dafür sorgen, daß die Beziehung die ersten neunzig Tage nicht überlebte. Wir paßten nicht zusammen und waren, räumlich getrennt, noch nicht reif für eine echte Bindung - dies wären die normalen Erklärungen dafür gewesen, daß es auseinanderging, und das hätte ich auch den Leuten erzählt, die mich in aller Unschuld gefragt hätten: Was macht eigentlich Rafe? Niemand hätte Grund gehabt, an einer so einfachen Erklärung zu zweifeln. Niemand, der nichts Genaueres wußte, hätte nur im geringsten geahnt, welche folie à deux *wir in unserer kurzen Beziehung entwickelt hatten.*

Rafe ging völlig darin auf und teilte sogar meine Angst. Was er unter anderem an mir mochte, war meine Depressivität. Er war wie jene Leute, die sich von Alkoholikern oder Drogenabhängigen angezogen fühlen, nur daß ich von keiner Substanz abhängig war. Manchmal genoß er die Vorstellung, mein persönlicher Jesus zu sein und mir einen kleinen Privathimmel in seinem kleinen Haus in Providence, Rhode Island, einzurichten. Ich lag tagelang in seinem Bett, er brachte mir Toast und Tee und sagte, er liebe mich, und bat mich, von meinen Qualen zu sprechen. Er spielte gerne den Retter. Seine Mutter war eine hochgradige Hysterikerin, seine kleine Schwester hatte eine vorpubertäre Psychose, und so war es für Rafe ganz natürlich, sich um andere zu kümmern.

So ungewöhnlich ist das im übrigen gar nicht. Zu allen Zeiten haben sich Leute, um zu überleben, mit anderen zusammengetan, die an ihren Qualen Vergnügen fanden, weil sie genau wußten, daß dies der beste Weg ist, Liebe und Fürsorge zu finden. Wer außer einem Voyeur des Elends hätte es mit mir aufgenommen, als ich die schweren Depressionen hatte? Ich hatte Glück, als ich auf Rafe traf. Während der kurzen Zeit, in der ich Freunde hatte, war ich mit drei verschiedenen Jungen zusammengekommen. Sie alle hatten, als ich ihnen begegnete, Freundinnen, die in psychiatrischen Kliniken waren. Das kann doch nicht normal sein, so eine Wahl trifft nicht jedes Mädchen. In der ersten Zeit der Verliebtheit konnte ich nicht wissen, daß diese Männer dazu neigten, sich in verrückte Frauen zu verlieben, und sie wußten nicht, daß ich genau das Richtige war; dennoch kamen wir zusammen, witterten den Hauch einer bestimmten zerebralen Mutation, erkannten einander in Räumen, die voller Menschen waren und lernten uns näher kennen, weil manche Dinge einfach geschehen müssen. Sid wird immer Nancy begegnen, Benny wird sich mit Joan zusammentun und Ted - sicher ein verwerflicher Fall - wird es schaffen, gleichzeitig mit Silvia und einer anderen Frau zusammen zu sein, die mit dem Kopf im Ofen sterben wird; F. Scott wird immer seine Zelda erkennen, Samson wird für Delila sterben, und Jason wird Medea immer wieder freien, selbst wenn er weiß, wie makaber diese Ehe ausgehen wird.

Vor Rafe war ich nie eine jener Glücklichen. Immer war ich allein, dann tappte ich von einer Verirrung in die nächste. Ich hörte von anderen Mädchen, die verrückt waren und in die Anstalt kamen, ich hörte von ihren traurigen, hingebungsvollen Freunden, die ihnen die Nase putzten, ihre blutigen Handgelenke mit alten Lappen umwickelten, in die Apotheke liefen, um Medizin zu holen, die ein in letzter Minute herbeigerufener Arzt verschrieben hatte, nachdem das Mädchen auf dem Küchenfußboden einen *psychotischen Anfall gehabt hatte. Ich hatte von solchen Mädchen gehört und mich gefragt, wie sie so leiden konnten, wenn sie jemand derart liebte. Isolierung und das Gefühl, daß alle menschlichen Bindungen trügerisch sind, daß ich nicht der Domäne der anderen, jener glücklichen Menschen auf der anderen Seite der Glaswand, angehörte, war der schlimmste Teil meiner Depression. Ich dachte: Ich weiß nicht, wie diese verdammten Weiber das anstellen, aber ich möchte so was auch!*

Dann tauchte Rafe auf, und er versuchte mich zu lieben, ich glaube wirklich, daß es so war, aber Liebe, die ausreichte, um meine verwundete Psyche zu heilen, konnte es nicht geben. Verglichen mit den anderen Kräften in der Welt ist Liebe ziemlich machtlos und erbärmlich. Mein Vater muß mir millionenmal gesagt haben, wie sehr er mich liebt, aber dieses Gefühl - vorausgesetzt, es war wirklich da - hatte kaum die Kraft, all seine anderen Fehler mir gegenüber wiedergutzumachen. Im Gegensatz zu dem, was Liebesromane und die Liebe-ist-das-Größte-Ideologie glauben machen, der selbst Leute anheimfallen, die in einer Zeit der Ehescheidungen aufgewachsen sind, aber einem atavistischen Instinkt folgen, ist Liebe immer ein Produkt und ein Opfer von Umständen, sie ist klein und zerbrechlich. So wie Leonard Cohen einmal schrieb: »Love is not a victory march. It's a cold and it's a broken hallelujah«. Durch Rafes Liebe erkannte ich, daß Zuneigung als Medizin kraß überbewertet wird und ein Mensch, der so stark an Depressionen leidet wie ich damals, nicht durch die Kraft von irgendjemandes Liebe geheilt werden kann. Es ist noch viel schlimmer. Wenn man einen zerbrochenen Spiegel findet und alle Scherben und Splitter aufsammelt und mit größter Geschicklichkeit und Sorgfalt wieder zusammensetzt, dann ist der restaurierte Spiegel mit einem Spinnennetz von Klebstellen überzogen, gänzlich unbrauchbar, und will jemand hineinsehen, erkennt er nur Bruchstücke seiner selbst. Manche Dinge kann man einfach nicht reparieren. So war es auch mit mir: Es war so viel Schaden entstanden, daß sehr viel mehr notwendig war als eine *Person oder* ein *Therapeut,* ein *Medikament oder* eine *Elektroschockbehandlung - von allem war eine Menge nötig, damit die Splitter meines Lebens wieder zusammengefügt werden konnten. Es wäre viel mehr notwendig gewesen - und war es dann auch - als Rafe, um mich zu retten.*

Es geschah genau das Gegenteil: Durch seine Nachsicht wurde ich noch kränker. Ein Psychologe hat mir einmal erklärt, das Schlimmste, was ein Therapeut einem stark depressiven Patienten zufügen kann, ist es, nett zu ihm zu sein, da diese Freundlichkeit dazu führt, daß sich der Depressive in seinem elenden Zustand wohlfühlt. Damit eine Therapie Erfolg hat, muß der Patient herausgefordert und zu Auseinandersetzungen provoziert werden, damit er genug Energie gewinnt, sich selbst aus dem Dunstkreis der Depression zu befreien. Rafe war wahrscheinlich zu nett zu mir. Er gestattete es mir, mich schlecht zu fühlen und danach immer schlechter und schlechter. Während ich mit Rafe zusammen war, suhlte ich mich in meinem Leid.

Nathan, mit dem ich nach Rafe und nachdem es mir wesentlich besser ging, zusammen war, betrieb das genaue Kontrastprogramm. Er ließ mir meine depressiven Anfälle nicht durchgehen. Er haßte sie; sie waren das, was er an mir am wenigsten mochte, und als wir uns 1988 kennenlernten, war in der Tat entschieden mehr mit mir los. Aber immer noch lief ich nach draußen auf den Rasen und weinte, ich machte immer noch Szenen, wenn es mir schlecht ging, und so wird es wohl auch bleiben. Aber Nathan ging mit diesen Dingen ganz anders um als Rafe. Er sagte: Hör zu, das ist ja lächerlich. Oder: Jetzt reicht's. Oder: Hör auf mit dem Affenthater. Und was geschah? Es nützte. Ich war gezwungen, mich vernünftig zu benehmen, und so benahm ich mich vernünftig. Ich mußte klarkommen, und so kam ich auch klar. Natürlich hatte ich damals schon bestimmte Techniken, mit meinen Gefühlen umzugehen, aber trotzdem glaube ich, Nathans Methode war besser als die von Rafe. In den Jahren mit Nathan blühte ich auf, in der Zeit mit Rafe ging es immer weiter mit mir bergab. Damit will ich nicht sagen, daß einer der beiden in der Lage gewesen wäre, mit mir in meinem damaligen Zustand fertig zu werden, und ich bin sicher, daß ich jeden von ihnen wegen seiner besonderen Eigenschaften und seiner Art, mit mir in zwei verschiedenen Epochen meines Lebens umzugehen, wählte, aber ich bin überzeugt, daß Rafes Eifer, für mich da zu sein, wenn ich verletzend war, mich ermutigte, noch mehr zu verletzen. Das mußte es ja, denn ich wollte ihm unbedingt gefallen.

Zu einem gewissen Zeitpunkt wurde ihm klar, daß er damit nicht mehr umgehen konnte. Ich verstehe seinen Entschluß. Sogar damals habe ich ihn verstanden. Deswegen aber tat es nicht weniger weh.

Wie kannst du mir das antun? *fragte ich ihn immer wieder, als ich an einem Samstagnachmittag stundenlang mit ihm auf dem Schlafzimmerboden saß und über unsere Trennung sprach.* Ich durfte bei dir immer ich sein, du hast mich ermutigt, dir zu zeigen, wie schlimm es in meinem Inneren aussieht, durch dich bin ich immer trauriger und hysterischer geworden, und jetzt, wo ich so tief am Boden bin, wie es tiefer nicht sein kann, verläßt du mich.

Das stimmt, *sagte er. Er konnte nicht lügen. Er sagte mir, er habe geglaubt, damit umgehen zu können, aber er habe es nicht geschafft. Er habe eine Menge nachgedacht, und er habe mir nicht wehtun wollen.*

Damals sagte ich ihm nicht, er habe es wohl gern, wenn ich hysterisch würde, er sei offenbar davon fasziniert, sei in die Inszenierung und die Gefühlsausbrüche verliebt. Ich sagte es nicht, weil ich es nicht zu sagen brauchte, es lag doch auf der Hand. Immer sagte er mir, meine Reinheit, die völlige Unfähigkeit, meine Qualen zu verbergen, sei das, was er am meisten an mir liebe. Es war, als begriffe er nicht, daß all diese Eigenschaften pathologisch waren, jedenfalls bei mir. Meine Gefühlsausbrüche hatten nichts mit Reinheit zu tun, sondern mit Depression. In gewisser Weise stand er zu meinen Depressionen, manchmal vermisse ich das heute. Mir fehlt, daß jemand meine Gewohnheit unterstützt, weinend das Zimmer zu verlassen, wenn andere Leute so ein Verhalten unangebracht finden. Ich mochte das an mir. Ich mochte diese Mißachtung von Konventionen. Und Rafe? Er liebte es.

Aber es war krankhaft, krankhafter, als er zunächst wußte. Die Reinheit verwandelte sich in Perversion, nicht nur in etwas Düsteres, sondern in morbide Besessenheit. Und sobald er das herausgefunden hatte, machte er sich aus dem Staub. Er ließ mich mit meinen Depressionen allein, ich hatte ihn und jeden anderen Rückhalt, den ich besaß, bis zum Ende ausgenutzt.

Bevor ich Providence verließ, rief ich meinen Freund Archer an und sagte, ich käme nach New York, ich fühlte mich dem Wahnsinn nahe, wäre verzweifelt, würde gleich bei ihm sein und brauchte ein vernünftiges Abendessen, weil ich selbst nicht für mich sorgen könnte. Er reagierte auf seine steife Art, ausnehmend höflich, und sagte etwas wie: Sicher, komm nur.

Archer war ein stocknüchterner Bostoner Intellektueller. Er liebte die Dinge einfach und angenehm - das Blut und der Schmutz des Lebens, alles, was einen irritiert und quält, focht Archer nicht an. Wir gingen in ›Casualities of War‹, einen Film, in dem Sean Penn und Michael J. Fox zwei Soldaten spielen, deren Einheit in Vietnam ein armes Bauernmädchen vergewaltigt und totschlägt. Archer fragte mich hinterher, was man davon hätte, sich all diese schmutzigen Gemeinheiten anzusehen. Die Autoren von Broadway-Musicals wie ›Showboat‹ oder ›Oklahoma‹ hatten vermutlich als Zielgruppe Leute wie Archer im Kopf. Ein ausgesprochen positiver Typ. Nach seinem Harvard-Diplom fand er eine Anstellung bei American Express, wer weiß, was er da machte - irgend etwas mit einer Datenbank für die Reiseabteilung, hat er mir mal erzählt -, und weil er aussah wie einem Modejournal entsprungen, legte er sich einen Harem kräftig durchgeknallter Verehrerinnen zu. Er gehörte zu jenen Yankees, die sich mit hysterischen Jüdinnen umgeben, weil sie für ihn so exotisch und fremd sind wie die Tahitianerinnen für Gauguin. Ganz gleich, wie gut er uns kannte, seine Verblüffung ließ nicht nach. Irgendwie glitt alles an ihm ab, er konnte in Regen stehen, ohne naß zu werden. Hätte er nicht so gut ausgesehen, hätte er vielleicht gar nicht existiert, denn die meisten Anzeichen der Lebendigkeit fehlten ihm. Archers Schönheit wirkte so steril, daß er genau der Mann war, den man nach einer Trennung besuchen sollte. Bei ihm konnte man sich, obwohl er ein prachtvolles Mannsbild war, ganz ungezwungen geben und sicher sein, daß es zu keinerlei sexuellen Spannungen kam.

An jenem Abend also lädt mich Archer zu einem netten Abendessen in ein nettes Lokal ein und merkt nicht das geringste davon, daß ich durch eine dicke, verschwommene Glasscheibe mit ihm rede. Wir sprechen über seine Pläne, nach Zürich zu ziehen, über seine Gründe, Mitglied der Republikanischen Partei zu werden, über den Laden, in dem er seine Hemden reinigen läßt. Mir ist die ganze Zeit über elend, aber ich wage nicht, es mir anmerken zu lassen.

Als ich für einen Moment Abstand zu mir gewinne, erscheint es mir unglaublich, daß ich innerlich rase, eine Lawine kurz vor dem Aufprall bin. Er aber redet unverdrossen mit mir über die Präsidentschaftswahlen. Immer wieder schweife ich ab und sage: Tut mir leid, ich war zerstreut, was hast du gerade gesagt? Und manchmal bin ich nahe daran zu sagen: Siehst du nicht, wie mies ich drauf bin? Warum fragst du nicht nach dem Grund?

Aber ich bleibe ruhig. Ein Archer stellt keine Fragen. Er ist ein Mannequin mit ein paar menschlichen Zügen, und in der Nacht schlafe ich im selben Bett wie er. Er zieht mich nahe zu sich heran, aber ich rutsche auf die andere Seite und klammere mich an die Bettkante, als läge ich auf dem Sims eines Hochhauses.

Nachdem Rafe mich verlassen hatte, konnte ich mich nicht bewegen. Wirklich nicht. Ich klebte in meinem Bett wie ein Kaugummi an der Schuhsohle, klebte an jemandem, der mich nicht wollte, der auf mir herumtrampelte, mich aber nicht loswurde. Ich lag einfach nur da, schluckte in regelmäßigen Abständen Mellaril und fragte mich, warum selbst die dämpfende Wirkung dieses geisttötenden Medikaments nicht stark genug war, um mir zu helfen.

Zuerst wohnte ich bei meiner Mutter in New York, aber dann ging ich nach Cambridge zurück, weil Dr. Sterling meinte, es wäre besser, wenn ich mich in der Nähe meines Behandlungszentrums (damit war sie gemeint) aufhielte. Für mich lief es auf dasselbe hinaus. Der einzige große Unterschied war, daß in New York eine Küche voller Lebensmittel war und in Cambridge gar nichts. Zu Hause hatte ich wenig und nur lustlos gegessen, hier aber hungerte ich. So oder so, ich wurde immer weniger.

Zu Hause in meinem alten Zimmer entdeckte ich, daß das schwerste am Tag wie bei den meisten Depressiven das morgendliche Aufstehen war. Wenn mir dies gelang, hatte ich eine Chance, durch den Tag zu kommen. Ich versuchte, ein wenig zu schreiben, hoffte, es könnte die selbe befreiende Wirkung haben wie früher, vor so vielen Jahren. Sobald ich mich aber an die Schreibmaschine setzte, wurde mir eiskalt. Mir fiel nichts ein, das ich hätte sagen können. Kein Gedicht, keine Prosa, nicht mal ein Wort.

Jesus, dachte ich, was soll man nur mit einem Schmerz tun, der so groß ist, daß er nicht mal erlösende Wirkung hat? Man kann ihn nicht in Kunst, in Worte ummünzen, in irgend etwas, woraus man ein interessantes Experiment machen kann. Der Schmerz ist so stark, daß er in den Organismus verwoben ist, und er sitzt so tief drin, daß es keine Möglichkeit gibt, ihn zu objektivieren, nach außen zu tragen oder seine innere Schönheit zu entdecken. So sieht der Schmerz aus, den ich empfinde. Er ist schlimm und nutzlos. Die einzige Lehre, die ich aus diesem Schmerz ziehe, ist die, wie furchtbar Schmerz sein kann.

Eines Tages, als ich gerade nach langem Hin und Her mit meiner Freundin Dinah in den Film ›Ironweed‹ gehen wollte, läutete das Telefon. Meine Mutter war dran. Sie rief von ihrer Arbeitsstelle an und sagte, sie habe sich überlegt, es wäre gut, wenn ich für ein Semester nicht mehr in die Uni ginge und in Cambridge nichts anderes täte, als zur Therapie zu gehen, ein- oder zweimal pro Tag. Ich solle mich ganz meiner Genesung widmen.

Die Idee an sich war gar nicht schlecht, aber ich hatte mir schon überlegt, in eine psychiatrische Klinik zu gehen, war jedoch von dem Gedanken wieder abgekommen, nachdem Dr. Sterling und ein paar andere Psychiater, mit denen ich sprach, mir sagten, das sei nicht notwendig. Das Stillman-Hospital sei völlig ausreichend, wenn es mir schlecht gehe, und Dr. Sterling glaubte, es sei besser, wenn ich ein normales Leben führte, die Vorlesungen besuchte, meine Medikamente nähme und außerdem zur Therapie ginge. Sie glaubte, ich würde besser lernen, in der Welt zurechtzukommen, wenn ich in meine Umwelt integriert sei. Wenn ich nicht mehr in die Uni ginge und mich von Harvard abkapselte, würden mir außerdem wichtige Hilfen wie zum Beispiel das Stillman-Hospital nicht mehr zur Verfügung stehen.

Wieder in die Vorlesungen zu gehen war der Weg des geringsten Widerstands, und Dr. Sterling hatte mich überzeugt, daß es das Beste für mich wäre. Nach verschiedenen fruchtbaren Gesprächen mit ihr hatte sich sogar in meinem Kopf der Gedanke festgesetzt, daß ich mit ihrer Hilfe vielleicht wieder gesund würde, daß ich die Trennung von Rafe überstehen und die Depression überwinden könnte. Ich glaubte es nicht unbedingt, sagte mir aber, wieder in die Universität zu gehen sei der erste Schritt, der mir neue Hoffnung geben könnte. Wo ich kaum noch in der Lage war, Entscheidungen zu treffen und entsprechend zu handeln, hatte ich wenigstens das erreicht. Und jetzt rief meine Mutter an und sagte mir, ihrer Meinung nach sei ich so krank, daß es besser sei, mich beurlauben zu lassen. Eigentlich war sie sogar der Meinung, ich sollte ganz mit dem Studium aufhören und mir eine Arbeit suchen, um meinen Lebensunterhalt zu verdienen. Erst dann würde es mir besser gehen.

»Noch nie habe ich einen Menschen in einem solchen Zustand gesehen«, sagte sie.

»Mom, das letzte, was ich jetzt tun kann, ist, dir zu sagen, welche Pläne ich habe. Ich habe nämlich keine. Laß mich bitte in Ruhe! Ich habe gerade mit meinem Freund Schluß gemacht, ich war traurig und hysterisch, aber jetzt geht es mir besser. Ich finde es nicht sehr hilfreich, wenn du mich anrufst und mir erklärst, es geht mir schlechter, als mir bewußt ist. Es kann mir gar nicht schlechter gehen als jetzt.«

»Aber«, sagte sie zögernd, »alles ist so verrückt. Du fliegst nach Dallas und Minneapolis, weil es dir dann angeblich besser geht. Aber in Wahrheit, Ellie, geht es dir immer schlechter. Wie soll ich damit umgehen? Es ist zu viel für mich. Ich begreife nicht, warum es dir schlechter geht, weiß nicht, was mit dir geschieht, aber ich möchte endlich, daß die Dinge in Ordnung kommen. Jedesmal, wenn du nach Hause kommst, gerate ich in helle Aufregung, ich kann nicht nachvollziehen, was du durchmachst, deshalb wäre es mir am liebsten, du würdest wieder nach Cambridge fahren und dort eine Arbeit finden und dich richtig behandeln lassen, damit es dir endlich besser geht.«

In ihrer Stimme klang hysterische Angst und klägliches Entsetzen. Mir war, als wären meine Depressionen nichts als ein kaputtes Auto, das ich zum Teufel endlich reparieren lassen sollte. Meine Mutter wollte Erfolge sehen und ich natürlich auch, aber so funktionierte es einfach nicht. Ich begann zu weinen, weil ich nicht verstehen konnte, was meine Mutter mit solchen Worten erreichen wollte. Ich hatte die Depressionen, aber sie tat, als müßte ich Mitleid mir ihr haben. Ich war wütend, daß unsere Stimmungen immer noch so sehr aneinander gekettet waren. Wenn ich nur wenige Minuten mit ihr redete, glaubte ich nicht mehr, daß ich noch Hoffnung hatte, sondern mein Leben lang von Depressionen gezeichnet bleiben würde wie Kain mit dem Kainsmal. Ich wollte aufhören zu telefonieren und mir die Hände, das Gesicht, den ganzen Körper waschen, um mich von dem Schmutz zu reinigen, der mich befleckte, während ich meiner Mutter zuhörte.

»Mom«, sagte ich, »ich fing gerade an, mich besser zu fühlen, aber jetzt kommt es mir vor, als würde es mir schlechter gehen als je zuvor. Ich möchte mit Dinah ins Kino gehen, aber vorher mußt du mir sagen, daß du an mich glaubst, daß du überzeugt bist, es wird mir eines Tages besser gehen. Ich ertrage es nicht, daß du vielleicht mehr weißt als ich, daß du vielleicht recht hast und ich ein hoffnungsloser Fall bin. Ich halte das nicht aus!« Ich schrie nun beinahe. »Bitte, Mom, sag mir, daß du daran glaubst!«

»Ellie, ich weiß es nicht.«

Ich begann darüber nachzudenken, ob ich mein Studium abbrechen sollte. Mir ging eine Redensart durch den Kopf: aus der Bahn geworfen, vom Zug des Lebens heruntergefallen. Es war dasselbe Gefühl, das ich gehabt hatte, als ich Ende des Sommers in Dallas hatte bleiben wollen, statt an die Universität zurückzukehren. Mir war, als würde ich im all verschwinden, als fiele ich ohne den Anker, den Harvard für mich bedeutete, nach außen, durch die Ozonschicht, als vergingen Jahre, ohne daß jemand mein Verschwinden bemerkte. Es war schwer genug, Depressionen zu haben *und* in Harvard zu sein, aber krank zu sein und nirgendwo hinzugehören, das leuchtete mir nicht ein. Im Gegensatz zu allem, was ich erlebt hatte, seit ich in Harvard war, erschien es mir doch als Ort der Rettung.

Ich telefonierte eine Dreiviertelstunde mit Dr. Sterling, bis sie mich überzeugt hatte, daß meine Mutter nur unüberlegt und impulsiv drauflos geredet hatte, daß die Worte meiner Mutter nicht das Wort Gottes seien. »Um ehrlich zu sein, Elizabeth, Ihre beiden Eltern sind mir bei den Gesprächen, die ich mit ihnen führte, ziemlich überdreht vorgekommen. Ich würde das, was sie gerade gesagt hat, nicht zu ernst nehmen. Ich habe den Eindruck, daß sie gerade eine ihrer Anwandlungen hatte.«

Ich kam eine Stunde zu spät zu ›Ironweed‹ und ging fünf Minuten später wieder hinaus, weil es mich zu sehr deprimierte. Ein Film, der nie hätte gedreht werden dürfen. Ich wollte nicht nach Hause gehen, weil ich Angst hatte, allein zu sein, ich wollte nicht im Kino bleiben, weil ich Angst vor der Dunkelheit hatte, ich wollte meine Mutter nicht sehen, weil sie mir angst machte. So ging ich zu einem alten Freund, aber als ich dort war, merkte ich, daß ich die Gegenwart anderer Menschen nicht ertragen konnte und lieber allein sein wollte. Als ich wieder auf der Straße war, merkte ich, daß ich gar nicht allein sein, ja daß ich eigentlich überhaupt nicht sein wollte.

Immer wieder wird Tolstoi zitiert, der gesagt hat, alle glücklichen Familien seien einander ähnlich, unglückliche aber seien auf ganz verschiedene Weise unglücklich. Er hat natürlich nicht recht und stellt die Sache auf den Kopf. Glück kann es auf verschiedenste Weise geben, glückliche Menschen, glückliche Familien können sich auf so vielfältige Art freuen. Natürlich ist im Hinblick auf Kunst Glück nicht sehr tiefsinnig, die langatmigen Romane der Russen handeln nicht davon, aber eine Familie, die glücklich ist, kann so viel tun, so viel probieren und kann so viel sein auf vielen Gebieten, die unglückliche Familien gar nicht erkunden können, weil sie in Kummer und Melodramen nahezu ersticken. Wenn man glücklich ist, kann man sehr viel tun, Geburtstag feiern, Zelten, Ausflüge nach Disney World unternehmen, aber wenn man traurig ist, sitzt man nur herum und ist elend dran, ist durch Hoffnungslosigkeit wie gelähmt.

Alle unglücklichen Familien ähneln einander. Alle Arten von Unglück sind zutiefst gleich, deshalb sagen Leute seit so vielen Jahren, ich solle zu den Treffen der Anonymen Alkoholiker gehen, alle Abhängigkeiten seien die gleichen, heißt es dann, und meine Abhängigkeit von Depressionen oder Streß sei auf die selben mentalen Mechanismen zurückzuführen wie der Alkoholismus bei anderen. In jeder verdammten Familie, egal, ob die Mutter trinkt oder der Vater die Kinder schlägt oder die Eltern einander umbringen wollen, ist der Aufbau der Geschichte immer derselbe. Immer ist die Beschreibung dessen, was zu dem Elend führt, die gleiche. Immer geht es um fehlende Liebe in der Kindheit, um Vernachlässigung auf dem einen oder anderen Gebiet. Man braucht nur unglückliche Menschen über ihr Leid erzählen zu lassen, es hört sich an wie jede andere Geschichte über Leid.

Im Grunde gibt es zwei Arten von gestörten Familien: Die, welche nicht genug reden und die, welche zuviel reden. Die ersteren sind die tragischeren, die O'Neillschen. Es sind Familien, in denen sich keiner traut, über seine Gefühle zu reden, und auch über nichts anderes. Alle trinken oder nehmen Drogen und schotten sich ab in Schweigen. Irgendwann wird eins der Kinder erwischt, während es im Treppenschacht einen Joint raucht, vielleicht wird die Tochter auch magersüchtig, und die Eltern erkennen, daß die Hölle los ist, während sie ihren Martini trinken und an den grünen Oliven lutschen, schließlich landet die ganze Familie beim Therapeuten. Dann finden sie heraus, daß sie Kommunikationsprobleme haben, und bald lernt jeder, sich zu öffnen, als kämen große Enthüllungen dabei heraus. Die Vorstellung, mit so etwas könnte irgendein Problem gelöst werden, ist die Illusion derer, die der zweiten Art gestörter Familien angehören. In dieser Kategorie quatschen alle viel zu viel.

Einer der schlimmsten Irrtümer moderner Psychotherapie besteht in dem Glauben, daß viele Probleme dadurch gelöst werden können, daß die Leute ihre Gefühle zum Ausdruck bringen. Ich stamme aus einer Familie, in der keiner davor zurückschreckt, jeden kleinen Kummer vor den anderen auszubreiten; das bedeutet, im Kriegsgebiet zu leben. Ich bin oft überrascht, was meine Mutter mir ohne die geringsten Bedenken erzählt. Nicht, daß sie ausschließlich hemmungslos unüberlegte Meinungen über meine seelische Gesundheit von sich gibt, auch ganz banale Dinge gehören dazu. Zum Beispiel komme ich in ihre Wohnung, und sie schleudert mir entgegen: Was für häßliche Schuhe! Dabei habe ich sie nicht nach ihrer Meinung gefragt, und ich mag meine Schuhe. Ihre Bemerkung macht mich traurig. Aber so geht es eben zu. Ihre Mutter ist so, ihre Cousinen, Tanten, überhaupt alle. Ungefragt Bemerkungen zu machen ist bei uns gang und gäbe, weil niemand den anderen achtet. Wir sind ein einziger großer Brei, einer ist wie der andere, und der Geschmack kommt nur zustande, weil jeder mitgekocht wird.

Ich denke über meine Mutter und mich und darüber nach, daß es in meinem Leben keine bedingungslose Liebe gab. Nicht, daß sie mich nicht gern hätte. Aber ich weiß, daß ich nicht so bin, wie sie mich haben möchte. Wenn ich nicht in Harvard Preise gewinne, sondern, beschäftigunglos, gebrochen, depressiv und verzweifelt bin, liebt sie mich nicht auf dieselbe Art. Sie will nichts über mich wissen, will nicht wissen, ob ich Sex habe oder mich tätowieren lasse. Sie möchte, daß ich das Mädchen bin, das sie sich wünscht.

Manche meiner Freunde verstehen das nicht. Sie begreifen nicht, wie verzweifelt es einen machen kann, wenn nie jemand einem sagt, ich habe dich lieb und mag dich so, wie du bist. Du bist einfach wunderbar, so wie du bist. Sie wissen nicht, was es heißt, daß mir das nie jemand gesagt hat. Ich bin deshalb so fordernd und schwierig gegenüber meinen Freunden, weil ich vor ihren Augen zusammenbrechen möchte, damit sie mich auch lieben, wenn ich für sie nicht immer ein Vergnügen bin, sondern reglos im Bett liege und ununterbrochen weine. So ist das mit Depressionen: Wenn du mich lieb hättest, würdest du aufhören, für die Schule zu arbeiten, würdest du samstags abends nicht mit deinen Freunden trinken gehen, würdest du keine Hauptrollen mehr im Theater spielen und nichts anderes mehr tun, als an meinem Bett zu sitzen und mir Papiertaschentücher und Aspirin zu reichen, während ich hier liege und jammere und weine und dich und mich ins Elend zerre.

Manchmal glaube ich, daß es teilweise mit der ethnischen Herkunft zu tun hat. Bei uns Juden gibt es die Vorstellung von bedingungsloser Liebe nicht. Der Gott des Alten Testaments ist ein richtender, eifersüchtiger, rächender Gott. Er wird zornig und er besänftigt sich. Die Vorstellung, die andere Wange hinzuhalten, oder daß der Glaube wichtiger ist als Taten, ist typisch christlich. Manche sagen, der Unterschied zwischen christlicher Schuld und jüdischer Schuld besteht darin, daß erstere von dem Gedanken ausgeht, wir wären alle schuldig geboren und der Erbsünde verfallen; letztere beruht auf der Voraussetzung, daß wir alle nach Gottes Ebenbild geschaffen sind und die Fähigkeit zur Vollkommenheit in uns tragen. Christliche Schuld hat mit Unmöglichkeit, jüdische Schuld mit einem Übermaß an Möglichkeit zu tun. Ich denke über meine eigenen Möglichkeiten nach und darüber, wie sie verschwendet werden, darüber, daß sie für immer verpaßt sind, weil ich hier sitze und darauf warte, daß mich jemand liebt, so, wie ich bin.

Ich weiß nicht warum, aber als ich wieder nach Harvard kam, wollte ich einfach nicht ins Stillman-Hospital. Ich glaube, ich hatte genug vom Preiselbeersaft. Andererseits hielt ich es allein in der Wohnung mit meinem Kummer nicht aus. In allen Schriften, die ich über Depressionen und ihre Heilung gelesen hatte, hieß es, der einzige Weg, ein Problem zu lösen, sei durchzuhalten, die Zustände zu ertragen, die vom Adrenalin ausgelösten Kämpf-oder-flieh-Anfälle niederzuhalten und dem Schmerz seinen Lauf zu lassen. Nichts für mich.

Ich konnte es einfach nicht ertragen. Nie habe ich mich so sehr in eine andere Haut gewünscht. Dauernd dachte ich an Selbstmord, ich hatte ständige Angst. Ins Stillman wollte ich trotzdem nicht, und da ich genau aufgeschrieben hatte, mit welcher Methode ich mich umbringen wollte - ich hatte mir entsprechende Traktate von der Hemlock Society schicken lassen und wußte inzwischen, wie man Medikamente mischen mußte, um sich endgültig den Garaus zu machen -, schlug Dr. Sterling vor, mich ins McLean-Hospital zu schicken. Das wollte ich aber nicht, obwohl es mir sicher gutgetan hätte in meinem Zustand.

Ich beschloß, nach Kalifornien zu fahren, statt in die psychiatrische Klinik zu gehen.

Sobald ich bei meiner Cousine in Los Angeles war, setzte ich mich in die Sonne und weichte in der heißen Wanne auf. Ich las Sartre am Strand des Pazifik, und als ich merkte, daß Camus' ›Der Fremde‹ am Meer beginnt, las ich das auch. Ich aß Joghurteis in einem Straßencafé mit Buchhandlung in Venice. Ich riskierte Kopf und Kragen beim Überqueren eines sechsspurigen Highways, um in ein Restaurant namens Cheesecake-Factory zu gelangen. Ich dachte, es gäbe dort frische Austern (aber sie hatten keine, und außerdem mußte man eine halbe Stunde auf einen Tisch warten). Ich dachte an Rafe. Ich redete über Rafe. Und ich sprach mit Rafe, wenn ich ihn erreichen konnte; wenn nicht, hinterließ ich ihm eine Nachricht.

Ich versuchte, einen Job für den Sommer zu finden, da mich die ›Chicago Tribune‹ abgelehnt hatte. Ich interviewte Joni Mitchell für die ›Dallas Morning News‹. Ich überlegte, ob ich mich ein Semester beurlauben lassen sollte, um ein Buch über Joni Mitchell zu schreiben. Ich verbrachte mehr Zeit am Telefon mit möglichen Arbeitgebern in New Orleans, Atlanta und sogar New York als in der kalifornischen Sonne. Meine Cousine sagte mir, ich solle nicht so verkrampft sein und mich lieber entspannen. Du sollst doch Ferien machen, sagte sie. Ich benähme mich wie ein Manager, der sein tragbares Telefon mit nach St. Bart's bringt und keinen Tag ohne seine Geschäfte leben kann. Sie sagte: Du bist zu jung, um so besessen und ehrgeizig und verbissen zu sein.

Ihr schien nicht klar zu sein, daß ich Angst hatte, den Dingen ihren Lauf zu lassen. Wenn ich mich wie ein Westküsten-Zen-Surfer benähme, würde ich ganz sicher in einer Depression landen, das wußte ich genau, in einem tieferen Morast als dem, in dem ich gesteckt hatte, weil ich dies und jenes versucht hatte und durch die beengenden Röhren von Nicht-Möglichkeiten gelaufen war wie ein Hamster in einem Laufrad.

Sie sagte immer wieder: Ruh dich aus, Elizabeth!

Und ich sagte, schön wär's. Ich dachte an Rafe.

Meistens dachte ich: In der Sonne ist es leichter. Alles ist besser zu ertragen, wenn beim Aufwachen Licht durchs Fenster hereinflutet. Der schwarze Schleier, der in Cambridge und New York in der Kälte und Dunkelheit über allem lag, war hier weniger leicht zu erkennen. Mir fiel ein, daß der Löwe, mein Sternzeichen, der Sonnenherrscher ist, und ich fragte mich, wie ich mein Leben sonniger gestalten konnte. Als ich Kalifornien verließ, war ich innerlich ziemlich gleichgültig geworden, als hätte die Sonne mir aufs Gehirn geschlagen und es in einen Stoff verwandelt, dem alles egal war. So dachte ich mir: Wer braucht schon Rafe?

Dann kehrte ich nach Cambridge zurück und brauchte ihn wieder so sehr und dachte, ich könnte es keine Minute, keine Stunde, keinen Tag mehr ohne ihn aushalten. Und ich dachte daran, daß ich in den Weihnachtsferien den Schmerz, Rafe vier Wochen nicht zu sehen, kaum ausgehalten hatte. Jetzt aber war es viel schlimmer, weil die Zeit nicht begrenzt, sondern endlos war. Für immer war ich ohne Rafe, ich hatte ihn endgültig verloren.

Ich schluckte mehr Mellaril, aber die Qualen nahmen zu.

Ich hörte mir wieder Bob-Dylan-Songs an. Mit seiner brüchigen, trostlosen Stimme sang er die traurigsten Zeilen, die ich je gehört hatte. ›If You See Her, Say Hello‹, ›Mama, You've Been On

My Mind‹, ›I Threw It All Away‹, ›Ballad In Plain D‹ - warum hatte seine Plattenfirma nicht schon längst eine Platte mit dem Titel ›Traurige Dylan-Songs für Leute mit Liebeskummer‹ herausgebracht? Dann hörte ich wieder und wieder drei verschiedene Versionen des Songs ›You're A Big Girl Now‹. Das Original auf ›Blood On The Tracks‹, die zweite Fassung auf ›Biograph‹ und die unheimlichste, die Live-Version auf ›Hard Rain‹, als könnte der Song durch häufiges Hören sein Gewicht vermindern, als erhielte die unheilvolle Poesie eine irdische Nuance. Aber der Schmerz und der Horror bestimmter Kunstwerke - wie Picassos ›Guernica‹ oder Billie Holidays ›Good Morning Heartache‹ vom Monterey Jazz Festival 1957 oder Sylvia Plaths Gedicht ›Tulpen‹ oder der Film ›Betty Blue‹ - nutzt sich nicht ab, wenn sie ausgestellt oder vorgeführt werden. Ihre Kraft wird mit jedem Betrachten oder Hören oder Lesen größer, ich finde immer nur neue tragische Elemente darin, neue Gründe, mich voller Pathos da hineinzuversetzen. So geht es mir mit jedem Dylan-Song, der mich je berührt hat. Es gibt Leute, die seine Stimme hassen, die finden, er näsele und könne nicht singen. Sie hören seine Lieder lieber von den Byrds oder Ricky Nelson oder den O'Jays oder anderen seltsamen Leuten, die sich seine Lieder angeeignet haben. Sie wissen nicht, daß für echte Dylan-Fans gerade diese rauhen, gereizten Stimmbänder den Klang der Erlösung bringen. Ich würde gerne ein Band haben, das all seine Aufnahmen von ›You're A Big Girl Now‹ immer wieder spielt. Dieses große Mädchen ist in Wahrheit so klein und zerbrechlich.

Oft brachte ich nicht die Energie auf, zur Therapie zu gehen, und so sprach ich nur am Telefon mit Dr. Sterling. Ich hatte keine Kraft zu essen und, so seltsam es sich anhört, ich hatte auch keine Kraft zu schlafen. Das einzige, was ich schaffte, war im Bett zu liegen. Manchmal gelang es mir nicht aufzustehen und mir ein Glas Wasser zu holen, so schluckte ich das Mellaril trocken herunter und hoffte, auf leeren Magen würde es noch stärker wirken.

Sonntag morgens, wenn Samantha keine Vorlesungen hatte, holte sie mich aus dem Bett und sagte, im Wohnzimmer scheine die Sonne und da würde ich mich wohler fühlen als in meinem dunklen Zimmer. Wenn wir uns dann unterhielten, führte es zu nichts, weil Samantha immer fragte, warum ich nicht mit mehr Gelassenheit über meine Lage nachdachte. Ich könne doch froh sein, daß ich diese Liebe mit Rafe erfahren hätte, das sei ein Zeichen dafür, daß ich es irgendwann wieder erleben könne, irgendwo, mit jemand anderem. So schwatzte sie drauflos, bis ich schließlich schrie: »Verdammt noch mal, Samantha, siehst du nicht, wie verzweifelt ich bin? Mir ist scheißegal, was in zehn Jahren oder zehn Monaten los ist! Ich werde wahnsinnig, hier und jetzt! Keine Minute länger halte ich das aus!«

Wie immer fing ich an zu weinen, und Samantha war ganz aufgeregt und suchte in ihrem Adreßbuch nach Namen von Leuten, die mir helfen könnten, einem Rabbiner in New York, einem Sozialarbeiter in Cambridge. Sie schlug mir auch vor, ihren Vater, der Psychoanalytiker in Washington war, anzurufen.

Ich sah sie an und sagte: »Ich brauche eine Therapie. Ich habe mir schon selbst gesagt, Rafe los zu sein wäre das beste für mich, weil ich nur so die Lösungen finde, vor denen mich seine Gegenwart immer abgeschirmt hat, obwohl ich auch glaube, daß er die Dinge mehr an die Oberfläche brachte.«

Sie nickt.

»Ich weiß, daß ich mich behandeln lassen und Tag um Tag mein Leben bewältigen muß, weil es mir nur so besser gehen kann, und daß ich in ein paar Monaten stärker bin, weil ich zur Wurzel des Übels vorgedrungen bin.«

Sie nickt erneut.

»Aber«, und jetzt brach ich in Tränen aus, »ich glaube nicht, daß ich es schaffen kann. Ich brauche Schutz. Ich sehe kein Licht am Ende dieses Tunnels, ich kann mir Frieden in der Welt oder inneren Frieden oder irgendwas in der Art nicht vorstellen und würde am liebsten meinen Plan, all diese Schmerzen auszuhalten, auf der Stelle aufgeben. Wenn ich Alkoholikerin wäre, würde ich sagen, ich möchte trinken, weil ich ich bin. Ich weiß nicht, was es ist, aber ich will es *jetzt sofort*!«

Samantha sagte etwa, sie verstehe, wie ich mich fühle. Ich hörte aber nicht hin, weil alles, was ich mir wünschte, war, von diesem Planeten fortgeblasen zu werden, bis der Schmerz vorbei war. Ich wollte wieder nach Kalifornien. Oder vielleicht auf den Neptun.

Da fällt mir plötzlich ein, daß Samanthas argentinischer Ex-Freund Manuel in London wohnt und bei einer großen Investment-Bank arbeitet. Ich hatte mit Manuels jüngerem Bruder eine kurze, heftige Beziehung gehabt, als er Senior war und ich ein begeisterungsfähiges Erstsemester, das nicht glauben konnte, daß sein Zimmer im Adams House so riesig war. Als Samantha in London arbeitete, wohnte sie mit Manuel zusammen, und ihrer Beschreibung nach war er sehr vernarrt in sie gewesen und hatte sich rührend um sie gekümmert, obwohl sie sich nachts in den Schlaf weinte und auf Dinnerpartys aufsprang, hinauslief und auf dem Balkon schluchzte, weil sie damals selbst eine ganze Menge Probleme hatte.

Ich beschließe, für ein paar Monate zu Manuel zu ziehen, bis es mir besser geht.

Samantha lächelt bei dem Gedanken: »Ich kann dir Manuel gern überlassen, er ist genau das, was du jetzt brauchst.«

Samantha weiß, daß Manuel ein netter Junge ist, der mich zum Essen einladen und sich mit mit unterhalten wird. Sie findet das gut. Sie glaubt wahrscheinlich, ich hätte einen kleinen Zusammenbruch, und das beste wäre, einfach damit zu leben, begleitet von höflicher Konversation und gutem Essen in Trendlokalen. Schlechter als Mellaril würde es für mich bestimmt nicht sein.

Ich habe genug Flugrabatt angespart, um ein Freiticket nach London zu bekommen, und ich stelle mir die Stadt so verlockend vor, daß ich mir dort eine Arbeit suchen und auf Dauer bleiben will. London erscheint mir wie ein wunderbarer Ausweg aus meinem Elend. Ich bin noch nie in Europa gewesen, doch ich bin überzeugt, daß sich dort alles zum besten wenden wird. London - die Stadt von Blake und Dickens und all dieser herrlichen Schriftsteller. Dabei lasse ich völlig außer acht, daß ich diese Schriftsteller im Grunde verabscheue und deshalb mein Englischstudium abgebrochen und zur Komparatistik übergewechselt bin. Auf Byron, Shelley, Wordsworth und den ganzen britischen Literaturkanon kann ich gern verzichten. Ich setze meinen Plan dennoch in die Tat um, denn Pläne halten mich im Moment am Leben, und besinne mich darauf, daß ich die Naturgemälde von Gainsborough, Turner und Whistler immer mochte und daß eine ganze Menge von ihnen in der Tate Gallery hängen. Die britischen Künstler werden mich bei Laune halten. Ich tue also genau das, was ich tun muß.

Dr. Sterling weiß nicht so recht, was sie von diesem London-Plan halten soll. Mit jeden Tag bin ich zerrütteter und ängstlicher, weigere mich aber, ins Krankenhaus zu gehen und bin noch nicht verrückt genug für eine Zwangseinweisung. Deshalb sagt sie sich, vielleicht tut mir London gut, einen Versuch ist es wert. Sie hat mich nicht aufgegeben, das weiß ich, aber sie wartet wohl darauf, daß ich eine richtige Bauchlandung mache, weil sie mir sonst nicht die Hilfe geben kann, die ich brauche. Der Bruch mit Rafe hat mir zwar fast den Rest gegeben, aber ich suche immer noch nach einem Ausweg und hoffe, der furchtbaren Qual zu entgehen, die ich durchstehen muß, damit es wieder aufwärts geht. Dr. Sterling sagt, in der Therapeutensprache nennt man mein Verhalten »Flugphase«, und sie kann nichts tun, um mir zu einer weichen Landung zu verhelfen. Ich muß meinen Absturz wohl oder übel allein hinkriegen.

Zum Glück hat das Semester gerade erst begonnen, und so kann ich meinen Stundenplan noch ändern und mit der Reise in Einklang bringen. Meine Tutorin, die zugleich meine Studienberaterin ist, meint, es sei eine gute Idee, eine Weile fortzugehen, ich dürfe mein Pensum jenseits des Atlantik im Selbststudium erledigen und dann meine Jahresarbeit zu den selben Bedingungen abliefern. Ohnehin gibt es dafür keine Note, nur Bestanden oder Nichtbestanden. Ein anderer Dozent sagt mir, er werde mich selbständig über Freud, Marx und die philosophischen Strömungen des ausgehenden 19. Jahrhunderts arbeiten lassen. Er hat Mitleid mit mir, weil ich ihm meine Leidensgeschichte erzählt habe, und er meint, es sei am besten, wenn ich außer Landes gehe und trotzdem das Studium fortsetze. Der Dozent für kreatives Schreiben versichert, ich könne an seinem Kurs von ferne teilnehmen, nur solle ich ab und zu einen Text einreichen. Ich habe in den letzten Semestern mehr belegt, als ich mußte, und so genügt es, wenn ich jetzt nur drei Seminare mache. Das System in Harvard ist so beschaffen, daß man eingeschrieben sein kann, ohne an den Veranstaltungen teilzunehmen und ohne zu arbeiten - selbst bei der Spezialisierung auf Vergleichende Literaturwissenschaften. So nehme ich also frei, ohne wirklich freizunehmen, was mein Gewissen beschwichtigt und mich in dem Glauben bestärkt, weniger krank zu sein, als ich tatsächlich bin.

Nur einer macht sich die Mühe, mich auf die Verrücktheit meines Planes hinzuweisen. Mein Studienberater für das zweite Jahr, der auch Leiter meines Fachbereichs ist, sagt, ich mache da einen schweren Fehler. Er läßt mich in sein Büro kommen, um mit mir über meine weiteren Studienpläne zu plaudern, nachdem er meinen Antrag auf ein externes Semester gelesen hat.

»Ich weiß, was Sie im letzten Semester durchgemacht haben«, sagt Chris, nimmt einen Schluck Kaffee und zieht an seiner Zigarette. »Ich habe von der Fehlgeburt erfahren, Ich habe Sie ja im Stillman besucht. Ich weiß auch, daß Sie psychische Probleme haben, und glaube, Sie sollten entweder die Hochschule zu verlassen oder sich ganz auf das Studium konzentrieren. Die Zwischenlösung, die Sie versuchen wollen, führt nur auf Abwege. Elizabeth, jemandem mit Ihrer Veranlagung - und ich glaube, ich kenne Sie recht gut - kann ich eigentlich nur raten, ein paar anspruchsvolle Seminare zu belegen, sich richtig in die akademische Arbeit zu stürzen. Sie mögen die Bibel, Sie waren so erfolgreich in dem Kurs über mittelalterlich-hebräische Mystik, machen Sie da weiter und strengen Sie Ihren Geist an!« Dabei lächelt er, und sein Optimismus wirft mich fast um. Welchen Geist? frage ich mich. Ich bin mit Mellaril vollgepumpt, und mein Gehirn ist zeitweise außer Betrieb.

»Entweder Sie vertiefen sich in Ihr Studium, oder Sie hören ganz auf und reisen durch Europa. Sie können sich den Kontinent ansehen, Prag, Rom, Berlin und Budapest. Es sind herrliche Orte für einen jungen Geist. Aber vergeuden Sie nicht ein kostbares Semester mit Kursen, die Ihnen nicht viel bedeuten und die Sie gar nicht besuchen.«

Als er mit seiner Rede fertig ist, zerfließe ich wie üblich in Tränen. Er hat natürlich recht, doch ich will auf jeden Fall die Uni verlassen, ihr aber trotzdem irgendwie verbunden bleiben. Ich weiß, daß es gerade diese unentschiedene Haltung ist, die mich in meine Randexistenz getrieben hat und das Zentrum meiner Depression darstellt, aber ich kann mich nicht zwingen, es anders zu machen. Irgendwo tief drinnen weiß ich, daß die Londonreise meine Selbstzerstörung forcieren wird, ein weiterer Versuch ist, dem Unvermeidlichen zu entfliehen, und doch muß ich daran festhalten.

»Vielleicht schaffe ich doch wirklich das Selbststudium und das Tutorium«, sage ich weinend, weil ich schon weiß, daß es anders kommen wird. »Vielleicht kommt dabei wirklich etwas für mich heraus.«

»Elizabeth«, sagt er seufzend. »Letztes Semester habe ich Sie im Krankenhaus besucht. Ich weiß, in welchem Zustand Sie sind. Sie werden doch nicht nach England fahren und dort Marx lesen ...«

»O doch«, falle ich ihm ins Wort. »Ich lese ihn im Britischen Museum, in dem Lesesaal, wo er ›Das Kapital‹ schrieb.«

»Elizabeth!« Er seufzt noch einmal tief. Chris ist ein zerknitterter Typ, das Musterbild eines flotten Akademikers. Immer in Jeans und immer dieselbe Tweedjacke mit Lederflicken an den Ellbogen, immer ein filterlose Camel in der Hand und stets bemüht, den Studenten ein Freund und Helfer zu sein. Ich glaube, Chris liegt ebensoviel an mir wie jedem anderen Professor in Harvard, aber ich kann seinem Fach Narratologie (ein weiterer trauriger Versuch, die Literatur in eine Wissenschaft umzumünzen) nicht viel abgewinnen. Chris ist jedoch immer auf meiner Seite gewesen, und im Augenblick ringt er mit sich, ob er mir meine Fernstudienpläne gestatten soll.

»Ich will Sie nicht von dem abhalten, was Sie tun müssen, und ich unterschreibe auch diesen Antrag auf Selbststudium, damit Sie nicht sagen können, ich hätte Sie daran gehindert, etwas zu tun, das Ihrer seelischen und geistigen Gesundheit nützen könnte«, sagt Chris schließlich, nachdem er ein paar Minuten gegrübelt hat, während ich dasitze und heule. »Aber gestatten Sie mir zu sagen, ich bin sicher, daß dies sehr, sehr falsch ist.«

12

Fellatio aus Versehen

It's raining, it's pouring, / Old man is snoring.
Now I lay me down to sleep. / I hear sirens in the street.
All my dreams are made of chrome / I have no way to get back home.
I'd rather die before I wakeLike Marilyn Monroe,
And you can throw my dreams out in the street
And let the rain make 'em grow.
TOM WAITS
›A Sweet Little Bullet from a Pretty Blue Gun‹

Ein paar Wochen vor meiner Abreise nach London rufe ich Rafe an und sage, ich habe ihm etwas sehr Wichtiges mitzuteilen. Mit bedeutsamer Stimme verkünde ich, daß ich nach England gehen und nie mehr zurückkommen werde, als ob ihm die Nachricht, daß er mich für immer los ist, etwas anderes bringen würde als Erleichterung. Er murmelt das eine oder andere, was man als höheres Semester eben so sagt - neue Horizonte gewinnen, mal rauskommen -, und dann meint er, es wäre eine Schande, nach Europa zu gehen, ohne den Kontinent zu besuchen. Ich habe keine Ahnung, was er damit meint, und so erklärt er mir, daß England eine Insel ist. Mir ist es einfach zu dumm, ihm darauf zu erwidern, daß ich keine Energie für Paris, Amsterdam und Venedig habe, daß ich mit aller Wahrscheinlichkeit wie gelähmt in London hocken werde. Wenn er mich nicht gut genug kennt, um das zu wissen, kennt er mich überhaupt nicht, und unsere Liebe war ein noch größeres Wunder, als ich glaubte.

An einem Samstagabend im März gibt mir meine Mutter, die sich bestimmt große Sorgen meinetwegen macht, am Gate der Continental Airlines in Newark fünfhundert Dollar in bar, »als Starthilfe für neues Leben«. Als befänden wir uns in Rußland im Jahr 1902 und als begründete ich eine neue Existenz in der Neuen Welt, wo die Straßen mit Gold gepflastert sind. Ich frage mich, wie lange wir diese Fiktion noch durchhalten werden, daß ich nach London gehe, um dort zu leben. Die Wahrheit ist, ich gehe nach London, um zu sterben oder zumindest, um auf meiner Todeswelle zu reiten.

Ich habe ein Studentenvisum, eine lange Liste mit Telefonnummern, die mit den Londoner Notrufnummern konkurrieren kann, aber ich weiß, daß es unter diesen scheinbaren Möglichkeiten in London nichts gibt, das besser wäre als irgendwo anders. Meine Tutorin hatte mir im letzten Moment geraten, auf eine karibische Insel oder nach Florida zu gehen, denn in meiner Stimmung brauche man die Barbados und nicht Britannien. Aber da war es schon zu spät. Außerdem mußte ich irgendwo hingehen, wo man etwas anderes tun konnte, als am Strand zu braten. Für meinen London-Aufenthalt packte ich nichts weiter ein als Lesestoff: ›Totem und Tabu‹ von Freud, Heideggers ›Sein und Zeit‹, Milan Kunderas ›Buch vom Lachen und Vergessen‹, Derridas ›Ränder der Philosophie‹, eine Marx-Engels-Anthologie und noch ein paar mehr Schmöker dieser Art. Ich wollte unbedingt produktiv sein. Aber irgendwo im Hinterkopf wußte ich es besser. Wie soll ich mir sonst erklären, daß ich auch Carrie Fishers ›Postcards from the Edge‹ mitnahm?

Etwa eine Woche vor der Abreise hatte ich auf einer Hochzeit Barnaby Spring kennengelernt, einen Harvard-Absolventen, der am Sloan Square wohnte und mit abenteuerlichen Filmprojekten sein Erbe durchbrachte. Das vergangene Jahr hatte er auf Safari in Kenia, Moçambique oder Borneo verbracht. Er war ein waschechter Brite, ein Eton-Boy, der schon mit sieben ins Internat gekommen war. Er versprach, mich vom Flughafen abzuholen und mir zur Verfügung zu stehen, wenn ich ihn brauchte. Auf der Hochzeit war ich wegen der bevorstehenden Reise in guter Stimmung, und so bin ich sicher, daß Barnaby nicht im geringsten ahnte, worauf er sich da einließ. Er hätte es ahnen können, denn in der Nacht vor meiner Abreise rief ich ihn sechs- oder siebenmal an. Es war das erstemal, daß ich mit einem anderen Kontinent telefonierte, und ich glaube, der Reiz des Neuen veranlaßte mich, es mehrmals hintereinander zu tun. Ich fragte, ob er auch wirklich kommen würde, ob er auch pünktlich sei oder vielleicht ein bißchen früher käme. Jedesmal, wenn ich anrief, erklärte ich ihm, es tue mir leid, daß ich so besorgt sei und ihm vielleicht auf die Nerven gehe, aber schließlich sei es meine erste Reise nach Europa, und ich hätte eine Phobie, die auf starkes Heimweh in einem Sommercamp zurückgehe, ich müsse mich immer versichern, daß ich Leute an Flughäfen und Busbahnhöfen nicht verpaßte. Ich versuchte, dies Barnaby voll Selbstironie zu erzählen, und er schien es auch so zu nehmen. Als ich dann zum siebenten Mal anrief, war es in England bereits fünf Uhr morgens, und wenn Barnaby meine vorherigen Anrufe vielleicht noch ganz nett gefunden hatte, fühlte er sich jetzt nur noch im Schlaf gestört.

Der gesamte Flug nach England war nichts als gestörter Schlaf. Ich nahm ein Mellaril nach dem anderen, aber ich war so voll Angst, daß ich im Flugzeug keine Ruhe fand. Als ich dann in Gatwick ankam und die Zollformalitäten und alles übrige erledigen mußte, begann das Mittel zu wirken. Auf dem Weg durch den Flughafen war mir, als ginge ich mit tausend Gewichten beladen durch eine mit Äther gefüllte Höhle. Die Luft, die ganze Atmosphäre erschien mir undurchdringlich und schwer. In Barnabys Auto, einem Jaguar natürlich, schlief ich fast ein, aber weil ich höflich sein wollte, tat ich alles, um wach und munter zu bleiben. In diesem Moment wurde mir klar, was für ein riesiger Fehler es war, nach London zu gehen: In der ganzen Stadt hatte ich keinen einzigen Freund, ich war auf lauter Fremde angewiesen, die mit seltsamem Akzent sprachen, und mußte eine Menge Energie aufwenden, um freundlich und umgänglich zu sein. So mußte ich ja ins Abseits zu geraten. Was war ich doch für eine dumme Kuh! Ich war drauf und dran, Barnaby zu bitten, mich nach Gatwick zurückzufahren und in ein Flugzeug zu setzen, das nach Hause flog.

Dann fiel mir ein, daß ich ja gar nichts hatte, wohin ich zurückkehren konnte. Keine Vorlesungen, keinen Freund, nur ein paar Freundinnen, die ganz erschöpft waren, weil ich sie in den letzten Monaten so beansprucht hatte. Entweder England oder gar nichts. Es gab keinen Ausweg.

Da Manuel erst später am Abend nach Hause kam, nahm mich Barnaby mit in seine Wohnung, in der viele schwarze Ledermöbel standen und eine schwarze Stereoanlage mit schwarzen Lautsprechern auf einem schwarzen Regalsystem mit einem schwarzen Fernseher. Ich weiß nicht, was ich erwartet hatte, vielleicht etwas Altenglisches wie üppige Sofas mit Goldblattmuster, Dekors aus der Zeit Viktorias, Edwards, Jakobs, Elizabeths. Ich hatte mir etwas wie in ›Wiedersehen mit Brideshead‹ vorgestellt, statt dessen sah es eher aus wie in Mickey Rourkes Penthouse in dem Film ›9 ½ Wochen‹. Als ich mir die Kameras und Videogeräte ansah, alle so dunkel und wohlgeordnet, hatte ich eher den Eindruck, als sei dieser Mann kein englischer Gentleman, sondern ein Amateurpornograph. Vielleicht war er auch beides. Schließlich war die englische Aristokratie immer vom Ruch des Inzests umgeben, man denke nur an die Freunde Alistair Crowleys, die Opium rauchten, Laudanum schluckten und es mit ihren Geschwister trieben. Barnaby ist, so dachte ich mir, sicher der Typ, der kleine Slips statt Boxershorts trägt. Wahrscheinlich mit Leopardenmuster. Er lag auch wirklich etwas Beunruhigendes in seiner düsteren, mageren Gestalt. Und dann, mein Gott, all das schwarze Leder.

Als ich spürte, daß ich zu erschöpft war, um irgend etwas zu tun, fragte ich Barnaby, ob es ihm etwas ausmache, wenn ich ein wenig schliefe. Ich ging in sein Schlafzimer und sah, daß auch sein Bett aus schwarzem Leder war, jedenfalls war die Überdecke aus diesem Zeug. *Du lieber Himmel, was mache ich hier bloß?* fragte ich mich.

Als ich aufwachte, reichte mir Barnaby ein Glas Orangensaft. Dann saß ich auf seiner Couch und versuchte wachzubleiben, was nicht einfach war nach der dreifachen Dosis Mellaril. Trotzdem überlegte ich, ob ich nicht etwas mehr nehmen sollte. Er saß neben mir, drehte meinen Kopf zu sich und gab mir eine Art Kuß oder, besser gesagt, er stopfte mir seine Zunge in den Mund.

»Barnaby«, sagte ich erschrocken, »du weißt wahrscheinlich nicht, mit wem du es zu tun hast. Ich bin eine Art Wrack, das heißt, ich bin hier in London, um mich zu erholen, ich habe eine Menge hinter mir. Ich kann das jetzt einfach nicht, es geht wirklich nicht.«

»Ich hab dich schließlich vom Flughafen abgeholt, ich wollte dich herumführen. Ich dachte, du hättest begriffen«, antwortete er.

»Was begriffen? Von einem Tauschhandel wußte ich nichts.«

Das Gespräch endete hier, weil ich es mit der Angst bekam. Ich war allein in diesem fremden Land und brauchte einen Freund. Barnaby gehörte zu der Sorte von Trotteln, die höchstens für eine platonische Beziehung zu gebrauchen sind, und ich konnte einfach nicht glauben, daß er so gänzlich andere Absichten hatte. *Sieh mich an,* hätte ich am liebsten gesagt, *ich bin total daneben und unansehnlich. Wie soll sich jemand mir nähern wollen?* Natürlich gibt es Typen, die einfach mit jedem ins Bett gehen, sogar mit mir. Er hatte mir erzählt, er wolle mit mir nach Stratford-on-Avon fahren, um Shakespeare zu sehen, wir würden im Lake District Wordsworths Haus ansehen, Oxford und Cambridge besuchen. Das war auf dem Weg vom Flughafen in die Stadt gewesen, und er war nicht zu bremsen, obwohl ich dem Koma nahe war. Aber jetzt stellte sich heraus, daß ich für all das einen Preis zu zahlen hatte.

Ich war einfach zu schwach, um mich zu entrüsten, das war das Schlimmste. Ich war einfach nur angewidert. Ich hätte ohne weiteres mit Barnaby geschlafen, wenn es möglich gewesen wäre, das ohne Wäscheklammer auf der Nase zu tun. Ich war so einsam und verängstigt, daß ich alles für irgendwen getan hätte, der dafür nett zu mir sein wollte. Aber er war zu schlangenhaft, zu schleimig. Und so wollte ich nicht, daß er mich anfaßte.

»Du könntest mich jetzt zu Manuel bringen«, schlug ich vor.

»Wie du willst«, sagte er.

Manuel wohnte in einem Haus in Knightsbridge, jenem Teil von London, wo auch Harrod's ist und wo nur Investment-Banker und Unternehmensberater-Typen leben, die fast nie zu Hause sind und deshalb gar nicht merken, in welcher Enge sie hausen. Manuel und sein Mitbewohner hatten ein ganzes Haus für sich, aber es war so schmal, als hätte man ein normales Haus plattgequetscht und an die Seite gestellt. Als ich dort ankam, wies Manuel mir ein winziges Zimmer im Keller zu - zuweisen ist das richtige Wort, denn Manuel war so kalt wie der Sprühregen draußen -, das mit einem Bügelbrett und einem kleinen, klumpigen Bett zugestellt war. Einzige Lichtquelle war ein Leselämpchen, Fenster oder einen Ventilator gab es nicht. Die Matratze fühlte sich an wie mit Tonscherben gefüllt.

Mir war das aber eigentlich egal. Ich brauchte keine Luxusunterkunft, und in diesem Verlies zu hausen schien mir bestens zu meiner Stimmung zu passen. Das einzige, was mir Sorgen machte, war, daß Manuel mir gegenüber so scheußlich war. Es war klar, daß er mich hier nicht wollte. Noch bevor ich mir ein Glas Wasser abfüllen konnte, um ein Mellaril zu nehmen, sagte er, er lasse mich nur Samantha zuliebe hier wohnen, der er eigentlich nicht das geringste schulde, da sie ihn auf heimtückische Art verlassen habe (sie haute mit einem anderen Mann in den Lake District ab, als er in Italien einen kranken Verwandten besuchte). Ich könne hier ruhig bleiben und lesen und tun, was ich wolle, aber er sei sehr beschäftigt und führe ein unabhängiges Leben, in dem kein Platz für mich sei.
Und die angenehme Konversation bei gutem Essen in Trendlokalen?

Na gut, sage ich mir, ich werde es schon in diesem dunklen Loch aushalten, solange, wie ich brauche, damit es mir besser geht. Ich werde es hinnehmen, daß der einzige Schmuck in dieser Bruchbude ein Rohr unter der Decke ist und ein altes Bügelbrett neben einem Stapel Hosen, der auf die Wäscherin wartet. Ich nehme dies als mein Schicksal hin. Ich bin nach London gekommen, um ganz tief zu fallen, und das wird wohl auch geschehen.

Ich schlafe unruhig, morgens kann ich nicht aufstehen, nicht mal am Nachmittag, und ich sage mir: Das ist ziemlich furchterregend. Ich muß nach Hause. Selbst wenn es einen solchen Ort gar nicht wirklich gibt.

Nachdem ich mich am ersten Abend aus dem Bett gequält hatte, verbrachte ich ein paar Stunden am Telefon. Zuerst wußte ich nicht, wie man Auslandsgespräche führt, inzwischen bin ich Expertin auf diesem Gebiet. Ich hinterließ überall Nachrichten, weil niemand zu Hause war; in Amerika, wo ich hingehörte, war heller Tag. Endlich rief mich Samantha zurück, ich sagte ihr, daß Manuel kaum mit mir spreche, scheinbar brächte ich ihm ihre Trennung in Erinnerung, ich würde es in London keine Minute mehr aushalten. Sie sagte irgend etwas wie arme Kleine und geh doch einfach spazieren und sieh dir die schöne Stadt an. Und was ist mit der Idee, im Britischen Museum zu lesen? Willst du nicht wenigstens die Kronjuwelen sehen?

Ich sagte nichts, worauf sie versprach, mit Manuel zu reden.

Ich rief meine Mutter an und sagte ihr, es sei schrecklich hier, es habe seit meiner Ankunft nur geregnet, es regne überhaupt nur, selbst im Haus fiele noch Regen auf mich herab, ich wisse nicht, woher ich Essen bekommen solle, ich hätte seit meiner Ankunft noch nichts gegessen, ich glaubte, wahnsinnig zu werden.

Komm nach Hause, sagte sie. Gib es auf. Du versuchst eine Sache nach der anderen, nichts funktioniert. Ich verliere die Geduld. Ich halte es nicht mehr aus, daß du mich von überall anrufst und es dir immer schlecht geht. Komm nach Hause.

Ich reagierte auf ihre Härte mit Panik und widersprach ihr. »Findest du nicht, das wäre ein wenig übereilt?« fragte ich.

»Ellie«, sagte sie, »Ellie, ich weiß nicht, was du tun sollst, aber ich glaube - ach, ich weiß nicht, was ich glauben soll. Ich werde noch wahnsinnig. Du solltest es vielleicht noch ein paar Tage versuchen, aber ich weiß nicht recht. Wenn du weißt, daß es dir elend geht, dann fahr weg.«

Meine Mutter weinte mir von jenseits des Atlantik etwas vor, sagte, sie wisse nicht, was sie mir noch sagen könne, ich solle doch Dr. Sterling anrufen. Ich versuchte, Dr. Sterling zu erreichen, aber sie war gerade irgendwo unterwegs. Ich hinterließ ihr zwanzig Nachrichten innerhalb von zwei Stunden, jedesmal deprimierter, aber sie reagierte nicht.

Als Manuel von der Arbeit kam, hatte ich noch immer mein Flanellnachthemd an, mein Gesicht war geschwollen, ich hatte Creme im Gesicht und sah vermutlich aus wie ein Teenager oder ein kleines Mädchen, das Mitleid erregen will. »Elizabeth, Samantha hat mich angerufen, wir haben über die Dinge gesprochen«, sagte er mit seinem argentinischen Akzent. »Sag mir, was ich für dich tun kann. Deine Seele retten kann ich nicht, also sag mir, was danach kommt.«

Ich hatte das Gefühl, jetzt sei der Moment gekommen, in dem ich anfangen müßte zu weinen, um Mitleid zu erregen, aber ich hatte so viel Mellaril genommen, daß meine Tränenkanäle verstopft waren. Ich rollte mich auf der Couch zusammen, verzog das Gesicht und sprach mit piepsender Stimme wie jemand, der im nächsten Moment heftig zu schluchzen beginnt, aber es kamen keine Tränen. Ich war wie ausgetrocknet nach all der Zeit. »Vielleicht sollte ich nach Hause fahren«, sagte ich.

»Samantha sagte mir schon, daß du daran denkst«, sagte er. »Aber das ist doch verrückt. Du bist doch gerade erst angekommen. Samantha sagt, du wärst noch nie aus den USA herausgekommen, deshalb solltest du, solange du hier rumhängst, wenigstens etwas von dem Land sehen. Hier gibt es bedeutende Museen, sehr gutes Theater, man kann so viel unternehmen. Von hier ist es auch nicht weit nach Paris oder Amsterdam.« Er fügte noch hinzu: »Und du kannst unmöglich abreisen, bevor du nicht wenigstens die Kronjuwelen gesehen hast.«

Lieber Himmel, denke ich. *Was ist nur so Bedeutendes an den verdammten Kronjuwelen*?

»Manuel, du wirst das alles verrückt finden, aber ...« Aber was? »Aber weißt du, ich bin einfach nicht normal. Ich wünschte, du würdest mich nicht in diesem Zustand sehen, weil ich eigentlich nicht so bin.« Als nächstes würde ich so etwas sagen wie: *Ich hätte auch kämpfen können.*

Er sagte, er verstehe mich, und versprach, mich an einem der nächsten Abende zum Essen auszuführen, bis dahin empfahl er mich einem Freund, der in der Nähe wohnte und mir die Stadt zeigen würde. Ich bin von dem bißchen Freundlichkeit so berührt, daß es mir fast gut geht. Ich beschließe, ein Bad zu nehmen, mich anzuziehen und in die Kneipe an der Ecke zu gehen, um etwas zu essen. Ich suche mir ein Handtuch, nehme mein Shampoo und den Fön, freue mich schon auf Seifenschaum und Frühlingsduft und laufe ein paar Treppen hoch ins Badezimmer. Sobald ich es betrete, sehe ich, daß die Fenster offenstehen, es zieht fürchterlich. In London gibt es keine Duschen, jedenfalls nicht in diesem Haus - nur Badewannen und irgendwelche Rohre. Aber mein Haar ist zu lang, ich passe nicht unter den Wasserkran, ich habe den Duschkopf in der einen Hand und das Shampoo in der anderen, und plötzlich erscheint mir alles so schwierig, so kompliziert, als stünde ein Berg von Problemen vor mir. Ich fange an zu weinen, weine und weine, weil ich nicht weiß, wie ich mein Haar ausspülen soll.

Mein Kopf ist noch halb voll Seife, da lasse ich mich auf ein Handtuch auf dem Boden fallen und bewege mich nicht mehr, außer wenn ich von Weinkrämpfen geschüttelt werde, und die sind stärker als Mellaril. Ich weine stundenlang. Manuel bringt es fertig, zu einer Verabredung zu gehen. Als er zurückkommt, liege ich immer noch auf dem Badezimmerboden, eine Puppe aus Frotteelumpen. Er hebt mich auf, trägt mich in sein Zimmer und versucht vergeblich, mich zum Sprechen zu bringen. Ich habe aber zu große Angst, etwas zu sagen. Wir sitzen auf seinem Bett, und er streichelt mich, wenn auch vorsichtig, schließlich bin ich ein Mädchen ohne Kleider und nur in ein Handtuch gewickelt, aber ich bin immer noch ich, krank, vollkommen naß und ein Häufchen Elend.Und dann, wie in einer verkorksten Version des alten Songs der Crystals, küßte er mich.

»Lassen Sie mich zusammenfassen«, sagt Dr. Sterling, als wir schließlich spät nachts miteinander telefonieren. Bei ihr in Cambridge ist es früher Abend. »Ich weiß, daß Sie mir jetzt sagen, Sie hätten Narkolepsie. Zwischen Zeitumstellung und Mellaril haben Sie mehr oder weniger geschlafen, aber ich glaube wirklich nicht, daß es so etwas gibt wie Fellatio aus Versehen.«

»Rufen Sie Masters & Johnson an, ich habe es vor ein paar Stunden erlebt«, witzele ich. »Ich könnte ihr erster Fall sein.«

»Ich weiß nicht, was ich sagen soll«, sagt Dr. Sterling und versucht, die Dinge wieder in ernste Bahnen zu lenken. »Sie sind nach London gekommen, hatten einen Jet-lag. Der erste Mann, dem Sie begegnet sind, hat sich an Sie rangemacht und erklärt, er werde nett zu Ihnen sein, wenn Sie sein Sexspielzeug werden. Dann haben Sie rausgefunden, daß der Mann, bei dem Sie jetzt wohnen, Ihren Besuch nutzt, um seine Haßgefühle gegen seine Ex-Freundin auszuleben. Außerdem wohnen Sie in einem Zimmer, das winzig, dunkel und ungemütlich ist - wie ein Verlies, haben Sie, glaube ich, gesagt. Dann wird der Kerl, der zuerst scheußlich zu Ihnen war, plötzlich einigermaßen menschlich, und Sie sind äußerst dankbar, weil Sie zu den Menschen gehören, die lieber Wasser in der Wüste suchen, auch wenn es am Ende der Straße eine sprudelnde Quelle gibt. Schließlich vollziehen Sie einen Sexualakt, den Sie eigentlich gar nicht vollziehen wollten.« Sie seufzt. »Außerdem haben Sie nichts gegessen, und es regnet, und Sie fragen sich, warum es Ihnen so schlecht geht. Elizabeth, jeder würde sich elend fühlen, auch wenn er seelisch nicht so schlimm dran wäre wie Sie.«

»Meinen Sie, ich sollte zurückkommen?«

»Ich meine, Sie sollten tun, was Sie wollen.«

»Ich weiß nicht, was ich will.«

»Sie kommen dann zurück, wenn es soweit ist.«

Am nächsten Tag zwang ich mich, mit Manuels Freund zu frühstücken, obwohl für mich noch tiefe Nacht war. Ich mochte die *scones* und die *Devon cream* und den Tee, den man uns in dem kleinen Café in der Straße gegenüber von Harrod's servierte. Ich schlang sie zusammen mit Mellaril herunter, als hätte ich tagelang nichts gegessen, aber das hatte ich ja auch nicht. Er erzählte mir, was für schöne Dinge man in London unternehmen könne, Museen, Theater, Museen, Theater, diese Worte scheinen mir eine Art Mantra der Engländer zu sein.

Danach ging ich in ein Arbeitsvermittlungsbüro für amerikanische Studenten. Ich wollte mich eigentlich durch das Labyrinth der Untergrundbahn arbeiten, wollte eine echte Stadtbewohnerin sein, die öffentliche Verkehrsmittel benutzt, aber es regnete die ganze Zeit und strengte mich zu sehr an, also nahm ich ein Taxi. Als ich zu dem Büro kam und feststellte, daß man einige Treppen hinaufgehen mußte, wußte ich, daß ich mich getäuscht hatte. Warum machte ich mir etwas vor? Ich mußte zurück zu Manuels Haus, in mein Bett, mußte mich vor all dem hier verbergen.

Eigentlich war das nächstliegende, mit dem ersten Flugzeug nach Hause zu fliegen. Aber irgendwie schaffte ich es nicht. Ich glaubte, nicht genug Energie zu besitzen, um England zu verlassen. Vielleicht würde ich ja im Sarg zurückkehren.

In den nächsten Wochen, an jedem regnerischen Londoner Tag, der vorüberzog, sagte ich mir immer wieder, daß ich längst wieder in den Staaten sein könnte, in einem Krankenhausbett, bei den Schwestern, die mir Preiselbeersaft brachten. Aber ich wies diesen Gedanken immer wieder von mir. Lieber durch die Kälte laufen, angstvoll und müde, lieber unter die Bettdecke kriechen, nichts essen, nicht schlafen, nur existieren, in Manuels gruseligem Kerker. Lieber mir vornehmen, ein Wochenende nach Paris zu fahren, den Eiffelturm und den Louvre zu besichtigen, obwohl ich wußte, daß die Stadt des Lichts nur in Dunkelheit getaucht sein würde, obwohl ich wußte, daß ich nicht einmal die Kraft besaß, in einer Schlange auf mein Visum zu warten oder vom Zug auf die Fähre umzusteigen. Lieber dieses leblose Leben so lange wie möglich aufrechterhalten als die volle Konfrontation mit den Schmerzen im Krankenhaus. Ich wollte sie lieber indirekt, in kleinen Schüben, hier in England. Solche Überlegungen stellte ich an, dann nahm ich erneut Mellaril.

Wieviel Mellaril nahm ich eigentlich? Wer weiß? Während der Reisevorbereitungen hatte ich mir mehrere Flaschen besorgt, so daß ich einen guten Vorrat dabeihatte. Dr. Sterling hatte mir erklärt, Mellaril sei nur in besonders hohen Dosen giftig - es wirke auf das Gehirn und nicht auf das Herz wie Valium, deshalb sei es nicht leicht, eine Überdosis zu nehmen (anscheinend braucht man mehr Stoff, um ein Gehirn auszuschalten, als das Herz zum Stillstand zu bringen). Deshalb gibt man Mellaril gerne suizidgefährdeten Depressiven. Ob tödlich oder nicht, ich kann mir kaum vorstellen, daß sie es gutgeheißen hätte, daß ich die kleinen orangefarbenen Pillen jede Minute nahm. So ergeht es fast allen, die Medizin gegen Angstzustände bekommen. Wenn sie in eine Krise geraten, nehmen sie eine Tablette nach der anderen, weil sie sich Erleichterung erhoffen. Sie schlucken sie, als wären es Smarties. Auf der Flasche steht: »Dreimal am Tag oder nach Bedarf«. *Nach Bedarf?* Wie stellen die sich das vor? In meinem Fall bedeutet *nach Bedarf* permanente Zufuhr, entweder durch ein tragbares Dauertropfgerät oder durch immer neue Tabletten, die sich in meinem Magen auflösen und permanent in den Blutkreislauf übergehen.

Womit hätte ich es erreichen können, wieder nach Hause zu gelangen? Lebensmittelvergiftung hätte genügen müssen. Ich aß eine Quiche Lorraine in der Cafeteria der Tate Gallery und konnte drei Tage das Bett nicht verlassen, außer, wenn ich mich übergeben mußte (so viel zu den herrlichen Londoner Museen). Manuel hatte solches Mitleid mit mir, daß ich in seinem Prachtbett schlafen durfte, aber ich war in einem so ekelhaften Zustand und strömte so einen unerträglichen Geruch aus, daß er lieber im Kellerraum lag als neben mir.

Jetzt, wo ich krank war und mich nicht bewegen konnte, entspannte ich mich seit meiner Ankunft in England zum erstenmal. Ich dachte viel nach und empfand dabei eine geheimnisvolle Ruhe. Ich mochte das Gefühl, nicht rennen zu müssen, eine Atempause zu haben, mich zu erholen von einem Leben, das ich in London finden wollte. Viel Platz auf der großen Matratze zu haben, die Beine auf den angenehm kühlen und sauberen weißen Laken auszustrecken, war für mich der Inbegriff von Wohlgefühl. Selbst Manuel, der gemerkt hatte, daß ich nicht einmal körperlich - vom Seelischen war gar nicht die Rede - in der Lage war, unterwegs zu sein, drängte mich, nach Hause zurückzukehren. Irgendwie konnte ich mich nicht entscheiden abzureisen, obwohl ich mehrmals am Tag bei Continental Airlines anrief, um meine Rückkehr zu verschieben. Jede Änderung hielt der Computer fest, und schließlich sagte mir eine der Angestellten auf freundliche englische Art, ich solle doch bitte erst dann anrufen, wenn mein Abreisedatum endgültig feststünde.

Während ich mit diesen einfachen Organisationsproblemen kämpfte, dachte ich mit Staunen daran, was für einen klaren Kopf ich gebraucht hatte, um meine London-Reise vorzubereiten. Ich hatte meine Mutter überzeugen müssen, daß es eine gute Idee sei, außerdem verschiedene Dozenten und Berater in Harvard, Samantha, Dr. Sterling und noch ein paar Nebendarsteller. Ich hatte dafür eine Menge Energie verwendet. Dann hatte ich noch einen Paß gebraucht, ein Arbeitsvisum und ein Ticket auf Rabatt, wozu nur ein bißchen weniger Papierkram notwendig gewesen war als für die Steuererklärung, die einem meistens der Steuerberater abnimmt. Aber ich schaffte es alles, weil ich ein unbedingtes Ziel hatte: Ich wollte für eine Zeitlang meinem Leben entkommen. Wenn ich irgendwo fort wollte, wenn ich ausbrechen mußte, war ich zu erstaunlichen Leistungen fähig, konnte versteckte Kraftreserven mobilisieren. Man hätte meinen können, daß diese Reserven wirklich zu etwas führten, wenn ich nur richtig mit ihnen umginge und sie für sinnvolle Dinge aufwendete. Ich hätte mit all der Energie, die ich für die Depressionen brauchte, eine Familie von sechs Kindern und einen Ganztagsjob meistern können. Aber hier in Manuels Bett konnte ich mich nicht zur kleinsten Anstrengung aufraffen, obwohl ich wußte, daß es einfach wäre, meine Sachen zu packen, nach Hause zu fahren und den Weg des geringsten Widerstands zu gehen - nämlich meinen Depressionen ins Auge zu sehen. Der Gedanke, wie entsetzlich ich mir vorkäme, wenn ich mit meinen Gefühlen allein wäre - oder im Krankenhaus mit Dr. Sterling und meinen Gefühlen allein wäre -, war so unerträglich, daß London mir als eine schöne Belohnung erschien. Ich kam mir vor wie ein Alkoholiker oder Drogenabhängiger, der alles tut, um eine Entziehungskur zu vermeiden, und die Entscheidung aufzuhören vor sich herschiebt. Was wollte ich mir eigentlich bewahren? Meine Depressionen?

Ich habe kürzlich gelesen, daß Depressionen die Vereinigten Staaten pro Jahr ungefähr 42 Milliarden Dollar kosten, durch Produktionsrückgänge und Krankheit von Beschäftigten - die Kosten für medizinische Versorgung und Therapien nicht eingerechnet. Depressionen sind, mit anderen Worten, eine riesige Zeit- und Geldverschwendung. Selbst Dinge, die eigentlich erquicklich sein sollen, wie etwa ein Aufenthalt in London, werden zum Desaster. Ich fühlte mich permanent schuldig, nicht nur deshalb, weil ich in London soviel Zeit und Kraft vergeudete, sondern weil ich soviel in allen Bereichen meines Lebens vermißte: Das Studium in Harvard, eine so hervorragende Gelegenheit, um viel zu lernen, verbrachte ich weitgehend damit, mich um meine seelische Gesundheit zu kümmern; allein das war Grund genug, in Depressionen zu fallen.

Eines Abends zu Beginn meiner Zeit in London traf ich Rhoda Koenig, damals Literaturkritikerin des ›New York Magazine‹. Sie war an die Themse gezogen, weil es ihr dort so viel besser gefiel als in New York. Rhoda und ich waren schon befreundet, als ich noch in New York die Highschool besuchte, voller Schwung und kreativ war, sie hatte jedoch keinerlei Geduld mit mir, als wir in London zusammen zu Abend aßen. »Ich halte es kaum aus, dir zuzuhören«, sagte sie. »Als ich in deinem Alter war, sparte ich Geld, arbeitete monatelang als Kellnerin, um mir eine Europareise leisten zu können. Viel Geld hatte ich nicht, und so wohnte ich in Jugendherbergen, die nicht besonders gemütlich waren, aber ich war überfroh, hier zu sein. Ich ging in Museen und Galerien, sah mir Theaterstücke an, es war einfach herrlich. Du kannst nichts anderes, als darüber zu klagen, wie sehr dir dein Ex-Freund fehlt, und kriegst nichts auf die Beine. Das ist einfach lächerlich!«

Mit Rhoda zu streiten war sinnlos. Ich wußte ja, daß sie recht hatte. Außerdem war mir klar, wie anstrengend es ist, mit einer depressiven Person zusammenzusein, und sei es nur für die kurze Zeit eines gemeinsamen Essens. Wir gehen den anderen auf die Nerven, weil wir nur die dunkle Seite der Dinge sehen können, und unsere ständige Unzufriedenheit treibt die Leute zur Weißglut. Es ist so, als wenn man ins Kino ginge und den Film unterhaltend und witzig findet - wie ›Thelma und Louise‹ zum Beispiel -, und dann ist da jemand, der eine Filmhochschule besucht oder Kritiker ist und den Film Szene für Szene analysiert, so lange, bis das Vergnügen an dem Film dahin ist. So verdirbt einem der bärbeißige Querulant den Abend, erstickt alle Lebensfreude.

Genauso ist es mit einem Depressiven, nur daß es sich nicht nur um einen Abend und einen Film handelt, sondern daß es Dauerzustand ist.

Ich wollte Rhoda zu verstehen geben, ich wüßte, daß der Umgang mit mir nicht leicht sei. Ich wollte ihr klarmachen, daß ich mich in einer verzweifelten Lage befand und ihre Hilfe brauchte. Ich versuchte es, aber ich war zu schwach. Früher war es mir immer mühelos gelungen, die Sympathie der Leute zu gewinnen, aber jetzt war ich auch dazu nicht mehr fähig. Rhoda beendete unser Gespräch, indem sie mir erklärte, wie verwöhnt und undankbar die Leute meiner Generation seien. Es war so weit mit mir gekommen, daß ich den Leuten nicht mal mehr traurig erschien, sondern nur noch lästig war.

Wer mich schließlich überzeugte, in London zu bleiben, war Noah Biddle, mit dem ich während des ersten College-Jahres befreundet gewesen war; er hatte mir beigebracht, wie man Hasch raucht. Er sagte, er komme in den Osterferien auch rüber, wir könnten ein Auto mieten - er hoffte auf einen Jaguar - und uns die schöne englische Landschaft ansehen, dann würde es mir sicher besser gehen. Wir könnten durch das gepflegte englische Grün fahren, an Herrenhäusern und Schlössern vorbei, Hasch oder Marihuana rauchen und meine Lieblingsmusik hören. Stonehenge und die Kathedrale von Salisbury, Oxford und Cambridge wären auch einen Besuch wert, und so könnten wir zusammen vor uns fliehen.

Noah war kürzlich wieder in mein Leben getreten, weil er zur selben Zeit mit seiner Freundin Schluß gemacht hatte wie Rafe mit mir, und im Unglück braucht man Bundesgenossen. In seiner jetzigen mißlichen Lage interessierte sich Noah wieder für mich, was mir ganz lächerlich erschien, wo ich in so schlechtem Zustand war. Ich wußte, daß alles, was er mir vorschlug, zu spät kam und zu wenig war, aber ich hegte eine winzige Hoffnung, daß er mir nach all der Zeit vielleicht helfen könnte, und deshalb war ich einverstanden, mit ihm durch England zu reisen.

Natürlich wurde diese Englandreise für ihn zu einem völligen Desaster. Es fing damit an, daß er versuchte, mich zu berühren. Nicht, daß er mit mir schlafen wollte, was auch ziemlich schlimm gewesen wäre, nein, er wollte mich einfach nur anfassen. Als er nach London kam, hatte ich eine Phobie vor jeglicher Berührung, ich fühlte mich den Menschen dermaßen ausgeliefert, daß mein Körper der einzige Teil meiner selbst war, der noch unversehrt schien. In Wahrheit war genau das Gegenteil richtig. Barnaby und Manuel konnten mich anfassen, wie es ihnen beliebte; mein Körper war verwundbar und mein Geist war der unberührbare Teil, für Menschen unerreichbar. Ständig überfluteten seltsame und scheinbar übernatürliche Kräfte meine Seele; wie aus heiterem Himmel stürzten verschiedene böse Stimmungen und Gefühle auf mich ein wie Raubvögel. Ich fühlte mich so elend und war so empfänglich für jegliche Art von Eindrücken, daß ich die zu große Nähe anderer nicht ertrug. Ich kam mir radioaktiv, krebserregend vor und fürchtete mich vor jedem, der dumm genug war, in die Nähe meiner giftigen Person zu gelangen. Deshalb schrie ich laut auf, als Noah durch die Tür von Manuels Haus trat und mir den Arm um die Hüften legte. Mir erschien diese Geste besitzergreifend, er verstand sie vermutlich als freundschaftlich. Ich schrie ihn an, ich sei nicht sein Besitzstück, er solle sich nicht so benehmen, als gehörte ich ihm, was ihm einfalle, mich ohne meine Erlaubnis mit den Händen zu berühren und so weiter. Die Einsamkeit in dem katakombenartigen Kellerraum bei Manuel hatte mich in einen Zustand versetzt, bei dem mich selbst normalste menschliche Handlungen in Furcht und Schrecken versetzten. Jeder geringste Anlaß machte mich hysterisch.

Noah war gleich nach seiner Ankunft ganz wild darauf, London zu erkunden. Er war kaum müde vom Flug und der Zeitumstellung und wollte nicht schlafen, bevor wir in die Stadt gingen. Er sprühte vor Energie bei dem Gedanken an kleine Attraktionen wie den Big Ben und den Buckingham Palace. Seine Hochstimmung steckte mich keineswegs an, wie er wohl gehofft hatte, sondern machte mich widerspenstig und trotzig. Ich haßte ihn, weil er nicht depressiv war. Er erschien mir verrückt - alle, die nicht waren wie ich, erschienen mir verrückt. Nur ich wußte die Wahrheit über das Leben, nur ich wußte, daß es eine Spirale war, die immer weiter nach unten führt. Man konnte dies zugeben oder ignorieren, früher oder später würden wir alle sterben.

Wir ziehen ins Savoy Hotel, weil Noah vor der Abreise ein paar Tage in London bleiben möchte. Ich bin knapp bei Kasse - um ehrlich zu sein, ich habe so gut wie nichts -, aber das macht nichts, weil Noah Geld hat und möchte, daß ich bei ihm bleibe, obwohl ich so unwirsch bin. Er möchte, daß ich mit ihm hier wohne und wir tun, als wären wir ein Paar - Gott weiß warum, schließlich beachtet uns niemand. Dabei verbringe ich viel Zeit damit, zu schreien, zu heulen und ihm zu sagen, wie sehr er mir auf die Nerven geht, und er verbringt viel Zeit damit, mich zu fragen, wann ich das letzte Mellaril genommen habe.

Er glaubt, wenn ich nur Mellaril nehme, werde ich mich schon beherrschen. Er begreift nicht, daß es mich zu müde macht, um ihn auf seinen Erkundungstouren zu begleiten und mit seinem ›London für 2000 Dollar am Tag‹ oder so ähnlich herumzurennen und herauszufinden, wo die feinen und modischen Sloan Rangers sind, in denen *tout le monde,* wie Noah es auf seine kontinentale Weise nennt, heutzutage zu tanzen und dinieren pflegt. Er spielt die Rolle des *ugly American* auf alarmierend natürliche Weise. Er ruft bei Vorverkaufsstellen an und gibt Unsummen für Orchestersessel in den neuen Theaterproduktionen aus. Ich kann ihm noch so sehr versichern, ich würde sowieso mittendrin einschlafen, selbst wenn Maggie Smith die Hauptrolle in ›Lettice und Lovage‹ spielte. In Restaurants begegnen wir Fremden, und er stellt sich vor als »Noah Biddle, Harvard College, Porcellian Club«. Dabei habe ich ihm gesagt, daß niemand in England das kennt, geschweige denn sich dafür interessiert. Irgendwo mit Noah hinzugehen ist fast noch peinlicher, als mit dem rülpsenden Onkel Al in einem Restaurant wie dem Lutèce zu sitzen. Schweigend leide ich vor mich hin, während er beim Ober Ketchup bestellt.

»Noah, weißt du, was komisch an dir ist?« frage ich eines Abends, um nicht beim Abendessen über der Seezunge einzuschlafen. Er zuckt die Schultern, hofft auf irgendeinen interessanten Einblick in seine Persönlichkeit und nicht auf eine der üblichen Spitzen, die ich sonst loslasse, um Streit mit ihm anzufangen.

»Ich finde es seltsam, daß du dich wie ein Neureicher benimmst und alles tust, um Eindruck auf die Leute zu machen, dabei kommst du aus einer alten amerikanischen Familie, die über solchen Dingen stehen sollte.«

Er lächelt, hält es für ein Kompliment. Er scheint sich daran gewöhnt zu haben, daß er hier mit mir zusammen ist, daß es mir schlecht geht und ich deshalb alles tue, damit es auch ihn erwischt.

Ich habe keine Ahnung, wie ich seinen Mangel an Ironie, oder auch meinen eigenen, noch zwei Wochen aushalten soll.

Einen Tag, bevor wir unseren Mietwagen abholen - Jaguars gibt es nicht, deshalb nehmen wir einen BMW -, kaufen wir in einem Buchladen einen Führer des Lake Districts. Ich habe keine Ahnung, warum wir dahin fahren, Noah wird es dort nicht gefallen, es ist wahrscheinlich zu ländlich für ihn, zumal er keine Gelegenheit hat, seinen Armani-Anzug zu tragen und sein Geld auszugeben. Letzeres stammt von einem Merrill-Lynch-Kreditkarten-Fonds, von dessen Zinsen er wahrscheinlich noch weitere hundert Jahre leben könnte.

Als wir in der Reiseabteilung der Buchhandlung einige Paperbacks durchblättern, zieht Noah seinen Londoner Stadtplan heraus und sucht nach einem hübschen Spaziergang Richtung Hotel, vielleicht am Big Ben vorbei oder durch Hyde Park und Bond Street, wie er mir vorschlägt. Es regnet aber und ist kalt - wie immer -, bei so einem Wetter kann man nur Taxi fahren. Ich bin auch so müde, weil ich immer mehr Mellaril genommen habe, um durchzuhalten, was mir jedoch von Tag zu Tag schwerer fällt. Plötzlich finde ich mich auf dem Fußboden der Buchhandlung wieder und schreie: »Ich bin einem Nervenzusammenbruch nahe, und dir fällt nichts Besseres ein, als den Big Ben zu besichtigen!«

Ich schreie, schlage mit den Fäusten auf den Boden, obwohl ich zu erschöpft bin, um aufzustehen. Mitten in meinem Wutanfall geht Noah fort, tut, als würde er mich nicht kennen. Ich zeige vom Boden aus auf ihn, gestikuliere heftig und sage: »Der Kerl da ist mein Begleiter, er soll nicht so tun, als würde er mich nicht kennen, er ist mein Ehemann! Lassen Sie ihn nicht ohne mich weg!«

Noah erkärt dem Buchhändler, ich hätte öfter solche Anwandlungen. Verärgert schiebt er mich zur Tür.

Heute abend haben wir vor, ins Theater zu gehen. Noah sagt: Ist es zuviel verlangt, wenn ich dich bitte, etwas Schönes anzuziehen? Mach dich ein bißchen hübsch, bevor wir in die Stadt gehen. Ich würde ihm am liebsten sagen, daß wir eh niemanden kennen und es den Leuten ganz egal ist und daß dies mir zu konventionell sei. Aber ich habe noch ein schlechtes Gewissen wegen der Szene von heute vormittag, und deshalb ziehe ich einen schwarzen Seidenrock, ein weißes Seidentop und eine Perlenkette an. Noah freut sich so sehr darüber, daß ich am liebsten alles wieder ausziehen und gegen meine Cordjeans und meinen schwarzen Rollkragenpullover tauschen würde. Ich nehme es ihm übel, daß er mich in London festhält, daß er derjenige ist, der das Geld hat, und möchte alles tun, um ihn zu ärgern. Was ich anscheinend nicht schaffe, ist, ein verdammtes Flugzeug zu nehmen und nach Hause zu fliegen. Ich benehme mich, als hätte er mich eingesperrt, dabei müßte ich erkenen, daß ich selbst mein schlimmster Kerkermeister bin.

Als wir nach Stonehenge kamen, ging die Sonne gerade unter, und Noah meinte, es wäre echt cool, in Stonehenge so richtig stoned zu sein, mit dem orange-rosa-violetten Himmel über uns. Auf der Fahrt hatten wir nur Springsteen gehört, und so dachte ich: Warum nicht weitermachen? Als wir aber ausstiegen und ein kräftiger, kalter Wind über den Hügel von Stonehenge fegte, sagte ich mir, das ist so typisch Highschool, so was macht man mit einem Knaben, der mit einem aufgemotzten Transporter durch die Staaten fährt, um Grateful-Dead-Konzerte zu hören und Raubkopien zu sammeln. Dabei kannte ich mich damit gar nicht aus. Ich hatte nämlich in der Highschool nie so etwas gemacht.

Und jetzt hatte ich dazu ebensowenig Lust.

Später, in Oxford trafen wir ein Pärchen, das uns erzählte, sie seien Juden und wollten zum Passahfest nach Israel fahren. Ich fragte sie, ob sie im Kotel, den Fugen der Klagemauer, eine Nachricht von mir hinterlegen könnten, man habe mir immer gesagt, daß Gott alle

Gebete erhöre, die an diesem geweihten Ort niedergelegt würden. Alles, was mir einfiel, war ein kindisches Gekritzel auf einem kleinen Stück Papier: »Lieber Gott, schicke mir ein Wunder, das mich aus diesen Depressionen rausholt, ich kann einfach nicht mehr.«

Noah, der ökumenisch dachte, schrieb auch etwas auf. Wahrscheinlich wünschte er sich einen Mercedes zum Examen, aber vieleicht habe ich unrecht.

Wir kamen auch in eine Stadt mit Namen Ipswich, und ich freute mich schon, weil ich dachte, man könne hier Ipswich-Muscheln essen, ganz frisch und roh, besser als die an der Austernbar in der Grand Central Station. Wir fuhren überall herum, fragten nach einem Muschel-Restarant, aber niemand schien zu wissen, wovon wir sprachen. Hier hatte noch nie jemand Muscheln gegessen. Schließlich kamen wir darauf, daß die Muscheln aus Ipswich, Massachusetts, stammen. Aber es war ja nichts Neues, daß mir England nichts zu bieten hatte.

Nachdem wir durch ganz England gefahren waren, nachdem ich in Bath und Avon und den Cotswolds und in Brighton geweint und getobt hatte und mehrmals zusammengebrochen war, sagte Noah, als wir uns London näherten: »Wieso magst du London nicht? Ben Johnson hat gesagt, daß alle, die nicht mit London klarkommen, auch im Leben nicht klarkommen.«

»Noah«, antwortete ich, »ich glaube, jetzt hast du es endlich begriffen.«

Wir fuhren nach London hinein, wollten zum Savoy, aber wir verirrten uns am Piccadilly Circus, fuhren in Kreisen durch das Gewirr von Einbahnstraßen und Verkehrskreiseln im Stadtzentrum. So ging es eine ganze Weile, mindestens eine halbe Stunde lang, und schließlich bat ich Noah, jemanden nach dem Weg zu fragen. Ich weiß, daß Männer es grundsätzlich ablehnen, zu dieser praktischen Lösung eines einfachen, aber nervenaufreibenden Problems zu greifen, aber ich glaubte, jetzt seien wir lange genug herumgefahren, daß Noah bereit war, sich von einem Passanten helfen zu lassen.

Aber nein. Er sagte, den Weg zum Hotel ohne fremde Hilfe zu finden sei ein echtes Abenteuer, eine schöne Erfahrung.

Das war für mich unvorstellbar. Wie konnte man so wenig Sorgen im Leben haben, daß man aus Dingen, die für andere Leute höchst ärgerlich waren - wozu auch gehörte, sich zu verfahren - zur angenehmen Zerstreuung wurden? Noah, der so ein angenehmes Luxusleben führte, konnte ärgerliche Dinge angenehm finden. Vieles an Noah war sehr ärgerlich. Abgesehen von seinem wichtigtuerischen Gehabe, mit dem er mir auf die Nerven ging, war er unfähig, die vielen Nuancen im Charakter eines Menschen zu erfassen. Er war ohne Zweifel nicht besonders empfindsam, nahm vieles nicht wahr. Aber stilvoll reisen, das konnte er. Er war sogar fähig, sich zu verirren, ohne dabei seinen Charme zu verlieren. Aber was ist Reisen schließlich anderes, als bewußt in der Welt verloren zu gehen? War die Idee, nach London zu gehen, nicht mit der Absicht verbunden, mich soweit zu verlieren, daß ich eine neue Lebensform finden konnte, die mir mehr zusagte? Wenn ich zu einer Zeit meines Lebens, in der ich unter keinerlei Druck stand, nicht von mir aus in der Lage war, reif zu werden und mich vom Fluß des Verkehrs und des Regens am Piccadilly Circus treiben zu lassen, wenn es nichts gab, wohin ich zurückmußte, was sollte ich dann noch tun?

Ich wußte nun mit großer Klarheit, daß ich ganz unten angekommen war. So also fühlte sich das Schrecklichste an, das es überhaupt gab. Es war kein schlimmer seelischer Zusammenbruch, sondern etwas ganz Prosaisches. Es bedeutete die Unfähigkeit, zu ertragen, daß man sich am Piccadilly Circus verirrte, die Unfähigkeit, mit dem Alltäglichen umzugehen, eine so extreme Unfähigkeit, daß selbst die größten und schönsten Dinge unerträglich wurden. Noah weigerte sich nicht nur, den richtigen Weg zum Savoy zu finden. Er war ein Epikureer, der das Leben genoß, und alles, was er in England für mich tun wollte, war, sein Glück und sein Vergnügen mit mir zu teilen. Er war tief erstaunt, daß meine Probleme nicht durch einen BMW gelöst werden konnten. Da er nicht in der Lage war zu ermessen, wie schlecht es mir ging, nicht merkte, daß ich Depressionen hatte, konnte ich seine guten Eigenschaften nicht erkennen. Ich begriff nicht, daß alles, was er für mich tat, ohne meine Situation zu verstehen, beinahe freundlicher war als alles, was jemand hätte tun können, der sie verstand. Noah kümmerte sich ohne Vorbehalt um mich, nicht weil er meine Probleme verstand, sondern weil er mich trotzdem gern hatte. Die Gefühle, die er mir entgegenbrachte, waren die eines Verwandten, fast die eines Vaters. Er war nett zu mir, weil er glaubte, daß etwas an mir gut war, selbst wenn alles danach aussah, als sei das Gegenteil der Fall. Er bezahlte für alles, er sorgte für alles. Wir schliefen in getrennten Betten in wunderschönen Landgasthäusern. Noah versuchte, mir ein kostbares Geschenk zu machen, seine Art von Glück, und dies war das Beste, das er für mich tun konnte. Seine Großzügigkeit war mir nicht annähernd so wichtig wie jene Situation, als er sich am Piccadilly Circus weigerte, an den Straßenrand zu fahren und nach dem Weg zu fragen, weil wir uns verirrt hatten.

Wenn man ganz unten angelangt ist, hat man das Gefühl, das einzige, was im Leben zählt, ist der gegenwärtige, schlimme Augenblick. Ganz unten sein heißt, so zu schreien, wie ich es Noah gegenüber tat: Zum Teufel noch mal, vielleicht macht dir das ja Spaß, aber ich kann nicht mehr, ich bin depressiv, ich verlasse dieses Land nur deshalb lebend, weil Selbstmord in London nun wirklich redundant wäre. Wenn du jetzt nicht nach dem Weg fragst, erwürge ich dich!

Ganz unten sein bedeutet, daß man alle Maßstäbe verliert. Man sieht die Welt nicht, wie sie ist, man erkennt das Gute nicht als solches, man fragt sich, warum die Dinge so aussehen, wie sie sind, und nicht anders. Es gibt nichts, das hinter dem Nebel der Depression als das erscheint, was es ist. Es ist ja nicht so, als hätte ich nicht versucht, mein Leben mit einem Mann in Ordnung zu bringen, der ganz anders war als Noah. Rafe war ja immer voll Verlangen gewesen, meinen Schmerz zu teilen. Er war zugleich mein Freund und Therapeut. Aber ich fühlte mich mit Rafe ebenso unwohl wie mit Noah, und diese traurige Entdeckung ließ mich erkennen, in was für einer Hölle ich gelandet war. Kein Mann würde meine Probleme lösen, niemand konnte mich retten, weil ich einfach zu krank war. Vor Jahren, vor vielen Jahren, in der Schulzeit oder noch früher, hätte es eine Chance gegeben, daß beständige Liebe durch den Nebel meines Gemüts gedrungen wäre und es mir zumindest ein wenig besser gegangen wäre. Als ich nach England kam, war es bereits zu spät.

13

Heute morgen wachte ich auf und hatte Angst, weiterzuleben

I know the bottom, she says. I know it with my great tap root:
It is what you fear.
I do not fear it: I have been there.
SYLVIA PLATH
›Elm‹

Selbst unter günstigsten Bedingungen ist es nie angenehm, im Dunklen von einer Reise nach Hause zurückzukehren. Man macht sich mit dem fremdgewordenen Ort, den man verlassen hat, ohne Licht viel schwerer wieder vertraut. Als ich meine Wohnung in Cambridge betrat, hatte ich das Gefühl, daß mich das Sofa, das immer noch wie für eine Totenwache mit weißen Leintüchern bedeckt war, gleich verschlingen würde. Auch die Stühle erschienen mir wie Raubtiere. Die surrealistischen Poster, die ich an der Wohnzimmerwand aufgehängt habe, das Auge, der Regenschirm und der Hut von Magritte, sie sahen aus wie Dämonen, die gleich zum Leben erweckt werden. Ohne es zu bemerken, hatte ich dieses Zimmer dekoriert wie für einen Film, den Dalí und Buñuel gemeinsam drehen. Ich erwartete, daß die Uhren schmelzen, die Möbel zu Menschen würden. Mein Schlafzimmer war von allen Räumen der schaurigste. Der schwarze Vorhang, der mir früher so gefallen hatte, erscheint mir jetzt passend für eine Beerdigung.

Ich soll, bevor ich ins Stillman-Hospital gehe, eine Tasche packen - Kosmetikartikel, Kleider, alles Nötige. Aber wozu? Ich kann doch nichts benutzen, ich will auch nichts haben. Soweit ich sehe, werde ich die kurze Hose und das Pyjama-Oberteil, das ich aus England mitgebracht habe, nie mehr ausziehen. Ich darf nicht vergessen, in einer Nachricht mitzuteilen, daß ich das Gewand im Sarg tragen möchte, wenn ich drei Meter unter der Erde liege. Von heute an habe ich nicht mehr die Chance, mein Aussehen zu ändern. Zu baden erscheint mir inzwischen genauso überflüssig wie Bettenmachen, Zähneputzen oder Haarekämmen. Die Schiefertafel saubermachen und hinterher wieder vollschmieren. Wegwischen und auf neuen Schmutz warten, das ewige Auf und Ab von Fortschritt und Rückschritt, das das ganze Leben ausmacht, ist mir zu absurd, um weiterzumachen. In ›The Bell Jar‹ stellt Esther Greenwood fest, nachdem sie dreißig Tage den selben schwarzen Rollkragenpullover getragen hat, daß sie nie mehr ihr Haar waschen will, daß es ihr zuviel Aufwand bedeutet, dies immer wieder tun zu müssen, daß sie es noch einmal tun will, und damit soll es dann genug sein. Dies ist für mich die wahre Aussage dieses Buches. Wenn das Haarewaschen zum philosophischen Problem geworden ist, kann man sicher sein, daß man nun endgültig wahnsinnig ist. Als ich zum letztenmal duschte, wußte ich, daß dies für immer das letztemal war.

Wenn ich je so etwas wie die Spur eines Willens hatte, daß es mir besser gehen sollte, kann ich sagen, davon war nichts mehr übrig. Ich verlor ihn während des Flugs über den Atlantik. Meine Depressionen erschienen mir meistens als falsch, wie ein Anhängsel, ein ärgerliches Ersatzglied, einem Leben angeheftet, das eigentlich hätte glücklich sein sollen. Jetzt glaube ich das nicht mehr. Ich glaube, es ist richtig und gut, daß ich mich so am Boden fühle. Es ist das Leben selbst - das ganz normale, gesunde und depressionsfreie Leben -, das mich so deprimiert hat, und es wird mir in Zukunft immer schlechter gehen. Wenn ich älter werde, heirate, Kinder habe und all das Glück erlebe, muß ich durch so viele harte Prüfungen gehen, daß ich nur mit größter Angst daran denken kann. Es wird noch mehr Rafes geben, noch mehr Herzensbrecher, so viele Kreisläufe, die mit der Euphorie des ersten Kusses beginnen und in Zerstörung enden.

Ich finde, dieses Beziehungsmuster ist ein durchaus angemessener Weg für Leute, die den Paarungsreigen beherrschen - ich kann damit nicht umgehen. Ich bin schon so zerstört und labil, ein Gebilde, dem man nie die Mittel gegeben hat zu tun, was jeder als ganz normales Tun betrachtet. Ich habe nicht mehr die geringste seelische Spannkraft, kann nicht mit der Flut schwimmen, kann nicht gerade stehen, während das Boot schaukelt und schwankt. Einst hatte ich diese Kraft, aber das ist lange her, und jetzt ist es zu spät. Jahrelange Depressionen haben sie mir genommen, die Elastizität, die von anderen Lebensorientierung genannt wird.

Jetzt will ich nicht einmal mehr die. Ich halte meine Intoleranz für berechtigt. Warum verhält sich der Rest der Welt so heuchlerisch, warum soll man glücklich dreinschauen, wenn man unglücklich ist, warum muß man weitermachen, nur um weiterzumachen? Warum wollen alle so cool erscheinen, obwohl sie plötzlich im Eßzimmer Tabletts fallen lassen vor einem Menschen, der sie abends vorher noch nackt und verletzlich sah, der aber am Tag nur noch ein Fremder ist und gleichgültig zur Begrüßung nickt. Warum ertragen Menschen all die Würdelosigkeiten, mit denen sie in ihren Beziehungen zu anderen Menschen zu rechnen haben, warum sind sie im öffentlichen Leben ähnlich strapazierfähig und verbringen viel Zeit damit, gegen eine Bürokratie zu kämpfen, deren einziger Zweck es ist, *nein* zu sagen? Ich weiß keine Antwort darauf. Ich weiß nur, daß ich es nicht kann. Ich möchte nichts mehr von den Schicksalsschlägen des Lebens wissen, ich möchte nichts mehr versuchen und immer wieder versuchen. Ich möchte weg. Ich habe genug. Ich bin zwanzig und schon völlig am Ende meiner Kräfte.

Der einzige Grund, weshalb ich bereit bin, ins Stillman-Hospital zu gehen - im übrigen holen mich sowieso ein paar Krankenpfleger hier ab - ist, daß ich zu müde bin, irgend etwas anderes zu tun. Um Selbstmord zu begehen, braucht man Energie und Willen, mir aber fehlt beides. Dr. Sterling sagt, sie will mir ein neues Antidepressivum geben, sie weiß aber nicht, daß ich die Grenze bereits überschritten, daß ich mich bereits dem Todestrieb überlassen habe. *Ich weigere mich, gesund zu werden.* Ich hoffe, daß die Tabletten, die sie mir verschreibt, mich in die Lage versetzen, mein Leben zu beenden, sei es mit Medizin oder anderen Mitteln. Ich will, daß dieser Selbstmord gelingt, es soll nicht wieder der Notschrei eines hysterischen Mädchens werden, das Hilfe braucht. Ich will ihre verdammte Hilfe nicht mehr.

Ich habe mich immer bemüht, das Wort Wahnsinn *bei der Beschreibung meines Zustands zu vermeiden. Hier und da rutscht mir das Wort heraus, aber ich hasse es. Das Wort* Wahnsinn *ist viel zu pompös, um das zu beschreiben, was den meisten Leuten, die den Verstand verlieren, widerfährt. Das Wort ist zu aufregend, zu literarisch und weckt zu viele Assoziationen, um der Öde, der Trägheit, der Trübseligkeit und Dumpfheit von Depressionen gerecht zu werden.*

Man bringt Wahnsinn in Verbindung mit Zelda Fitzgerald in all ihrer großartigen geistigen Gestörtheit, oder man denkt an den Zustand, in dem die Mitglieder von Aureliano Buendias' Familie beim inzestuösen Ende des Romans ›Hundert Jahre Einsamkeit‹ versinken. Wahnsinn hat etwas mit den feurigen Temperamenten Lateinamerikas oder dem tiefen Süden zu tun, mit Borges, Cortázar, William Faulkner oder Tennessee Williams. Wahnsinn hat für den Betrachter etwas Gruseliges an sich, aber auch etwas Genußvolles. Wahnsinn ist unterhaltsam, eine Art Sport für Zuschauer und Schaulustige, die die Augen nicht von dem Furchtbaren abwenden können, das sie, das wissen sie genau, eigentlich nicht sehen sollten. Wahnsinn wird von Jim Morrison verkörpert, wenn er im Fenster seiner Suite im 15. Stock des Chateau Marmont herumturnt; oder von Elizabeth Taylor und Richard Burton vor der Kamera in ›Wer hat Angst vor Virginia Woolf?‹ Aber auch von Edie Sedgwick, in all ihrer anämischen und magersüchtigen Schönheit, die auf dem Tisch des Ondine tanzt und für ›Vogue‹ als Jugendidol posiert. Und ebenso von Kurt Cobain in jedem dieser Nirvana-Videos, wenn er aussieht wie ein Schwerkranker, der dringend Hilfe braucht und seine Verzweiflung trägt wie ein Abzeichen der coolness.

Und ebenso von Robert Mitchum in ›Die Nacht des Jägers‹, wenn er seine lärmenden Predigten hält. Auch Peter Townsend gehört dazu, der seine exzellente Gitarre in Stücke schlägt - jeder große Augenblick des Rock 'n' Roll, jeder große Moment der Popkultur ist Wahnsinn.

Depressionen sind nichts als Dumpfheit und Langeweile. Heutzutage wird dieser Begriff zu oft verwendet, aber nie im Zusammenhang mit etwas Wildem, mit stundenlangem Tanzen durch die Nacht mit einem Lampenschirm auf dem Kopf, wonach man nach Hause geht und Selbstmord verübt. Die Eleganz und Schönheit der Cio-Cio San, die in ›Madame Butterfly‹ verblutet, oder der Doppelselbstmord in ›Romeo und Julia‹, das ist echter Wahnsinn. Dieses Wort gestattet es denen, die es verwenden, die Qualen der Leidenden zu zelebrieren, und zu vergessen, daß unter der phantastischen und poetischen Oberfläche sich ein Mensch in dumpfer, häßlicher Agonie befindet.

Warum muß jede literaturwissenschaftliche Arbeit über Robert Lowell, John Berryman, Anne Sexton oder Jean Stafford, über so viele Schriftsteller und Künstler immer wieder betonen, daß ihre genialen Leistungen auf Wahnsinn zurückgehen? Es ist ja gut möglich, daß eine ganze Reihe von Kunstwerken ihre Inspirationsquelle im Leid finden, aber machen wir uns nichts vor: Solche Leute haben durch ihren Kummer eine Menge Zeit verschwendet und verloren. Wieviele produktive Stunden gingen verloren, weil diese Künstler lähmende Verzweiflung überkam? Keiner von ihnen schrieb in depressiven Phasen; waren sie manisch-depressiv, dann arbeiteten sie während der Hypermanie, des Vorstadiums einer manischen Phase, das ein Höchstmaß an kreativer Energie freisetzt. Wenn sie aber ganz ordinäre Depressionen hatten, arbeiteten sie, wenn es ihnen besser ging. Natürlich soll man der Traurigkeit ruhig den verdienten Platz unter den Musen der Dichtung und allen Kunstformen einräumen, aber nennen wir es nicht Wahnsinn, *tun wir doch nicht so, als sei der Zustand als solcher interessant, nennen wir es lieber* Depression *und geben wir zu, daß es etwas sehr Ödes ist. Wahnsinn zieht zwar die Massen an, er verkauft sich gut. Aber die meisten Depressiven leiden im stillen, ohne daß es irgendwer erfährt, ihre Not ist unsichtbar, bis sie eines Tages jene Merkmale des Wahnsinns an sich ha-*

ben, die man unmöglich ignorieren kann. Depressionen sind alles andere als eine charismatische Krankheit; sie sind der sprühenden Lebendigkeit, die man mit dem Wahnsinn assoziiert, gänzlich entgegengesetzt.

Vergessen Sie die wenigen Stunden im kurzen Leben der Sylvia Plath, während derer sie fähig war, die Werke in ›Ariel‹ zu schreiben, vergessen Sie das kleine bißchen Zeit und denken Sie an die sich zu Jahren ausdehnenden Tage, an denen sie sich nicht bewegen und nicht klar denken konnte, nur in einem Krankenhausbett lag und wartete und auf die befreiende Wirkung von Elektroschocks hoffte. Denken Sie nicht an die eindrucksvolle Szene, die immer vor dem geistigen Auge abläuft und in der man eine hübsche, junge Frau sieht, die zur Schocktherapie gefahren wird. Denken Sie nicht an die psychedelische Negativaufnahme eben dieser Frau, während sie die Stromstöße erhält. Denken Sie lieber an das Mädchen und daran, was sie empfunden haben muß, bedenken Sie, daß ihre Gedichte und ihre Faszination und ihre Berühmtheit nichts gegen die Schmerzen ausrichten konnten, die sie in diesem Augenblick erfuhr. Denken Sie daran, daß jemand, der drauf und dran ist, etwas so Verzweifeltes und Gewaltsames zu tun, wie seinen Kopf in die Backröhre zu stecken, dies nur deswegen tut, weil das Leben, das dieser Tat vorausging, noch schlimmer war. Denken Sie darüber nach, was es heißt, ständig mit Depressionen zu leben, und machen Sie sich klar, daß kein Kunstwerk, das als Nebenprodukt der Krankheit entsteht, diese aufwiegen kann.

Als Dr. Sterling mich zum erstenmal im Krankenhaus besucht, hat sie vor, ein wirksames Medikament für mich zu finden. Das Mellaril-Experiment ist fehlgeschlagen, vielleicht nicht ganz, wenn man aber bedenkt, wie es mir jetzt geht, hat der Einfluß dieses ermüdenden Neuroleptikums meinen Zustand nur verschlimmert.

Bevor ich nach England ging, hatte ich schon einen Termin in der psychiatrischen Abteilung des McLean-Hospitals, und die Ärzte priesen ein neues Mittel mit dem Wirkstoff Fluoxetinhydrochlorid unter dem Markennamen Prozac* an. Sie waren der Meinung, ich

* deutscher Markenname: Fluctin

sei genau die richtige Patientin für das Mittel, und sie waren bereit, mich in eine Studie aufzunehmen, bei der ich kostenlos behandelt worden wäre. Aber erstens wollte ich nach London, und außerdem ist Dr. Sterling ein wenig konservativer als die Ärzte dort. Sie ist der Meinung, daß die Ärzte im McLean-Hospital euphorisch sind, nur weil das Medikament neu ist. Fluoxetin ist außerhalb des McLean-Hospitals und anderer Zentren pharmazeutischer Forschung und Behandlung noch nicht erprobt worden.

Dr. Sterling erklärt mir, welche anderen Mittel es noch gibt. Sie ist der Meinung, ich sollte wissen, was sie bei ihrer Entscheidung berücksichtigt. Es gibt die Standardbehandlung mit trizyklischen Antidepressiva. Sie wurden in den fünfziger Jahren entdeckt und heißen Tofranil, Saroten und Perforan. Heute gibt es Firmen, die diese Medikamente unter ihren Stoffnamen sehr billig verkaufen. Ihr Stoffname ist Imipramin, Amitryptilin und Desipramin. Sie greifen in den Serotonin- und Noradrenalinstoffwechsel ein, zwei Glücksbringer, die wissenschaftlich als Neurotransmitter bekannt sind und im Gehirn der Depressiven entweder fehlen oder zu schwach wirksam sind. Diese Medikamente hemmen die Wiederaufnahme von Noradrenalin und Serotonin in die sie ausschüttende Nervenzelle. Dies würde ihrer Inaktivierung entsprechen. So stehen sie aber vermehrt zur Verfügung und stimulieren sich gegenseitig. Jahrelang hatte man bei der Behandlung von Depressionen mit diesen Mitteln viel Erfolg, aber sie haben störende Nebenwirkungen wie Müdigkeit, Gewichtszunahme, trockenen Mund, Verstopfung und Sehstörungen. Sie wurden meistens bei Patienten angewandt, die durch Depressionen unzurechnungsfähig waren, also bei Leuten in Heilanstalten.

Außerdem gibt es die Mono-Aminooxidase-Hemmer (MAO-Hemmer) wie Nardil und Parnat, einen neueren Typ von Antidepressiva, die den Abbau der Neurotransmitter verhindern. Auf diese Weise schaffen sie größere Reservoire im Nervenspalt. Die MAO-Hemmer wirken auf Noradrenalin, Serotonin und Dopamin, drei Chemikalien, die häufig bei neurologischen Erkrankungen eine Rolle spielen. Die MAO-Hemmer wirken nicht spezifisch genug, und das hat Nachteile. Da die MAO-Hemmer auf so viele verschiedene Systeme wirken, erfordern sie einige sehr strenge Diätvorschriften, die unter Umständen für eine psychisch labile Person zu schwer einzuhalten sind. Leute, die MAO-Hemmer nehmen, dürfen bestimmte Käsesorten nicht essen, auch keine eingelegten Gurken oder Essig, keine schweren Rotweine und einige andere Speisen. Man kam erst darauf, nachdem einige Patienten gestorben waren. (In einem berühmten Rechtsstreit ging es um Libby, die Tochter des Anwalts und Schriftstellers Sidney Zion. Sie starb durch einen Behandlungsfehler, Ärzte hatten ihr eine gefährliche Kombination verabreicht. Das Nardil galt als einer der Stoffe, die ihren Tod beschleunigt hatten.) Bei den MAO-Hemmern muß man immer befürchten, daß ein Patient mit Selbstmordabsichten die Gelegenheit ergreift und eine vergleichsweise angenehme, gewissermaßen gourmethafte Suizidmethode wählt, indem er Stilton-Käse ißt oder ein Glas Chianti trinkt.

Und außerdem gibt es Prozac. Es ist so neu, daß Dr. Sterling es noch als Fluoxetin bezeichnet. Wie Zoloft, Paxil und andere Mittel dieser Art, die es noch nicht gab, als ich 1988 im Stillman-Hospital lag, wirkt es nur auf das Serotonin. Seine chemische Zusammensetzung ist sehr rein, und die Gruppe wird als »Selektive Serotonin-Wiederaufnahme-Hemmer« (SSRI) von sich reden machen. Da Fluoxetin sehr gezielt eingesetzt wird, hat es weniger Nebenwirkungen als die früheren Antidepressiva.

Die Ärzte im McLean-Hospital empfehlen Fluoxetin, weil sie bei mir eine »atypische Depression« diagnostiziert haben. Es war nicht einfach für sie und Dr. Sterling, diese Diagnose zu stellen. Das gelegentliche Auftreten manischer Phasen - beispielsweise während des ersten Monats in Dallas, in dem ich so ungeheuer große Energien entwickelte - weist darauf hin, daß ich entweder eine manisch-depressive oder zyklothymische Persönlichkeit bin.

Bei der Zyklothymie handelt es sich um glückliche Phasen, die von Traurigkeit abgelöst werden. Schließlich kamen die Ärzte jedoch zu dem Ergebnis, daß ich zu oft deprimiert und in den manischen Phasen nicht lebhaft genug war, um als manisch-depressiv gelten zu können. Atypische Depressionen dauern lange und sind chronisch, aber die Stimmung des Patienten kann sich gelegentlich durch äußere Einwirkung bessern. Diese Diagnose erklärt eher, weshalb ich in periodischen Abständen ziemlich zufrieden und produktiv bin, aber immer wieder in den depressiven Zustand zurückfalle. Offenbar - und das war mir bisher neu, da ich dachte, die meisten Depressionen dauern wie in meinem Fall Jahre - ist es bei den meisten »typischen« Depressionen so, daß jemand in Reaktion auf eine bestimmte Situation, ein bestimmtes Ereignis seines Lebens von Verzweiflung gepackt wird, dann eine Therapie macht, die Dinge aufarbeitet, manchmal mit der Hilfe von Medikamenten, und nach einer gewissen Zeit wieder gesund wird. Eine andere Form typischer Depressionen verläuft extremer: Der Patient dreht vollkommen durch, unternimmt einen Selbstmordversuch und landet in der Psychiatrie. Durch intensive Behandlung erholt er sich wieder. Bei beiden Formen erreichen die Symptome eine Art Höhepunkt und klingen endgültig ab.

Die atypisch Depressiven könnte man »wandelnde Verwundete« nennen, es sind Leute wie ich, die ähnlich weiterleben wie bisher, nur daß sie ständig depressiv sind, ständig mit Selbstmordgedanken beschäftigt, auch wenn sie ihr tägliches Leben meistern. Atypische Depressionen sind keine harmlose Krankheit wie etwa Dysthymie, sondern sind ernst zu nehmen, auch wenn die Patienten oft ganz normal wirken, weil die Krankheit mit der Zeit zu einem Bestandteil ihres Lebens wird. Das Problem ist, daß im Lauf der Jahre unbehandelte atypische Depressionen immer schlimmer werden, und so kann es geschehen, daß die Patienten Selbstmord begehen, weil sie es nicht mehr ertragen, ein Leben zu leben, in dem sie sowohl aktiv sind als auch ständig von Verzweiflung heimgesucht werden.

Gerade diese kognitive Dissonanz ist tödlich. Da atypische Depressionen nicht zu einem Höhepunkt oder einem Tiefpunkt führen wie normale Depressionen, da sie keinen typischen Verlauf nehmen, sondern sich im Lauf der Zeit immer mehr verstärken, kann es geschehen, daß der Patient plötzlich von so schrecklicher Verzweiflung gepackt wird, daß man besser nicht abwartet, bis der Patient, scheinbar plötzlich, einen Selbstmordversuch unternimmt.

Dr. Sterling, die Ärzte im McLean-Hospital und alle Psychiater, mit denen ich bisher zu tun hatte, konnten mir nicht erklären, warum gerade die serotoninspezifische Wirkung des Fluoxetin bei atypischen Depressionen in einer Weise hilft, wie man es mit trizyklischen Antidepressiva nicht erreichen kann. Dr. Sterling hätte mir schon vor Monaten etwas wie Imap verschreiben können, aber die Fallstudien legen offenbar nahe, daß dies nichts bewirkt hätte. Da die MAO-Hemmer in Verbindung mit falschem Essen höchst giftig sind, war es Dr. Sterling unmöglich, sie mir in meiner kritischen Situation zu verschreiben. Bisher glaubte man immer, die beste Behandlung für atypische Depressionen sei eine Psychotherapie. Jetzt aber, wo es Fluoxetin in Form von Prozac zu kaufen gibt, glaubt man, daß man auf lange Sicht ein Medikament gegen die Krankheit gefunden hat.

Während ich in meinem Bett im Stillman-Hospital liege und Dr. Sterling mir meine Diagnose und meine Aussichten darlegt, geht etwas Interessantes mit mir vor. Mein Leiden wird in wissenschaftlichen Begriffen dargestellt, es ist eine Krankheit, über die ich in einem Handbuch nachlesen kann, das die American Psychiatric Association veröffentlicht hat. Dies gibt mir eine Art Hoffnung. Es sind keine Depressionen, sondern atypische Depressionen. Wer hätte geahnt, daß es einen Begriff, ja einen Fachausdruck gibt, der beschreibt, was mir zustößt, und so genau meine Symptome auf den Punkt bringt? In ihrem Buch ›Understandig Depression‹ charakterisieren Donald F. Klein und Paul H. Wender atypisch Depressive als Menschen, die »positv auf angenehme Dinge, die ihnen widerfahren, reagieren, die in der Lage sind, einfache Freuden wie Essen und Sexualität zu genießen und zu übermäßigem Schlaf und Essen neigen. Ihre Depressionen sind eher chronisch als periodisch, beginnen gewöhnlich in der Pubertät und kommen in einem Mangel an Energie und Interesse zum Ausdruck, einem Mangel an Initiative und großer Empfindlichkeit gegenüber Zurückweisung, vor allem, wenn es um Liebe geht«. Diese Sätze beschreiben meine Symptome genau. Und plötzlich fühle mich mich weniger einsam. So viele Jahre habe ich mich gefragt, was mit mir los war, warum ich mich so schlecht fühlte, aber trotzdem nie ganz am Ende war. Jahrelang hatte ich gedacht, ich würde erst Hilfe erhalten, wenn es mir entschieden schlechter ginge. Ungefähr wie jemand, der gern eine Arbeit annehmen würde, jedoch weiß, daß sie nicht so viel einbringt wie die Sozialhilfe, und immer tiefer in die Armut abrutscht, bis er schließlich öffentlich unterstützt wird.

Dr. Sterling sagt, sie habe von Anfang an vermutet, daß Befinden und Verhalten bei atypischer Depressionen genau mit meiner Situation übereinstimmen. Aber sie habe es nie erwähnt, weil es keinen Grund gebe, die Symptome einer Depression einer bestimmten Kategorie zuzuordnen, solange man kein Antidepressivum verschreiben will. Jetzt gibt es Prozac, und prompt habe ich eine Diagnose. Dies scheint mir seltsam unlogisch. Statt daß sie meine Krankheit beschreiben und dann an Fluoxetin denken, gehen sie von dem Mittel aus und bestimmen erst dann meine Krankheit. Ein Weg, der scheinbar umgekehrt verläuft. Später werde ich begreifen, daß es sich anders verhält. In der Psychiatrie kommt es nämlich oft vor, daß die Entdeckung eines Mittels, zum Beispiel gegen Schizophrenie, dazu führt, daß immer mehr Patienten als Schizophrene diagnostiziert werden. Dieses Vorgehen könnte man als marxistische Psychopharmakologie bezeichnen, bei der die Materie, genauer gesagt, die pharmazeutischen Mittel, die Art und Weise bestimmen, in der eine individueller Fall interpretiert wird. Aber hier im Stillmann-Hospital bin ich gar nicht zu solch kritischen Überlegungen fähig.

Ich werde nur daran erinnert, wie mich die Depressionen überfielen, erst stufenweise und dann plötzlich - ein unverkennbares Paradox, aber deswegen sind sie ja auch atypisch.

Leider wirken Antidepressiva nicht schnell. Es kann von zehn Tagen bis zu drei Wochen dauern, bevor sie anschlagen, und manchmal reichen sogar sechs Wochen nicht aus. In den ersten Tagen mit Prozac fühlte ich mich wie in der Hölle. Denn ich hatte ja das Mellaril nicht mehr, die kleinen orange Tabletten, mir fehlte das Lebensrettungssystem.

Meine Mitbewohnerinnen haben mir meinen kleinen Panasonic-Kassettenrekorder gebracht. Schon zu Schulzeiten nahm ich ihn mit und spielte Foreigner, als ich mich im Umkleideraum einschloß und mir die Beine aufritzte. Jetzt liege ich zusammengerollt wie ein Embryo und höre nur noch Lou Reed. Die wirren Verse von Bob Dylan und und den liebeskranken Folk-Blues von Joni Mitchell finde ich nicht mehr ganz passend. *I'm too afraid to use the phone / I'm too afraid to put the lights on / I'm so afraid I've lost control / I'm suffocating without a word*. Ich höre mir immer wieder den selben Song, die selben Worte, die selbe näselnde Stimme an, immer wieder, wie bei einer gesprungenen Schallplatte.Ich frage mich, wie lange ich es noch aushalte, hier zu liegen und zu warten, bis das Fluoxetin endlich wirkt. Wir haben ausgemacht, daß ich solange hierbleiben muß, egal, wie lange es dauert. Ich muß an das Gedicht von John Berryman denken, in dem er erzählt, wie er unter einem dicken grünen Baum liegt, einer Trauerweide, und auf bessere Zeiten wartet. Die letzte Zeile lautet: *Minutes I lay awake to hear my joy.* Ich glaube, ich tue dasselbe. Warten, warten, warten. Warten auf Godot.

Es ist ein paar Wochen her, daß ich zum letztenmal gebadet habe. Ich bin so fettig und picklig, daß ich mich nicht mehr als Mensch fühle. Eher wie ein Stück Federvieh, wie ein Huhn, das die in der Werbung erwähnten 44 Untersuchungen über sich ergehen läßt, denn jeden Morgen kommt ein Pfleger und steckt mir eine Nadel in den Arm und entnimmt Blut. Er schiebt mir ein Thermometer in den Mund und mißt die Temperatur, als wäre ich körperlich krank, hätte Lungenentzündung oder das Pfeiffersche Drüsenfieber oder irgendeine der Krankheiten, wegen derer man normalerweise im Stillman-Hospital liegt. Niemand hier, und am wenigsten ich selbst, scheint eine Vorstellung davon zu haben, was mir fehlt.

Dr. Saltenstahl, die behandelnde Ärztin im Stillman, kommt mich mehrmals am Tag besuchen. Ich sage ihr, ich hätte mich noch nie so am Boden gefühlt, es gäbe für mich keinen Grund, weiterzumachen. Sie versichert mir, eines Tages, wenn ich einen Weg gefunden hätte, weiterzuleben, und wüßte, was ich gerne tue, würde ich glücklich sein, dann würde es mir gut gehen. Sie sagt immer wieder, die Medizin, die man mir gibt, ist hervorragend, hat bei Depressiven schon Wunder gewirkt, denen nichts anderes geholfen hat. Sie sagt Dinge wie: Sie müssen Geduld haben.

Wenn Dr. Sterling kommt, sage ich ihr dasselbe: Das Fluoxetin wirkt nicht schnell genug. Auch sie sagt, ich muß Geduld haben.

Ich wünschte, alle Psychiater, mit denen ich zu tun hatte, wüßten, was es bedeutet, krank und verzweifelt zu sein. Ich wünschte, sie wüßten, was es heißt, jeden Morgen mit der Angst aufzuwachen, daß man weiterleben muß. Dr. Sterling meint, das Mittel wird in einer oder zwei Wochen seine Wirkung tun, aber sie begreift nicht, daß ich nicht mehr soviel Zeit habe, daß die Qualen so groß sind, daß ich einfach nicht mehr so leben will. Selbst wenn Dr. Sterling mir versprechen, mir mit größter Sicherheit garantieren würde, daß es mir innerhalb von zehn Tagen durch das Fluoxetin wesentlich besser geht, wäre mir das ganz egal, es würde nichts ändern. Diese Aussicht wäre es nicht wert, diese Tage, diese Stunden durchzuhalten.

Ich versuche, dies Dr. Sterling zu sagen, und ich glaube schon, daß sie aufrichtiges Mitleid mit mir hat. Alles, was sie antwortet, ist: »Wie kann ich Ihnen nur begreiflich machen, daß Ihnen bald geholfen wird, daß es Ihnen wirklich bald besser geht?«

»Das können Sie nicht.«

Sie antwortet nicht.

»Ich möchte Elektroschocks«, sage ich. »Ich habe etwas darüber gelesen, und es scheint gut auf Leute zu wirken, die keine Hoffnung mehr haben. Das Gehirn wird ein wenig ausgeschaltet. Oder ich möchte Morphium. Ich möchte etwas, das *jetzt* wirkt.«

Während unseres Gesprächs liege ich vollkommen ruhig auf der Seite, mein Haar klebt wie eine Schicht leuchtend brauner Farbe auf meinem Gesicht, meine Stimme ist etwas gedämpft, weil ich auf einem dicken Kissen liege. Ich spreche mit monotoner Stimme, und ich höre mich wie aus weiter Ferne. Ich weiß, daß die Person, die in meinem Bett liegt, so übel dran ist, daß sie um eine Elektroschockbehandlung bittet. Dabei weiß sie, daß diese Behandlung nur bei Patienten angewandt wird, die sich dagegen sträuben und darum bitten, daß ihnen diese Prozedur erspart bleibt. Aber ich bin viel zu gleichgültig, um meine Bitte seltsam zu finden. Ich bin bereit, alles zu tun, nur damit es mir besser geht. Sogar eine Lobotomie würde ich hinnehmen.

Dr. Sterling erhebt sich von der Fensterbank, auf der sie gesessen hatte. »Ich weiß, daß es Ihnen wirklich sehr schlecht geht, aber ich möchte erst noch darüber nachdenken.« Sie nimmt ihren Helm und schiebt ihr Fahrrad zur Tür: »Ich bin ganz sicher, daß das Fluoxetin Ihnen sehr bald helfen wird. Ich muß nur einen Weg finden, Ihnen über die nächsten Tage hinwegzuhelfen. Sie nehmen es jetzt seit einer Woche, und ich meine, es geht Ihnen schon besser. Vielleicht sehen Sie das nicht so, aber ich tue es. Ihre Symptome, also Ihr Gefühlszustand, hat sich vielleicht noch nicht gebessert, aber die Anzeichen, also die Art, wie Sie auf andere wirken, die Sie gut kennen und es beurteilen können, sehen viel besser aus.«

Ich sehe sie an, auf dem Bauch liegend und ohne jeden Ausdruck im Gesicht. »Sehen Sie mich an«, murmele ich. »Sie können mir doch wirklich nicht erzählen, ich sähe besser aus.«

»Nein, natürlich nicht auf den ersten Blick, aber ich habe Sie mir genau angesehen, und ich habe eine Besserung bemerkt, obwohl Sie, seit ich hier bin, noch immer an der gleichen Stelle im

Bett liegen.« Sie kratzt sich am Kopf und denkt eine Weile nach. »Ich werde Ihre Dosis auf zwei Tabletten pro Tag erhöhen, denn bisher hat das Mittel nur partiell, aber noch nicht ausreichend gewirkt. Ich bin zuversichtlich, daß es sehr bald hilft. Ich bin auch der Meinung, Sie sollten nicht im Stillmann-Hospital bleiben. Dies klingt zwar unorthodox, weil man in Ihrem Zustand in guter Obhut sein muß, aber hier allein und isoliert zu liegen, könnte Ihren Zustand verschlechtern. Bei Ihnen ist es oft so, daß Dinge, die an einer Stelle eine Lösung darstellen, an anderer Stelle zum Problem werden, so daß man neue Lösungen finden muß. Heute scheint die Sonne, gehen Sie nach Hause. Es könnte Ihnen guttun.«

Am nächsten Morgen liege ich im ungemütlichen Schlafzimmer meiner unheimlichen Wohnung und warte, daß das Fluoxetin endlich wirkt. Kurz nach acht poltert Samantha an meine Tür und weckt mich. »Elaine vom Büro deiner Mutter ist am Telefon«, sagt sie und öffnet die Tür. »Sie sagt, es ist dringend.«

Ich frage Samantha, ob sie mir das Telefon ins Zimmer bringen kann, aber das geht leider nicht. Immer wenn ich eine längere Telefonschnur kaufen wollte, ging es mir zu schlecht. Am liebsten würde ich Samantha sagen, sie soll sich irgend eine Ausrede überlegen, aber dann habe ich das Gefühl, es ist besser, aufzustehen und es hinter mich zu bringen. »Hi, Elaine, wie geht es dir?« Ich gebe mir Mühe, freundlich zu sein.

»Mir geht's gut, aber, Elizabeth, ich weiß nicht, wie ich es dir sagen soll, deine Mutter ist heute morgen überfallen worden.«

»O Gott.« Immer wenn man denkt, es könne gar nicht mehr schlimmer kommen. »Ist sie verletzt? Was es sehr schlimm?«

»Der Kerl hat ihr ganz schön eins verpaßt. Sie hat einen Arm gebrochen und viele Prellungen.« So, wie sie redet, habe ich den Eindruck, daß sie mir etwas verschweigt. Aber nach einer Minute wird mir klar, daß dies nur ein Zusammenspiel von Elaines Stimme und meinem Zustand ist.

»Ist jemand bei ihr? Wie ist es passiert?«

»Sie ging um sieben Uhr morgens die 65. Straße herunter, der Kerl sprang auf sie zu«, sagte sie. »Sie hat mich aus dem Krankenhaus angerufen, und ich war auch schon bei ihr. Wir haben beide geheult, aber inzwischen scheint es ihr wieder etwas besser zu gehen.«

»Ich glaube, ich sollte kommen.«

»Ich soll dir sagen, daß es ihr gut geht und du nicht extra deine Vorlesungen versäumen sollst.«

»Aber sie ist allein, oder?«

»Die Polizei war bei ihr und hat ihr Fotos von Verdächtigen gezeigt. Der Kerl hatte eine Maske auf, sie konnte sein Gesicht gar nicht sehen.«

»Oh.« Ich weiß, daß ich hinfahren muß, weiß aber nicht wann. Es ist Freitag. Vielleicht am Samstagmorgen ... »Elaine, geht es ihr wirklich wieder besser?«

»Sie hat ganz schön was abgekriegt.« Elaine weiß nicht, was ich meine. Ich will sagen: *Verliert sie den Verstand? Besucht sie jemand?* Ich kenne meine Mutter, sie ist eine Einzelgängerin. Sie hat nie wieder geheiratet. Sie telefoniert nicht stundenlang mit ihren Freundinnen, sie und ihre Schwester verstehen sich in letzter Zeit nicht allzu gut, ihre Eltern sind meistens nicht mehr gut beieinander, mein Großvater fragt mich immer, ob ich rote oder grüne Milch zum Frühstück möchte. Ich bin der einzige Mensch, den sie hat, und ich bin völlig am Boden.

Ich rufe sie an, und sie sagt, ich brauchte nicht zu kommen. Dann beginnt sie zu weinen und sagt, er hätte gar nicht so auf ihr herumprügeln müssen, sie hätte ihm ihre Handtasche auch so gegeben. Sie fragt, warum er ihr noch ins Gesicht schlagen mußte, als sie schon am Boden lag, und fragt sich, warum er sie mißhandelte, nachdem sie ihm schon das Portemonnaie gegeben hatte. Dann sagt sie, sie wisse ganz genau, daß er nie festgenommen würde, weil sie sein Gesicht nicht gesehen habe, und daß für den Rest ihres Lebens jeder junge Schwarze der Mann gewesen sein könne, der ihr dies angtan hat. Ich weiß nicht, was ich sagen soll, mir fällt kein tröstlicher Gedanke ein, der das schlimme Erlebnis für sie etwas mildern könnte. Ich verspreche ihr, am nächsten Morgen mit dem ersten Bus zu kommen.

Ich gehe zurück ins Bett und bete um Adrenalin, lieber Gott, mach, daß das Fluoxetin endlich wirkt, gib mir alles, was ich brauche, alles, was es an menschlicher Geistesgröße gibt, das mir hilft, aufzustehen und mich um meine Mutter zu kümmern.

Das gekachelte Zimmer im Roosevelt-Hospital, in dem meine Mutter liegt, ist geräumig, es sieht eher wie der Vorratsraum eines Metzgers aus oder eine Leichenhalle, ein Ort, in dem Leichen verwesen. Es ist lange nicht so gemütlich wie im Stillman-Hospital. Ich trete an ihr Bett, und da liegt sie, eine winzige Frau, einen Arm in der Schlinge, zwei schwarz-geränderte Augen und ein ganz verquollenes Gesicht. Die Farben reichen von Rot und Blau bis Gelb, und sie sieht deplaziert aus in dieses Bett, als wäre sie ohne Fallschirm vom Himmel gestürzt. Ich kann nichts anderes denken als: Dieses Zimmer ist so groß, und sie ist so klein, wie soll überhaupt jemand merken, daß sie hier ist? Sie ist im Universum verschwunden, immer hatte ich befürchtet, daß das mir zustoßen könnte, und offenbar bin ich der einzige Mensch, der in der Lage ist, sie zu finden.

Die Hilfsschwestern sitzen in ihrem Schwesternzimmer am Ende des Flurs und kümmern sich um nichts. Meine Mutter weigert sich, irgendwen außer mir zu empfangen, und ich frage mich, ob ich mich meinen Wunsch, Selbstmord zu begehen, lange genug aufschieben kann, um ihr beizustehen. Die anderen Leute in diesem riesigen Raum sind jeder für sich ein Mikrokosmos des Schmerzes, immer wieder hört man sie stöhnen, als wollten sie zeigen, daß sie noch am Leben sind. Ihre Beine sind dunkelrot, ihre Nacken werden durch Verbände gestützt, die aussehen wie Vogelkäfige, ihre Gesichter sind zerschnitten und zusammengeflickt, rotes Blut sickert durch die Verbände, unter denen zusammengenähte Hautteile verborgen sind. Dieses ganze danteske Szenario, dieser Karneval der Verdammten kommmt meiner inneren Verfassung einfach zu nahe.

»Oh, Mommy«, sage ich und beuge mich zu ihr herab, um sie zu küssen. »Was haben sie nur mit dir gemacht?« Ich schluchze, als weinte ich, aber es fließen keine Tränen. Ich wische mir instinktiv die Augen, aber sie sind trocken. Offenbar hat Fluoxetin dieselbe Wirkung wie Mellaril und verhindert den Tränenfluß, mir wird ganz elend zumute, daß ich in einem solchen Moment nicht weinen kann.

Ich umarme meine Mutter, sie legt vorsichtig einen Arm um meinen Hals, während sich der andere kraftlos auf meinem Rücken hin und her bewegt, wie eine Tür, deren Scharnier zerbrochen ist, und sagt etwas wie: »Hallo, mein Schätzchen!«

Ich möchte nicht hören, was geschehen ist, ich möchte nicht noch mehr Grund haben, mich gegenüber jemandem, der echte Gründe hat, sich schlecht zu fühlen, meines Elends zu schämen, weiß aber, daß ich nach ihrem Befinden fragen muß. »Mom, tut es sehr weh? Haben sie dir genug Schmerzmittel gegeben?« Ich stelle mir vor, ich wäre plötzlich zu einer couragierten Frau geworden, die in einer heroischen Szene spielt, wie Shirley McLaine in ›Zeit der Zärtlichkeit‹, als sie zu den Schwestern läuft, die gleichgültig an ihren Nägeln feilen und schreit, sie müßten Debra Winger *jetzt sofort* etwas gegen ihre Schmerzen geben. Ich stelle mir vor, wie ich an meiner Aufgabe wachse.

Aber es ist gar nicht notwendig. »Ja, es geht, es geht wirklich«, sagt meine Mutter. Sie war schon immer tapfer. Sie will auch kein intravenöses Demerol, weil sie zu jenen stoischen, jedes Mittel ablehnenden Leuten gehört, die nicht mal Aspirin gegen Kopfschmerzen nehmen und nach Operationen kein Percodan oder Codein, obwohl man es ihnen verschrieben hat. Erstaunlich genug, daß wir aus derselben Familie stammen.

Sie scheint müde zu sein und schlafen zu wollen. Ich bin froh, denn ich möchte hier dringend raus. Ich fühle mich hilflos. Da liegt sie, es geht ihr so schlecht wie noch nie im Leben, und ich bin nicht mal in der Lage, damit richtig umzugehen, ich schaffe es einfach nicht. Ich wünschte, ich hätte Geschwister, meine Mutter hätte einen Freund oder eine beste Freundin, mit der sie sich regelmäßig trifft und die sie jetzt besuchen könnte, aber ich bin der einzige Mensch, den sie sehen möchte. Ich möchte sie beschützen, dabei fühle ich in mir die Katastrophe nahen.

Sonntagmorgen soll meine Mutter aus dem Krankenhaus entlassen werden; meine Tante und meine Großeltern kommen in die Stadt, um sie zu Hause willkommen zu heißen. Das wird wieder eines dieser grotesken Familienrituale werden. Wie eine Filmszene, in der Eltern ihren Sohn am Flughafen empfangen, der aus Vietnam zurückkommt, gelähmt und an den Rollstuhl gefesselt. Sie versuchen, sich nichts anmerken zu lassen, und als der Junge ins Auto hineingetragen werden muß, weil er nicht mehr selbst gehen kann und sogar wie ein kleines Kind auf die Toilette begleitet werden muß, müssen alle lächeln und fröhlich sein. Dabei war der Krüppel früher ein Prachtkerl, und jetzt kann er nichts mehr allein tun. Sie versuchen zu lächeln, sich ihren Schrecken nicht anmerken zu lassen, aber ihr Gesicht verrät die Erschütterung.

Als ich meine Mutter mit dem Rollstuhl aus dem Krankenhaus fahre, sieht sie aus, als käme sie aus der Hölle. Ihr Gesicht ist noch geschwollen und leuchtet in allen Schattierungen: burgunderrot, khaki und grau. Weil sie ihre Handtasche, um sie vor Taschendieben zu schützen, nach New Yorker Manier schräg über der Brust trug und nicht einfach über der Schulter, mußte der Räuber heftig an ihr zerren, um an die Tasche heranzukommen. Er brach ihr den Arm, und zwar gründlich, und der zersplitterte Knochen muß durch einen mikrochirurgischen Eingriff wieder gerichtet werden. Außerdem sind einige ihrer Nerven gerissen, und es ist nicht sicher, ob sie ihren rechten Arm je wieder benutzen kann. Sie ist zwar Linkshänderin, da hat sie Glück - Glück ist natürlich das falsche

Wort –, aber ich weiß genau, daß sie in den nächsten Tagen recht hilflos sein wird. Ich spüre, wie die Welle über mich schwappt.

Ich helfe meiner Mutter in das Taxi, trage ihre Einkaufstasche mit den blutigen Kleidern und gebe mir Mühe, so zu tun, als sei ich wirklich besorgt um sie. Vermutlich bin ich es auch, aber mir geht es zu schlecht, als daß es mir wichtig wäre. Ich fühle mich ihr verpflichtet, aber meine Depressionen und mein Elend halten mich so gefangen, daß ich sie fast dafür hasse, mir so zur Last zu fallen. Im allgemeinen gibt es für jemanden, der in trüber Stimmung ist, nichts Besseres als ein plötzliches Unglück; anderen zu helfen lenkt ab. Aber ich bin schon so weit weg, daß ich nicht mehr die nötige Energie habe, mir fehlt der Adrenalinstoß. Ich mühe mich ab, so gut es geht, versuche, die Situation ernst zu nehmen. Ich hasse mich, weil ich so übel dran bin, ich hasse meine Mutter, weil sie mich braucht und ich dafür in Form sein muß, und es widert mich überhaupt an, daß ich in einer solchen Situation über solche Dinge nachdenken muß.

Ich frage mich, wie ihr Leben vor meiner Geburt ausgesehen hat. Zu ihren Eltern und ihrer Schwester hatte sie nie ein besonders gutes Verhältnis, sie und mein Vater hatten sich kaum etwas zu sagen, und als sie das Baby bekam, muß sie gedacht haben: Da ist endlich ein Mensch, der mir gehört. So stelle ich mir das Muttersein vor. Es ist wahrscheinlich für die meisten Frauen die einzige Gelegenheit, zu erfahren, was Besitz und Herrschaft bedeuten. Meine Mutter ist selbst so hilflos wie ein Kind. Aber ich glaube, daß dies, abgesehen von dem körperlichen Schmerz, irgendwie schön für sie ist. Zum erstenmal seit langer Zeit haben die Umstände dafür gesorgt, daß dieses Objekt zu ihr zurückkommt, jenes Objekt, das ihr allein gehört, so daß die Welt um sie herum nicht mehr existiert.

Ich fühle mich so unwohl, weil ich Angst habe, daß ich es nicht durchstehe.

Irgendwie halte ich den Besuch der Verwandten aus, allerdings gehe ich oft in ein anderes Zimmer und nicke auch oft ein. Meine Großmutter gibt sich tapfer Mühe, die Konversation in unserem kleinen Kreis aufrechtzuerhalten, der niedergeschlagen im Eßzimmer sitzt und ein improvisiertes Abendessen verzehrt. Alles, was mir zu sagen gelingt, ist: Entschuldigung, Grandma, was hast du gesagt? Sobald jemand eine Schüssel leergegessen hat, bleibt sie nur sekundenlang auf dem Tisch stehen. Ich renne nämlich in die Küche, um sie abzuwaschen. Ich nutze jede Gelegenheit, zu entkommen, und wenn es nur für ein paar Minuten ist. Ich habe noch nie so gern abgeräumt und abgewaschen wie an diesem Tag.

Meine Großmutter fragt meine Mutter dauernd, was ich denn hätte, ich wirke so müde und bedrückt, und meine Mutter antwortet etwas wie: Sie hatte einen anstrengenden Tag.

Als ich in mein Zimmer gehe, um etwas zu holen, breche ich fast zusammen. Wenn meine Depressionen so stark sind, zehrt jede kleinste Betätigung an meinem Geist und erschöpft meinen Körper, und ich fühle mich die ganze Zeit hinfällig und todmüde.

Dr. Sterling sagt immer, Depressionen zu haben verbrauche eine Menge Energie, die Genesung brauche noch mehr, und viele Depressive gingen nur deshalb ins Krankenhaus, weil dies der einzige Ort sei, an dem man sie nicht zwinge, ihre Energien für irgend etwas anderes zu verwenden. Ich sage mir bereits, daß ich, wenn ich nach Cambridge zurückkomme, gleich wieder in die Klinik gehe. Ich versuche, wachzubleiben, und das allein macht mich müde.

Als die anderen endlich fort sind, bin ich erleichtert, weil es mir schwerfällt, mit ihnen umzugehen, aber ich habe auch Angst, weil es mir mit mir selbst nicht anders ergeht. Ich gehe zu meiner Mutter, um ihr bei der Nachrichten-Show Gesellschaft zu leisten.

»Wie geht es dir, Mom?« frage ich, als ich mich an ihr Bett setze.

»Es geht mir gut«, sagt sie, »du warst wirklich ganz toll. Du hast das heute richtig gut gemacht, und es war sehr lieb von dir, einfach so herzukommen.«

»Ich frage mich, wie du hier ohne mich oder irgendwen sonst zurechtkommen sollst.«

»Ich weiß es nicht, ich glaube, ich habe es mir nicht überlegt.«

»Mir geht es so schlecht.« Ich weiß nicht, was ich sagen will, aber ich glaube, ich möchte ihr klarmachen, daß ich gerne mehr für sie täte. »Ich meine, ich bin so unglücklich und mehr eine Last als eine Hilfe. Beim Abendessen mit Grandma wäre ich fast ohnmächtig geworden.«

»Ellie, du warst wirklich toll heute. Mach dir nicht immer solche Vorwürfe, du hast mir wirklich sehr geholfen.«

»Weißt du, Mom, was so schlimm ist, ich würde so gerne ganz viel tun ...« Was will ich ihr sagen? »Ich möchte so vieles tun, was ich im Moment nicht schaffen kann. Ich kriege nicht mal ein Buch zu Ende. Ich gehe kaum in die Vorlesungen, arbeite nicht, aber ich bin erschöpft, als hätte ich eine Achtzigstundenwoche. In Wahrheit bin ich müde vom Garnichtstun. Ich kann nicht einmal die Trennung von Rafe dafür verantwortlich machen, weil ich mich schon so fühlte, bevor ich ihm begegnete, und so lange waren wir ja auch gar nicht zusammen. Ich fühle mich scheußlich, dabei fehlt mir gar nichts, und ich habe auch keine Entschuldigung.«

»Aber Elizabeth«, sagte sie mit einer so vernünftigen Stimme wie seit Jahren nicht mehr. »Dir fehlt etwas. Du hast Depressionen. Das ist ein ernstes Problem und keine Einbildung. Es ist doch klar, daß du mit nichts zurecht kommst, solange du so deprimiert bist.«

Ich hatte nicht geahnt, daß sie Bescheid wußte. Nie hatte sie meine Depressionen so ausdrücklich anerkannt. Was war nur geschehen? Ob jemand mit ihr gesprochen hatte? Oder lag es an den Schmerzmitteln? Nie hatte sie, wenn es mir nicht gut ging, darüber gesprochen, ohne zu betonen, wie schrecklich mein Vater mit mir umgegangen sei, daß er mich ruiniert habe und dafür verantwortlich sei. Nie hatte sie von sich aus zugegeben, daß ich Beschwerden hatte, um die man sich kümmern mußte, ohne mit dem Finger auf andere zu zeigen und ihnen die Schuld zu geben. Dies war das erstemal.

Es ist seltsam, aber als sie diese Worte sagte, *du hast Depressionen*, da konnte ich zum erstenmal seit langer, langer Zeit anerkennen, daß ich wirklich krank war. Natürlich hatte ich schon gemerkt, daß es mir die ganze Zeit dreckig ging - das war ja unvermeidlich - aber ich hatte aufgehört, es als einen legitimen Zustand anzusehen, als eine echte Krankheit, selbst wenn man mir eine Phantasiediagnose wie *atypische Depression* gegeben hatte. Ganz gleich, was Dr. Sterling oder alle anderen Irrenärzte gesagt hatten, ich hatte nie das Gefühl, daß ich depressiv sein durfte, ich dachte immer: Wenn du nur wolltest, würdest du da rauskommen. Die gesamte hochangesehene medizinische Fakultät von Harvard hätte zusammenkommen und mir sagen können, ihrer Meinung nach hätte ich eine echte chronische Krankheit, das hätte mir bei weitem nicht soviel bedeutet wie die Worte meiner Mutter, mit denen sie zum erstenmal zum Ausdruck brachte, daß Depressionen eine Krankheit sind, die man als solche behandeln muß.

Ich stand auf, setzte mich zu ihr und umarmte sie, und ich dachte: Sie hat es begriffen. Sie hat es begriffen, und alles wird gut werden.

14

An Schönes denken

Blackbird singing in the dead of night,
Take these broken wings and learn to fly
All your life.
You were only waiting for this moment to arrive.
JOHN LENNON/PAUL MC CARTNEY
›Blackbird‹

Auf dem Rückflug dachte ich, jetzt müsse mir eine plötzliche Einsicht zuteil werden. Irgend etwas über den Sinn des Lebens, über den Tanz im Angesicht des Feindes, über Kampf, Ausdauer und Sieg, über Durchhalten und Aushalten. Ich dachte, jetzt gleich, noch bevor wir in Logan landen, wird mir diese Einsicht kommen. Endlich Klarheit, die Wahrheit, die mich befreit und so weiter.

Natürlich geschieht so etwas nie. Jahrelang Therapie, und nie passiert es. Psychopharmaka, aber es passiert nie. Meine Mutter wird unten auf der Straße unweit von unserer Wohnung überfallen, und trotzdem passiert es nicht. So ist das mit der Wirklichkeit, und das ist der Irrtum der Therapien: Angeblich werden einem jede Menge Erkenntnisse zuteil, und diese Wahrheiten verändern das Leben vollständig. Allein die Erkenntnis hat angeblich verändernde Kraft. Aber in Wahrheit ist es ganz anders. Im wirklichen Leben verhält es sich so, daß man zwar jeden Tag zu neuen Einsichten über sich selbst und über die Gründe des eigenen Verhaltens gelangen kann, und man kann sich vormachen, dieses Wissen werde alles verändern. Aber aller Wahrscheinlichkeit nach macht man nur die selben alten Sachen weiter. Man ist derselbe Mensch, man hält an den zerstörerischen, kräfteraubenden Gewohnheiten fest, weil man gefühlsmäßig so stark an ihnen hängt - mit viel größerer Kraft, als einem irgendwelche billigen Erkenntnisse geben könnten. Und die Dummheiten, die man begeht, sind das einzige, das einem die innere Mitte und den Halt bewahrt. Sie sind das einzige, das einem Identität gibt. Das Wissen zum Beispiel, daß mich Männer anziehen, die nicht gut für mich sind, hält mich nicht davon ab, mich auf solche Männer einzulassen, es bedeutet nur, daß ich neue und bessere Möglichkeiten habe, es zu rationalisieren. Es ist eine Vater-Problematik. *Oder:* Es ist meine Art, auf die Beziehung zum Freund meiner Mutter zu reagieren, der mich vergewaltigte, als ich zwölf war. *Oder, und das ist das traurigste:* Ich bin wie eine Drogenabhängige, ich brauche den Stoff, es geht einfach nicht anders.

Wenn es im Leben doch bloß zuginge wie im Kino, wo die Leute sich durchwursteln und am Ende das Richtige tun. In der Wirklichkeit geht es anders zu. In ›Kramer gegen Kramer‹ denkt Meryl Streep nach und beschließt, ihren Sohn Dustin Hoffman zu überlassen, obwohl sie den häßlichen Prozeß um das Sorgerecht gewonnen hat. Im wirklichen Leben geht es eher zu wie bei Baby M., wo die Erwachsenen alles vor Gericht und im Fernsehen ausfechten, wo niemand daran denkt, was für das Kind das Richtige wäre, nur über das, was sie wollen und was das Gesetz erlaubt, und am Ende ist alles furchtbar. Im ›Frühstücksclub‹ werden ein Spinner, ein Sportler, eine reiche Zicke, ein schwarzgekleidetes Mädchen und ein Ganove in schwarzem Leder in wenigen ungezwungenen Stunden beste Freunde; im wirklichen Leben ist die vorübergehende Vertrautheit vom Samstagnachmittag am Montag wieder verschwunden, man begrüßt sich nur noch flüchtig, und jeder kehrt in seine frühere Clique zurück, mit dem selben Lippenstift und der selben Sonnenbrille.

Man kann jahrelang Therapien machen, und früher oder später verändert man sein Verhalten nur ganz gering. Mir bleiben aber keine Jahre mehr. Oder besser gesagt, die Jahre sind vorüber. Ich möchte sein wie im Kino. Ich wünschte, ein Engel käme zu mir wie zu Jimmy Stewart in ›It's a Wonderful Life‹ und redete mir den Selbstmord aus. Denn jetzt ist es soweit.

Über den Selbstmordversuch war selbst ich überrascht. Es geschah zum falschen Zeitpunkt, wie aus heiterem Himmel. Wäre es vor

Monaten und Monaten geschehen, als es gar keine Hoffnung gab, als es mit Rafe zu Ende ging, als England zu einem verregneten Alptraum wurde, es wäre vielleicht logisch erschienen. Aber nachdem ich wieder in Cambridge war und zugeben mußte, daß das Fluoxetin zu wirken begann, da hätte es nicht passieren dürfen. Immerhin war ich in der Lage, morgens aufzustehen, was vielleicht nicht sehr viel ist, aber für mich war es so viel wie der Zug Moses durch das Rote Meer. Ich hatte das Gefühl, ich müsse meiner Mutter das Geld zurückzahlen, das sie mir für London geliehen hatte, ganz von selbst ging ich die Brattle Street hinauf zu einem Restaurant mit Namen Harvest, und überzeugte den Geschäftsführer, daß ich kassieren und Cappuccino machen könne. Jede hätte gesagt, daß dies Zeichen einer Besserung seien, und das war wohl auch so. Aber ebenso wie ein bißchen Wissen etwas Gefährliches ist, so ist ein bißchen Kraft in den Händen eines selbsmordgefährdeten Menschen etwas *sehr* Gefährliches.

Daß es mir besser ging, nahm mir nicht im geringsten die Überzeugung, daß das Leben in seinen Höhen und Tiefen beschissen ist. Der Überfall auf meine Mutter hatte mich tief geschockt. Was für eine Gerechtigkeit war das, wenn ihr so etwas zustieß, ihr, deren ganzes Leben nicht so verlaufen war, wie sie es sich gewünscht hätte. Ich wußte, daß es viel bedauernswertere Menschen auf der Straße gibt als meine Mutter - obdachlose Frauen, geprügelte Ehefrauen, Alkoholiker, die ihre Arbeit, ihre Familie, ihr Haus und alles verloren hatten, aber das besondere Unglück meiner Mutter traf mich deshalb besonders hart, weil es so banal war. Sie war eine Frau, die in der Vorstadt hätte leben, eine Arbeit hätte finden können, die ihr gefiel und mit Kunst und Architektur zu tun hatte, einen Mann, der sie liebte, eine Kleiderladen besaß oder als Makler arbeitete oder zur mittleren Führungsschicht bei Procter & Gamble gehörte. Mehr hätte sie gar nicht gewollt, nichts Ausgefallenes, keine Träume, wie ich oder alle Leute, die ich kannte, sie hatten. Aber nun hatte sie eine Tochter, ein seelisches Wrack, und sie hatte immer Angst, ans Telefon zu gehen, weil sie nie wußte, was als nächstes passieren würde.

Mein Plan war einfach: Ich wollte genug Geld verdienen, um meiner Mutter die Schulden zurückzuzahlen und mir danach das Leben nehmen. Ganz gleich, was sie mir für Mittel geben würden, egal, welch falsches Bewußtsein sie mir mit chemischen Präparaten überstülpten. Auch ohne Depressionen würde ich noch jahrelang Verehrer haben, auf die zu freuen es sich nicht lohnte, immer würde ich es mit einem Vater zu tun haben, der keine Ahnung hatte, warum ich nicht mehr mit ihm redete, ich müßte weiterhin in einer Welt leben, in der Familien kaputtgingen und Beziehungen keine Bedeutung mehr hatten. Und all das wollte ich nicht.

Ich gebe es nicht gern zu, aber nach Jahren religiöser Erziehung glaubte ich nicht an ein Leben nach dem Tod, ich war der Meinung, Menschen, ob gut oder böse, seien biologische Wesen, eine Summe chemischer und physikalischer Reaktionen, die eines Tages zum Ende kommen und damit auch wir. Das war alles. Ich freute mich auf diesen Frieden, dieses Vergessen, dieses Nichts, dieses Nicht-mehr-sein. Ich freute mich wirklich darauf. Jedenfalls redete ich es mir ein. Ich sagte mir, ich brauche keine Angst zu haben, ich wolle wirklich sterben, und erst im allerletzten Moment kam mir der Gedanke, daß ich eigentlich gerettet werden wollte.

Es passierte in Dr. Sterlings Praxis. Ich ging an einem Sonntag hin (ich war jeden Tag dort, weil sie versuchte, mich am Leben zu erhalten). Ich sagte ihr, wenn ich mich umbringen wolle, würde ich im Dunkeln in heißes Badewasser steigen, weil man im Dunkeln nicht sieht, was man tut und keine Angst hat und nicht schreien kann. Ich würde meine Pulsadern und vielleicht noch ein paar andere Arterien mit einer neuen, blitzenden Rasierklinge aufschneiden. Dann würde ich mich in der Badewanne zurücklehnen und das Blut aus den Adern fließen lassen, bis zur Erlösung. Ich sagte ihr, dies sei, nach allem, was ich gelesen hätte, eine besonders wirksame Selbstmordmethode; der Grund, weshalb es so oft mißlinge, sei, daß die Leute nicht wüßten, daß man längs und nicht quer schneiden müsse, und weil sie das Licht anließen und beim

Anblick von so viel Blut erschraken und so ihre Entscheidung rückgängig machten. Sie dächten auch nicht daran, außer den Pulsadern die Schlagader an der Kehle oder eine andere ergiebige Ader aufzuritzen, wodurch alles viel schneller ginge. Ich würde diese Fehler nicht machen, versicherte ich ihr.

Ich hätte auch schon überlegt, was wohl die ideale Begleitmusik für ein solches Unternehmen sei - nicht, was jeder denke. Klänge von Janis Joplin oder Billie Holiday sollten nicht durch die dampfige Luft des Badezimmers ziehen; es wäre mir zu klischeehaft, mit der Musik unglücklicher Frauen zu sterben, die gerne selbst den Tod gefunden hätten und tatsächlich starben. Es müßte schon origineller zugehen. Ich würde nicht mal meine traurigen Lieblingsplatten spielen wie die von Velvet Underground oder Joni Mitchell. Ich würde auch nicht die Masche der Jugendlichen abziehen und Heavy Metal spielen wie die Kids in Reno, Nevada, die sich mit abgesägten Flinten ihr Hirn wegpusteten und dazu ›Stained Class‹ von Judas Priest spielten. (Einer hat ja überlebt - wenn auch mit einer ganzen Menge Silikon an der Stelle, wo früher sein Gesicht war - und hat die Band verklagt und behauptet, ihre Verse hätten ihn soweit gebracht.) Ich würde nie so etwas tun, würde nie meine Lieblingssänger wie Bob Dylan und Bruce Springsteen beflecken, indem ich sie zu meinem Tod aufspielen ließe. Aber vor dem ersten Schnitt würde ich ein letztes Mal ›Blood on the Tracks‹, noch einmal ›Darkness on the Edge of Town‹ hören, das würde sich schon lohnen. Vielleicht wäre es besser, die Rolling Stones zu nehmen oder die Beatles, eine Band, die ich allerdings nie gemocht habe, mit einer Ausnahme: dem Anfang von ›Strawberry Fields Forever‹, wo John Lennon singt *Let me take you down*. Mit diese Worten würde ich gerne die Welt verlassen. *Let me take you down* ... So tief unten, wie ich war. Mit der Stimme von John Lennon zu sterben, fände ich gar nicht schlecht.

Während ich so redete, steigerte ich mich immer mehr hinein, wie ein Kokainsüchtiger nach dem Entzug, der ganz wild auf eine

Dröhnung ist. Dr. Sterling sah aus, als kriegte sie von meinen Worten eine Gänsehaut. »Elizabeth, ich kann Sie nicht nach Hause lassen, wenn Sie schon so über Details nachdenken. Ich lasse nicht zu, daß Sie sich umbringen. Wir fahren gleich ins Krankenhaus.«

»Ich sage ja nicht, daß ich es wirklich tun will.«

»Ich weiß, aber Sie beklagen sich immer, daß niemand Ihre Hilferufe ernst nimmt. Sie haben immer gesagt, Sie wollen einen Suizidversuch machen, damit die Leute endlich glauben, daß Sie Hilfe brauchen.« Sie seufzt. »Ich glaube Ihnen, Sie müssen kein großes, gefährliches Gemetzel anrichten, damit man Ihnen hilft. Wir können gleich ins Krankenhaus fahren. In Westwood Lodge sind gerade keine Betten frei, das weiß ich von einer anderen Patientin, die suizidgefährdet ist.« Sie redete von der Frauenabteilung des McLean-Hospitals. »Vielleicht finden wir etwas im Mt. Auburn, das ist auch nicht weit, und ich kann Sie auch dort weiter betreuen. Wir brauchen nur ins Auto zu springen, in ein paar Minuten sind wir da.

Dr. Sterling erklärte mir, welche Möglichkeiten ich hätte. Mir kam das alles unerträglich vor. Vom Stillman-Hospital war nicht mehr die Rede, diesmal sollte ich richtig eingesperrt werden. Mich überfiel Panik, ich hatte Angst vor dem Gefängnis, auch wenn ich wußte, daß ich nie wirklich frei war, ob ich nun im Krankenhaus war oder draußen, immer war ich Gefangene meiner eigenen Launen oder der Marotten der Außenwelt. Aber aus dem Verkehr gezogen werden, das wollte ich keinesfalls. Und da ich es nicht zulassen konnte, daß sie mich eincheckte, sah ich zu, daß ich mich vorher auschecke. Nicht, daß irgendeine Logik hinter dem Selbstmordwunsch steckte, es war etwas, was ich tun mußte, und zwar auf der Stelle. Ich dachte an das Gedicht von Anne Sexton ›Sterben wollen‹, in dem sie sagt, der Drang, sich zu töten, sei immer in ihr, »auch wenn ich nichts gegen das Leben habe«, weil es nach einiger Zeit gar nicht mehr um Gründe ging. »Selbstmorde haben eine eigene Sprache«, schrieb sie. »Wie Zimmerleuten geht es ihnen nur um die Werkzeuge. Sie fragen nie warum, sie bauen.« Welche

Werkzeuge hatte ich zur Verfügung? Nicht viele, nichts besonders Tödliches, nur eine volle Flasche Mellaril, die ich ständig in meinem Rucksack mit mir herumtrug, für alle Fälle. Für welchen Fall? Ich wußte es nicht, aber solch ein Augenblick kam ganz von selbst.

Wie ein Kindergartenkind frage ich Dr. Sterling, ob ich mal eben auf die Toilette gehen darf. Sie nickt und sucht nach ihrem Autoschlüssel. Ich nehme meine Tasche und renne die Treppe hinauf. Plötzlich fühle ich mich befreit. Ich sage mir immer wieder, daß es mir bald sehr gut gehen wird, und tatsächlich geht es mir gut, ich weiß ja, daß das Ende gekommen ist. Ich öffne die Tür, schließe mich ein, da ist auch schon die Mellarilflasche. Ich schütte die Tabletten in meine Handfläche, öffne den Mund und schlucke sie.

Inzwischen weiß ich recht gut, wie man Pillen ohne Wasser schluckt, ohne sie herunterzuspülen, aber ich stehe am Waschbecken, halte meine Hände unter den Hahn und trinke, was ich kann. Mit etwas Flüssigkeit wirkt Mellaril schneller. Es sind nicht allzu viele Tabletten, eine gute Handvoll, und ein paar fallen zu Boden. Sie reichen, um zwei Leute umzuhauen, aber ich muß zugeben, daß es wohl keine tödliche Dosis ist und ich genau das tue, was ich nicht will. Etwas, worüber ich mich erhaben glaubte, einen kläglichen Selbstmordversuch, der scheitern muß. Ich weiß nicht, was dies bei mir anrichten wird, vielleicht schlafe ich nur ein paar Tage wie im Ferienlager, vielleicht wird mein Kopf eine Weile benebelt. All das geht mir durch den Kopf, wie von weit weg, ich ziehe die Beine an und lege mich unter das Waschbecken. Solange ich kann, werde ich diesen Ort und diese Stellung nicht verlassen.Da höre ich Geräusche, Dr. Sterling poltert gegen die Tür und ruft: »Elizabeth, kommen Sie raus!«

Schließlich hebe ich den Arm und schließe die Tür auf, und dann sieht sie mich da liegen, die leere Flasche neben mir und sagt: »Los, kommen Sie, wir fahren in die Notaufnahme.«

Als ich im Auto sitze, wird mir übel, und ich nicke ein. Ich möchte mich nicht übergeben, fürchte aber, daß es passieren wird.

»Ich habe noch nie einen Patienten verloren, ich fange damit gar nicht erst an.– Das kann man Ihnen für Ihre Statistik nur wünschen.« Erst dann wird mir klar, was ich ihr da Schreckliches gesagt habe. Sie hat mich im Krankenhaus besucht, nachts um drei mit mir telefoniert, und jetzt fährt sie mich in die Notaufnahme, und das deshalb, weil sie mich mag. Das Mellaril wirkt im falschen Moment, aber ich möchte nicht grob sein, möchte nicht, daß diese Gemeinheiten meine letzten Worte sind, bevor ich ins Koma falle.

»Es tut mir leid, ich wollte nicht etwas so Furchtbares sagen.« Dann fällt mein Kopf gegen die Fensterscheibe, ich bin völlig benebelt.

Wir gehen durch die selbstöffnende Glastür in die Notaufnahme, mein Kopf liegt auf Dr. Sterlings Schulter, ich kann kaum aufrecht gehen und habe starken Brechreiz. Irgendein Rest von Ehrgefühl veranlaßt mich, in die Toilette zu gehen, in eine Kabine hinein. Dann übergebe ich mich, sehe jede Menge orangefarbener Flüssigkeit aus meinem Mund laufen. Viele der Tabletten haben noch ihre ursprüngliche runde Form, die meisten sind mit Speichel gemischt, aufgelöst, eine surrealistische Vision von Braun und Lachsfarben klatscht in die Toilette. Als ich herauskomme und Dr. Sterling sehe, die mit einem der Ärzte spricht, sage ich nur: »Meinen Magen brauchen Sie nicht auszupumpen, das Experiment kann vorzeitig abgebrochen werden.« Ich lache und lache, als wäre es das Witzigste, was ich je gesagt habe. Ich bin vollkommen euphorisch, erschöpft und am Ende, aber doch euphorisch. *Ich habe einen Anschlag auf mein Leben überlebt.* Was für eine seltsame, aufregende Sache. Ich lache immer noch, als mich ein Arzt in den Untersuchungsraum führt, orangfarbene Spucke trocknet auf meiner Wange.

Dr. Sterling ruft den Chef der Psychiatrie in Harvard an und erklärt meine Lage. Sie sagt, sie wisse, daß in Westwood Lodge kein Bett frei sei, weil sie schon für eine andere Patientin keines bekommen habe. Ich habe keine Ahnung, was er ihr antwortet, aber plötzlich lacht sie und sagt: »Na, Sie wissen ja, wie es mit mir und all meinen Selbstmordkandidaten geht.«

Ich bin entsetzt zu hören, daß Dr. Sterling von mir redet, als sei sie ein Gemüsehändler, der über eine Ladung verfaulter Äpfel verhandelt, mit dem sie sich zu ihrem Ärger herumschlagen muß. Fachsimpelei vermutlich. Aber wie hört sich das an: *Ha ha ha, ich und all meine Selbstmordkandidaten, die in Westwood Lodge Partys feiern.* Auch Psychiater haben wohl ihre Art Galgenhumor.

Während ihres Telefongesprächs einigen sich die beiden Ärzte, daß ich über Nacht im Stillman-Hospital bleiben kann, danach aber in ein richtiges Krankenhaus muß. Die Notaufnahme ist für Selbstmordpatienten nicht eingerichtet. Der Arzt im Stillman muß einen Polizisten herbestellen, der nachts auf mich aufpassen soll, damit ich nicht versuche, mir das Leben zu nehmen. Anscheinend ist Selbstmord ein Verbrechen.

»*Ein Polizist?*« frage ich Dr. Sterling erschrocken, nachdem sie mir erklärt hat, was geschehen soll. Ich liege in einem kleinen Raum auf einem Tisch. Der Raum kommt mir bekannt vor. War ich vielleicht hier drin, als ich die Fehlgeburt hatte?

»Bin ich kriminell? Ich bin weder bewaffnet noch gefährlich noch sonst was, nur unglücklich.«

»Ich weiß«, sagt sie. »Und ich glaube Ihnen, wenn Sie mir sagen, daß Sie sich nichts mehr antun werden. Ich glaube an Anti-Selbstmord-Abkommen. Aber wenn Sie hier bleiben, müssen die Leute hier das Notwendige tun, um Sie und sich zu schützen.«

»Aha.« Einen Augenblick lang amüsiere ich mich darüber, daß sie bei allen Verbrechen und Problemen in Cambridge einen Polizisten nur zu meiner Bewachung zur Verfügung stellen. Ich versuche, nicht daran zu denken. Plötzlich fühle ich mich recht wohl, es ist, als hätte ich eine Art Rausch nach dieser Überdosis. Zugleich geht es mir ziemlich schlecht. Ich fühle mich wie nach einem Zusammenbruch, wie in einer Art gefühlsmäßiger Diaspora, auf die mich keinerlei bisherige Erfahrung vorbereitet hat. Sich freiwillig selbst zu zerstören widerspricht so sehr jeder Intuition. Natürlich war ich auch früher schon selbstzerstörerisch, aber immer nur, um das Leben erträglicher zu machen, einen schwierigen Moment besser zu überstehen. Aber eine echte Überdosis, das ist kein Spiel, das ist mehr als eine Nacht durchzumachen. Es ist Selbstzerstörung um ihrer selbst willen, nie im Leben habe ich etwas mit solcher Willkür und aus so großem Haß getan. Ich wollte zwar nicht wirklich sterben, aber das tut nichts zur Sache. Ich habe dennoch das Gefühl, eine Grenze überschritten zu haben, glaube, daß ich dadurch jetzt von der anderen Seite der Grenze zurückkehren kann. Eine plötzliche und fast manische Lebenslust überkommt mich. Ich liege da und habe ein seltsames Bedürfnis, nach Hause zu gehen und auf meinem Bett herumzuhüpfen und irgendwem entgegenzurufen, wie froh ich bin, noch am Leben zu sein.

Ich liege im Stillman-Hospital im Bett und sehe die Nachrichten. Dr. Sterling ruft an, um zu fragen, wie es mir geht. Ich sage ihr, ich will nie mehr eine Nacht im Stillman verbringen, daß mir dieser Ort ausgesprochen verhaßt ist, daß er nach einem Menschen riecht, der ich nicht sein will. Ich habe das Mädchen auf der Krankenstation satt, jenes Mädchen, das immer blinden Alarm schlägt - auch wenn keiner meiner Schreie je falschen Alarm bedeutet hat. Alle meine Hilferufe seien dringend gewesen, da sei wirklich ein böser Wolf gewesen. Ich will ihr erklären, was das heißt: Dieser Wolf hat mich zehn Jahre lang verfolgt, und jetzt ist es Zeit für ihn, fortzugehen, Jetzt kann es nur besser werden.

»Glauben Sie, daß es möglich ist?« fragt sie.

»Ja, ich glaube schon, vielleicht.« Nein. »Ein ganz bestimmtes Vielleicht. Nach diesem ernst gemeinten Selbstmordversuch heute habe ich den Eindruck, daß ich nicht sterben möchte. Leben möchte ich zwar auch nicht, aber ...« Aber was? Dazwischen gibt es nichts. Mit Depressionen kommt man in eine Lage zwischen Tod und Leben, und etwas Schlimmeres gibt es nicht.

»Nach dem Trägheitsgesetz ist es einfacher für mich, am Leben zu bleiben als zu sterben, also geht es in diese Richtung, und ich sollte versuchen, glücklich zu sein.«

»Das klingt gut.«

»Ich habe nicht viel Vertrauen in das Geschäft des Lebens ...« – immer alles rückgängig machen – »aber wissen Sie, ich glaube, ich kann es nicht aufgeben.«

»Elizabeth, ich habe gerade mit Ihrer Mutter gesprochen.«

»Nein, das haben Sie nicht!«

»Ich habe ihr nicht erzählt, was passiert ist, sondern ihr nur gesagt, es geht Ihnen nicht gut, und Sie haben es nicht leicht. Sie fragte mich, was sie tun soll.« Lange Pause. »Sie weiß nicht, was sie tun soll. Sie würde Ihnen gern helfen, hat aber Angst. Sie begreift es nicht, aber ich weiß, daß sie es versucht.«

»Aha.«

»Vielleicht rufen Sie sie an. Sie wollte Sie im Stillman erreichen, aber vielleicht sollten Sie lieber von sich aus anrufen. Ich weiß wirklich nicht, was ich zu ihr sagen soll.« Lange Pause. »Ich weiß, daß sie Sie liebt und möchte, daß es Ihnen gut geht. Es ist eben schwer für sie. Es ist für alle schwer.«

»Ja«, sage ich. »Ich weiß. Gesetzlich sind Sie nicht verpflichtet, ihr alles zu erzählen, oder?«

»Nein.«

»Dann tun Sie es bitte nicht.« Ich kann mir nicht vorstellen, was meine Mutter tun würde, wenn sie hörte, daß ich eine Überdosis genommen habe. Vielleicht nimmt sie dann auch eine. Vielleicht bringt sie mich um. »Dr. Sterling?«

»Ja?«

»Bitte sperren Sie mich nicht ein. Ich will das auf keinen Fall!«

»Ich wollte es nie tun, Elizabeth.« Sie seufzt. »Ich habe immer geglaubt, Sie würden es auf andere Weise schaffen. Ich glaube auch immer noch, daß das Fluoxetin bald wirkt.«

»Es wirkt bereits.«

»Warum haben Sie es dann getan?«

Eine schwierige Frage. Es ist eine so leichtfertige und frivole Tat, und eine Stunde später liege ich hier und sehe die Nachrichten. »Ich glaube, ich wollte wissen, wie es ist«, sage ich vorsichtig. »Ich wollte wissen, wie man sich fühlt, wenn man so weit geht. Ich wollte dem Tod ganz nahe kommen, um zu wissen, ob er mir mehr zusagt. Aber als ich in Ihrem Auto saß und das Mellaril zu wirken begann, da habe ich einen Moment gedacht: Vielleicht klappt es doch und ich sterbe wirklich. Und diese Vorstellung gefiel mir ganz und gar nicht. Ich dachte an alle Dinge, die ich noch vor mir habe, daß ich im Sommer wieder nach Dallas kommen soll, daß ich meine Jahresarbeit schreiben muß, daß ich eine Zukunft vor mir habe, die ...« Ich schweige, denn ich wollte sagen, *die voller Versprechungen ist*, unerträgliche Worte, Lügen, Geschwätz, Worte, denen man nie gerecht werden kann. Aber sie beschreiben genau, was geschehen soll, was die ganze Zeit schon hätte geschehen sollen.

»Es mag sich dumm anhören«, fahre ich fort, »aber ich dachte, sie können mich nicht einsperren, weil bald Sommer ist und es im McLean nicht das Eis von Steve's gibt. Ich dachte an all die kleinen Dinge und sagte mir, verdammt, ich kann doch noch nicht sterben! Es waren keine bedeutenden Sachen, nur ganz alltägliche Vergnügen, auf die ich mich noch freute. Ich glaube, das hört sich nichtssagend an.«

Dr. Sterling sagt etwas wie, jeder Grund zu leben ist ebenso wichtig wie jeder andere, aber mir ist es noch immer peinlich, daß ich in einem solchen Augenblick über Eis rede.

»Ich wünschte, ich könnte etwas Tiefsinnigeres sagen, aber ich weiß gar nicht, ob es in der Zukunft etwas so Bedeutendes gibt«, sage ich zögernd. »Aber ich weiß ganz sicher, daß es, egal, was sonst alles schiefgeht, manche Dinge gibt, die ich immer gerne tun werde, Springsteen hören oder zum achtzehnten Mal den Film ›Nashville‹ sehen, in Greta-Garbo-Filme gehen oder eine neuen Lippenstift kaufen. Alles kleine, einfache Dinge, aber sie sind wichtig. Das Schlimme an Depressionen ist, daß einem nicht mal das kleinste Vergnügen ein wenig Trost gibt. Bestenfalls sind sie ganz akzeptabel. Wenn Noah und ich in Ipswich tatsächlich Muscheln gefunden hätten, es hätte mich kein bißchen froh gemacht. Es wäre ein neuer verfehlter Versuch gewesen. Aber jetzt bin ich so froh, am Leben zu sein, daß ich mich über ein paar kleine Annehmlichkeiten bestimmt freue. Ich sollte mir ein Heath Bar Crunch Waffeleis kaufen.«

»So reagiert man häufig nach einem Selbstmordversuch«, sagt Dr. Sterling. »Die Nachwirkungen sind sehr unterschiedlich. Manchen Leuten geht es danach schlechter, weil sie zu einem viel früheren Zeitpunkt der Behandlung versuchen, ihr Leben zu beenden. Manche fangen erst mit der Therapie an, nachdem sie eine Überdosis genommen haben und weil man sie dazu zwingt. In Ihrem Fall aber sieht es so aus, als sei es Ihr letzter Versuch, zu dem Menschen zu stehen, der sie viele Jahre lang waren, ein Mensch mit dauernden Depressionen. Sie gehören zu denen, die glauben, ohne Depressionen hätten Sie keine Persönlichkeit. Ich glaube, daß das Fluoxetin nun wirklich hilft und dieser ganze Teil von Ihnen verschwinden wird. Und ich glaube, Sie haben Angst. Ich glaube, Sie wollen mir zu verstehen geben, daß Sie mich, selbst wenn es Ihnen besser geht, immer noch brauchen, daß es nicht bedeutet, daß Sie keine Therapie, Hilfe und Fürsorge mehr nötig haben. Ihre Gefühle wurden nur am Punkt völliger Verzweiflung angesprochen. Aber, Elizabeth, vertrauen Sie mir, Sie brauchen sich nicht schlecht zu fühlen, damit ich Ihnen helfe. Ich bin auch noch für Sie da, wenn Sie keine Depressionen und keine Selbstmordabsichten mehr haben.«

Ich glaube, es ist das achte Mal an diesem Tag, daß ich anfange zu weinen.

Ich hatte mich auf seltsame Weise in meine Depressionen verliebt. Da hatte Dr. Sterling recht. Ich liebte sie, weil ich glaubte, sie seien alles, was ich hätte. Ich dachte, Depressionen seien der Teil meines Charakters, der mich wertvoll machte. Ich hielt so wenig von mir, ich dachte, ich hätte der Welt nur so Klägliches anzubieten, daß das einzige, was meine Existenz rechtfertigte, meine Agonie zu sein schien. Übersensibel an das Leben heranzugehen erschien mir viel reiner und ehrenhafter, als mich der mausgrauen Masse derer anzu-

schließen, die alles an sich herabgleiten lassen. Was ich nicht mehr bemerkte, war, daß man, wenn man alles intensiv wahrnimmt, am Ende gar nichts mehr empfindet, daß alles mit derselben Lautstärke aufgenommen wird. Der Tod einer Ameise auf der Straße erschient am Ende ebenso schrecklich wie der Tod des eigenen Vaters. Und wenn es erstmal soweit ist, ist man wie taub. Die Leute draußen, in der richtigen Welt - für einen Depressiven ist jeder andere draußen -, *die ihre seelische Kraft selektiv anwenden, sind entschieden ehrlicher als ein Depressiver, der jegliche Nuance durch eine ständige, anhaltende, monotone Verzweiflung ersetzt hat.*

Aber Depressionen sind mehr als nur brütende Innenschau, mir gaben sie einen gewissen Humor, mit dem ich mich über das Theater, das ich aufführte, lustig machen konnte, wenn das Schlimmste vorbei war. Ich konnte mir nichts vormachen und glauben, daß alle meine Tränen und Hysterien Mitleid erweckten, aber die Nebenprodukte der Depression schienen mich am Leben zu halten. Ich hatte eine Persönlichkeit entwickelt, die höchst melodramatisch und unterhaltsam sein konnte, manchmal hatte sie alle wichtigen Elemente des Wahnsinns, alle Aspekte der Darstellungskunst. Ich war immer in der Lage, die verrücktesten Erlebnisse in perfekte Anekdoten umzuwandeln, den idealen Monolog für langweilige Cocktail-Partys. Bis zum letzten Jahr, in dem es dann ganz mit mir bergab ging, hätten die meisten Leute gesagt, daß ich eine amüsante Person sei, wenn ich nicht gerade in die Notaufnahme gefahren wurde. Selbst im Stillman-Hospital, als es mir ganz erbärmlich ging, gab ich mir Mühe, für eine lustige Atmosphäre zu sorgen und fragte die Leute Dinge wie: Hab ich dir schon von meiner Fellatio aus Versehen erzählt?

Ich dachte, diese Fähigkeit, Theater zu machen, von meinem Privatleben zu erzählen, als gehörte es mir nicht, und in Augenblicken, die Leute höchst unpassend fanden, geschwätzig und energisch zu sein, sei das, was meine Freunde an mir gern hätten. Im Lauf der Zeit, in den Jahren, in denen ich mich von den Depressionen erholte, erzählten mir die meisten unabhängig voneinander, daß es ihnen zwar nichts ausgemacht habe, wenn ich unbedacht Dinge sagte, die völlig daneben waren, sie dieses Verhalten aber als bedauerlichen Fehler betrachtet und alles andere als gern gehabt hätten.

Sie fanden sich damit ab, denn wenn ich nicht durch das Zimmer rannte und über alles und nichts quatschte, konnte man wohl gut mit mir reden, und ich war eine angenehme Freundin. Sie wünschten sich jedenfalls alle, daß das ganze affektierte Gehabe bald von mir abfallen würde.

Bevor ich das erfuhr, hatte ich Angst, die Depressionen loszulassen, denn ich dachte, der schlechteste Teil meiner selbst sei mein ganzes Ich. Der Gedanke, meine Depressionen einfach wegzuwerfen, eine heile Persönlichkeit zu werden und eine gesunde Lebensweise zu entwickeln, in der Elend nicht das Leitmotiv ist, war für mich einfach beängstigend. Die Depressionen waren so lange Zeit eine passende und ehrenvolle Erklärung für alles gewesen, was an mir nicht stimmte. Sie waren eine Behinderung, die es mir ermöglichte, alles, was richtig war, hervorzuheben, und jetzt, mit Hilfe einer biochemischen Behandlung, sollten sie einfach verschwinden. Wenn man wilde Tiere, die in Gefangenschaft aufgewachsen sind, in ihre natürliche Umgebung bringt, gehen sie ein, weil sie die Gesetze von Jäger und Gejagtem nicht kennen und auch nicht die Gesetze des Dschungels, selbst wenn sie eigentlich dorthin gehören. Wie sollte ich es je überleben, mein normales *Selbst zu sein, und wer war diese Person nach all den Jahren überhaupt?*

Am Tag nach dem Selbstmordversuch erlaubte mir Dr. Sterling, das Stillman zu verlassen. Ich stand auf und ging zur Arbeit ins Harvest, als ob nichts gewesen wäre. Es war mein erster Tag, und als der Geschäftsführer mir zeigte, wie man den Topf halten muß, um die Milch zu schäumen, wußte ich sofort, daß dies einer jener Jobs war, in denen ich kläglich versagte. Ich war aber trotzdem froh, hinter der Bar und neben dem Kaffeeautomaten zu stehen. Ich war froh, etwas Normales und Routinemäßiges zu tun.

In der Mittagszeit, als wenig Arbeit war, rief ich Dr. Sterling an und sagte ihr, die meisten meiner Freunde seien verärgert über das Geschehene. Eben hatte gesagt, er fühle sich manchmal ebenso unwohl wie ich und tue so etwas trotzdem nicht. Alec hielt mir eine Vortrag, ich hätte mich in diesen Sumpf fallen lassen. Es sei kein

Wunder, daß es mir so ginge, nachdem ich mein Leben vertrödelt hätte, im ersten Semester sei ich meistens in Conneticut gewesen, den größten Teil des zweiten in Kalifornien und England. Fast alle, denen ich gleich hinterher von der Überdosis erzählt hatte, waren mir deshalb böse. Ich hatte auf ein wenig Mitgefühl gehofft, statt dessen erzählten die Leute mir, ich hätte mich selbst in diese Lage gebracht. Sie sprachen in einer Weise mit mir, daß man hätte meinen können, ich hätte einen Mord begangen, nicht einen Selbstmordversuch unternommen. Selbst Samantha, die mich immer unterstützte und tröstete, sagte etwas wie: Wie kann man nur so eine Dummheit machen!

Nachdem ich ihr das berichtet hatte, sagte Dr. Sterling, dies sei ganz normal, die Leute hätten für beinahe alles Verständnis, nur für Selbstmord nicht. »Vergessen Sie nicht, all diese Leute glauben, das Beste zu tun, um Ihnen zu helfen, und Sie tun etwas, womit Sie ihre Bemühungen zurückweisen und als unzureichend erklären. Da muß man ärgerlich werden.«

Ich legte auf. Ein Kellner bestellte einen doppelten Espresso, einen Cappuccino ohne Koffein und einen *Café au lait*, ein anderer wollte zwei Espresso, einen doppelten Espresso ohne Koffein und einen Tee, beide wollten das Bestellte sofort haben, alle redeten auf einmal, und ich dachte: Wenn die wüßten ... Ich kam mir vor wie am Tag nach meiner Entjungferung. Da hatte ich mich auch gefragt, ob ich vielleicht anders aussähe, ob man das Erlebnis auf meinem Gesicht ablesen könne, ob ich vielleicht kräftigere Farben hätte. Heute fragte ich mich, ob diese Leute wußten, daß ich einen Selbstmordversuch hinter mir hatte.

Irgend etwas in mir veränderte sich. An den folgenden Tagen ging es mir gut, ich fühlte mich sicher in meiner Haut. Es kam ganz von selbst. Eines Morgens wachte ich auf und wollte leben, ich freute mich, den neuen Tag zu begrüßen, dachte an Besorgungen, die ich zu machen hatte, Telefonanrufe, die ich beantworten mußte, hatte nicht diese große Angst und auch nicht das Gefühl, der erste Mensch, der mir auf dem Square auf den Fuß träte, könnte mich in den Selbstmord treiben. Es war, als sei die Depression von mir gewichen, genau wie der Nebel, der von der Skyline in San Francisco aufsteigt, wenn der Tag fortschreitet. Ob es das Prozac war? Ohne Zweifel. War es die kathartische Kraft der Selbstmorderfahrung? Wahrscheinlich. Genau wie ich stufenweise abwärts gestiegen war, so kam ich nun plötzlich nach oben. Die ganze Therapie, das Reisen, das Gehetze von New York nach Connecticut, nach Kalifornien, nach England, alles Schlafen, alle Medikamente, alles Weinen, alle verpaßten Vorlesungen, die ganze verlorene Zeit - all dies war Teil eines langen Erholungsprozesses, der irgendwie zur selben Zeit wie ich ans Ende der Skala gelangte.

Es dauerte lange, bis ich mich daran gewöhnte, glücklich und zufrieden zu sein. Es war schwer für mich, mir eine Art des Lebens und Denkens vorzustellen, die ihren Ausgangspunkt nicht in Depressionen hatte. Dr. Sterling findet auch, daß dies schwer ist, weil Depressionen zu haben eine Abhängigkeit bedeutet. Es ist genau wie bei vielen Gewohnheiten und der Abhängigkeit von bestimmten Substanzen. Wie bei den meisten Abhängigkeiten fühlt man sich auch hier elend, und doch schafft man es nicht so leicht, davon wegzukommen. Jetzt, wo ich Prozac nehme, laufe ich oft mit dem Gefühl umher, wie wenig furchtbar es mir geht, und wenn ich denke, ich könnte dieses Gleichgewicht wieder verlieren, bin ich ganz erschrocken. Ich verbringe viel Zeit mit dem Gedanken, wie ich es schaffen könnte, glücklich zu bleiben, und fürchte, daß ich wieder unglücklich werden könnte. Wenn ich merke, daß ich mich über irgend etwas aufrege, sei es eine zu lange Warteschlange in der Bank oder ein Mann, den ich liebe und der anders empfindet als ich, muß ich mir immer sagen, daß diese emotionalen Erfahrungen - kleiner Ärger im ersten Fall, großer Kummer im zweiten - ihren Sinn in sich selbst haben, aber keineswegs eine Depression auslösen müssen. Ich brauche immer noch lange, um zu begreifen, daß ich über irgend etwas traurig sein kann, ohne daß unaufhörlich Tränen fließen müssen. Es ist schwer zu lernen, Traurigkeit richtig einzuordnen, schwer zu begreifen, daß sie ein Gefühl ist, das einen in Abstufungen überfällt. Sie kann wie eine Kerze sein, die freundlich und harmlos zu Hause abbrennt oder wie ein riesiger Waldbrand, der fast alles zerstört und kaum aufzuhalten ist. Es kann auch genau dazwischen liegen.

Dazwischen. Dieses Wort wird immer weit unterschätzt. Was für ein Tag des Triumphes, als ich entdeckte, daß es ein Zwischen gibt, welche Freiheit es bedeutet, in einem Spektrum der Zwischentöne zu leben, die die meisten Menschen als selbstverständlich betrachten. In unserer Kultur ist es ein Greuel, mittendrin zu sein, es bedeutet Mittelmäßigkeit, Durchschnittlichkeit, etwas, das weder schlecht, noch gut, im Grunde nichts Besonderes ist. Viele Leute haben das Bedürfnis, Bungee Jumping oder in der Dritten Welt Ferien zu machen, in der es Skorpione und Militärdiktatoren gibt, viele Leute verbringen unendlich viel Zeit mit Abenteuern, nur um ihrer langweiligen Mittelmäßigkeit zu entkommen, jener ruhigen Befindlichkeit, bei der man das Gefühl hat, daß nie etwas geschieht. Ich möchte nichts anderes als dieses schöne Gleichmaß. Alles, was ich mir wünsche, ist ein Leben, in dem die Extreme unter Kontrolle sind, in dem ich unter Kontrolle bin.

Alles, was ich mir wünsche, ist, dazwischen zu leben.

Ich werde nie ganz vor Depressionen gefeit sein, aber die Dauer, das Zwanghafte, Dürre, Besitzergreifende dieser Krankheit, das Gefühl, daß nur andere Menschen wirklich leben, die ich durch eine dunkle Wolke sehe, ist vorbei.

Die schwarze Welle ist abgeflacht.

An guten Tagen denke ich nicht einmal mehr daran.

Als ich klein war, sagte mir meine Mutter jeden Abend, bevor ich schlafen ging, ich solle von schönen Dingen träumen. Ich schloß die Augen, und sie streichelte mir über die Wangen und die Stirn. Dann gingen wir die ganze

Liste durch, um Alpträume zu verhindern. Es waren immer Kätzchen und junge Hunde und Ballons im Zoo. Manchmal waren es auch gelbe Unterseeboote, Sterne im Himmel, Amseln, die über uns fliegen, Bäume im Central Park und sogar - ob man es glaubt oder nicht -, daß ich am Samstag Daddy sehen würde. Nichts Außergewöhnliches, aber mit vier Jahren machen Katzen und Hunde einem das Leben lebenswert. Und manchmal sage ich mir, daß es jetzt gar nicht so anders ist.

EPILOG

Prozac-Nation

Vor nicht allzu langer Zeit brachte meine Freundin Olivia ihre Katze Isabella zum Tierarzt, weil sie sich büschelweise das Fell ausriß und ständig erbrach. Der Doktor warf einen Blick auf sie und stellte sofort eine extreme Verhaltensstörung fest. Die Katze war depressiv und selbstbezogen, vielleicht, weil Olivias Freund die gemeinsame Wohnung verlassen hatte, vielleicht, weil Olivia zu oft verreist war. Jedenfalls, so der Tierarzt, handelte es sich um ein obsessives Zwangsverhalten. Isabella konnte nicht aufhören, sich zu putzen, so wie Menschen, die ständig mit dem Staubsauger durch die Wohnung laufen oder sich nach dem Beispiel der Lady Macbeth fortwährend die Hände waschen müssen. Der Tierarzt empfahl eine Behandlung mit Prozac, das sich am Menschen in solchen Fällen als äußerst wirksam erwiesen habe. Er verschrieb eine Katzendosis dieses Mittels.

Nun war es so, daß Olivia in den vergangenen Jahren mehrfach Prozac genommen hatte, um ihre depressiven Phasen in den Griff zu kriegen. Erst kürzlich hatte sie ihren Freund vor die Wahl gestellt, entweder ebenfalls Prozac zu nehmen oder zu verschwinden, weil seine Trägheit und seine Übellaunigkeit ihre Beziehung zu zerstören drohten. Und ich war zur selben Zeit schon seit sechs

Jahren auf Prozac angewiesen. Als sie mich nun anrief und mir erzählte, daß Isabella ebenfalls Prozac bekam, mußten wir lachen. »Vielleicht braucht mein Kater das auch«, sagte ich zum Spaß. »Der ist in letzter Zeit ziemlich launisch.«

Unser Gekicher hatte einen nervösen Unterton.

»Ich glaube, das mit dem Prozac geht ein bißchen zu weit«, sagte Olivia.

»Ja«, seufzte ich. »Das glaube ich auch.«

Nie hätte ich gedacht, daß die Depression mich zum Lachen bringen würde oder daß ich mich über die Verbreitung dieser Krankheit amüsieren könnte. Im vergangenen Jahr wurden ungefähr 1,3 Milliarden Dollar für Prozac ausgegeben (seit 1992 eine Steigerung um dreißig Prozent). Ein kleiner Teil davon sogar für Haustiere, die offenbar genauso anfällig für seelische Störungen sind wie wir Menschen. Nie hätte ich gedacht, daß mich ein Zeitungsartikel über Wenatchee, Washington - bekannt als Apple-Metropole -, faszinieren würde, weil dort 600 der 21 000 Einwohner Prozac nahmen und ein Psychiater als »Prozac-Rattenfänger« Berühmtheit erlangt hatte. Nie hätte ich gedacht, daß die ›New York Times‹ angesichts von elf Millionen Prozac-Konsumenten (sechs Millionen davon in den USA) auf ihrer Titelseite von einer »legalisierten Drogenkultur« sprechen würde. Nie hätte ich gedacht, daß es so viele Cartoons mit Prozac-Themen im ›New Yorker‹ geben würde, unter anderem einen selig grinsenden Karl Marx, der erklärt: »Aber natürlich! Der Kapitalismus wird seine Tücken schon überwinden!« Und nie hätte ich gedacht, daß auf dem Cover von ›Newsweek‹ eine Art Weltraumkapsel unter der Überschrift »Danke, Prozac!« prangen würde, und in der selben Woche auf dem Cover von ›New Republic‹ ein paar glückliche, sonnige Menschen »Das Prozac-Feeling« verkörpern würden. Daß dieses Medikament gegen eine so ernsthafte Krankheit wie die Depression - die mich fast das Leben gekostet hätte - zum Gegenstand öffentlicher Belustigung werden konnte, hätte ich nie für möglich gehalten.

Seit ich Prozac nehme, ist das Mittel in den USA auf den zweiten Platz der am häufigsten verschriebenen Medikamente aufgerückt (nach Zantac, einem Magen-Darm-Präparat). Jeden Monat werden über eine Million Rezepte for Prozac ausgeschrieben. Schon 1990 trat diese Wunderdroge ihren Siegeszug auf den Titelblättern der großen Magazine an. ›Rolling Stone‹ bezeichnete Prozac als die »heiße Yuppie-Dröhnung«, und durch alle Magazinsendungen und Talkshows zogen sich die Storys unter dem Motto: Prozac hat mir das Leben gerettet. Als Peter Kramers Buch ›Prozac‹ mit seinen Fallstudien und Erörterungen sechs Monate lang in der ›New York Times‹-Bestsellerliste stand, gab es eine neue Welle von Titelgeschichten und Fernsehberichten. Dr. Kramer sprach anläßlich der Publicity-Reisen für sein Buch sogar von einer »dreistufigen Betroffenheits-Tour«, weil es so aussah, als wären maximal drei persönliche Kontakte nötig, um einen Prozac-Konsumenten unter ihnen zu finden. Während kritische Gegenstimmen, zumeist verbreitet von der Church of Scientology, Prozac mit Fällen von Mord und Selbstmord in Verbindung brachten, erntete das Mittel von seiten derer, die sich von den Symptomen der Depression befreit fühlten, nichts als Lob. Die Folksängerin Cheryl Wheeler schrieb sogar einen Song mit dem Titel ›Is It Peace or Is It Prozac?‹

Aber dieser ganze Trubel betraf eigentlich nicht das Prozac, sondern das Massenphänomen der seelischen Erkrankung im allgemeinen und der Depression im besonderen. Er besagt nichts anderes, als daß der einst als tragisch empfundene Gemütszustand zu einer ganz normalen Befindlichkeit geworden ist, über die man sogar Witze machen kann. Irgendwann im Jahre 1990 hörte ich auf, eine absonderliche Depressive zu sein, die ihre Mitmenschen mit ihren Launen, Ausbrüchen und Heulanfällen in Angst und Schrecken versetzte, und lag plötzlich voll im Trend. Die versteckte Welt der Klapsmühlen und der Verrückten, zu der ich immer Zuflucht gesucht hatte, stülpte ihr Inneres nach außen, so daß wir uns in einer großen Prozac-Nation wiederfanden, in einer riesigen Anhäufung psychischen Elends. In der Zeitschrift ›Good Housekeeping‹ (die nur von Omas gelesen wird) beschreibt die Psychologin Ellen McGrath die Dysthymie oder Schwermut als »normale Gemütsgrippe« und stellt fest, daß von dieser Form chronischer Verstimmung drei Prozent der Amerikaner betroffen sind. Etwa genausoviele Leute nehmen Prozac. Zu behaupten, wir lebten in der Vereinigten Staaten der Depression, wäre also eine krasse Übertreibung; die zwölf Millionen, die an dieser Krankheit leiden, sind immer noch eine kleine Minderheit. Aber die Depression als die seelische Erkrankung unserer Zeit zu bezeichnen, ist in den letzten Jahren fast zu einer Mode geworden und beginnt sogar die politischen Themen zu besetzen. Als Hillary Rodham Clinton im ›New York Times Magazine‹ für eine, wie es der Titel ihres Leitartikels nannte, ›Politik der Rechtschaffenheit‹ plädierte, war nicht zu übersehen, daß ihre Hinweise auf eine »verborgene Erkrankung der Seele«, auf »Entfremdung, Verzweiflung und Hoffnungslosigkeit«, auf eine »Wertekrise« und ein »geistiges Vakuum« weniger auf Beschäftigungs- und Steuerprobleme abzielten als auf die simple Tatsache, daß wir, die Amerikaner, uns in einer kollektiven Mißstimmung befinden. Es sieht ganz so aus, als würde es beim nächsten Protestmarsch auf das Weiße Haus nicht um Abtreibung und um Schwulenrechte gehen, sondern darum, daß wir uns alle so beschissen fühlen.

Eines der auffälligsten Merkmale dieser Depressionswelle ist es, daß so viele junge Leute von ihr erfaßt sind. Die Valium-Abhängigen der fünfziger und sechziger Jahre, die Hausfrauen, die auf *mother's little helpers* angewiesen waren, die ausgemergelten Junkies in den Gossen Harlems, der Bowery oder der Slums jeder beliebigen Stadt, alle diese Leute galten stereotyp als verloren, ausgemustert und verbraucht, wenn sie sich nicht schon als Jugendliche ins Jenseits befördert hatten. Das Faszinierende an der derzeitigen Depression - das Einmalige an dieser Prozac-Nation - ist es, daß sie diejenigen trifft, die alle Aussichten und Hoffnungen auf ihrer Seite haben, die, wie man es von jedem halbwegs intelligenten jungen

Menschen sagen kann, ihre Bewährungsprobe noch vor sich haben und die besten Chancen haben, sie zu bestehen. Das sind Leute, deren Leben noch nicht gelaufen ist, für die es noch nicht zu spät ist, eben junge Leute, die noch ganz am Anfang stehen.

Am 8. Dezember 1992 erschien im Wissenschaftsteil der ›New York Times‹ ein Artikel unter der Überschrift ›Der Preis der Modernität: Depression‹. Darin ist die Rede von einem Bericht des ›Journal of the American Medical Association‹, der die Ergebnisse einer internationalen, altersübergreifenden Langzeitstudie über die Depression auswertet. Das wichtigste Resultat: Die nach 1955 Geborenen sind *dreimal so anfällig* für Depressionen wie die Generation ihrer Großeltern. Von den vor 1905 geborenen Amerikanern hatte bis zum Alter von 75 Jahren nur ein Prozent über depressive Episoden berichtet, während von den nach 1955 Geborenen innerhalb ihrer ersten 24 Lebensjahre bereits sechs Prozent depressiv waren. Offenbar ist das ein weltweiter Trend, der sich auch in Italien, Deutschland, Taiwan, Libanon, Kanada, Frankreich, Neuseeland, Puerto Rico und anderswo bestätigte, überall mit vergleichbaren Ergebnissen. Obwohl man annimmt, daß Frauen zwei- oder dreimal so anfällig für Depressionen sind wie Männer, kommt der Artikel zu dem Schluß, daß »dieser Abstand zwischen Männern und Frauen sich bei den jüngeren Generationen verringert und schon beginnt, völlig zu verschwinden«. Am Ende des Artikels wird eingeräumt, daß die Zunahme an Depressionen zum Teil mit einer gewachsenen Bereitschaft, über dieses Thema zu sprechen, erklärt werden kann, aber diese Statistik ist auch so erschreckend genug, und die Experten vermuten, daß diese Freimütigkeit kein ausschlaggebender Faktor ist.

Neuerdings erbringt auch die alltägliche Erfahrung immer wieder Hinweise, daß viele Leute schwer depressiv sind oder zumindest glauben, es zu sein. Und viele glauben, Prozac wäre die Lösung. Es machen Geschichten die Runde wie die vom Einbrecher, der Computer, Stereoanlage und Video verschmäht und statt dessen die Prozac-Packung mitgehen läßt. Oder vielleicht die folgende, die ich selbst erlebt habe, als ich im Taxi saß und der Fahrer zu meiner Beklommenheit gestand, er habe sich vor Monaten mit Valium und Whisky umbringen wollen, aber jetzt nehme er Prozac, und das Leben sei wundervoll. Vielleicht werden wir bald feststellen, daß auch der Klempner, der die Abflüsse repariert, auf Prozac ist, daß unser Gynäkologe auf Prozac ist, der Chef, die Mutter, und warum nicht auch die Großmutter. Wer in seinem privaten Umkreis noch nichts davon bemerkt hat, bekommt trotzdem die Bekenntnisse Berühmter und Berüchtigter zu hören, daß sie Prozac nehmen. Gary Hart nahm es eine Zeitlang, Jim Bakker hat es versucht, Roseanne Arnold nimmt es noch, und Jeffrey Dahmer kriegt es nicht mehr.

Wie ist es möglich, daß es so vielen schlecht geht?

Ich weiß, daß es Menschen gibt, die auf so etwas abfahren. Sie besuchen Entwöhnungskurse, um Leute zu treffen, die von den selben Dämonen besessen sind: Alkoholismus, Drogenabhängigkeit, Eßstörungen, und dazu kommen jede Menge eingebildete Krankheiten wie Kaufsucht, Liebessucht oder Ficksucht. Mir aber scheint, daß etwas an dieser Welt falsch ist, wenn sie von Pillen überflutet wird, die sich ausbreiten wie ein Virus oder wie ein übles Gerücht. Ich habe keine Beweise dafür, aber ich vermute doch, daß die wenigsten Prozac-Konsumenten einen so langen Weg zu dieser Droge gehen mußten wie ich. Viele Hausärzte verschreiben das Mittel bedenkenlos. Eine Untersuchung der Rand Corporation hat herausgefunden, daß mehr als die Hälfte der getesteten Ärzte ihren Rezeptblock in weniger als drei Minuten zücken, nachdem der Patient sich über Depressionen beklagt hat. Manchmal ärgert mich die Unbekümmertheit, mit der die Ärzte ihre pharmakologischen Taschenspielertricks vollführen. Bevor ich Prozac bekam, wurde erst alles mögliche probiert, mein Gehirn dampfte und brodelte von all diesen anderen Drogen, ich hatte mehr als zehn Jahre in einem Zustand pathologischer Verzweiflung zugebracht. Heutzutage scheint Prozac ein Allheilmittel zu sein, für jeden, der es haben will.

Dennoch kann ich die zwingenden Beweise nicht ignorieren, die in dem Artikel der ›New York Times‹ angeführt wurden und die Vermutung nahelegen, daß diese Verschreibungspraxis keine Überreaktion ist, sondern eine vernünftige ärztliche Maßnahme für die vielen Menschen, denen bereits das einfache Existieren ein unerträgliches Leid aufbürdet. Nach einer Studie des ›Journal of Clinical Psychiatry‹ gab es allein 1990 einen Ausfall von 290 Millionen Arbeitstagen wegen Depressionen. Derselbe Bericht schätzt den in diesem Land durch Depressionen verursachten Aufwand auf 43,7 Milliarden Dollar jährlich, eine Summe, die sowohl die Kosten der Behandlung als auch den Produktivitätsverlust erfaßt. Wenn wir die Beträge hinzurechnen, die an überflüssige Labortests verschwendet werden, weil die Ärzte sich in ihrer Diagnose geirrt haben, oder die Kosten der Folgebehandlungen - Entziehungskuren zum Beispiel -, ist der Aufwand noch viel höher zu veranschlagen. Dann gibt es noch den ›Tag der nationalen Depressivitätserkennung‹, an dem überall im Land Untersuchungsstellen eingerichtet werden und die Leute sich auf Symptome einer ernsthaften Depression testen lassen können. Fünfzig Prozent der Untersuchten (die freilich schon eine Art Vorauswahl darstellen) erweisen sich als klinische Fälle. Wer kann bei dieser statistischen Beweislast, auch wenn sie durch subjektive Faktoren relativiert wird, schon behaupten, daß es zuviel Prozac gibt? Vielleicht gibt es nicht genug davon. Vielleicht ist diese Welt zu kompliziert, als daß sie ohne eine pharmazeutische Pufferzone gemeistert werden könnte. Und obwohl die Depression in jeder Altersgruppe vorkommt, ist es doch das einzigartige Privileg der jüngeren Generation, sie als einen Normalzustand, als gewohnte Mühe, über den Tag zu kommen, und als das übliche Gejammer zu erleben. Diese Sackgassen-Depression der Jugendkultur hat eine gewisse fatalistische und resignative Färbung, und das macht sie erschreckend banal. Es ist kein Wunder, daß etwas so Geistloses wie Prozac, das nicht glücklich macht, aber Traurigkeit verhindert, zu einer Lieblingsdroge wurde. Keine andere Substanz vermittelt so viel Sicherheit.

Als ich unter der Sonne von Miami Beach ein Heft der Zeitschrift ›Lear's‹ durchblätterte, stieß ich auf einen Artikel mit der Überschrift ›Kränkelnde Erzählbegabung‹, in dem Fanny Howe, eine Lehrerin für kreatives Schreiben, feststellt, daß der düstere und pessimistische Grundton der abgelieferten Arbeiten alles übertrifft, was sie in den 21 Jahren ihrer Tätigkeit zu sehen bekam. »Wer das liest, muß denken, diese Generation ist ausgehungert, geschlagen und vergewaltigt worden und ist von Gefängnis, Sucht und Krieg zerstört. Unerklärliche Auswüchse des Unheils brechen über die ansonsten heile Welt der Charaktere herein«, schreibt Howe. »Die Figuren dieser Erzählungen werden zufällige Opfer einer heimtückischen Gewalt, sie begehen Verbrechen aus Jux, sie hassen, ohne zu wissen warum, sie werden geliebt oder mißhandelt oder sie sind depressiv, und sie wissen nicht, weshalb ... Es herrscht der reine Zufall.«

Fanny Howe ist offenbar überrascht von dem, was sie da liest. Für mich und für jeden meines Alters, den ich kenne, sind solche Geschichten normal; sie sind ganz gewöhnliche Erfahrung. Die Welt, in der wir leben, wird vom Zufall beherrscht. Und dieses Fehlen von Ordnung ist etwas Schwächendes, Destabilisierendes. Vielleicht muß der Allerweltsbegriff der Depression ersetzt werden durch genauere Bezeichnungen wie Vorsichtigkeit, Empfindlichkeit, Mißtrauen gegen Nähe oder durch irgendeine andere von den vielen völlig angemessenen Reaktionen auf eine Welt, die gefährlich geworden ist, weil ihr die für unsere Eltern noch gültigen Grundwerte abhanden kamen: eine dauerhafte Ehe, ein sicherer Arbeitsplatz, Sex ohne tödliche Risiken. An diesem Punkt wird oft klischeehaft auf die ökonomische und soziale Unsicherheit verwiesen, die einen unter der Bezeichnung »Generation X« bekannten Massencharakter hervorbringt. Aber ganz offensichtlich gibt es eine Menge Unglück in dieser Altersgruppe, und ich kann es den Journalisten, Soziologen und anderen Beobachtern nicht verübeln, wenn sie den Ursachen auf den Grund gehen wollen.

Das Problem ist nur, daß die Suche nach Lösungen immer bei Prozac endet - oder Zoloft oder Paxil. Die klinische Depression ist eine Krankheit, die man mit Medikamenten behandeln kann, und wahrscheinlich gibt es keine bessere Alternative.

Aber ein vorübergehender Orientierungsverlust, Entfremdungsgefühle, Ekel, Kontaktarmut, der kollektive Horror vor einer Welt, die so sehr aus dem Gleis gelaufen ist, sollten nicht mit Antidepressiva behandelt werden. Denn die gesellschaftlichen Probleme, die so viele Menschen ins Elend stürzen, sind mehr oder weniger unlösbar. Solange es möglich ist, sich scheiden zu lassen, *wird* man sich scheiden lassen. Amerikas schrumpfende Wirtschaft kann nicht einfach umgekrempelt werden, es gibt keine Heilung für Aids. Daher scheint es recht vernünftig zu sein, wenn wir uns auf die bestmögliche Weise betäuben. Nur zu gern würde ich sagen, daß Prozac die Menschen daran hindert, wirkliche Mittel gegen die - wie Hillary Clinton das nennt - »versteckte Krankheit der Seele« zu finden. Aber was wären das für Mittel? Eine allgemeine Gesundheitsfürsorge und ein soziales Pflichtjahr wären ja ganz nett, aber nichts dergleichen rettet uns vor uns selbst. So, wie unsere Eltern uns vor den Fernseher setzten, wenn wir zuviel Lärm machten, so lernen wir jetzt vielleicht, unseren erwachsenen Lärm mit Prozac zu besänftigen.

Und doch steigt ein gewisser Widerwille in mir hoch, wenn ich in einem vollen Auto sitze und weiß, daß alle bis auf den Fahrer unter der Wirkung von Prozac stehen. Jahrelang habe ich versucht zu erreichen, daß die Depression ernst genommen wird - indem sagte, ich habe eine *Krankheit*, ich brauche *Hilfe* -, und nun, da die Anerkennung kein Thema mehr ist, erscheint diese Krankheit als eine absolute Trivialität. Als es sechs Millionen Amerikaner waren, die Prosac nahmen und ich das irgendwo las, überfiel mich ein gruseliger Gedanke. Als Jüdin hatte ich diese Zahl immer mit etwas gänzlich anderem in Verbindung gebracht. Wie konnte ich diese *sechs*

Millionen umdeuten und auf eine medizinische Statistik beziehen, die Schrecken hätte auslösen müssen, aber mir statt dessen langsam lächerlich vorkam?

Immer wieder fühle ich mich gedrängt, die Leute wissen zu lassen, daß ich nicht nur Prozac, sondern auch Lithium nehme, daß ich richtig krank bin, eine Depressive höheren Ranges als all diese Glückspillenschlucker mit ihren harmlosen Problemchen. Oder ich fühle mich verpflichtet, darauf aufmerksam zu machen, daß ich Prozac schon seit der Zulassung durch die Gesundheitsbehörde nehme, länger schon als jeder andere, abgesehen von ein paar Laborratten, die zwar in Käfigen saßen, aber glücklich waren. Ich weiß nicht ob ich mehr Verachtung für meine Prozac-Angeberei verdiene oder dafür, daß sie nicht ganz unbegründet ist. Schließlich hat der Medienerfolg des Prozac den Effekt, daß er ein ernstes Problem in einen Witz verwandelt, obwohl das nicht passieren dürfte: Nach den meisten Berechnungen bleiben zwei Drittel aller Menschen mit schweren Depressionen unbehandelt. Und die werden bei dem ganzen Theater als erste vergessen.

Wenn Prozac den Nimbus einer Kinderberuhigungspille erhält, eines Mittels der »kosmetischen Pharmazie«, wie Dr. Kramer feststellt, werden die Leute, die es wirklich brauchen, nicht mehr glauben, daß es ihnen hilft. In der gegenwärtig tobenden Vergewaltigungsdebatte argumentieren viele Feministinnen, daß eine zu weitgefaßte Definition der Vergewaltigung letztlich zur Abwertung der »richtigen« Vergewaltigung führt, während andere behaupten, wer sich vergewaltigt fühlt, ist auch vergewaltigt worden. Was in all diesem Geschrei untergeht, ist die Tatsache, daß es wirklich Frauen gibt, die vergewaltigt wurden und furchtbar darunter leiden. Mir erscheint es nach all den Artikeln über Prozac durchaus möglich, daß die Leute vergessen, wie schlimm, wie lähmend und widerwärtig Depressionen wirklich sind.

Ich bin nicht die einzige, die das betrifft. Eli Lilly and Company, die Firma, die prächtig an der Prozac-Manie verdient hat, startete neulich eine Werbekampagne in den medizinischen Fachblättern, die mit der Überschrift beginnt: ›Verharmlosung einer ernsten Erkrankung‹. Die Anzeige erschien zuerst in den ›Psychiatric News‹, bezog sich auf die Witze über »das beispiellose Medienecho der letzten Wochen« und erklärte, daß »diese Beachtung des Mittels Prozac vielfach die ernsthafte Natur der Krankheit trivialisiert hat, für die es entwickelt wurde - die klinische Depression«. In einem Artikel des ›Wall Street Journal‹ führt der Leiter der zuständigen Forschungsabteilung bei Eli Lilly, Dr. Steven Paul, aus, daß diese Anzeige denjenigen nützen sollte, die das Mittel Prozac am dringendsten brauchen. »Die in der Öffentlichkeit verbreiteten Unklarheiten über den angemessenen Gebrauch von Prozac und anderer Antidepressiva könnten zu Folge haben, daß bedürftige Patienten diese Mittel meiden und auch die Ärzte zögern, sie zu verschreiben,« wird Dr. Paul zitiert. Er fügt hinzu, daß die Debatte über Prozac als Stimmungsregulator alle Bemühungen um die wirkliche Zielgruppe, die schwer Depressiven, fragwürdig gemacht hat.

Obwohl viele Kommentare in diesem Artikel die Meinung vertreten, daß die Werbekampagne der Herstellerfirma von der Angst vor Haftungsklagen diktiert war oder gar von der Sorge, das Mittel könnte wegen seiner für unspezifisch erachteten Wirkungen aus der Arzneimittelliste der Gesundheitsbehörde gestrichen werden, neige ich eher zu der Annahme, daß die Kampagne von einem ehrlichen Motiv bestimmt war. Für zwei bis drei Dollar pro Pille, zweimal täglich über sechs Jahre, habe ich, wie mir scheint, mein Leben an Eli Lilly verpfändet. Für diese 11 000 Dollar Umsatz habe ich allerdings etwas bekommen, was mich glauben läßt, daß die Firma den Bedürftigen einen nützlichen Dienst erweist.

Insgeheim weiß ich, daß es mit den wunderbaren Eigenschaften des Prozac doch nicht so weit her ist. Natürlich kann ich das eingestehen und dennoch daran festhalten, daß Prozac mir das Leben gerettet hat. Manch anderer mit dieser Erfahrung würde vielleicht das

Mittel bedingungslos in den Himmel heben. Aber nach sechs Jahren Umgang mit Prozac weiß ich, es war nicht nur das Ende der alten Probleme, sondern auch der Anfang der neuen. Die seelische Gesundheit ist eine so komplizierte Sache, daß kein Sterblicher die ideale Psychopille erfinden könnte. Eine Droge, ob nun Prozac, Thorazin oder das veraltete Laudanum oder die Straßendroge Heroin, kann nur so gut funktionieren, wie das Nervensystem es ihr gestattet. Früher oder später wird eine hartnäckige Depression jede Chemikalie überlisten. In den ersten Monaten mit Prozac war ich wunderbar ausgeglichen, doch dann hatte ich einen Streit mit meinem Freund in Dallas, nahm eine Überdosis des Antidepressivums Desyrel, das ich zur Ergänzung erhalten hatte, und landete wieder im altvertrauten Klinikmilieu. Die Vergiftung war nicht schwerwiegend (ich hatte etwa zehn Pillen genommen), und so wurde ich in die Fürsorge der Eltern meines Freundes entlassen. Als ich wieder in Cambridge war, verschrieb Dr. Sterling mir Lithium, um die Wirkung des Prozac zu steigern und zugleich meine extremen Stimmungswechsel zu glätten. Obwohl sie eine atypische Depression diagnostiziert hatte, dachte sie jetzt doch an eine Zyklothymie oder manisch-depressive Veranlagung, da ich ständig zwischen unbändiger Lebenslust und selbstmörderischen Anwandlungen schwankte.

Als ich mit dem Lithium anfing, setzte ich das Desyrel ab, aber alle meine Versuche, das Prozac zu reduzieren, endeten im Ausbruch der alten Symptome. Gelegentlich versuche ich, ohne das Lithium auszukommen, weil es mich auslaugt und müde macht, aber solche Experimente führen unvermeidlich zu einer Katastrophe wie in jener Partynacht, als ich mich auf dem Fußboden meines Badezimmers wiederfand, ein in Tränen zerflossenes Wrack. Manchmal habe ich selbst mit Lithium und Prozac schwere depressive Schübe, die meine Freunde zu angstvollen Nachtwachen zwingen, während ich mich weigere, vom Boden aufzustehen, mit dem Heulen aufzuhören und das Küchenmesser herzugeben, das ich mir auf das Handgelenk gedrückt habe. Nach diesen schwierigen Szenen, wenn ich dann bereit bin, medizinische Hilfe anzunehmen, werden mir stets zusätzliche Mittel wie Desipramin verschrieben, oder ich soll wieder Desyrel nehmen, und manchmal wird sogar erwogen, ob nicht die gelegentliche Einnahme von Mellaril das richtige für mich ist.

So, wie viele Bakterien die Antibiotika überlistet haben und Krankheiten wie die Tuberkulose, die man einst für besiegt hielt, mit erneuerter Kraft zurückkehren, gelingt es auch der Depression, sich neu zu formieren. Depression ist eben nicht nur ein Mangel an Serotonin. Wie Susanna Kaysen in ›Girl, Interrupted‹ schreibt, ihrem Bericht über den Aufenthalt im McLean-Hospital: »Es ist ein langer Weg vom Serotoninmangel zur Überzeugung, daß die Welt schal, öde und wertlos ist, und ein noch längerer Weg ist es, ein Stück über einen Mann zu schreiben, der von diesem Gedanken beherrscht wird. Dazwischen liegt das Reich der Seele und des Geistes, wo der Wust neurologischer Prozesse seine Bearbeitung erfährt.« Natürlich wird auch diese Bearbeitung wieder von neurologischen Prozessen gelenkt, aber diese entziehen sich vielleicht nicht gänzlich der therapeutischen Beeinflussung. Es mag ein Aberglaube sein, doch meine Erfahrung bestätigt mir, daß die Gehirnzellen es immer schaffen, die vom Arzt entsandten Moleküle zu überlisten. Wer chronisch depressiv ist, führt einen lebenslangen Kampf.

In meinem Fall hat sich die Gewißheit, es handle sich um körperliche Ursachen, in die etwas flexiblere Auffassung verwandelt, daß meine Gehirnzellen, nachdem mich etliche üble Erlebnisse zu einem seelischen Wrack gemacht hatten, sich mit diesem Zustand abzufinden begannen. Aber genau kann man das nicht wissen. Es gibt keine Bluttests wie für HIV, um seelische Störungen festzustellen. Und die Auflistung der Symptome führt zu dem alten Fragespiel, was zuerst da war, das Ei oder die Henne. Schließlich steckt die Depression bei mir in der Familie, aber das kann einfach daran liegen, daß wir immer Erziehungsprodukte anderer Depressiver sind. Was meine Depression betrifft, glaube ich, daß ungeachtet ihrer Ursachen die Prolematik eine rein medizinische war, denn die Kombination von Prozac mit anderen Mitteln hat mir, als sie eingesetzt wurde, im großen und ganzen geholfen. Viele Leute bedenken nicht, daß die Ursache-Wirkung-Relation bei seelischen Störungen alles andere als eine Einbahnstraße ist: Es sind nicht nur die ursächlichen Störungen, die Depressionen hervorrufen können. Auch jahrelange exogene (durch äußere Einwirkungen ausgelöste) Depressionen können die chemischen Abläufe im Gehirn so sehr durcheinanderbringen, daß nur ein Medikament sie wieder sortieren kann. Wäre ich gleich zu Anfang an einen kompetenten Therapeuten geraten, hätte er möglicherweise verhindern können, daß sich der depressive Zündfunke in mir in ein seelisches Großfeuer verwandelte, ich wäre vielleicht nicht an den Punkt gekommen, zehn Jahre später, daß ich Medikamente brauchte, nur um morgens aus dem Bett zu kommen.

Einige Jahre lang, nachdem ich Medikamente nahm - ich hatte Cambridge verlassen und war nach New York zurückgekehrt -, mied ich die Psychotherapie. Ich ging zu einem Psychopharmakologen, der im Grunde ein lizensierter Drogenhändler war, holte mir meine Rezepte und glaubte, das wäre genug. Nach Dr. Sterling konnte ich mir keinen anderen Therapeuten für mich vorstellen. Und außerdem schien es so, als wären die Drogen, abgesehen von gelegentlichen Zusammenbrüchen, wirklich die Lösung. Aber als ich dann merkte, daß ich Beziehungen zerstörte, Arbeitgeber und Kollegen in Verlegenheit brachte und allzu oft in depressive Anwandlungen verfiel, die tagelang andauerten und mir die schwarze Welle ins Bewußtsein riefen, vor der ich früher ständig auf der Flucht gewesen war, erkannte ich, daß ich eine Therapie brauchte. Nachdem ich so viele Jahre lang falsch gelebt hatte, mich an die falschen Männer gekettet hatte, jede üble Stimmung mit den falschen Mitteln abreagiert hatte (meine Freunde betrog, meine Arbeit schleifen ließ), wußte ich nicht mehr, wie ich in einer normalen, nicht-depressiven Welt funktionieren sollte. Ich brauchte einen guten Therapeuten, der mir helfen würde, erwachsen zu werden. Ich brauchte einen Psychologen, der mir beibringen würde, wie man in einer Gesellschaft zurechtkommt, in der die große Mehrheit nicht auf Prozac angewiesen ist und deren Probleme und Interessen oft mit den meinen im Widerstreit liegen.

Ich brauchte sehr lange, um so leben zu lernen, daß die Depression nicht mehr meine ständige Zuflucht war wie die Ginflasche für den Alkoholiker oder die Nadel für den Junkie, aber ich komme diesem Ziel schon näher. Mit 26 Jahren habe ich das Gefühl, als würde ich langsam die Pubertät hinter mich bringen.

Am 8. April 1994, während ich dieses Buch zu Ende schrieb, schoß sich Kurt Cobain in den Kopf und wurde in seiner Wohnung in Seattle tot aufgefunden. Sein Selbstmord wurde in den Medien schnell zu einem Fall generationstypischer Verzweiflung reduziert, und man sprach von einer »Kugel, die eine ganze Generation traf«. Die Grunge-Musik, zu deren Entwicklung und Popularisierung Nirvana so viel beigetragen hat, wurde in ›Newsweek‹ als etwas beschrieben, »das passiert, wenn Scheidungskinder eine Gitarre in die Finger kriegen«. Cobains Entscheidung für den Selbstmord, obwohl gänzlich privater Natur, wurde umgehend zu einem Symbol.

Zum Teil verstehe ich das. In den letzten Jahren, als so viele Leute auf die eine oder andere Weise in ein depressives Verhaltensschema hineingerieten, wurde klar, daß die Depression keine Privatangelegenheit mehr ist. Sie ist ein soziales Problem, um das herum sich eine ganze Kultur der Depression entwickelt hat. Eins meiner Lieblingsbeispiele dieser Art künstlerischen Ausdrucks ist der Underground-Film ›Slacker‹. Richard Linklaters Debutfilm, der ihn ganze 23 000 Dollar kostete, zeigt junge Leute in Austin, Texas, kurz vor oder nach der Schulentlassung, die am liebsten den ganzen Tag herumhängen und über den Unterschied zwischen *Smurf culture* und *Scooby-Doo culture* diskutieren, sich mit Gelegenheitsjobs begnügen, wenig zum Leben brauchen und jede Menge Zeit haben. Sie liegen tagelang im Bett, sehen fern und lassen sich treiben. Einer von ihnen gesteht in einem Moment der Wahrheit, daß er keine Arbeit hat, und sagt: »Klar geht es mir beschissen. Aber wenigstens muß ich dafür nicht auch noch arbeiten.« Ein anderer Film über die Verzweiflung, ›Sex, Lügen und Viedeos‹, gewann die Goldene Palme von Cannes. Er kreist um die kaputten Beziehungen zwischen vier Leuten in Baton Rouge, Louisiana, und zeigt einen Mann, der so sehr von der Liebe enttäuscht ist, daß er den Sex durch Videos ersetzt, in denen Frauen ihre sexuellen Erlebnisse und Phantasien beschreiben. Dieser Typ trägt ausschließlich Schwarz (sein Freund sagt ihm einmal, er sehe aus wie der Totengräber der Kunstszene), und seine Affektarmut wurde für viele junge Leute zum Symbol einer resignativen Hoffnungslosigkeit, die sich nicht einmal mehr um menschliche Kontakte bemüht.

Aber den Höhepunkt der Depressionskultur stellt natürlich der gewaltige Erfolg von Nirvana dar; die Single ›Smells Like Teen Spirit‹ war ein Aufruf zur Apathie. Dieser Song schwelgte so sehr in seiner Passivität, daß er in der Forderung gipfelte: »Here we are now, entertain us.« Und tatsächlich war das Album von Nirvana ›Nevermind‹ eine Auflistung der vielen Dinge, die sie *nicht* interessierten. Natürlich hat die Rockmusik eine lange und stolze Tradition von Liedern, die sich der Abwärtsspirale des Lebens widmen. Aber Nirvana ist mit dieser Art von Punk erstmals in die Spitzen der Charts vorgerückt. (Zum Vergleich: Die Sex Pistols brauchten fünfzehn Jahre, um mit ihrer LP »Nevermind the Bollocks« an die Millionengrenze zu gelangen.) Obwohl das Album ›Nevermind‹ in mancher Hinsicht sehr gefällig und melodisch war, blieb es doch ätzend, zynisch und bösartig, so daß niemand geglaubt hätte, es würde sich auch außerhalb der ausgeflippten Szene verkaufen, die ›Generation X‹ und ›Slacker‹ zu Kult-Hits gemacht hatte. Geffen, die Plattenfirma von Nirvana, wurde so sehr vom Erfolg des Albums überrascht, daß sie nicht einmal mit der Auslieferung der Bestellungen nachkam.

Mittlerweile konnten die düster-makabren englischen New-Wave-Bands wie The Cure, The Smiths und Depeche Mode - einst als zu depressiv für den Mainstream erachtet - vor 20 000 Zuhörern spielen, und sie fanden ihre Anhängerschaft unter den amerikanischen Straßenkids, nicht aber bei den Intellektuellen, auf die sie immer spekuliert hatten. Nine Inch Nails, eine Industrial-Noise-Band aus Cleveland, brachte eine Platte mit dem treffenden Titel ›Pretty Hate Machine‹ auf einem kleinen, unabhängigen Label heraus, und mit Hilfe ihrer absolut morbiden, misanthropischen Single ›Head Like a Hole‹ wurde daraus eine Goldene Schallplatte. Jane's Addiction gewann Platin mit einer Hymne auf den Heroinmißbrauch, und die Red Hot Chili Peppers waren angenehm überrascht, als ›Under the Bridge‹, ein Song über Drogenentzug und Selbstmordversuche, zur Nummer eins in den Single-Charts wurde.

Da die Fans von Nirvana genauso gebeutelt, trübsinnig und nihilistisch aussehen wollten wie ihre Idole, hat der Elendslook eine seltsame Apotheose erfahren. Designer wie Marc Jacobs ließen die Haute couture sausen und schickten ihre Mannequins in schmutzigen Flanellhemden und zerfetzten Jeans auf die Pariser Laufstege. Grunge wurde in ›Vogue‹ als neuer Modetrend gefeiert und eroberte die Titelseite des ›New York Times‹-Modeteils. Als Linda Wells, Chefredakteurin von ›Allure‹, im April 1994 die Fotos der »klapperdürren Models mit düsteren Leidensmienen« sah, »magersüchtig, depressiv und klinikreif«, kam sie zu dem Schluß, daß »im letzten Jahr irgend etwas mit der Mode und der Modefotografie passiert sein muß. Das sieht aus, als würden wir alle miteinander dringend Prozac benötigen.« Der Erfolg von Nirvana, lange Zeit als bloße Laune des Musikmarkts verkannt, war in Wirklichkeit die Etablierung eines neuen, großen Trends.

Auf der Höhe ihrer Popularität, als sie die Charts anführten und ihre Instrumente in ›Saturday Night Live‹ zertrümmern durften, dachte ich noch, daß die amerikanische Jugend wirklich am Boden sein mußte, wenn sie solche Sachen wie die von Nirvana zu Hits machte. Jonathan Poneman, Besitzer des unabhängigen Labels ›Sub Pop Records‹ in Seattle und Entdecker von Nirvana, sah im Erfolg der Band ein Vorzeichen für die »Rebellion der Verlierer«. Über kurz oder lang erschienen alle Außenseiter, die große Mehrheit derjenigen, die nicht in erster Linie auf Paula Abdul standen, in den Plattenläden und verlangten nach Musik, die zu ihnen sprach. T-shirts mit dem Markenzeichen ›Sub Pop‹ und dem Aufdruck LOSER wurden zu begehrten Sammlerstücken. Eddie Vedder, Leadsänger der auf Platin abonnierten Band Pearl Jam, ließ es sich nicht nehmen, sein LOSER-T-shirt bei nationalen Fernsehauftritten zu tragen. Und 1994 überraschte ein junger Mann, der sich schlicht und einfach Beck nannte, seine Plattenfirma Geffen damit, daß er einen Ohrwurm mit dem Titel ›Loser‹ produzierte, der sofort zur Hit-Single und zur Hymne der Slackers wurde. Wenn es schon cool war, ein Verlierer zu sein - wenn Nirvana zehn Millionen Mal ihre Platte ›Nevermind‹ verkaufen konnte, sogar eine Zusammenstellung von Outtakes und B-Seiten unter dem Titel ›Incesticide‹ vergoldete und das Nachfolge-Album ›In Utero‹ sofort von Null auf Eins brachte -, konnte es keinen Zweifel mehr geben, daß die Kultur der Depression sich endgültig im Mainstream etabliert hatte.

So verstehe ich es, daß viele den Tod von Kurt Cobain als Symbol betrachten. Denn schließlich kann man auch sein ganzes kurzes Leben und die Musik, die er schuf, mit vollem Recht als symbolisch bezeichnen. Der Erfolg von Nirvana leitete einen entscheidenden kulturellen Umbruch ein oder traf zumindest mit ihm zusammen. Niemand kann und darf das dem toten Sänger streitig machen. Aber als er allein in seiner Garagenwohnung war und das Gewehr auf sich richtete, dachte er gewiß nicht an irgendeine symbolische Kulturtat oder an den Zeitgeist. Sylvia Plath brachte sich 1963 um, lange vor der Epoche der Slackers oder gar der Hippies. Sie brachte sich um, weil sie depressiv war, genauso wie Ernest Hemingway, Vince Foster und viele, viele Namenlose. Keiner schießt sich in den Kopf, weil die Fischsaison schlecht war oder weil er im ›Wall Street Journal‹ Gemeinheiten über sich liest. Die Depression trifft tiefer. Daß die Depression in der Luft zu liegen scheint, kann sowohl Ursache als auch Folge der gesellschaftlichen Krise sein, unter der so viele leiden. Aber sobald jemand zum psychiatrischen Fall wird, im Krankenhaus landet oder auf der Bahre, ist das seine ganz private Geschichte. Jeder, der eine schwere Depression durchgemacht hat, ist mit seiner eigenen Trauer, seinem eigenen Elend konfrontiert und muß sich durch seinen eigenen Schlamassel hindurchgraben. Leider wird Kurt Cobain nie so weit kommen. Jeden Tag danke ich Gott, daß ich's geschafft habe.

Juli 1986 - Mai 1994

DANKSAGUNG

Ohne Betsy Lerner wäre dieses Buch nie zustandegekommen, auch nicht in einer anderen Form. Es begann 1986 und nahm im Lauf der Jahre die unterschiedlichsten Gestalten an. Viele haben seitdem erfolglos versucht, mir das Manuskript zu entreißen, zwei von ihnen haben deswegen sogar ihre Arbeit verloren, aber Betsy hat es geschafft. Soweit ich das sagen kann, ist sie die beste Lektorin der Welt. Sie ist für mich auch eine großartige Freundin und eine Schwester, die ich nie hatte, und was ihre Geduld betrifft, so könnte sie Hiob den Rang ablaufen. Nebenbei ist sie auch die tollste Mittdreißigerin, die ich kenne.

Als ich Mort Janklow kennenlernte, war das mein Glückstag. Zumindest was mich betrifft, ist er ein Kronprinz, ein toller Typ, ein brillanter Agent und ein Meister des vernichtenden, doch dann auch wieder irgendwie ermutigenden Briefes. (Einige dieser Briefe müßte ich mir einrahmen.) Er war der erste, der mir beibrachte, daß ich im Begriff war, mir meine Karriere zu versauen, und mir erklärte, daß ich das gar nicht nötig hatte. Mort ist ein Mann, der dir sagt, daß er zu dir hält und das dann auch wirklich tut. Er hat diese erstaunliche Art an sich, dir zu versichern, daß alles gut wird, selbst wenn das überhaupt nicht stimmt, aber dann wird es trotzdem gut, auf rätselhafte Weise, einfach weil er es gesagt hat. Dafür kann ich ihm gar nicht genug danken. Genauso viel Glück habe ich mit Lydia Wills, meiner Agentin. Über Lydia muß ich staunen. Sie handelt diese gewaltigen Verträge aus (selbst mit Leuten, die kaum Englisch sprechen), erweist sich mit ihren Ratschlägen als kluge Lektorin und findet außerdem noch die Zeit, nach der Arbeit einfach so mit mir zu plaudern und zu lachen. Aber am wichtigsten war mir ihre Begeisterung und die Geduld, mit der sie meine hysterischen Anrufe bei Tag und bei Nacht über sich ergehen ließ. Es hat mir viel bedeutet, daß sie mir sogar ihre Wohnung überließ, wenn es anderswo mit dem Schreiben nicht klappen wollte.

Houghton Mifflin ist ein wunderbarer Verlag, und ich muß John Sterling danken, daß er mich in seine Autorenliste aufnahm, Jayne Yaffe für ihre gute Arbeit am Manuskript und ihr Zweitexemplar des ›Medizinischen Handbuchs‹, Robert Grover für seine Eigenschaft als Betsys Assistent und als guter Kumpel sowie für seine ungewöhnlichen Auffassungen über die Bruchrechnung, Ken Carpenter für sein Wirken als Marketing-Genie, Helfer in allen Lebenslagen und als einziger mir bekannter New Yorker mit einer getarnten Fotovideokamera, Peter Strupp für Kopfschmerzen, die mir noch bevorstehen, Christina Coffin dafür, daß sie es zum Krach kommen ließ, Becky Saikia-Wilson für ihre Herstellerarbeit unter Hochdruck, Melodie Wertelet für diese schöne Buchgestaltung, Debbie Engel für ihre Wärme, Anteilnahme und Begeisterung - und allen andern im Verlag, die ich erst noch richtig kennenlernen muß, die mir aber schon so viel Freundlichkeit und Unterstützung gewährt haben.

Die Agentur Janklow and Nesbit hat mein Vertrauen in die Agenturtätigkeit so sehr gerechtfertigt, daß ich außer Mort und Lydia auch Eric Simonoff, Maria Gallagher, Eileen Godlis, Bennett Ashley und allen anderen danken muß, weil sich ihre Firma als der denkbar beste und hilfreichste Verbündete eines Autors erwiesen hat. Dank auch an Amy Guip für diesen unglaublichen Schutzumschlag und an Marion Ettlinger (die tollste Mittvierzigerin der Welt), weil sie das Mädchen auf dem Autorenfoto so aussehen läßt, wie ich gern aussehen würde.

Der rabbinischen Lehre zufolge findet Gott, wenn er in seinem Zorn die Welt vernichten und uns allen ein Ende machen will, jedesmal 33 Gerechte, die ihn von seinem Vorhaben abstehen lassen. Ich bin sicher, daß Gail und Stanley zwei von ihnen sind. Außerdem sind sie zweifellos die tollsten Eltern, die ich kenne. Sie ließen mich in ihrem Haus in Florida wohnen, wo ich in Ruhe arbeiten konnte, und das, ohne mich vorher in Augenschein genommen zu haben. Ich weiß bis heute nicht, was sie zu dieser Gefälligkeit verführt hat, aber ich weiß, daß sie mir geholfen haben, die Welt in einem freundlicheren Licht zu sehen. Ihr Sohn Peter Robles ist mir ein wertvoller Freund, und ich danke ihm dafür, daß er mich mit seinen Eltern zusammengebracht hat. Auch danke ich ihm für die vielen großartigen Mahlzeiten und Gespräche, obwohl ich den heftigen Drang verspüre, aus dem Zimmer zu rennen, sobald er seine Konversation mit solchen Sätzen beginnt wie diesem: »Und was Strawinski betrifft ...«

Wenn dein Leben sich in eine einzige Katastrophe verwandelt, wird es wichtig, gute Freunde zu haben. Ich wurde in dieser Hinsicht sehr verwöhnt. Christine Fasano ist ein wunderbares Mädchen, eine treue Freundin, bei der ich mich oft beinahe gesund fühlen konnte und die immer da war, wenn ich sie brauchte, und sogar dann, wenn ich sie nicht brauchte. Sie hat auch Sinn fürs Geldverdienen, so daß wir anderen eine Sorge weniger haben. Jason Bagdade ist ein außergewöhnlicher Mitbewohner, ein kleines bißchen der Manager für die Stars in seiner Umgebung, Kreuzworträtsellieferant der ›New York Times‹ und mein Lieblingsgefährte. Es ist ein Jammer, daß wir nicht heiraten wollen, aber wir wollen eben nicht. Wir haben die These von ›Harry und Sally‹ widerlegt, daß Mann und Frau nicht einfach nur Freunde sein können, zumal wir nun schon seit einer kleinen Ewigkeit miteinander leben.

Meine Freundinnen in all den Jahren waren der Klebstoff, der mich zusammenhielt. Sharon Meers, Roberta Feldman, Jody Friedman, Heather Chase, Naomi Schechter, Rachel Brodie: Diese Frauen sind meine Heldinnen. Es gibt noch weitere Freunde, die ich nicht so lange kenne; viele von ihnen haben Teile dieses Buches gelesen und Vorschläge gemacht, doch viele andere haben sich dessen enthalten und sind lieber mit mir Trinken gegangen (dabei trinke ich überhaupt nicht). Und hier sind ihre Namen: David Samuels, Elizabeth Acker(wo)man, Mark McGurl, Tom Campbell, Ronnie Drenger, Larissa Macfarquhar, Stefanie Syman, Joe Penachio, Emily Jenkins und David Lipsky. Einen besonderen Dank an Betsey Schmidt, die das Manuskript las, Ermutigung spendete und dabei ein gute Freundin wurde, auch an Andy Lyman, zur Zeit ansässig im neuen Europa, das ihn sehr an das alte New Jersey erinnert; J. C. Weiss kannte sich gut aus im Copyright und war auch sonst ein prima Kerl.

Nathan Nichols hätte mehr und besseres verdient. Meine Liebe und Hochachtung, für die es keine Worte gibt, sind immer mit ihm. Bob Gottlieb hat einen sehr frühen Entwurf dieses Buches gelesen und mir wertvolle Ratschläge gegeben. Das tat er in seiner Freizeit, aus reiner Herzensgüte, und darauf kam es an. Ich habe ihm auch die Vermittlung an den ›New Yorker‹ zu verdanken und somit das beste Job-Angebot, das ich je hatte. Chip McGrath war anfangs schwer zugänglich, wurde dann aber ein wertvoller Lektor und, so glaube ich, ein wahrer Freund. Nancy Franklin, ein zähes Weib und eine wahnsinnig gute Lektorin, hat mir sehr geholfen, meinen Stil zu verbessern. Steve Florio, der wahrlich besseres zu tun hatte, als übergeschnappte junge Autorinnen zu beraten, gebührt Dank, weil er sich die Zeit für mich genommen hat. Abbie McGanney von ›Mirabella‹ und Ralph Novak von ›People‹ sind seit Jahren meine guten Freunde und Presseauswerter. Ed Kosner und Laurie Jones, seinerzeit meine Chefs beim ›New Yorker‹, ahnen wahrscheinlich nicht, wie sehr ich es schätze, daß sie mir so viele Möglichkeiten boten.

Es gibt so viele, die mir in beruflicher oder persönlicher Mission Rat und Hilfe angeboten haben. Manche von ihnen wissen nicht einmal, daß ich ihnen dankbar bin, weil ich leider zuweilen eine seltsame Art habe, das zu zeigen. Ihnen allen möchte ich versichern, daß ihre Mühe mir viel bedeutet: Elaine Pfefferblit, Peter Herbst, Michael Hirschorn und Jan Miller fallen mir in erster Linie ein.

Dr. Andrea Hedin werde ich immer dankbar sein. Meine Anerkennung gilt auch Dr. Phyllis Zilkha für ihre wirksame Therapie und Dr. Elizabeth Dane für Kräuter, Akupunktur und weise Worte. Dr. Jane Goldberg dürfte die einzige Vermieterin auf Erden sein, die nicht nur erleichtert, sondern geradezu dankbar ist, wenn ihr Eigentum an Monatsende noch intakt ist oder die Schäden an ihrem antiken Schrank und den verschiedenen Reliquien aus der Sixtinischen Kapelle im Rahmen dessen bleiben, was mit ein paar tausend Dollar und der Hilfe einiger sehr guter Restauratoren aus Florenz bereinigt werden kann. Aber im Ernst, welches Glück für mich, daß ich meine Miete jeden Monat (nun ja, fast jeden Monat) an eine Psychoanalytikerin entrichte, die alle Beschädigungen als Hinweis auf irgendwelche Aggressionen wertet, so daß es damit getan ist, wenn sie in der Therapie durchgearbeitet werden. Jane ist mir auch eine gute Freundin geworden, eine unübertroffene Beraterin in Liebesdingen, und überhaupt hilft sie mir großzügig in vielem. Ich kann einfach nicht glauben, daß ich über eine Wohnungsanzeige in ›Village Voice‹ auf sie gestoßen bin. Eines Tages werde ich alle Mietrückstände begleichen.

Dolsie Somah habe ich zu verdanken, daß sie ab und zu eine Schneise durch mein Gerümpel schlägt, damit ich wieder ins Schlafzimmer gelange. Außerdem ist sie die gütigste und rechtschaffenste Person, die ich kenne. Dank an Shirly Ip, Irina und alle anderen vom Peter-Coppola-Salon, weil sie zu mir genauso freundlich sind wie zu Stephanie Seymour, Dank an John Lambrose, die treffende Haushaltsmetapher, Dank an Zap, die beste Katze der Welt und mein treuester Begleiter, Dank an Beat Rodeo,

Brendan und alle anderen vom Ludlow Street Café, die mir mit ihren Montagnächten zu einem guten Start in die Woche verhelfen, Dank an Amy Stein, Renata Miller und alle anderen vom Writers' Room, dank an Stephen Olson und Susan Litwack, die mich als erste zum Schreiben ermuntert und mir die Highschool erträglich gemacht haben. Dank schließlich an Bruce Springsteen, Bob Dylan, Joni Mitchell, Lou Reed und die anderen großen Musiker, deren Lieder mir geholfen haben, meine Jugend und meine Depression zu überleben.